Surveillances

Sous la direction médicale de

PIERRE CARLI
Hôpital NECKER PARIS

96

EDITIONS scientifiques L&C

EDITIONS scientifiques L&C

122, avenue du Général Leclerc
75014 PARIS

Préface

1996 marque le dixième anniversaire de l'édition de Protocoles et Surveillances et apporte la preuve que des ouvrages répondant à des besoins spécifiques – Urgences et pathologies chroniques – peuvent acquérir et conserver longtemps une place auprès du corps médical.

Il est certain que le contenu rédactionnel, la présentation originale et pratique, la prise en considération des commentaires et suggestions faites par les lecteurs sont autant d'éléments qui ont garanti de façon continue la qualité scientifique et technique de ces publications.

En dix ans, l'environnement de la pratique médicale a beaucoup évolué sous l'influence de nombreux facteurs, scientifiques, technologiques, socio-économiques.

Toujours soucieux d'être en adéquation avec les demandes des médecins, quels que soient les changements et les mutations, le comité de rédaction a toujours fait l'effort d'une mise à jour annuelle. Cette démarche, qui requiert sans aucun doute beaucoup de travail et de rigueur a permis à Protocoles et Surveillances d'être d'excellents supports de formation médicale continue.

Souhaitons donc à Protocoles et Surveillance de fêter de nombreux anniversaires et de garder à l'avenir la qualité, le niveau scientifique, la pertinence et le sérieux qui ont été les siens tout au long de ces dix premières années.

Professeur Bernard GLORION
Président du Conseil National
de l'Ordre des Médecins

Cet ouvrage n'aurait pas pu être édité sans le partenariat des laboratoires pharmaceutiques et groupes suivants. Qu'ils en soient ici remerciés.

ABBOTT FRANCE
ARDIX
ASTRA FRANCE
BAYER PHARMA
BIOCODEX
BIOPHARMA
BMS
BOEHRINGER INGELHEIM FRANCE
DIAMANT
EUTHERAPIE
FOURNIER DIJON
GLAXO WELLCOME
GUIGOZ
HOECHST
HOUDÉ
LAFON
LIPHA
MSD
NESTLÉ
PASTEUR MÉRIEUX
PFIZER
ROCHE
ROUSSEL
SANDOZ
SANOFI WINTHROP
SB
SCHERING PLOUGH
SEARLE
SERVIER
SODILAC
SOLVAY PHARMA
SPECIA
SYNTHÉLABO
THERVAL
THERAMEX
UCB PHARMA
UPSA
VEDIM
WYETH LEDERLÉ
ZAMBON FRANCE

DIRECTEUR DE LA RÉDACTION

AUTEURS

Dr S. ALFANDARI
Service de Réanimation et Maladies Infectieuses
Hôpital Dron, Tourcoing
Dr R. AZARIAN
Service de Pneurologie
Hôpital André Mignot, Le Chesnay
Dr J.P. AZIZA
Service de Cardiologie
Hôpital André Mignot, Le Chesnay
Dr B. BASSOUL
DAR, Nîmes
Dr B. BEDOCK
Urgences et Réanimations Polyvalentes
Centre Hospitalier, Annonay
Dr M. BEAUFILS
Service de Médecine Interne
Hôpital Tenon, Paris
Pr P. BEGUE
Service des Pathologies Infectieuses et Tropicales
Hôpital Armand Trousseau, Paris
Dr C. BENVENUTI
Service de Cardiologie – Hôpital Henri Mondor, Créteil
Pr D. BEQUET
Service de Neurologie – Hôpital du Val de Grâce, Paris
Dr S. BERIGAUD
Service de Médecine Interne Gériatrique
Hôpital Charles Foix, Ivry-sur-Seine
Dr M. BINAGHI
Consultation d'Ophtalmologie
Hôpital Henri Mondor, Créteil
Pr C. BISMUTH
Réanimation Toxicologique
Hôpital Fernand Widal, Paris
Dr M.J. BLIN
Service d'endocrinologie et de
Médecine Interne
Hôpital Necker, Paris
Pr M.R. BOISSEAU
Laboratoire d'Hématologie
Hôpital cardiologique de Haut l'Evêque, Pessac
Dr T. BONNAL
MEDIC'AIR International,
Bagnolet
Pr F. BONNET
Département d'Anesthésie-Réanimation
Hôpital Henri Mondor, Créteil
Dr J.F. BOREL-FERRENQ
Psychiatre, La Voulte
Dr B. BOUJON
Clinique de Fontaine, Dijon
Dr F. BOUREAU
Centre d'Evaluation de la Douleur
CHU St Antoine, Paris
Dr P. BOUREE
Service des Maladies Parasitaires et Tropicales
CHU Kremlin Bicêtre
Pr L. BRINQUIN
Service de Réanimation – Hôpital du Val de Grâce, Paris
Pr L. BROCHARD
Service de Réanimation Médicale
Hôpital Henri Mondor, Créteil
Dr E. BRUCKERT
Service d'Endocrinologie – Hôpital Pitié-Salpêtrière, Paris
Pr J.M. BRUN
Service d'Endocrinologie-Diabétologie – CHU du Bocage, Dijon
Pr J. BRUXELLE
Consultation de la Douleur
Hôpital Tarnier, Paris
Pr P. CARLI
Département d'Anesthésie Réanimation
Hôpital Necker, Paris
Dr H. CARSIN
Centre de traitement des Brûlés
Hôpital d'Instruction des Armées, Percy, Clamart
Dr A. CASTOT
Centre de Pharmacovigilance – Hôpital Fernand Widal, Paris
Dr E. CAUMES
Service des Maladies Infectieuses
Hôpital Pitié Salpétrière, Paris
Dr R. CAVEZIAN
Service de Neuro-Radiologie – Hôpital des Quinze Vingt, Paris
Pr P. CESARO
Service de Neurologie
Hôpital Henri Mondor, Créteil
Dr A. CHOUCHANA
Service de Pédiatrie
Hôpital Ambroise Paré, Boulogne-Billancourt
Dr D. CHRISTMANN
Service de Médecine Interne, Hôpital Civil, Strasbourg
Dr J.P. CLEMENT
Hôpital d'Esquirol, Limoges
Pr M. CLOUP
Service de Réanimation Médico-Chirurgicale Pédiatrique
Hôpital Necker, Paris
Dr A. COHEN SOLAL
Service de Cardiologie – Hôpital Beaujon, Clichy
Dr F. COMBELLES
Service d'Orthopédie – Clinique des Maussins, Paris
Dr J.M. CONSTANTIN
Unité de Chirurgie Vasculaire
Clinique Saint-Joseph, Angoulême
Dr Y. COURGEON
Hôpital de la Providence, Dinard
Dr D. CREMNITER
Service de Psychiatrie – Hôpital Henri Mondor, Créteil
Dr P. CRISTOFINI
SAMU de Paris – Hôpital Necker, Paris
Dr P. CROCQ
Service de Psychiatrie et de Psychologie Médicale – Hôpital Saint-Antoine, Paris
Dr A. CUVELIER
Département de Pneumologie – CHU Bois Guillaume, Rouen

Dr V. DANEL
Unité de Toxicologie Clinique
Centre Hospitalier Universitaire, Grenoble
Dr C. DARLES
Service de Gynécologie – Hôpital Boucicaut, Paris
Dr B. DEBIEN
Service Médical d'Urgence
Brigade des Sapeurs Pompiers, Paris
Pr J.E. DE LA COUSSAYE
Département de l'Urgence
CH Gaston Doumergue, Nîmes
Dr O. DE PAMPHILIS
Service de Réanimation Médicale – CHU Kremlin-Bicêtre
Dr C. DELAFOSSE
Service de Pneumologie et de Réanimation
CHU Pitié-Salpêtrière, Paris
Dr J.C. DELCHIER
Service de Gastro-Entérologie
Hôpital Henri Mondor, Créteil
Dr P. DELEUZE
Service de Chirurgie Cardio-Thoracique
Hôpital Henri Mondor, Créteil
Dr S. DELLION
Service des Maladies Infectieuses et Tropicales
Centre Hospitalier de Villeneuve St Georges
Pr A. DELOCHE
Service de Chirurgie Cardio-Vasculaire
Hôpital Broussais, Paris
Dr G. DELORME
Service de Cardiologie – Hôpital Ambroise Paré, Boulogne
Dr A. DEROSSI
SAMU de Paris, Hôpital Necker, Paris
Dr B. DOUSSET
Clinique Chirurgicale – Hôpital Cochin, Paris
Dr J.P. DROZ
Service de Chimiothérapie
Institut Gustave Roussy, Villejuif
Pr O. DUBOURG
Service de Cardiologie – Hôpital Ambroise Paré, Boulogne-Billancourt
Pr A. DUCOLOMBIER
Neurochirurgien des Hôpitaux des Armées
Professeur Agrégé du Val de Grâce, Paris
Dr P. DUCRET
Service de Rhumatologie
Fondation Rothschild, Paris
Dr P. DUGARIN
Espace Murger – Hôpital Fernand Widal, Paris
Pr C. DUPONT
Unité de Gastro-entérologie – Hôpital Saint Vincent de Paul, Paris
Pr H. DURAND
Service de Médecine Interne – Hôpital Laënnec, Paris
Dr Ch. DUVOUX
Service d'Hépatologie et de Gastro-Entérologie
Hôpital Henri Mondor, Créteil
Dr C. ECOFFEY
Département d'Anesthésie Réanimation – CHU Kremlin Bicêtre
Dr G. ETIENNE
Unité de Chirurgie Vasculaire – Clinique Saint Joseph, Angoulême
Pr F. EULRY
Service de Rhumatologie – Hôpital Bégin, Paris
Dr B. FAUROUX
Service de Pédiatrie – Hôpital Trousseau, Paris
Dr D. FELTEN
Service de Neurologie – Hôpital du Val de Grace, Paris
Pr H. FERNANDEZ
Service de Gynécologie-Obstétrique – Hôpital Antoine Béclère, Clamart
Pr M. FERRERI
Service de Psychiatrie – Hôpital Saint-Antoine, Paris
Dr M. FERRY
Service de Gériatrie, Centre Hospitalier, Valence
Dr A. FISCH
Service des Maladies Infectieuses et Tropicales
Centre Hospitalier de Villeneuve St Georges
Dr M. FRANCOIS
Service d'ORL – Hôpital Robert Debré, Paris
Pr B. FRAYSSE
Service d'ORL – Hôpital Purpan, Toulouse
Pr F. FULGENCIO
Service de Réanimation Chirurgicale – Hôpital Henri Mondor, Créteil
Pr J.P. GALLET
Service de Pédiatrie – Hôpital Ambroise Paré, Boulogne-Billancourt
Dr J.F. GAUTIER
Service de Diabétologie – Hôpital Saint-Louis, Paris
Dr L. GERARD
Service des Maladies Infectieuses et Tropicales
Hôpital Bichat, Paris
Dr X. GIRERD
Service de Médecine Interne
Hôpital Broussais, Paris
Dr C. GLORION
Service d'Orthopédie Pédiatrique
Hôpital Raymond Poincaré, Garches
Dr E. GRIMPREL
Service des Pathologies Infectieuses et Tropicales
Hôpital Armand Trousseau, Paris
Pr P.J. GUILLAUSSEAU
Service de Médecine Interne – Hôpital Lariboisière, Paris
Dr B. HALIOUA
Institut Alfred Fournier, Paris
Dr J.M. HERVE
Service d'Urologie – Hôpital Foch, Suresnes
Dr M. HEVIA
Angéiologue, Angoulême
Dr D. HILLION
Service d'Hémodialyse – Hôpital de Poissy
Dr P. HUBERT
Département de Pédiatrie – Hôpital Necker, Paris
Pr P. HUMBERT
Service de Dermatologie – CHU Saint-Jacques, Besançon
Dr J.L. JAGOT
Unité de Pneumologie – Service de Médecine Interne
CHU Kremlin Bicêtre
Dr S. JAMAIN
Service de Psychiatrie – Hôpital Henri Mondor, Créteil
Dr D. JANNIERE
SAMU de Paris – Hôpital Necker, Paris
Pr A. JARDIN
Service d'Urologie, CHU Kremlin Bicêtre
Dr A.S. KOSKAS SERGENT
Centre d'Évaluation de la Douleur – CHU St Antoine, Paris
Dr B. LACHAUX
Service de Psychiatrie – CHS Saint Jean de Dieu, Lyon
Dr H. LACROIX
Centre Cardiologique Evecquemont, Vaux sur Seine
Dr O. LAMOUR
SAMU de Paris – Hôpital Necker, Paris
Dr M.N. LAVEISSIERE-DELETRAZ
Service de Gynécologie Obstétrique
Hôpital Port Royal Baudelocque, Paris
Dr S. LE BOUEDEC
Unité de Réanimation Pédiatrique – Hôpital St Vincent de Paul, Paris
Dr P. LE BOURGEOIS
Département Médico-Chirurgical de Gastro-Entérologie
Hôpital Saint Michel, Paris
Dr S. LEGRAIN
Service de Gérontologie et soins palliatifs
Hôpital Paul Brousse, Villejuif
Dr C. LE GUERINEL
Service de Neurochirurgie – Hôpital Henri Mondor, Créteil
Dr C. LE PAJOLEC
Service d'ORL – CHU Kremlin Bicêtre
Pr P. LEOPHONTE
Service de Pneumologie et Allergologie
Hôpital Rangueil, Toulouse
Pr M. LEUTENEGGER
Clinique Médicale, Hôpital Robert Debré, Reims
Dr J. LEVY
Service de Chirurgie Maxillo-Faciale
Centre Hospitalier de Villeneuve St Georges
Pr F. LEYNADIER
Service Médecine Interne et Allergologie
Hôpital Rothschild, Paris
Dr F. LOFASO
Service d'Explorations Fonctionnelles
Hôpital Henri Mondor – Créteil
Dr J.H. LONGEVILLE
Département de Chirurgie digestive
Hôpital Henri Mondor – Créteil
Dr F. LORENZINI
Service de Diabétologie – Hôpital Rangueil, Toulouse
Dr P. LOUVILLE
SAMU de Paris – Hôpital Necker, Paris
Dr W. LOWENSTEIN
Service de Médecine Interne – Hôpital Laënnec, Paris
Dr J.F. MAGNY
Institut de Puériculture – Centre Néo-Natal, Paris
Pr P. MARES
Service de Gynécologie – Hôpital Caremeau, Nîmes

Dr G. MASSE
Secteur 7 de Psychiatrie Générale
CHS de Vaucluse, Epinay sur Orge
Dr P. MATARAZZO
Service de Pédiatrie Générale – Hôpital Saint-Vincent-de-Paul, Paris
Dr P. MEGIER
Service de Gynécologie Obstétrique – CHR Orléans
Dr M. MENARD
Service d'ORL et de Chirurgie Cervico-Faciale
Hôpital Laënnec, Paris
Dr A. MERCAT
Service de Réanimation Médicale Polyvalente – CHU Kremlin Bicêtre
Dr B. MERCIER
Service des Urgences Cérébro-vasculaires – CHU Pitié-Salpêtrière, Paris
Dr P. MEYER
Département Anesthésie-Réanimation – Hôpital Necker, Paris
Dr J.L MEYNARD
Service des Maladies Infectieuses – Hôpital Saint Antoine, Paris
Dr A. MICHEL
Service Médical d'Urgence
Brigade des Sapeurs Pompiers, Paris
Dr V. MITZ
Unité de Chirurgie Réparatrice et Esthétique – Hôpital Boucicaut, Paris
Dr M. MOKHTARI
Unité de Réanimation Pédiatrique
Hôpital St Vincent de Paul, Paris
Dr J.M. MONTELY
Service de Cardiologie – Hôpital Robert Ballanger, Aulnay sous Bois
Dr P. MORAND
Service de Psychologie Médicale – Hôpital Saint-Antoine, Paris
Dr A. MUNCK
Service de Gastro-Entérologie, Nutrition Pédiatrique
Hôpital Robert Debré, Paris
Dr P. NOMINE
Hôpital Fernand Widal, Paris
Pr D. ORIOT
Unité de Réanimation Pédiatrique – CHRU, Poitiers
Dr G. ORLIAGUET
Département d'Anesthésie Réanimation – Hôpital Necker, Paris
Dr J.P. PACLET
Service de Chirurgie Orthopédique – CHU Pitié Salpêtrière, Paris
Dr N. PAILLOT
Service de Médecine Interne et Pneumologie
CHR de Metz-Thionville, Metz
Pr B. PANIEL
Service de Gynécologie Obstétrique
Centre hospitalier intercommunal de Créteil
Dr G. PASQUET
Service de Neuro-Radiologie – Hôpital des Quinze Vingt, Paris
Dr O. PATEY
Service des Maladies Infectieuses et Tropicales
Centre hospitalier de Villeuneuve St George
Dr S. PERROT
Service de Gastro-Entérologie – Centre Hospitalier d'Évreux
Dr E. PICHARD-LEANDRI
Unité de Soins de la Douleur – Institut Gustave Roussy, Villejuif
Pr A. PIGNE
Service de Gynécologie Obstétrique – Hôpital Rothschild, Paris
Dr P. POULAIN
Unité de Soins de la Douleur – Institut Gustave Roussy, Villejuif
Pr G. RANCUREL
Service des Urgences Cérébro Vasculaires
Hôpital de la Salpêtrière, Paris
Dr B. RIOU
Département d'Anesthésie Réanimation – CHU Pitié Salpêtrière, Paris
Dr I. ROBIEUX
Oncologia Médica – Centro Di Riferimenta, Aviano, Italie
Dr F. ROBIN
Service de Gynécologie – Hôpital Boucicaut, Paris
Pr Ph. ROMANET
Service ORL – Hôpital général de Dijon
Dr G. ROSTOKER
Service de Néphrologie – Hôpital Henri Mondor, Créteil
Dr N. ROTMAN
Service de Chirurgie Générale Digestive
Hôpital Henri Mondor, Créteil
Dr J.C. ROUJEAU
Service de Dermatologie – Hôpital Henri Mondor, Créteil
Dr M. ROUSSEL
Service de Pédiatrie – Hôpital de Dourdan
Dr S. ROYANT PAROLA
Laboratoire d'Exploration du Sommeil
Hôpital Antoine Béclère, Clamart
Dr A. ROZENBERG
SAMU de Paris – Hôpital Necker, Paris
Dr G. SABOUNTCHIAN
Service de Stomatologie – Hôpital Sainte Anne, Paris
Pr G. SADOUL
Service de Gynécologie Obstétrique
Hôpital Rothschild, Paris
Dr J.M. SAISSY
Département d'Anesthésie-Réanimation
Hôpital Begin, Saint-Mandé
Dr S. SALMERON
Unité de Pneumologie, Service de Médecine Interne
CHU Kremlin Bicêtre
Dr J.M. SALORD
Service de Medecine Interne
Hôpital Lariboisière, Paris
Dr M. SAMAMA
Service d'Anesthésie Réanimation
CHU Pitié Salpétrière, Paris
Dr P. SELLIER
Service de Rééducation Cardiaque
Hôpital Broussais, Paris
Dr A. SERRIE
Département de Diagnostic et de Traitement de la Douleur
Département d'Anesthésie-Réanimation – Hôpital Lariboisière, Paris
Dr M. SORKINE
Hôpital privé du Val d'Yerres, Yerres
Dr T. STAUD-SCHMIDT
Unité des Maladies Infectieuses et Tropicales
Clinique Médicale, Strasbourg
Dr M. SZMAJER
SAMU de Paris – Hôpital Necker, Paris
Dr D. TABONE
SAMU de Paris – Hôpital Necker, Paris
Dr A. TAMBORINI
Service de Gynécologie Obstétrique
Hôpital Boucicaut, Paris
Dr S. TARTIERE
SAMU de Paris – Hôpital Necker, Paris
Dr J.L. TEBOUL
Service de Réanimation Médicale – CHU Kremlin Bicêtre
Dr B. THEIL PILON
Service d'Ophtalmologie – Hôpital Cochin, Paris
Dr M. THENAULT
Service de Psychiatrie
Hôpital Henri Mondor, Créteil
Dr P. THEODON
Clinique Caron – Athis-Mons
Dr O. THOMAS
Service de Cardiologie
Hôpital Lariboisière, Paris
Dr C. THUREL
Département de Diagnostic et de Traitement de la Douleur
Hôpital Lariboisière, Paris
Dr P. TOURAINE
Service d'Endocrinologie et de Médecine de la Reproduction
Hôpital Necker, Paris
Pr A. TREISSER
Clinique Gynécologique et Obstétricale
Hôpital Central, Strasbourg
Dr J. VALLETEAU DE MOULLIAC
Service de Pédiatrie – Hôpital Ambroise Paré, Paris
Dr C. VERNY
Centre de Gérontologie
CHU Kremlin Bicêtre
Dr M. VERNY
Service de Médecine Interne Gériatique
Hôpital Charles Foix, Ivry sur Seine
Dr P. VEYSSIER
Service de Médecine Interne – Hôpital de Compiègne
Dr B. VIALA
Direction de la Sécurité Civile, Paris
Dr M. VINCENT
Service d'ORL – Hôpital Purpan, Toulouse
Dr B. VINSON BONNET
Service de Chirurgie Digestive – Hôpital de Saint Cloud
Pr C. VIRENQUE
Service d'Anesthésie-Réanimation – Hôpital Rangueil, Toulouse
Dr J.F. VITOUX
Service de Pathologie Vasculaire – Hôpital Broussais, Paris
Dr C. WOOD-PILLETTE
Consultation de la douleur – Hôpital Tarnier, Paris
Dr J.M. ZIZA
Service de Rhumatologie et Rééducation Fonctionnelle
Hôpital de la Croix St Simon, Paris
Dr P. ZUCK
Service de Médecine Interne et Pneumologie
CH de Metz-Thionville, Metz

Les Pictogrammes de « Surveillances 96 »
Une accession directe aux renseignements désirés

1. Définition de la pathologie et grands principes du traitement

Les grands axes de la pathologie sont décrits de façon concise, les grandes lignes des thérapeutiques sont exposées.

2. Éléments de surveillance

Les paramètres cliniques et biologiques à relever lors de chaque visite ou consultation, les examens complémentaires à prescrire.

3. Les « coups durs »

Les événements et effets indésirables qui peuvent marquer l'évolution de la pathologie.

4. La bonne attitude en cas de « coups durs »

Les décisions thérapeutiques à adopter en urgence, afin de s'orienter vers un état clinique plus satisfaisant.

5. La prévention

Les informations à donner au malade (conseils hygiéno-diététiques, observance du traitement...), l'analyse des facteurs pouvant modifier une évolution pathologique et les axes de surveillance au long cours des patients.

Avant-propos

Il y a dix ans...

Était publié pour la première fois « **Protocoles,** *urgences, plans et schémas thérapeutiques* ».

Depuis cette date, Protocoles et par la suite Surveillances n'ont cessé d'évoluer et d'augmenter leur audience auprès des professionnels de la santé. Pendant cette période, la pratique médicale a connu de nombreux et parfois profonds changements dûs à l'évolution constante des technologies, des pathologies et des thérapeutiques.

Chaque année, le courrier et les suggestions adressés par les utilisteurs de ces ouvrages ont permis à l'équipe de rédaction de suivre cette évolution et de répondre de façon pertinente, précise, pragmatique aux besoins des médecins face aux situations d'urgence et à la prise en charge à domicile des nouvelles pathologies.

Pour son dixième anniversaire, plus de quarante textes inédits sont publiés et la médecine en situation d'exception figure à nouveau en bonne place dans Protocoles.

L'objectif qui a été celui de l'équipe de rédaction depuis la première édition reste inchangé : s'adapter et répondre aux besoins du corps médical en lui apportant une information critique et de qualité indispensable à une bonne formation médicale continue.

Pierre Carli
Directeur de la Rédaction

Surveillances 96

Sommaire

Cancérologie

Cardiologie

dicetel

pinaverium

L'efficacité anticalcique au niveau intestinal

Un intestin tout en souplesse

Forme et presentation : *Comprimés pelliculés* (orange) : Boîte de 20. **Composition :** Pinavérium (DCI) bromure : 50 mg. *Excipient* q.s.p. un comprimé. **Propriétés** : Le bromure de pinavérium est un spasmolytique, dont les effets s'exercent au niveau du tube digestif. C'est un antagoniste calcique qui agit par inhibition de l'entrée du calcium au niveau de la cellule musculaire lisse intestinale. Il est dénué d'effets anticholinergiques. Il est également dépourvu d'effets cardiovasculaires. **Sort du médicament :** L'absorption du bromure de pinavérium au niveau gastro-intestinal est faible ; comme pour toutes les substances de la même classe chimique, elle est inférieure à 10 %. La concentration sérique maximale est atteinte en 1 heure. La demi-vie d'élimination est de 1,5 heures. L'élimination métabolique hépatique est très importante. Des études autoradiographiques chez l'animal montrent une imprégnation élective au niveau du tractus digestif. La liaison aux protéines plasmatiques est de 97 %. **Indications** : - Traitement symptomatique des douleurs, des troubles du transit, de l'inconfort intestinal liés aux troubles fonctionnels intestinaux. - Traitement symptomatique des douleurs liées aux troubles fonctionnels des voies biliaires. - Préparation au lavement baryté. **Précautions d'emploi** : **Grossesse** : aucun effet tératogène n'a été signalé lors des expérimentations animales. En l'absence de données cliniques humaines, le risque n'est pas connu. Par prudence, il convient d'éviter

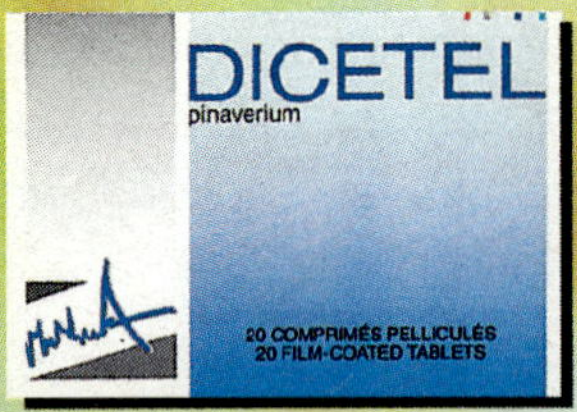

l'utilisation de ce médicament chez la femme enceinte. **Allaitement** : en l'absence d'étude à éviter pendant l'allaitement. **Interactions médicamenteuses** : Les différentes étude d'interactions médicamenteuses n'ont pas montré d'interférence avec les digitaliques les anticoagulants et les antidiabétiques. *Effets indésirables :* Rares cas de troubles digestifs mineurs. **Mode d'emploi et posologie** : *Chez l'adulte* : la posologie est de 3 à comprimés par jour, à prendre avec une quantité suffisante d'eau, au milieu du repas - en 1 prise pour l'indication préparation au lavement baryté, - en plusieurs prises réparties dans la journée pour les autres indications. Cette posologie peut exceptionnellemen être augmentée jusqu'à 6 comprimés par jour. Le comprimé doit être ingéré sans le croquer ni le sucer avec une quantité suffisante de liquide (un verre d'eau par exemple au milieu des repas. Ne pas avaler le comprimé en étant allongé, ni juste avant l'heure de coucher. Coût de traitement journalier :4,54 à6,06 F. **Surdosage** : Chez l'homme, jusqu'à 1,2 g, Dicetel n'a pas provoqué d'effets indésirables à l'exception de diarrhées et/ou de flatulences. Il n'existe pas d'antidote spécifique, un traitement symptomatique pourra être mis en œuvre. **Liste II** : AMM 327 238.3 - Mis sur le marché en 1984. **Prix** 30,30 Remb. Séc. Soc. à 35 % - Collect. **Solvay Pharma** : 42, rue Rouget-de-Lisle - BP 22. 92151 SURESNES Cedex. Tél. : 01.46.25.85.00

SCORPION COMMUNICATION

Diabétologie-endocrinologie

Gastro-entérologie

Gynécologie-obstétrique

Néphro-urologie

Neurologie

O.R.L.

Pédiatrie

Le fil rouge pour sortir de la dépression

Composition - présentation : Boîte de 30 comprimés enrobés, dosés à 12,5 mg de tianeptine (sel de sodium). **Propriétés :** Antidépresseur. *Chez l'animal*, la tianeptine augmente l'activité spontanée des cellules pyramidales de l'hippocampe et en accélère la récupération. *Chez l'homme*, Stablon se caractérise par une activité : - sur les troubles de l'humeur ; - sur les plaintes somatiques liées à l'anxiété et aux troubles de l'humeur ; - sur les troubles du comportement de l'éthylique en période de sevrage. Stablon est dépourvu d'effet : - sur le sommeil et la vigilance ; - sur le système cardiovasculaire ; - sur le système cholinergique (absence de manifestation anticholinergique). **Indications thérapeutiques :** Épisodes dépressifs majeurs - c'est-à-dire caractérisés : Stablon est préconisé dans les états dépressifs d'intensité légère, modérée ou sévère. **Contre-indications :** Enfants de moins de 15 ans, IMAO, grossesse, allaitement. **Précautions d'emploi :** Par principe, surveillance attentive en début de traitement (risque suicidaire inhérent aux états dépressifs), précaution en cas d'anesthésie, information des conducteurs de machine d'un risque potentiel (cf. VIDAL), réduction progressive de la posologie à l'arrêt du traitement. **Interactions médicamenteuses :** IMAO. **Effets indésirables :** Rares, généralement bénins : - gastralgies, douleurs abdominales, bouche sèche, anorexie, nausées, vomissements, constipation, flatulences, - insomnie, somnolence, cauchemars, asthénie, - tachycardie, extrasystoles, précordialgies, - vertiges, céphalées, lipothymies, tremblements, bouffées de chaleur, - gêne respiratoire, boule dans la gorge, - myalgies, lombalgies. **Posologie et mode d'administra-tion :** 3 comprimés par jour, matin, midi et soir. Chez l'alcoolique, cirrhotique ou non, aucune modification posologique n'est nécessaire. Chez les sujets de plus de 70 ans et en cas d'insuffisance rénale, 2 comprimés par jour. C.T.J. de 4,81 F à 7,22 F. Liste I. AMM : 329.339.1. Prix : 72,20 F. Remb. Séc. soc. 65%. Collect. Information médicale : ARDIX Médical - 27, rue du pont 92200 Neuilly-sur-Seine-tel. : (1) 46 41 60 00. Les Laboratoires Servier - 22 rue Garnier 92200 Neuilly-sur-Seine. Pour plus d'informations se reporter au Vidal.

96 ST 2004 I

Pneumologie

Psychiatrie

Rhumatologie

Comment prescrire

Magné B6
MAGNESIUM ET PYRIDOXINE

Pathologie circonstancielle en médecine générale

Données techniques

Abrégé de consultation en cinq langues

Index

Surveillance d'un patient sous chimiothérapie

Dr J.P. DROZ

Les complications de la chimiothérapie sont nombreuses, certaines fréquentes. Certaines sont immédiatement menaçantes (complications infectieuses et hémorragiques) et nécessitent des mesures immédiates par le médecin traitant, souvent une hospitalisation. D'autres doivent être examinées et traitées ou prévenues à plus long terme.

1. Définition de la pathologie et grands principes du traitement

Les complications potentielles de la chimiothérapie surviennent dans un délai moyen de 7 à 14 jours et concernent des pathologies variées dont les principales sont les suivantes :

Complications hématologiques :

- Leucopénie : on distingue la simple leuconeutropénie (globules blancs (GB) compris dans une fourchette de 1 000 à 4 000 et polynucléaires (PN) compris entre 500 et 4 000) et l'aplasie (PN < 500). La leuconeutropénie ne requiert aucune mesure particulière excepté des précautions de bon sens pour éviter une infection (éviter la foule, les personnes ayant une infection active; soins d'hygiène corporelle). Les mêmes mesures sont prises si l'aplasie n'est pas fébrile. Si l'aplasie est fébrile elle requiert l'hospitalisation d'urgence.
- Thrombopénie. On doit distinguer la thrombopénie modérée (plaquettes (plq) comprises entre 30 000 et 100 000) et la thrombopénie sévère (plq < 30 000). La première ne demande que quelques précautions simples (éviter les traumatismes, en particulier les sports), la seconde, surtout en présence de signe cliniques (épistaxis, hémorragie extériorisée, hématémèse, hématurie, melaena et rectorragie) nécessite une hospitalisation.
- L'anémie. Elle requiert des transfusions de culots globulaires si l'hémoglobine est inférieure à 7-8 g/100 ml ou si existent des signes d'intolérance (dyspnée, angor).
- Les facteurs de croissance hématopoiétiques sont disponibles pour la prévention des épisodes de neutropénie (en particulier fébrile) après chimiothérapie potentiellement aplasiante. Le schéma actuellement recommandé pour le G-CSF comme pour le GM-CSF est une dose de 5 µg/kg en sous-cutanée depuis le jour suivant le dernier jour de la chimiothérapie jusqu'à obtention d'un nombre de GB > 10 000 (soit entre le jour 4 et le jour 11-15). Actuellement sont disponibles le rHu G-CSF : **Neupogène** et le **Granocyte** et le rHu GM-CSF : le **Leucomax**. L'indication dépendra de l'intensité de la chimiothérapie, du risque d'aplasie et du rapport entre le bénéfice thérapeutique et le coût du traitement.

Complications infectieuses : la fièvre

- Elle nécessite la réalisation d'une NFS immédiatement.
- Sans aplasie, elle doit être abordée de façon classique (étiologie puis traitement).
- Chez un malade aplasique, elle nécessite l'hospitalisation, des prélèvements bactériologiques (sang, urines, selles) et un traitement antibiotique à large spectre systématique et immédiat.

Complications métaboliques

- Rénales : élévation de la créatinine. Il faut faire une exploration complète de la fonction rénale en hospitalisation. En général, elle requiert l'arrêt du produit responsable ou sa réduction de dose.
- Hépatiques : mêmes conséquences que la toxicité rénale.

Complications immédiates, directement perceptibles par le malade

— Nausées, vomissements : ils surviennent surtout pendant la chimiothérapie (traitement par antiémétique, tel que **Primpéran**, antagonistes des récepteurs 5HT3, anxiolytiques et corticoïdes), avant ou après la chimiothérapie (anxiolytiques, antiémétiques). Les antagonistes des récepteurs 5HT3 (**Kytril** et **Zophren**) sont efficaces le jour de la chimiothérapie. Ils peuvent être indiqués dans le traitement des nausées et vomissements dans les jours qui suivent la chimiothérapie. Ils sont prescrits à des doses adaptées aux facteurs pronostiques des vomissements (âge, sexe, associations de chimiothérapies, pathologies...). L'adjonction de corticoïdes et d'anxiolytiques est bénéfique. Le traitement des vomissements anticipés et des vomissements retardés nécessite une approche individuelle de chaque patient. Ce traitement peut nécessiter une réhydratation intraveineuse.
— Alopécie : dépend des produits. Prévention : casque réfrigérant efficace dans certains cas.
— Diarrhée : mesurer le retentissement métabolique. Réhydrater, ralentisseurs du transit.
— Mucite : souvent liée à l'aplasie. Etudier l'extension vers l'œsophage mais aussi conjonctives, muqueuses pelviennes. Nécessite souvent une réduction de dose des médicaments. Elle peut entraîner un arrêt total de l'alimentation et des boissons qu'il faut compenser.
— Lésions cutanées : très variables.
— Complications allergiques du **Taxol** prévenues par administration de **Solupred** 120 mg 12 h et 6 h avant la perfusion, **Tagamet** 300 mg et **Polaramine** 5 mg 30 min avant la perfusion.

Complications à moyen ou à long terme

— Cardiaque : étude de la fonction cardiaque (clinique - ECG - échographie - mesure de la fraction d'éjection ventriculaire (FEV)). En fait, il faut faire une étude préventive. La conséquence peut être une insuffisance cardiaque congestive.
— Pulmonaire : recherche de signes de fibrose pulmonaire (dyspnée-hypoxie-hypocapnie), étude préventive des épreuves fonctionnelles respiratoires (EFR).
— Neurologique : neuropathie sensitivo-motrice (étude des réflexes ostéotendineux (ROT)).
— Auditive : acouphènes, baisse de l'acuité auditive, étude préventive de l'audiogramme.

Ces quatre toxicités peuvent imposer l'arrêt des produits responsables. Leur recherche doit être systématique.

La fréquence des complications est variable selon les produits

— Les complications hématologiques (et par conséquent infectieuses) sont communes à tous les produits sauf la **Vincristine**, la **Bléomycine** et dans une moindre mesure le **Cisplatine**.
— Complications rénales : **Cisplatine**+++, **Méthotrexate**, Mitomycine.
— Complications pulmonaires : **Bléomycine**+++, Mitomycine, **CCNU**, **BCNU**.
— Complications cardiaques : Anthracyclines (**Doxorubicine**, **Epirubicine**...).
— Complications neurologiques : **Cisplatine**, alcaloïdes de la pervenche (**Vincristine**, **Vinblastine**...). Vindésine, Vinorelbine, **Taxol**.
— Complications digestives : **Cisplatine**.
— Mucite : **Méthotrexate**, **Bléomycine**, **Doxorubicine**, **Actinomycine**.
— Diarrhée : **5 FU**, CPT11.

2. Eléments de surveillance

— Par le médecin praticien, pendant l'intercure.
- poids, état général, alimentation, état de la bouche, tension artérielle, diurèse,
- NFS hebdomadaire avec numération des plaquettes à consigner soigneusement,
- créatinine hebdomadaire en cas de traitement par le **Cisplatine.**

— Par le médecin hospitalier (rythme généralement mensuel).

- étude des fonctions hépatiques,
- selon les produits; EFR (**Bléomycine**), ECG et FEV (**Adriamycine**, **Epirubicine**) à un rythme variable,
- étude du système nerveux.

3. Les « coups durs »

1. Le malade fébrile

Température : supérieure à 38° à 2-3 heures d'intervalle.

– Il faut vérifier la numération formule sanguine :
  - GB inférieurs ou, égaux à 1 000/mm³ et/ou polynucléaires inférieurs à 500/mm³ : hospitalisation,
  - GB supérieurs à 1 000/mm³ et polynucléaires supérieurs à 500/mm³ : faire un interrogatoire, un examen clinique, une radiographie du thorax et un examen cytobactériologique des urines. Traiter comme n'importe quel autre malade si un foyer infectieux est reconnu. En cas d'absence de foyer reconnu, hospitaliser pour les hémocultures et prélèvements plus complexes. Penser au rôle d'un cathéter central permanent (ou une chambre implantable).

2. Granulopénie découverte lors de la surveillance de la NFS, en l'absence de fièvre

– Si GB supérieurs à 1 000/mm³ et/ou polynucléaires supérieurs à 500/mm³, sans syndrome infectieux : vie normale, surveillance clinique.

– Si GB inférieurs ou égaux à 1 000/mm³ et/ou polynucléaires inférieurs ou égaux à 500/mm³ sans syndrome infectieux, le malade ne nécessite pas une hospitalisation et peut rester au domicile à condition d'une surveillance clinique et hématologique quotidienne.

Si la température s'élève, on se trouve dans la situation du paragraphe 1 ci-dessus.

3. Le malade qui saigne

– Si le saignement est extériorisé et peut être grave (hématémèse) : hospitalisation.

– Purpura des membres inférieurs :
  - contrôler le taux de plaquettes,
  - si inférieures ou égales à 30 000/mm³ : surveillance tous les jours et faire un fond d'œil,
  - si le saignement devient extériorisé et/ou hémorragie au fond d'œil : hospitaliser.

– Thrombopénie :
  - supérieure ou égale à 30 000/mm³ : aucun danger,
  - inférieure à 30 000/mm³ sans risque hémorragique : surveillance clinique et de la numération des plaquettes.

4. La fonction rénale

– Conseiller un apport hydrique oral de 1 à 2 litres par 24 heures.

– Si créatinine inférieure ou égale à 15 mg/l ou inférieure ou égale à 150 µmol/l : pas de mesure particulière.

– Si créatinine supérieure à 15 mg/l ou supérieure à 150 µmol/l : surveiller à 48 heures d'intervalle la créatinine et mesurer la diurèse.

– Si la créatinine augmente et la diurèse diminue : hospitaliser.

4. La bonne attitude en cas de « coups durs »

– Mucite avec ou sans candidose : bains de bouche 6 à 12 fois par jour avec **Bicarbonate 14 ‰** + antiseptiques (**Eludril**) + antifongiques (**Fungizone**) et traitement antalgique adapté.

- Si mucite + traitement par **Méthotrexate** : contrôler la numération formule sanguine (car il peut exister une neutropénie).
- Vomissements : traitement préventif continu de préférence par voie intramusculaire (ou intra-rectale), alimentation légère, fractionnée en multiples petits repas, équilibrée.
- Diarrhée : médicaments ralentissant le transit et la sécrétion mais rechercher une cause.
- Constipation : huile de paraffine, médicaments accélérant le transit mais se méfier d'une subocclusion et d'un fécalome.
- Éruption cutanée (souvent acnéiformes) : solutions soufrées (**Solumédine**). Si prurit : antihistaminiques.

5. La prévention

- Se méfier des pathologies « camouflées » ou d'origine multiple : une toxicité du traitement, un symptôme du cancer, une maladie sans rapport avec l'un et l'autre.
- Accorder la préférence à la surveillance clinique mais ne pas négliger les examens complémentaires pour la surveillance hématologique et rénale.
- Porter la plus grande attention à la transmission des informations (compte rendu de l'équipe cancérologique pour le diagnostic et le traitement, brefs résumés du praticien pour la surveillance de l'intercure).
- Prise en charge par le praticien des pathologies associées (ex. : diabète, HTA, etc).

Surveillance d'un patient cancéreux sous traitement antalgique au long cours

Drs E. PICHARD-LEANDRI, P. POULAIN

1. Définition de la pathologie et grands principes du traitement

Cancer

– Maladie évolutive, caractérisée par des atteintes organiques multiples, répondant à des traitements étiologiques agressifs (chimiothérapie, radiothérapie, chirurgie d'exérèse) mais conduisant dans un cas sur deux à un décès douloureux.

Douleurs des cancéreux

– Dans 75 à 80 % des cas, la douleur est directement liée à l'évolution du cancer :
  - par atteinte locale, régionale ou métastatique de structures pariétales, osseuses ou viscérales,
  - ce sont des douleurs par excès de nociception justifiables d'analgésiques puissants +/- associés à des co-analgésiques (psychotropes, AINS, stéroïdiens),
  - ce sont ces patients qui posent le véritable problème du suivi.

– Dans 20 % des cas, les douleurs sont séquellaires (post-radiochirurgicales) = douleurs par défaut d'inhibition justifiables de psychotropes et de moyens physiques.

Médicaments

Ils sont administrés régulièrement sur de longues périodes, à intervalles réguliers, définis par la demi-vie du médicament et l'état physiologique du patient.

Antalgiques centraux faibles :

– **Antalvic** (cp), **Di-Antalvic** (gélule et suppositoire), **Propofan** (cp), 2 cp toutes les 4 à 6 heures au début du traitement, **Efferalgan Codéine** 2 cp toutes les 4 heures, **Dicodin** 1 à 2 gél. à 60 mg matin et soir, **Lindilane** 2 cp toutes les 4 heures.

Antalgiques centraux moyens :

– **Temgésic*** (liste 1, 2 glossettes toutes les 6 à 8 heures), **Nubain**** 1 injection IM ou IV toutes les quatre heures. Ils sont tous deux agonistes antagonistes ou agonistes partiels et doivent être utilisés seuls (ne pas associer en chronique aux antalgiques centraux agonistes purs, moyens ou puissants) : **Propoxyphène**, **Codéine**, **Morphine**.

Antalgiques centraux puissants :

– Solution orale de **Morphine** (liste des stupéfiants) faite en pharmacie : 1 mg/kg/jour au début, en six fois. C'est la plus utilisée,

– **Morphine** à libération prolongée : **Moscontin**, 30 mg/12 h en dose d'instauration seulement, **Skenan** : gélules à contenu déconditionnable, utiles pour les malades porteurs de sonde d'alimentation ou ceux ne pouvant déglutir (bien rincer la sonde après administration). Ne peut pas être utilisé dans les sondes d'enfants.

* le **Temgésic** reste inscrit sur la liste 1 mais nécessite une prescription complémentaire sur carnet à souche.
** (usage hospitalier exclusif)

– **Morphine injectable** sous-cutanée continue à demi-dose des formes orales (pousse seringue électrique ou pompe programmable avec analgésie contrôlée par le patient (PCA). Le recours à la morphine est motivé par l'insuffisance thérapeutique des antalgiques moyens (ex : 8 cp de **Di-Antalvic**/j ou 8 à 12 glossettes de **Temgésic**).
– **Morphine médullaire** 0,01 mg/kg/j en deux fois, ou voie continue (administration possible à l'aide de pompe extériorisée) :
  - soit cathéter péridural, souvent exteriorisé muni d'un filtre facilement accessible (pas de reflux de LCR),
  - soit cathéter intrathécal relié à un site d'injection sous cutané. Accès transcutané par aiguille de Huber à biseau adapté (reflux de LCR = technique rare au domicile).
– Les autres morphiniques puissants sont mal adaptés aux situations chroniques.

Les coanalgésiques :
– Antidépresseurs : **Laroxyl**, **Anafranil**, **Tofranil** 1 mg/kg/jour le plus souvent en une seule prise le soir.
– AINS (**Voltarène**, **Feldène**, **Nifluril** chez l'enfant).
– Stéroïdiens : **Solupred** (cp), **Solu-médrol** (injectable) 1 mg/kg/jour en une à deux fois.
– Anxiolytiques, **Xanax**, **Lexomil**.
– Neuroleptiques plus rarement ou à titre antiémétique, **Haldol faible**, **Droleptan** gouttes.

2. Eléments de surveillance

Généralités
– La surveillance est complexe car un même signe clinique peut être :
  - témoin de l'évolution de la maladie : occlusion par poussée tumorale,
  - témoin des effets secondaires d'une chimiothérapie, (manifestations rénales du **Cis-Platyl**, hépatiques du **Méthotrexate** ou de l'**Adriamycine**, neurologiques du **Cis-Platyl** ou de la **Vincristine**),
  - témoin des effets indésirables des médicaments antalgiques (perforation gastrique par corticothérapie au long cours.
– Les médicaments peuvent :
  - précipiter une occlusion tumorale compensée (morphiniques, **Vincristine**),
  - être à l'origine d'un surdosage en morphine (I. rénale au **Cis-Platyl**),
  - potentialiser l'effet dépresseur central des morphiniques (thymoanaleptiques).

Les points de surveillance
– Au début du traitement :
  - **la douleur :** élément essentiel de la surveillance :
    La sédation douloureuse doit être obtenue en 2 à 3 jours en augmentant les doses en fonction des résultats : 50 % toutes les 8 à 12 heures jusqu'à sédation complète. Possible à la maison pour les voies orale et sous-cutanée. Les voies médullaires sont équilibrées à l'hôpital.
  - **effets adverses :** conscience, respiration, comportement, constipation, nausées, vomissements, prurit, diurèse.
– En régime de croisière :
  Tous les éléments doivent avoir été contrôlés :
  - si la douleur augmente : insuffisance thérapeutique ou « accoutumance » ou événements nouveaux (progression tumorale, autres localisations),
  - si les effets adverses réapparaissent (vomissements, somnolence), **erreur thérapeutique** ou **événements nouveaux** (insuffisance rénale ou hépatique grave, hypercalcémie), bilan rénal, hépatique, calcémie.

3. Les « coups durs »

— Dépression respiratoire :
C'est le plus gros coup dur, mais il est exceptionnel après équilibration du traitement :
- altération de la conscience,
- bradypnée < 10 par minute,
- signes cliniques : cyanose, sueur, tachycardie : URGENCE VITALE.

— Constipation sévère confinant à la subocclusion : vomissements, modification abdominale, enquête clinique rapide, c'est la plus fréquente des complications.
— Méningite : céphalées, fièvre, vomissements, raideur de nuque (voires médullaires).
— Les troubles du comportement :
- attitude différente s'ils surviennent au début du traitement ou en régime de croisière : enquête clinique.

— Exacerbation de la douleur :
- enquête clinique rapide.

— Troubles sphinctériens : rétention d'urine : traitement symptomatique.

4. La bonne attitude en cas de « coups durs »

A. Les plus urgentes imposent l'action sans discussion étiologique

— **Dépression respiratoire** en cas de traitement par antalgiques centraux administrés par voie orale ou parentérale : exceptionnelle.
- assistance ventilatoire (ballon orthotastique, masque, canule),
- **Narcan** ou **Nalorphine**. Le **Narcan** est délivré à l'hôpital. Les malades porteurs de sites médullaires en ont sur eux. Injection IM ou IV lente : autant d'ampoules qu'il est nécessaire pour inverser la dépression (en moyenne de 2 à 5 ampoules). Action rapide mais brève (20 à 40 minutes),
- appeler le SAMU et continuer la réanimation,
- tous les morphiniques sont neutralisables par le **Narcan** sauf le **Temgésic** qui, en cas de surdosage (rarissime en ville) nécessiterait alors une assistance ventilatoire transitoire,
- le **Narcan** doit être injecté lentement en surveillant les effets respiratoires. Une forte dose brutalement administrée inverse également les effets de l'analgésie.

— **Dépression respiratoire en cas de traitement par antalgiques centraux administrés par la voie médullaire.** En situation chronique, elle est toujours le résultat d'une erreur de dilution ou de dosage :
- si l'erreur est reconnue immédiatement : expectative armée : pas de **Narcan** si pas de dépression, transport à l'hôpital par le SAMU,
- si l'erreur n'a pas été reconnue : c'est la situation d'urgence déjà décrite.

B. Les moins urgentes exigent un raisonnement médical pour évaluer la part des interactions

— **Troubles du comportement :** somnolence, dysphorie, hallucinations, délires, convulsions, clonies.
En début de traitement :
- problème de dose,
- de choix de la molécule (le **Temgésic** est générateur de dysphorie, le **Dolosal** de mouvements cloniques),
- d'association avec certains neuroleptiques ou antidépresseurs ou anxiolytiques : moduler le choix, adapter les doses.

En régime de croisière, **penser d'abord à la maladie :**

- scanner, RMN, à la recherche de métastase cérébrale et pour le transport : stéroïdien à forte dose : **Hémisuccinate d'Hydrocortisone**, 1 ou 2 g,
- penser aussi aux associations récemment prescrites, chez le vieillard. Les stéroïdiens en association aux antalgiques centraux, sont souvent mal tolérés,
- penser à un trouble métabolique, surtout à l'insuffisance rénale et hyponatrémie : bilan rénal et ionique complet,
- diminuer les doses après un examen neurologique complet et bilan.

– **Exacerbation de la douleur :**
  - augmenter les doses mais seulement après un examen neurologique complet,
  - se méfier de douleurs bilatérales. Les compressions médullaires sont souvent reconnues trop tardivement. Penser à la PL,
  - se méfier de l'apparition d'autres sites douloureux : enquête étiologique.

– **Vomissements, état subocclusif :**
  - vomissements seuls : penser à l'hypercalcémie,
  - état subocclusif : lavement de gros volume, paraffine, pas d'accélérateurs péristaltiques trop violents,
  - penser à faire un TR (fécalome) puis ASP (occlusion).

– **Troubles sphinctériens :**
  - en début de traitement, ils s'amendent,
  - plus tard, toujours penser à des atteintes neurologiques métastatiques.

5. La prévention

Surveiller et prévenir les effets secondaires en début de traitement

– Asepsie chirurgicale pour toutes les injections dans un site,
– Antiémétique : **Anausin** 1 cp matin et soir,
– Ne pas laisser constiper : régime, exercice, laxatif doux : **Duphalac**, **Jamylène**, **Péristaltine**, voire **Mestinon**. Ne pas augmenter le bol alimentaire.
– Prurit : pas de solution miracle, rarement incoercible, penser aux anti-H1,
– Rétention d'urine : souvent transitoire, sinon témoin d'un processus qui peut imposer un sondage,
– Protection gastrique systématique (**Cytotec**) pour toute utilisation d'anti-inflammatoire et d'aspirine.

S'adapter à la maladie et aux interactions des différents traitements en période de croisière

– Arrêter les anti-inflammatoires dans les deux semaines qui suivent la cure de chimiothérapie,
– Surveiller les fonctions rénale (morphiniques, AINS) et hépatique (paracétamol, tricycliques),
– Savoir choisir un autre médicament en fonction des interactions constatées,
– Savoir choisir une autre voie (voie périmédullaire si syndrome subocclusif),
– Bien connaître les modalités d'injection en cas de voie périmédullaire et pouvoir les réexpliquer à l'infirmière,
– Etablir des rapports de confiance pour que tout soit dit en cas d'erreur humaine,
– S'assurer d'une chaîne de soins personnalisée avec différents numéros d'appel urgent,
– Repasser fréquemment pour surveiller et examiner cliniquement le patient même et surtout en phase terminale.

Rappel des modalités légales de prescription des antalgiques centraux moyens et puissants

Médicaments	Prescription par le praticien		Délivrance par le pharmacien
	Ordonnance	Durée de la prescription	Quantité délivrée
Morphine (chlorhydrate) Solution orale Stupéfiant	Sur carnet à souches Prescription en lettres	Limitée à 14 jours. Pas de chevauchement d'ordonnances entre 2 prescriptions, sauf mention expresse.	Pour 14 jours au maximum à compter de la date de prescription et seulement pour la durée restant à courir au moment de la présentation de l'ordonnance.
Morphine (sulfate) cp ou gélule à libération prolongée (orale) **Moscontin, Skénan** Stupéfiant	Idem	Limitée à 28 jours. Mêmes conditions que ci-dessus (JO 6/9/95)	Pour 28 jours au maximum. Mêmes conditions que ci-dessus.
Morphine injectable (chlorhydrate) pour injections discontinues Autres opioïdes forts : **Dolosal** (injectable), **Palfium** (oral et injectable) Stupéfiants	Sur carnet à souches Prescription en lettres	Limitée à 7 jours. Pas de chevauchement d'ordonnances entre 2 prescriptions, sauf mention expresse.	Pour 7 jours au maximum à compter de la date de prescription et seulement pour la durée restant à courir au moment de la présentation de l'ordonnance.
Morphine injectable (chlorhydrate) pour injection continue (pompes ambulatoires) Stupéfiant	Idem	Autorisée à 28 jours. Mêmes conditions que ci-dessus. (JO du 13/3/95).	Pour 28 jours aux mêmes conditions que ci-dessus
• **Temgésic** Liste 1 avec réserve	Sur carnet à souches Prescription en lettres	Limitée à 28 jours	Pour 28 jours maximum
• **Antalgiques centraux** moyens liste 1	Simple ordonnance, prescription médicale non renouvelable sauf mention expresse contraire.	Limitée à 12 mois.	Pour 30 jours au maximum sur présentation de l'ordonnance.

Surveillance d'un patient opéré d'une tumeur ORL

Dr C. LE PAJOLEC

1. Définition de la pathologie et grands principes du traitement

Suivant le type de tumeur opéré :

– L'intervention a eu lieu sur la cavité buccale ou l'oropharynx : la surveillance est plus facile.

– L'intervention a eu lieu sur l'hypopharynx ou le larynx : deux cas :

- il s'agit d'une intervention partielle : le patient parle et mange normalement mais peut présenter des troubles de déglutition (fausses routes) et des troubles respiratoires, la rééducation orthophonique et de la déglutition reste à poursuivre,
- l'intervention n'a pas conservé le larynx (laryngectomie totale ou pharyngo-laryngectomie totale) : il n'y a pas de risque de fausse route puisque les voies aériennes et digestives sont séparées (sauf fistule) mais les troubles respiratoires sont possibles (ex : canule avec bouchon). L'alimentation est généralement normale, sans rééducation prolongée.

– Le patient est porteur d'une prothèse phonatoire destinée à laisser passer l'air vers le pharynx pour faire vibrer ses structures. En bouchant le tracheostome, elle se comporte comme une valve à sens unique (trachée → œsophage) avec clapet anti-reflux empêchant les fausses routes de salive ou alimentaires.

2. Eléments de surveillance

– État local : inspection et palpation (cavité buccale) des zones opérées et du trachéostome.

– État cervical : apparition ou réapparition de ganglions.

– État général : reprise de poids ou stagnation, voire perte de poids, asthénie et douleurs devant faire évoquer une récidive.

– Radiothérapie et/ou chimiothérapie associées.

– Localisations secondaires toujours possibles (poumon - os - cerveau).

– Prothèse : quel est son type ? Est-elle propre ? Présente-t-elle des fuites ? (le patient est suivi par une équipe spécialisée).

3. Les « coups durs »

– Chez le malade laryngectomisé : les obstructions de canule (voir « Surveillance d'un patient trachéotomisé et ventilé à domicile »), les hémorragies et lésions péricanulaires.

– Chez le malade ayant subi une laryngectomie partielle ou une intervention buccale : les fausses routes (pneumopathies) et les dyspnées (œdème, récidive ?).

– Chez le patient porteur de prothèse : perte, fuites à chaque mouvement de déglutition.

4. La bonne attitude en cas de « coups durs »

– En cas de bouchon obstruant le tracheostome ou de sténose : nettoyer à la pince, humidifier pour retirer les croûtes, faire tousser. S'il existe une véritable sténose, adresser à l'ORL rapidemment pour dilatation.
– En cas de chute de la prothèse phonatoire : mettre en place une sonde gastrique par l'orifice de la prothèse (Ch 12 ou Ch 174) dans l'œsophage pour obturer la puncture et adresser à l'ORL en urgence.
– En cas de pneumopathie **Augmentin** 2 g par jour.
– En cas de dyspnée, corticothérapie par voie IV ou per os et adresser rapidement au chirurgien ORL pour examen (œdème?).

5. La prévention

Chez le laryngectomisé : soins du trachéostome : laver la peau au savon de Marseille, sécher, changer la canule 1 fois par jour et la chemise interne aussi souvent que nécessaire (aucun risque que l'orifice se referme). Faire louer un aspirateur trachéal et un appareil pour aérosols. Chez le sujet ayant subi une intervention partielle : alimentation plutôt pâteuse au départ, puis diversifiée (normalement, le patient aura eu un conseil diététique avant de quitter l'hôpital).

Surveillance d'un patient hypertendu

Dr B. BOUJON

1. Définition de la pathologie et grands principes du traitement

- Le traitement anti-hypertenseur a un triple but :
  - ramener les chiffres tensionnels au repos à la normale : moins de 160 mmHg pour la systolique, moins de 95 mmHg pour la diastolique,
  - diminuer pour un patient donné le risque de complication de l'HTA, qu'il soit neurologique ou cardio-vasculaire,
  - être parfaitement toléré : ne pas rendre symptomatique un patient asymptomatique.
- En première intention, le choix se fait entre (voir tableau 1) :
  - diurétiques,
  - bêta-bloquants,
  - inhibiteurs de l'enzyme de conversion,
  - inhibiteurs calciques,
  - inhibiteur sélectif de l'endazoline.

2. Éléments de surveillance

A. La surveillance de l'hypertendu

- Tous les trois mois, examen clinique :
  - prise de tension artérielle après 10 minutes de repos allongé, aux deux bras, puis debout,
  - interrogatoire : observance thérapeutique, signes neuro-sensoriels, angor, dyspnée,
  - examen physique, observance thérapeutique : insuffisance cardiaque, pouls périphériques, souffle vasculaire.
- Tous les ans, examens complémentaires :
  - créatinine plasmatique, ionogramme sanguin, uricémie,
  - glycémie, cholestérol, triglycérides sanguins,
  - recherche de protéinurie, hématurie (bandelettes),
  - électrocardiogramme,
  - radiographie thoracique éventuelle,
  - fond d'œil.

B. Surveillance du traitement anti-hypertenseur

- Diurétiques : créatininémie, uricémie, natrémie, kaliémie, calcémie, glycémie.
- Bêta-bloquants : fréquence cardiaque (entre 50 et 65 au repos), signes d'insuffisance cardiaque, électrocardiogramme (troubles de conduction), radiographie thoracique.

— Inhibiteurs de l'enzyme de conversion : créatinine plasmatique, kaliémie.
— Inhibiteurs calciques : TA couché et debout, transaminases.
— **Aldomet** : hémogramme.
— **Catapressan** : électrocardiogramme (troubles de conduction).

3. Les « coups durs »

Complications de l'HTA

— L'HTA maligne est devenue une éventualité rare avec le développement des diverses classes d'anti-hypertenseurs.
— La crise hypertensive simple, sans retentissement viscéral important, est le plus souvent de bon pronostic, mais doit faire reconsidérer l'enquête étiologique et l'attitude thérapeutique au long cours.
— Les complications les plus graves sont liées au retentissement de l'HTA :
  • œdème cérébral, accident vasculaire cérébral, accident ischémique transitoire,
  • œdème pulmonaire aigu,
  • devant une douleur thoracique, il faut évoquer le diagnostic d'insuffisance coronaire aiguë, mais aussi celui de dissection aortique,
  • ischémie aiguë d'un membre inférieur, fissuration ou rupture d'un anévrysme de l'aorte abdominale, insuffisance rénale aiguë.
— L'épistaxis est une complication bénigne, mais assez fréquente.

Effets secondaires du traitement anti-hypertenseur (voir tableau 2)
Quelques remarques :
— L'utilisation d'associations diurétiques ne dispense pas de surveiller la kaliémie (risque d'hypo ou d'hyperkaliémie).
— L'asthme reste une contre-indication des bêta-bloquants, même bêta-2-sélectifs, en raison du risque d'asthme aigu grave.
— Les inhibiteurs de l'enzyme de conversion exposent chez les sujets hypovolémiques (traitement diurétique) au risque d'hypotension brutale.
— Ne jamais associer inhibiteur de l'enzyme de conversion et médicaments hyperkaliémiants, même si la kaliémie paraît normale : en cas de déshydratation, un cercle vicieux risque de s'installer rapidement : hypovolémie, insuffisance rénale (absence de réponse vasopressive adaptée), hyperkaliémie.
— Les inhibiteurs calciques et les anti-hypertenseurs centraux ont peu de contre-indications et sont faciles à manier, mais des effets secondaires bénins peuvent être observés.

4. La bonne attitude en cas de « coups durs »

Liés à la maladie hypertensive
Outre le contrôle de la tension artérielle, le plus souvent par de l'**Adalate** sublingual.
— Accident vasculaire cérébral : assurer la liberté des voies respiratoires et hospitaliser.
— Douleur thoracique : ne pas chercher à faire céder la douleur à tout prix (2 bouffées de **Natispray** suffisent) et appeler le SAMU : le pronostic dépend de la rapidité d'intervention.

– Œdème pulmonaire aigu : **Lasilix** 2 amp à 20 mg IVD, **Natispray**, oxygène : en cas d'obtention d'une crise diurétique, l'hospitalisation peut être évitée.
– Épistaxis : compression nasale bidigitale prolongée, méchage.

Conséquences du traitement

Outre l'arrêt du médicament responsable :

– Hypokaliémie :
  • inférieure à 3,5 mmol/l : recharge rapide en potassium, par exemple par **Diffu-K** 6 gél/j, ou **Kaléorid** LP 6 cp/j,
  • inférieure à 2,5 mmol/l : hospitalisation : KCl par voie parentérale,
– Hyperkaliémie :
  • supérieure à 5,5 mmol/l : **Kayexalate** 3 cuillères à soupe par jour, alcalinisation par eau de Vichy 500 ml/j,
  • supérieure à 7 mmol/l ou anomalies de l'ECG : hospitalisation : alcalinisation IV.
– Bloc auriculo-ventriculaire mal toléré : **Atropine** 0,5 mg IV, voire **Isuprel** 5 amp dans 250 ml de G5 % en perfusion adaptée, alcalinisation.
– Hypotension : position allongée jambes surélevées, remplissage.

5. La prévention

– Respecter les contre-indications (voir tableau 2),
– Certaines associations sont interdites :
  • bêta-bloquants + vérapamil (**Isoptine**),
  • bêta-bloquants + bépridil (**Cordium**),
  • bêta-bloquants + diltiazem (**Tildiem**) + amiodarone (**Cordarone**),
  • bêta-bloquants + digitaliques,
  • inhibiteurs de l'enzyme de conversion + diurétiques épargneurs de potassium (même au sein d'association dite équilibrée),
  • diurétiques hypokaliémiants et médicaments susceptibles d'entraîner une torsade de pointe (quinidiniques, bépridil),
  • éviter la prise concomitante de plusieurs vaso-dilatateurs,
  • éviter l'association inhibiteur de l'enzyme de conversion et anti-inflammatoires non stéroïdiens en cas d'insuffisance rénale même modérée.
– Éduquer correctement le patient, avec éventuellement surveillance de la TA par auto-tensiomètre.
– Dépister et traiter les autres facteurs de risque d'athérosclérose :
  • tabagisme,
  • dyslipidémie : cholestérol, triglycérides sanguins.

Posologie quotidienne moyenne des principaux anti-hypertenseurs

	Nom Commercial	DCI	Poso	Remarques
Diurétiques	ALDACTAZINE	altizide + spironolactone	1 cp/j	Respecte la kaliémie
	ALDALIX	furosémide + spironolactone	1 cp/j	Respecte la kaliémie
	CYCLOTERIAM	cyclothiazide + triamtérène	1 cp/j	Respecte la kaliémie
	DIFLUREX	acide tiélinique	1 cp/j	Uricosurique
	EURELIX	pirétamide	1 cp/j	Diurétique de l'anse
	FLUDEX	indapamine	1 cp/j	Effet vaso-relaxant
	ISOBAR	méthocyclothiazide + triamtérène	1 cp/j	Respecte la kaliémie
	LASILIX	furosémide	1 cp/j	Utilisable chez l'insuffisant rénal
	LOGIRENE	furosémide + amiloride	1 cp/j	Respecte la kaliémie
	LUMITENS 20 mg	xipamide	1 cp/j	
	MODURETIC	hydrochlorothiazide + amiloride	1 cp/j	Respecte la kaliémie
	PRESTOLE	hydrochlorothiazide + triamtérène	1 cp/j	Respecte la kaliémie
	PRACTAZIN	altizide + spironolactone	1 cp/j	Respecte la kaliémie
Béta-Bloquants	ARTEX 5 mg	tertatolol	1 cp/j	Préserve l'hémodynamique rénale
	BETATOP	aténolol	1 cp/j	Cardio-sélectif
	AVLOCARDYL-RETARD	propranolol	1 gél/j	Chef de file
	CELECTOL 200 mg	céliprolol	1 cp/j	ß1-bloquant, ß2-agoniste partiel
	DETENSIEL 10 mg	bisoprolol	1 cp/j	Hypercardio-sélectif
	KERLONE 20 mg	bétaxolol	1 cp/j	Cardio-sélectif
	LOPRESSOR 200	métoprolol	1 cp/j	Cardio-sélectif
	SECTRAL 400	acébutolol	1 cp/j	Cardio-sélectif
	SELOKEN 200	métoprolol	1 cp/j	Cardio-sélectif
	SOPROL 10 mg	bisoprolol	1 cp/j	Hypercardio-sélectif
	TENORMINE	aténolol	1 cp/j	Cardio-sélectif
	TRANDATE	labétolol	2 cp/j	Alpha-bloquant
	VISKEN-QUINZE	pindolol	1 cp/j	Activité ß-stimulante intrinsèque
Inhibiteurs calciques	ADALATE 20 mg LP	nifédipine	2 cp/j	Dihydropyridine
	AMLOR	amlodipine	1 cp/j	Dihydropyridine
	BAYPRESS 20 mg	nitrendipine	1 cp/j	Dihydropyridine
	CHRONADALATE	nifédipine	1 cp/j	Dihydropyridine
	FLODIL LP 5 mg	félodipine	1 cp/j	Dihydropyridine
	ICAZ LP 5 mg	isradipine	1 gél/j	Dihydropyridine
	ISOPTINE 240 mg LP	vérapamil	1 cp/j	
	LOXEN 50 mg LP	nicardipine	2 gél/j	Dihydropyridine
	NIDREL 20 mg	nitrendipine	1 cp/j	Dihydropyridine
	TILDIEM 300 mg LP	diltiazem	1 gél/j	
Inhibiteurs enzyme de conversion	ACUITEL	quinapril	1 cp/j	
	BRIEM	bénazépril	1 cp/j	
	CAPTOLANE 50 mg	captopril	2 cp/j	Chef de file
	CIBACENE 10 mg	bénazépril	1 cp/j	
	COVERSYL 4 mg	périndopril	1 cp/j	
	GOPTEN 2 mg	trandolapril	1 cp/j	
	JUSTOR	cilazapril	1 cp/j	
	KOREC 20 mg	quinapril	1 cp/j	
	LOPRIL 50 mg	captopril	2 cp/j	Chef de file
	ODRIK 2 mg	trandolapril	1 cp/j	
	PRINIVIL 20 mg	lisinopril	1 cp/j	
	RENITEC 20 mg	énalapril	1 cp/j	
	TRIATEC 2,5 mg	ramipril	1 gél/j	
	ZESTRIL 20 mg	lisinopril	1 cp/j	
Centraux	ALDOMET 250 mg	alpha-méthyl-dopa	3 cp/j	
	CATAPRESSAN	clonidine	3 cp/j	

Posologie quotidienne moyenne des principaux anti-hypertenseurs *(suite)*

	Nom Commercial	DCI	Poso	Remarques
Vasodilateurs	ALPRESS LP 5 mg EUPRESSYL 60 mg LONOTEN 10 mg MEDIATENSYL 60 mg TENSTATEN	prazosine urapidil minoxidil urapidil ciclétanine	1 cp/j 2 gél/j 2 cp/j 2 gél/j 1 cp/j	Alpha-1 bloquant post-synaptique Alpha-1 bloquant post-synaptique Réserver aux HTA sévères Alpha-1 bloquant post-synaptique Stimulation de la prostacycline
Associations	BETA-ADALATE CIBADREX CAPTEA CORENITEC ECAZIDE LOGROTON PRINZIDE TENORDATE ZESTORETIC	aténolol + nifédipine bénazépril + hydrochlorothiazide captopril + hydrochlorothiazide énalapril + hydrochlorothiazide captopril + hydrochlorothiazide chlortalidone + métoprolol lisinopril + hydrochlorothiazide aténolol + nifédipine lisinopril + hydrochlorothiazide	1 gél/j 1 cp/j 1 cp/j 1 cp/j 1 cp/j 1 cp/j 1 cp/j 1 gél/j 1 cp/j	
Ral*	HYPERIUM 1 mg	rilménidine	1 cp/j	
Ara**	COZAAR	losartan	1 cp/j	

* Antihypertenseur sélectif des Récepteurs aux Imidazolines bulbaires et rénaux.
** Antagoniste des récepteurs de l'angiotensine II.

Effets secondaires et contre-indications des grandes classes d'anti-hypertenseurs

	Effets secondaires	Contre-indications
Diurétiques (Thiazidiques)	- Hypokaliémie - Déshydratation - Hyponatrémie - Hyperuricémie	- Insuffisance rénale sévère - Encéphalopathie hépatique
Bêta-bloquants	Généralement bénins : - Asthénie en début de traitement - Troubles du sommeil - Sensibilité au froid des extrémités Cependant possibilité de : - Bloc auriculo-ventriculaire - Bradycardie sévère - Chute tensionnelle - Insuffisance cardiaque - Crise d'asthme - Masque l'hypoglycémie	- Bloc auriculo-ventriculaire de haut degré non appareillé - Insuffisance cardiaque congestive décompensée - Asthme, BPCO avec composante spastique - Raynaud
Inhibiteur de l'enzyme de conversion	Habituellement transitoires et modérés : - Étourdissements, céphalées - Troubles digestifs Rares : - Toux - Hypo TA orthostatique Très rares : - Insuffisance rénale réversible - Modification de la kaliémie	- Association aux diurétiques épargnant le potassium - Diminution des doses en cas d'insuffisance rénale - Prudence chez l'athéromateux (sténose rénale bilatérale) - Rétrécissement aortique serré - Allergie - Grossesse
Inhibiteurs calciques	Plutôt en début de traitement et réversible à l'arrêt de celui-ci : - Céphalées - Bouffées vasomotrices - Œdèmes des membres inférieurs Plus rarement : - Hypo TA orthostatique - Allergies	- Rétrécissement aortique serré - Allaitement - Grossesse
Alpha 2 Stimulants	Effets centraux : - Asthénie, Troubles sexuels - Rétention hydrosodée - Troubles digestifs	

Surveillance au long cours d'un patient coronarien

Dr P. SELLIER

Cette surveillance a pour but de vérifier l'adaptation du traitement et la stabilité du patient, afin de dépister toute évolutivité vers une forme aiguë ou toute complication.

1. Définition de la pathologie et grands principes du traitement

La principale cause de l'insuffisance coronaire est l'athérosclérose coronarienne. L'ischémie myocardique dont elle est responsable est due à une non-adéquation entre les apports et les besoins en oxygène au niveau du muscle cardiaque. Un de ses symptômes est l'angor, déclenché soit par une augmentation des besoins (effort), soit par une diminution des apports (spasme, thrombose). L'infarctus du myocarde est causé par une ischémie prolongée, entraînant une mort cellulaire. Cette ischémie est due le plus souvent à une occlusion coronaire (rupture de plaque, thrombose, spasme).

Le traitement de fond doit comprendre, en fonction des cas :

- La correction des facteurs de risque, toujours de mise, et le maintien d'une activité physique régulière.
- Le traitement curatif des crises angineuses par trinitrine sublinguale : **Natirose, Natispray Fort, Lenitral Spray, Trinitrine,** à la demande.
- Le traitement préventif par des médicaments anti-angineux, isolés ou en association :
  - bêtabloquants, par exemple : **Ténormine** 1 cp/j, **Sectral** 1 cp × 2 à 3/j,
  - calcium bloquant : **Tildiem** 60 mg : 1 cp × 4/j, **Isoptine** 120 mg : 3 cp/j, **Cordium** : 1 cp × 3/j, **Adalate** 10 mg : 1 cp × 3/j, **Amlor** 5 mg : 1 à 2 cp/j,
  - dérivés nitrés à longue action : **Risordan** LP 40 : 1 cp/j, **Monicor** 40 ou 60 mg : 1 cp/j ou patch de **Trinitrine** 5 ou 15 mg, **Corvasal** 2 mg : 1 à 2 cp × 3/j,
  - activateurs des canaux potassiques : **Ikorel** 10 ou 20 mg : 1 cp × 2/j (débuter par 10 mg : 1/2 cp × 2/j pendant quelques jours),
  - anti-ischémiques : **Vastarel** 20 mg × 3/j.
- Le traitement préventif des thromboses : **Aspirine** (100 à 250 mg/j), autres anti-agrégants plaquettaires (**Ticlid** 2 cp/j, **Persantine** 75 mg : 3 cp/j), voire anticoagulants.
- Une revascularisation myocardique (pontage aorto-coronaire, angioplastie) est indiquée en cas de persistance des symptômes sous traitement, en fonction des données de la coronarographie et de l'état du ventricule gauche.

2. Éléments de surveillance

Ils sont essentiels pour évaluer les effets du traitement et détecter toute évolutivité. Un avis cardiologique périodique est indispensable :

- Examen clinique : crises angineuses (fréquence, durée sévérité, circonstances déclenchantes), examen cardiovasculaire (fréquence cardiaque, poids, pression artérielle, auscultation cardiaque et pulmonaire, recherche d'autres atteintes vasculaires).

VASTAREL 20 mg

Trimétazidine

Anti-ischémique cytoprotecteur sans action hémodynamique

un abord différent du traitement de l'angor

Au cours de l'ischémie, la trimétazidine favorise l'oxydation mitochondriale du glucose aux dépens de l'utilisation des acides gras, ce qui permet de maintenir une meilleure production d'ATP.

Fantini E., Demaison L., Sentex E., Grynberg A., Athias P. Some biochemical aspects of the protective effect of trimetazidine on rat cardiomyocytes during hypoxia and reoxygenation. J Mol Cell Cardiol 1994 ; 26 : 949-958.

96 VA 17 P-1 Londinsky - Photo CNRI

Principe actif : dichlorhydrate de trimétazidine. **Présentations-composition :** boîte de 60 comprimés enrobés dosés à 20 mg. Gouttes buvables dosées à 20 mg/ml (1 goutte = 1 mg), flacon de 60 ml. **Propriétés :** par son mode d'action sur les métabolismes énergétiques et sur le taux d'ATP dans la cellule ischémiée, Vastarel 20 mg protège l'homéostasie cellulaire en contrôlant les flux ioniques de part et d'autre de la membrane. Les études expérimentales menées au niveau des tissus myocardique, cérébral et hépatique ont montré que Vastarel 20 mg s'oppose aux modifications métaboliques, énergétiques et électrophysiologiques provoquées par l'hypoxie ou l'ischémie. **Indications thérapeutiques :** en cardiologie : insuffisance coronarienne (angine de poitrine, suite d'infarctus) ; en ophtalmologie : atteintes vasculaires choriorétiniennes ; en oto-rhino-laryngologie : vertiges d'origine vasculaire, vertiges de Ménière, acouphènes. **Mode d'emploi et posologie :** 40 à 60 mg par 24 heures, soit : 2 à 3 comprimés, ou 40 à 60 gouttes (2 à 3 ml), à avaler avec un peu d'eau au moment des repas.

Coût du traitement journalier : 2,42 à 3,62 F. AMM n° 322.050.6 (comprimés), AMM 322.752.0 (gouttes buvables). Remb. S.S. (65 %). Adm. Collectivités. Prix : 72,50 F. **Information médicale : Biopharma** - 29, rue du Pont - 92200 Neuilly-sur-Seine - Tél. : (1) 46 41 60 00 • Les Laboratoires Servier - 22, rue Garnier - 92200 Neuilly-sur-Seine.

VASTAREL 20 mg

2 à 3 comprimés par jour

— ECG de repos (recherche de signes d'ischémie ou de nécrose).
— Épreuve d'effort annuelle pour évaluer la tolérance à l'effort, l'importance de l'ischémie. En cas de besoin, une scintigraphie myocardique couplée à l'effort permet de confirmer le diagnostic et/ou de déterminer la zone myocardique qui souffre.
— Enregistrement Holter pour dépister des épisodes ischémiques asymptomatiques (quand l'épreuve d'effort est contre indiquée), des troubles du rythme (ESV).
— Examens biologiques pour vérifier la correction des facteurs de risque (lipides, glycémie) et éventuellement la coagulation en cas de traitement anticoagulant.

3. Les « coups durs »

De la pathologie :
— Soit l'angine de poitrine devient instable (crises plus longues, plus douloureuses, spontanées, ou pour des efforts minimes, résistantes à la trinitrine), soit la survenue d'une douleur prolongée avec malaise, troubles digestifs, chute de pression artérielle, évoque la survenue d'un infarctus du myocarde. Elle doit de toute façon entraîner l'hospitalisation.
— Au cours de l'évolution peuvent survenir également des troubles du rythme ventriculaires ou supraventriculaires, ou une insuffisance cardiaque aiguë (œdème pulmonaire) favorisée par une ischémie, une nécrose myocardique récente.

Du traitement :
Il peut entraîner intolérance ou accidents :
— Bêtabloquants : bradycardie, asthme, insuffisance cardiaque, hypotension artérielle.
— Inhibiteurs du calcium : hypotension artérielle, œdèmes des membres inférieurs, bradycardie (pour certains), troubles de conduction, dépression myocardique, flush.
— Aspirine, antiagrégants, anticoagulants : hémorragies, notamment digestives.

4. La bonne attitude en cas de « coups durs »

Dûs à la pathologie : en cas d'évolutivité (angor instable, infarctus du myocarde suspectés), transférer le patient à l'hôpital (SAMU) pour un dosage enzymatique, un traitement médical et si besoin une coronarographie. Le SAMU peut, après confirmation ECG du diagnostic de nécrose et en l'absence de contre-indication, démarrer une thrombolyse au domicile. En attendant le SAMU, ne pas faire d'injection intra-musculaire qui interdirait ce traitement, donner de l'**Aspirine** et de la **Trinitrine** sublinguale.
— En cas d'insuffisance cardiaque aiguë donner, en attendant le SAMU, des dérivés nitrés par voie sublinguale (**Natirose, Natispray Fort, Lénitral**), diurétiques (**Lasilix** IV).
— En cas de troubles du rythme sévères, seule l'hospitalisation en urgence par le SAMU permet un monitorage rapide, un traitement adéquat et une défibrillation si nécessaire.

Dûs au traitement : devant une intolérance, diminuer les doses ou arrêter le médicament suivant les cas. Le remplacer, en l'absence de contre-indication par un médicament d'une autre classe. En cas d'accident grave (insuffisance cardiaque, troubles de conduction, hémorragie), hospitaliser le patient.

HYPERCHOLESTEROLEMIES ET RISQUE CORONAIRE

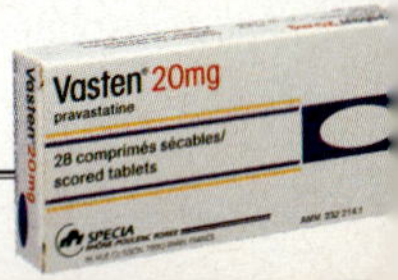

5. La prévention

Afin d'éviter ou de minimiser les conséquences des « coups durs », il faut de façon régulière et toute au long de la vie, en collaboration avec le cardiologue :

- Corriger totalement les facteurs de risque (arrêt du tabac, cholestérol total < 2 g/l, pression artérielle dans les limites de la normale, activité physique régulière, etc).
- En cas d'hypercholestérolémie résistante au régime, compléter le traitement par un hypocholestérolémiant (à ce jour, seules les « statines » ont une efficacité démontrée sur le risque de mortalité ou de récidive d'infarctus).
- Eduquer le patient pour qu'il connaisse sa maladie, ses causes, son traitement, qu'il comprenne l'intérêt de la correction des facteurs de risque. Il faut qu'il sache reconnaitre les symptômes d'alerte évoquant une évolutivité (infarctus du myocarde +++), qu'il connaisse les numéros de téléphone d'urgence à contacter, qu'il ait sur lui un ECG et éventuellement un compte-rendu.
- Evaluer périodiquement le patient sur le plan clinique, une fois par an par épreuve d'effort, et si besoin par échocardiogramme (fonction ventriculaire).
- Si une évolutivité est suspectée, hospitaliser rapidement le patient afin de discuter une coronarographie et une revascularisation myocardique si nécessaire.

Surveillance d'un patient traité par les bêta-bloquants

Dr J.M. MONTELY

1. Définition de la pathologie et grands principes du traitement

Pour plus de détails, on consultera le chapitre « Comment prescrire un traitement bêta-bloquant » où l'on trouvera notamment un tableau avec les propriétés et les posologies usuelles des principaux produits commercialisés.

1. Propriétés et produits

Les bêta-bloquants ont tous en commun l'inhibition de la réponse des bêta-récepteurs adrénergiques aux catécholamines, dosage et présentation assurant une équivalence de tous les produits ; ils différent par certaines propriétés :

- Les cardiosélectifs (CS) bloquent préférentiellement les récepteurs bêta 1 cardiaques et épargnent relativement les récepteurs bêta 2 vasodilatateurs et bronchodilatateurs.
- Les produits avec activité sympathomimétique intrinsèque (ASI) produisent une bradycardie et une chute du débit cardiaque moindre, surtout au repos ; ils auraient aussi moins d'effet vasoconstricteur ou bronchoconstricteur et n'abaisssent pas le rapport HDL cholestérol/LDL.
- Le **Trandate** a également une activité alpha-inhibitrice et le **Sotalex** est de plus un anti-arythmique de classe III.

2. Indications

Les principales sont cardio-vasculaires :

- Toutes les formes cliniques de cardiopathie ischémique : angor d'effort, angor instable (sauf l'angor de Prinzmetal), infarctus du myocarde et post-infarctus.
- Hypertension artérielle.
- Troubles du rythme jonctionnels, troubles du rythme auriculaires et ventriculaires catécholergiques ou d'origine ischémique.
- Cardiomyopathies hypertrophiques obstructives.
- Pathologie fonctionnelle pseudo cardiaque.
- Hyperthyroïdies parallèlement au traitement spécifique.

Autres indications :

- En neurologie, prévention des migraines, traitement du tremblement essentiel.
- Prévention des récidives hémorragiques de l'hypertension portale.
- Traitement des symptômes de l'anxiété.
- En ophtalmologie, traitement par collyre du glaucome.

3. Contre-indications formelles

- Asthme même pour les CS.
- Insuffisance cardiaque congestive ; mais l'œdème pulmonaire par HTA, les troubles du rythme, l'angor ne sont pas des contre-indications si la fonction systolique est conservée (bilan échocardiographique). Le traitement par bêta-bloquant à faible dose dans l'insuffisance cardiaque reste en évaluation.
- Bradycardie sinusale profonde, bloc auriculo-ventriculaire du 2e ou du 3e degré en l'absence de mise en place d'un pacemaker.
- Syndrome de Raynaud connu.

4. Contre-indication relatives

– Diabète insulino-dépendant ; si indication préférer un CS ou avec ASI.
– Artériopathie des membres inférieurs : seulement aux stades III ou IV ; dans les formes stables, CS, ASI, ou **Trandate** de préférence.
– Phéochromocytome tant que pas de blocage alpha : indication du **Trandate.**
– Femme enceinte, pour HTA gravidique, traitement possible avec surveillance accrue du nouveau-né et absence d'allaitement.

2. Eléments de surveillance

1. Clinique

Avant traitement, après quelques semaines et à chaque renouvellement d'ordonnance :

– Interrogatoire : douleurs thoraciques, dyspnée, œdèmes, palpitations, malaises, fatigue.
– Examen clinique : fréquence cardiaque au repos sur une minute doit être supérieure à 50/min et inférieure à 65.
  • trop élevée : dosage insuffisant, non observance, trouble du rythme,
  • trop basse : surdosage, complication.
– Mesure de la PA couché et debout : efficacité du traitement anti-hypertenseur, recherche hypotension orthostatique.
– Recherche de signes d'insuffisance cardiaque : gros foie, œdèmes des membres inférieurs (OMI), râles crépitants.
– Mauvaise tolérance bronchique : râles sibilants.

2. Electrocardiogramme

– Avant traitement (dépiste une contre-indication, bilan cardiopathie).
– Après quelques semaines de traitement et une fois par an pour l'HTA, plus souvent chez les coronariens, mesure précise de la fréquence (FC) et de PR.
– À refaire pour toute anomalie clinique, notamment malaise, tachycardie ou bradycardie excessive (FC inférieure à 50 chez le sujet jeune, 60 chez le vieillard).

3. Autres examens

Ils dépendent de la cardiopathie et de l'indication du traitement :

– Radio thoracique : cardiomégalie, vascularisation et trame pulmonaire.
– Échocardiographie pour le bilan de la fonction ventriculaire avant traitement si cardiomégalie, infarctus ancien, suspicion d'insuffisance cardiaque.
– ECG d'effort une fois par an chez l'angineux ou après infarctus pour apprécier le bêta-blocage à l'effort, le seuil ischémique et l'évolutivité.
– Holter si prescription pour troubles du rythme.

3. Les « coups durs »

1. Insuffisance cardiaque

– À suspecter devant une dyspnée d'effort d'aggravation progressive.
– Œdème aigu pulmonaire avec orthopnée, râles crépitants.
– Insuffisance cardiaque globale avec prise de poids, œdèmes des membres inférieurs, foie cardiaque.

2. Bradycardie excessive

– Malaise, syncope ou insuffisance cardiaque inexpliquée.
– Bradycardie inférieure à 50/min ou pauses cardiaques.
– ECG indispensable pour préciser la cause, bloc auriculo-ventriculaire ou dysfonction sinusale.

3. Asthme

– Soit pathologie méconnue à la prescription, soit révélation tardive, soit facteur spasmodique au cours d'une bronchopathie obstructive chronique.
– Dyspnée avec perception de râles bronchiques et sibilances.
– Si difficile à différencier d'une insuffisance cardiaque, radio thoracique.

4. Arrêt brutal du traitement

Comporte particulièrement chez l'angineux un risque d'évolution de la cardiopathie : poussée tensionnelle, aggravation de l'angor, infarctus, trouble du rythme.

5. Symptômes mineurs

– Apparition d'un phénomène de Raynaud.
– Asthénie.

6. Evolution de la pathologie traitée

De multiples symptômes peuvent traduire un accident évolutif de la cardiopathie traitée malgré le traitement bêta-bloquant :
– Aggravation d'un angor avec angor d'effort invalidant ou apparition d'un angor spontané.
– Crise d'angor prolongée : menace ou infarctus du myocarde.
– Trouble du rythme.

4. La bonne attitude en cas de « coups durs »

– Toutes les complications majeures du traitement ou les accidents évolutifs de la pathologie méritent une hospitalisation.
– En cas de complication du traitement bêta-bloquant, arrêt de celui-ci et traitement spécifique :
  • insuffisance cardiaque : régime sans sel, **Lasilix**, vasodilatateurs,
  • bradycardie majeure : monitoring, entraînement électrosystolique en cas de syncope, possibilité d'implanter un pacemaker pour reprendre le traitement,
  • asthme : sympathomimétiques en aérosols ou sous-cutanés, corticothérapie.
– Pour les symptômes mineurs (asthénie, Raynaud) possibilité d'essayer CS ou ASI ou **Trandate** en remplacement du premier produit prescrit.

5. La prévention

– Respect des contre-indications formelles : asthme, bradycardie sévère, insuffisance cardiaque, Raynaud.
– Ne jamais associer en première intention bêta-bloquant et autre produit bradycardisant : digitaliques, **Cordarone**, anti-arythmiques de classe Ia (quinidinique) ou Ic (**Flécaïne**, **Rythmol**), inhibiteurs calciques bradycardisants (**Tildiem**, **Isoptine**, **Cordium**), **Catapressan** ; ces associations ne pourraient être prescrites que sous stricte surveillance hospitalière initiale.
– En cas de BPCO, rechercher un facteur spastique à l'exploration fonctionnelle respiratoire, prescrire de préférence un CS ou un ASI.
– Dans les indications limites : bradycardies de départ, espace PR long, crainte d'une insuffisance cardiaque (cardiomégalie, fonction ventriculaire limite), essai possible d'un produit avec ASI, débuté à dose faible, en hospitalisation, augmenté tous les deux à trois jours, sous surveillance ECG et clinique.

Surveillance d'un patient traité par les digitaliques

Dr J.P. AZIZA

Les digitaliques sont responsables d'un nombre élevé d'accidents iatrogènes de surdosage dont ils représentent la cause la plus fréquente.

1. Définition de la pathologie et grands principes du traitement

Les digitaliques sont inotropes positifs, dromotropes négatifs (diminution de la conduction auriculo-ventriculaire) et bathmotropes positifs (augmentation de l'automatisme auriculaire et ventriculaire).

A. L'insuffisance cardiaque (I.C.)

C'est l'indication essentielle des digitaliques surtout s'il existe une arythmie complète rapide. Ils doivent être utilisés tôt dès le stade d'insuffisance ventriculaire latente compensée.
Mais ils ont peu ou pas d'action en cas :
- D'obstacle mécanique : sténose orificielle, hypertension artérielle pulmonaire, péricardite constrictive.
- D'I.C. avec augmentation du débit cardiaque : fistule artério-veineuse, anémie, hyperthyroïdie.

Ils sont de plus d'un maniement délicat dans le cœur pulmonaire chronique et l'I.C. très évoluée.

B. Les troubles du rythmes (T.R.)

Les digitaliques sont efficaces dans la fibrillation auriculaire et le flutter auriculaire : ils ralentissent la fréquence ventriculaire et parfois réduisent le T.R.
Ils sont contre-indiqués en cas de bradycardie spontanée, de bloc auriçulo-ventriculaire complet, d'hyperexcitabilité ventriculaire sévère, de fibrillation ou flutter auriculaires sur Wolff-Parkinson-Wite, enfin dans les jours qui précèdent un choc électrique externe.

C. Les grands principes de traitement

Il existe deux catégories principales de digitaliques résumées dans le tableau.

Les deux principales sortes de digitaliques

Nom	Absorption digestive	Métabolisme hépatique	Elimination	Demi-vie plasmatique
Digitaline	Totale rapide	90 %	Métabolisé 90 % actif 10 %	Longue 5-7 jours
Digoxine	Moyenne 55-75 %	5 %	Rénale 90 % actif	Courte 1,5 jours

1. Voie intra-veineuse (IV) en urgence (tachyarythmie mal tolérée) après avoir vérifié l'absence de digitalisation antérieure : **Cédilanide** ou **Digoxine** 1 ampoule IV renouvelable 6 à 8 heures après, au maximum 3 ampoules par 24 heures sans dépasser 2 jours de traitement.
2. Per os dans les autres cas : de préférence **Digoxine** 1 ou 2 comprimés par jour pendant une semaine puis souvent 1 comprimé par jour, dose ajustée afin de faire disparaitre les signes d'I.C. et de maintenir une fréquence vers 70 par minute. Pour la **Digitaline** 8 à 12 comprimés la première semaine en 2 ou 3 fois puis 4 à 8 comprimés par semaine. On reverra le malade à deux reprises au cours du premier mois.

Doses de Digitalique en fonction de l'âge

	Digitalique	Zone thérapeutique ng/ml	Zone toxique ng/ml
Adulte	Digitaline Digoxine	15-30 0,8-2	> 45 > 3
Nouveau-né	Digoxine	0,5-3,5	> 5

2. Éléments de surveillance

- Préciser les traitements associés et l'intolérance antérieure.
- Rechercher les éléments de mauvaise tolérance : âge avancé, I.C. très évoluée, insuffisance respiratoire hépatique ou rénale, coronaropathie.
- Rechercher une amélioration fonctionnelle ou au contraire un surdosage débutant.
- ECG réguliers.
- Pratiquer : ionogramme sanguin, créatininémie fixant la dose de **Digoxine** (tableau), à partir du dixième jour une digoxinémie ou une digitalinémie prélevée 8 heures après la dernière prise et qui sera répétée en cas d'anomalie clinique.

Doses de Digoxine en fonction de la créatinine

Créatinine	Digoxine
80 µmol/l	1 comprimé
160 µmol/l	1/2 comprimé
240 µmol/l	1/3 comprimé
320 µmol/l	1/4 comprimé

3. Les « coups durs »

Il existe deux sortes d'intoxication digitalique : le surdosage et l'intoxication massive accidentelle ou volontaire. Le pronostic est encore trop souvent péjoratif en fonction de la précocité du diagnostic.

A. Les accidents de surdosage

Le diagnostic est avant tout clinique, le premier signe est l'anorexie à laquelle succèdent rapidement des nausées puis des vomissements si la médication est poursuivie. Leur font suite la dyschromatopsie, beaucoup plus rarement des troubles neurologiques, des céphalées.

Les T.R. cardiaques font toute la gravité de cette intoxication. Ils associent des troubles conductifs sino-auriculaire et atrio-ventriculaire et des phénomènes d'hyperexcitabilité. Ils sont souvent précoces surtout très fréquents et peuvent s'associer sur un même tracé :

- Extrasystoles ventriculaires les plus fréquentes et les plus précoces, tachysystolie auriculaire très évocatrice, tachycardie bidirectionnelle très caractéristique et péjorative, tachycardie jonctionnelle fréquente.
- Mais également bradycardie et paralysie sinusales, bloc auriculo-ventriculaire de haut degré ou complet. Le bigéminisme ventriculaire est caractéristique, associé à un bloc auriculo-ventriculaire ou à une tachycardie jonctionnelle, il permet d'affirmer avec certitude

l'intoxication digitalique et il peut annoncer une tachycardie ventriculaire voire une fibrillation ventriculaire.

B. Les intoxications aiguës massives

– Les vomissements dominent largement le tableau clinique durant plusieurs jours.
– À l'E.C.G. les troubles de conduction s'associent aux troubles d'excitabilité ventriculaire graves pouvant conduire à la tachycardie et à la fibrillation ventriculaire.
– L'hyperkaliémie a une valeur péjorative.

4. La bonne attitude en cas de « coups durs »

A. Intoxication subaiguë

– L'hospitalisation est souhaitable.
– Arrêt de la digitalisation.
– **Potassium** I.V. 4 g par 24 heures contre-indiqué si hyperkaliémie, insuffisance rénale ou troubles conductifs sévères.
– **Sulfate de magnésium :** en perfusion lente : 20 ml d'une solution à 20 %.
– **Xylocaïne IV :** 1-2 mg/kg puis 0,5-1 mg/kg IV, relais par perfusion.
– **Dihydan** IV si troubles du rythme (éventuellement sous couvert d'une sonde de stimulation) 250 mg injectés en 1 à 3 minutes sous scope puis relais per os 4 à 6 comprimés par jour en 3 prises.
– **Atropine** sous-cutanée ou I.V. 0,5 à 1 mg.
– Bêta-bloqueur parfois, en cas de troubles du rythme sévères.

B. Intoxication aiguë

– Toute ingestion rapide de plus de 2 mg de digitaline impose l'hospitalisation en unité de soins intensifs de cardiologie.
– Sonde d'entraînement électrosystolique.
– Lavage gastrique si l'ingestion date de moins de 3 heures.
– **Dihydan** injectable.
– **Anticorps Anti Digoxine** IV parfois.
– **Questran** per os, 4 ou 5 sachets par 24 heures.

5. La prévention

– Respect des contre-indications :
  • myocardiopathies obstructives et sténoses aortiques,
  • bradycardie spontanée, bloc auriculo-ventriculaire complet,
  • hyperexcitabilité ventriculaire sévère,
  • fibrillation ou flutter auriculaires sur Wolff-Parkinson-Wite,
  • choc électrique externe : arrêt 8 jours avant.
– Surveillance particulière chez les sujets fragilisés.
– Dépistage des éléments de mauvaise tolérance : traitement associé comportant quinidiniques (amiodarone) ou diurétiques : ces derniers sont source d'hypokaliémie (à corriger avant le début du traitement digitalique) et d'alcalose. Les injections parentérales de calcium sont à proscrire.
– La **Digitaline** qui passe la barrière fœto-placentaire est contre-indiquée pour la femme enceinte chez qui la **Digoxine** sera utilisée.
– Dosage biologique : si mauvaise réponse au traitement, si facteurs modifiant l'action des digitaliques, si survenue d'effets secondaires d'intolérance.
– Enfin recherche systématique des signes précoces d'intoxication.

Surveillance d'un insuffisant cardiaque chronique

Dr A. COHEN-SOLAL

1. Définition de la pathologie et grands principes de traitement

— L'insuffisance cardiaque est définie comme l'incapacité du cœur à éjecter un débit suffisant, et/ou à maintenir des pressions d'amont normales. Sa prévalence va croissante et sa gravité est variable : de 40 % de mortalité à six mois dans les stades IV à 10 % de mortalité à un an dans les stades II.
— Les grands principes de traitement sont : améliorer les symptômes, freiner la progression de l'insuffisance cardiaque, améliorer le pronostic.
— Le traitement repose sur : les diurétiques, les digitaliques, les IEC.
— Il faudra rajouter à cela les traitements spécifiques de l'étiologie de l'insuffisance cardiaque.

2. Eléments de surveillance

Les signes fonctionnels

Surveiller l'aggravation de l'essoufflement, le coter en périmètre de marche ou en nombre d'étages, éventuellement en nombre d'oreillers en cas d'orthopnée. On peut faire de même avec la fatigue. Un bon interrogatoire est plus intéressant qu'une classification par l'échelle de la NYHA.
— A l'examen physique : contrôle de la pression artérielle, vérification de la fréquence cardiaque, de la régularité du rythme cardiaque, surtout apparition d'un galop gauche, d'une insuffisance mitrale fonctionnelle ou de signes d'œdème pulmonaire. Recherche d'œdèmes des membres inférieurs, d'un reflux hépatojugulaire, d'une turgescence jugulaire et d'un foie cardiaque, voire d'une ascite.
— La courbe de poids est essentielle pour surveiller le bilan sodé.
— Un ionogramme sanguin deux ou trois fois par an permet de surveiller la fonction rénale (créatininémie, urée) et de s'assurer de l'absence de modifications de la kaliémie, qui peuvent entraîner des troubles du rythme.
— Une radiographie pulmonaire est nécessaire tous les ans, moins pour mesurer le rapport cardiothoracique que pour rechercher des signes d'œdème pulmonaire interstitiel et/ou alvéolaire.
— Un électrocardiogramme est également souhaitable deux à trois fois par an (recherche de troubles du rythme notamment).
— Une échocardiographie est indispensable environ deux fois par an. Elle permet de mesurer les dimensions ventriculaires gauches, de quantifier sa fonction systolique. Couplée au doppler, elle donne des renseignements sur le volume systolique et le remplissage ventriculaire.

D'autres examens sont également intéressants :
— Un enregistrement holter sur 24 heures lorsqu'il existe une hyperexcitabilité ventriculaire (risque important de mort subite ++).
— Une épreuve d'effort avec mesure de la consommation d'oxygène pour quantifier de façon objective et reproductible la tolérance à l'exercice : la consommation maximale d'oxygène a une excellente valeur pronostique ++.

Surveillance des traitements

— Digitaliques : ECG (recherche d'une bradycardie excessive, d'un trouble de la conduction, d'une tachysystolie ou d'extrasystoles ventriculaires, dosage de la digoxinémie ou de la digitalinémie en cas de suspicion de surdosage (valeurs normales pour la digoxinémie 0,5 à 2 nanogrammes/ml et pour la digitalinémie entre 20 et 40 nanogrammes/ml).

- Diurétiques (**Lasilix**, **Burinex**) : ionogramme sanguin à la recherche essentiellement d'une dyskaliémie, éventuellement ionogramme urinaire pour quantifier la natriurèse.
- Inhibiteurs de l'enzyme de conversion : recherche d'une éruption cutanée, recherche d'une toux difficile à séparer d'une toux d'insuffisance ventriculaire gauche, ionogramme sanguin deux à trois fois par an pour vérifier la créatininémie et surtout la kaliémie (**Coversyl**, **Lopril**, **Triatec**, **Renitec**, **Zestril**, **Acuitel**).
- Surveillance ++ des médicaments contre-indiqués ou des mauvaises associations :
  - contre-indications de tous les médicaments inotropes négatifs, comme les bêtabloquants, le vérapamil (**Isoptine)**, les antiarythmiques de la classe I (**Longacor**, **Sérécor**, **Flécaïne**, **Rythmol**...), éviter les antidépresseurs tricycliques,
  - associations déconseillées : IEC et spironolactone, IEC et amiloride (hyperkaliémie), IEC et AINS (insuffisance rénale).

3. Les « coups durs »

- L'œdème aigu du poumon : il impose l'hospitalisation en urgence après l'administration d'un diurétique par voie intraveineuse (**Lasilix** 2 amp à 40 mg), éventuellement d'un dérivé nitré par voie sublinguale (1 **Natirose** sublingual ou une bouffée de **Natispray**), et une oxygénothérapie nasale (3 à 6 l/min).
- L'hypotension artérielle : due à l'évolution de l'insuffisance cardiaque ou provoquée par les traitements, elle peut entraîner un collapsus ou favoriser l'apparition d'une insuffisance rénale avec hyperkaliémie. Elle impose soit l'arrêt du traitement vasodilatateur, soit la diminution des doses de diurétiques.
- L'insuffisance rénale fonctionnelle : là encore, complication d'un bas débit cardiaque spontané ou provoqué par les médicaments. Dans le premier cas, l'hospitalisation est nécessaire (en général mise sous dopamine). En cas d'insuffisance rénale iatrogène, hospitalisation pour, le plus souvent, diminution des doses d'inhibiteurs de l'enzyme de conversion, arrêt transitoire des diurétiques, et souvent recharge sodée.
- Les troubles du rythme : ils sont à rechercher en permanence car ils peuvent entraîner une mort subite. Majoration des extrasystoles ventriculaires ou apparition d'une tachycardie ventriculaire voire fibrillation ventriculaire. Les premières justifient le contrôle de la kaliémie et l'arrêt des médicaments favorisants (digitaliques, diurétiques hypokaliémants). Dans le deuxième cas, choc électrique et transfert en soins intensifs.
- Mais les troubles du rythme supraventriculaires ne sont pas rares : apparition d'une fibrillation auriculaire, d'un flutter ou d'une tachysystolie auriculaire qui peuvent souvent détériorer brutalement la situation hémodynamique. Ils imposent, avant le transfert en milieu hospitalier, une anticoagulation et le ralentissement du rythme par de la **Cédilanide** IV (1 amp.).
- L'aggravation de la maladie étiologique : majoration de l'hypertension artérielle (nécessité d'augmenter le traitement antihypertenseur), poussée ischémique ou infarctus du myocarde.

4. La prévention

- Traitement précoce de la dysfonction ventriculaire gauche asymptomatique, quelle qu'en soit l'origine par les IEC.
- Surveillance des médicaments ou des associations interdites.
- Eduquer correctement le patient qui doit régulièrement se peser, surveiller sa diurèse, bien connaître son degré d'essoufflement. Bien lui expliquer le régime désodé.

Surveillance d'un patient traité par les diurétiques

Dr G. ROSTOKER

1. Définition de la pathologie et grands principes du traitement

Les principales pathologies traitées par les diurétiques :
- L'insuffisance cardiaque.
- L'hypertension artérielle essentielle.
- Les oedèmes des syndromes néphrotiques et des cirrhoses.
- La lutte contre la rétention hydrosodée au cours de l'insuffisance rénale chronique évoluée.

Les principaux diurétiques :
- Les diurétiques de l'anse : **Lasilix**, **Burinex**, **Eurelix**.
- Les diurétiques épargneurs de potassium :
  - les anti-aldostérone : **Aldactone**, **Phanurane**,
  - les épargneurs de K+ non anti-aldostérone : **Modamide**, **Teriam**.
- Les diurétiques thiazidiques : **Esidrex**, **Hygroton**, **Lumitens**.
- Les diurétiques « associés » : association de diurétiques thiazidiques et d'épargneurs de potassium : **Cyclotériam**, **Modurétic**, **Aldactazine**.

Les posologies, les principaux effets secondaires et leurs indications sont résumés dans le tableau n° 1.

Principaux diurétiques

	Nom	Posologie usuelle par jour	Risque d'hypo-kaliémie	Risque d'hyper-kaliémie	Risque de déshydratation	Utilisation chez l'insuffisant rénal
Diurétiques de l'anse	**Lasilix** **Burinex** **Eurelix**	20 à 80 mg 1 à 5 mg 6 à 18 mg	++	–	++	+
Diurétiques thiazidiques	**Esidrex** **Lumitens** **Hygroton**	25 à 100 mg 10 à 80 mg 25 à 100 mg	++	–	++	–
Diurétiques épargneurs de potassium	*Anti-aldostérone :* **Aldactone**	50 à 200 mg	–	+	+	–
	Epargneurs de K+ non *aldostérone :* **Modamide**	5 à 20 mg	–	+	+	–
Diurétiques associés	**Cyclotériam** **Modurétic** **Aldactazine**	1/2 à 2 cp 1/2 à 2 cp 1 à 6 cp	–	+	+	–

2. Eléments de surveillance

Clinique

– Poids, pression artérielle couchée et debout (+++recherche d'une hypotension orthostatique).
– Recherche de signes de déshydratation, surtout extracellulaire, de signes d'intolérance médicamenteuse et de signes de goutte (induite par les diurétiques).

Biologie

– Initialement une fois par semaine puis de façon mensuelle :
  • ionogramme sanguin, créatinine plasmatique et urée sanguine.
– De façon annuelle :
  • bilan lipidique et glucidique complet.
– En cas de signes cliniques d'appel :
  • uricémie, NFS avec recherche d'éosinophiles circulants.
– Se souvenir que la kaliémie n'est qu'un reflet indirect du stock potassique de l'organisme (le K+ est un ion intracellulaire). Celui-ci est au mieux apprécié par l'ECG (aspect de l'onde T, apparition d'une onde U), effectué avant mise sous traitement, puis régulièrement.

3. Les « coups durs »

Les complications en rapport avec l'hypovolémie iatrogène

– Hypotension orthostatique.
– Majoration de l'effet hypotenseur d'autres classes d'anti-hypertenseurs notamment les IEC et les antagonistes des récepteurs de l'angiotensine II avec « effet dit de première prise » caractérisée par une chute tensionnelle brutale.
– Déshydratation, soit extracellulaire, soit globale, favorisée par le grand âge, la restriction hydrosodée associée, les conditions climatiques (été sec et chaud), des doses inadaptées (trop importantes) de diurétiques.
– Insuffisance rénale fonctionnelle.

Les troubles électrolytiques

– L'hypokaliémie : la complication la plus fréquente des diurétiques de l'anse, des thiazidiques et des diurétiques associés. Elle expose au risque de trouble du rythme, d'où l'intérêt d'une surveillance régulière de la kaliémie et de l'ECG.
– L'hyperkaliémie est la principale complication des diurétiques épargneurs de potassium. Elle expose au risque de trouble du rythme. Le risque est majoré par la prise concomitante d'IEC.
– L'hyponatrémie de déplétion.
– L'hypomagnésémie par fuite urinaire de Mg++ pouvant induire une hyper-excitabilité cardiaque, des crampes, une hypokaliémie réfractaire à la supplémentation potassique.

Les troubles métaboliques et endocriniens

– Hyperuricémie des diurétiques thiazidiques et de l'anse pouvant, au maximum chez le sujet prédisposé ou le goutteux, être à l'origine d'une recrudescence des crises.
– Majoration d'une intolérance glucidique et déséquilibre d'un diabète ; hyperlipidémie.
– Impuissance, gynécomastie, hypertrophie mammaire et troubles menstruels avec les anti-aldostérones en rapport avec leur structure (stéroïde de synthèse analogue de l'aldostérone).

Les accidents toxiques et immuno-allergiques

– Surdité des thiazidiques à fortes doses (contre-indiqués dans l'insuffisance rénale).
– Surdité des diurétiques de l'anse à forte dose (le risque est plus important pour le **Lasilix**) imposant de ne pas dépasser la posologie de 1,5 g (soit sur 24 heures à la pompe, soit en 4 injections IVD sur 24 heures) pour le **Lasilix** et de 30 mg sur 24 heures pour le **Burinex**

au cours de l'insuffisance rénale avancée. L'utilisation concomitante d'aminoside majore le risque de surdité et doit être évitée.

4. La bonne attitude en cas de « coups durs »

Complications en rapport avec l'hypovolémie iatrogène

— Une hypotension orthostatique par hypovolémie et majoration de l'effet anti-hypertenseur impose l'arrêt du diurétique. Si l'hypotension orthostatique est sévère, elle est en règle associée à une déshydratation extra-cellulaire et impose des suppléments de NaCl (per os ou en perfusion selon sa gravité).

— La déshydratation extra-cellulaire ou globale et l'insuffisance rénale fonctionnelle imposent l'arrêt du diurétique, le plus souvent une hospitalisation et une réhydratation parentérale (à l'aide de sérum physiologique ou de **Ringer lactate**).

Les troubles électrolytiques

— L'hypokaliémie impose la supplémentation potassique, souvent une réduction de posologie ou l'arrêt des diurétiques.

— L'hyperkaliémie des diurétiques épargneurs de potassium impose toujours l'arrêt du diurétique. L'aspect ECG dicte la conduite associée : simple surveillance en cas d'ECG normal. **Kayexalate** per os lors de troubles mineurs, hospitalisation lors de troubles plus sévères.

— L'hyponatrémie impose une réduction des posologies ou un arrêt du diurétique.

— L'hypomagnésémie nécessite une supplémentation (**Magné B6** deux à quatre comprimés par jour ou **Mag 2** deux à quatre ampoules par jour).

Les troubles métaboliques endocriniens

— En cas de crise de goutte, il faut si possible arrêter l'utilisation des diurétiques. Si la prescription de diurétiques est nécessaire, l'administration d'un hypo-uricémiant ou la majoration de sa posologie (**Zyloric**) permet le plus souvent de contrôler la situation.

— La majoration d'un diabète nécessite l'adaptation du traitement par hypoglycémiants oraux ou par **Insuline**.

— L'hyperlipidémie nécessite la prescription d'un régime pauvre en graisses. En cas de non-rétrocession, si une autre classe thérapeutique ne peut être utilisée, le recours à un médicament hypolipémiant est nécessaire (**Lipanthyl**, **Zocor**).

— Les troubles endocriniens des anti-aldostérone imposent l'arrêt du médicament et le recours, si ce type de thérapeutique est nécessaire, aux épargneurs de potassium non-antialdostérone.

Les accidents toxiques et immuno-allergiques

— En cas de surdité débutante : arrêt des diurétiques et des antibiotiques toxiques éventuellement associés.

— En cas de réaction immuno-allergique : arrêt définitif de la classe de diurétique et remise d'un certificat au patient au décours de l'accident pour éviter toute réintroduction.

5. La prévention

— Ne pas prescrire de fortes doses de diurétiques en dehors de l'insuffisance rénale chronique.

— Éviter l'utilisation des diurétiques chez les personnes âgées.

— Lors de prescription de diurétiques thiazidiques et de l'anse, surveillance régulière du ionogramme sanguin, de l'ECG et prescription d'une alimentation riche en K^+ (bananes, fruits secs) ou d'une supplémentation préventive en sel de potassium (**Diffu-K** 2 à 3 gél/j).

— Éviter d'utiliser des diurétiques chez les patients à risque de goutte ou intolérants glucidiques en l'absence de nécessité.

— Ne pas prescrire d'antibiotiques ototoxiques (aminosides) en l'absence de raison bactériologique formelle (germe multirésistant) lors d'utilisation des diurétiques de l'anse.

Surveillance d'un patient traité par les inhibiteurs calciques

Dr B. BOUJON

1. Définition de la pathologie et grands principes du traitement

– Il existe une grande hétérogénéité au sein des inhibiteurs calciques lents (ICL) liée à leur spécificité d'action vis-à-vis des différents canaux membranaires et sur les organes cibles.

	Action chronotrope négative	**Action dromotrope négative**	**Action inotrope négative**	**Vasodilatation artérielle**
Dihydropyridines	0	0	0	+ + +
Tildiem	+ + +	+ +	+	+
Cordium	+	+ +	+ +	+
Isoptine	+	+ + +	+ + +	+

Insuffisance coronaire	nifédipine **Adalate** (capsules à 10 mg) 3 à 6/j	amlodipine **Amlor** (gél à 5 mg) 1 à 2/j	diltiazem **Bi-Tildiem LP** (cp à 90 ou 120 mg) **Diacor LP** (gél à 90 ou 120 mg) 2/j **Tildiem** (cp à 60 mg) 3 à 6/j **Mono-Tildiem** (gél à 200 ou 300 mg LP) 1/j	vérapamil **Isoptine** (gél à 120 mg) 3/j	bépridil **Cordium** (cp à 100 mg) 3/j
Hypertension artérielle	nifédipine **Adalate LP** (cp à 20 mg) 2/j **Chronadalate LP 30** (cp à 30 mg) 1/j	amlodipine **Amlor** (gél à 5 mg) 1/j	diltiazem **Mono-Tildiem LP** (gél à 200 ou 300 mg) 1/j	vérapamil **Isoptine LP** (cp à 240 mg) 1/j	
	nicardipine **Loxen 20** (cp à 20 mg) 3/j	isradipine **Icaz LP** (cp à 5 mg) 1/j	diltiazem **Deltazen** (gél à 300 mg LP) 1/j	vérapamil **Arpamyl** (cp à 240 mg LP) 1/j	
	nicardipine **Loxen 50 LP** (gél à 50 mg) 2/j	félodipine **Flodil LP** (cp à 50 mg) 1/j	diltiazem **Dilrène** (gél à 300 mg LP) 1/j		

— Du point de vue clinique, on distingue les produits à :
  - action vasculaire prédominante (dihydropyridines) : nifédipine (**Adalate 20 LP**, **Chronadalate LP 30**, **Nifélate**), nicardipine (**Loxen**), nitrendipine (**Nidrel**, **Baypress**), isradipine (**Icaz LP 5 mg**, félodipine (**Flodil**), amlodipine (**Amlor**),
  - action cardiaque : vérapamil (**Isoptine**), diltiazem (**Tildiem**), bépridil (**Cordium**).

— Les principales indications des ICL sont l'angor, surtout spastique et l'hypertension artérielle. Les présentations galéniques sont différentes pour chacune de ces pathologies : on réserve les formes à libération prolongée au traitement de l'HTA. Toutefois, le **Cordium**, utilisé dans le traitement de l'insuffisance coronaire, a une demi-vie de 33 heures.

— Les autres indications sont plus accessoires :
  - tachycardie jonctionnelle réciproque : **Isoptine**,
  - cardiomyopathie hypertrophique et cardiomyopathie obstructive : **Isoptine**,
  - phénomène de Raynaud : dihydropyridines.

— Les ICL peuvent lever certains spasmes œsophagiens. Cette propriété n'est guère utilisée en traitement chronique, mais a son importance pratique : une douleur thoracique calmée par les ICL n'est pas forcément d'origine cardiaque.

— La posologie n'a pas à être diminuée chez l'insuffisant rénal, mais doit l'être chez le sujet âgé.

2. Eléments de surveillance

— Prise de la tension artérielle après 10 minutes de repos couché, puis debout après une minute : recherche d'une hypotension orthostatique (chute d'au moins 40 mm Hg de la systolique).

— Pour les ICL à action cardiaque (**Tildiem**, **Cordium**, **Isoptine**) :
  - fréquence cardiaque,
  - ECG : conduction auriculo-ventriculaire (espace PR),
  - recherche de signes d'insuffisance cardiaque.

— Pour le **Cordium** :
  - ECG 8 jours après le début du traitement : espace QT. Le QT corrigé ne doit pas augmenter de plus de 0,08 s.
  - recherche d'une hypokaliémie.

3. Les « coups durs »

— Les effets secondaires liés à la vasodilatation artérielle sont surtout le fait des dihydropyridines (**Adalate**, **Loxen**, **Nidrel**), moins fréquents avec les produits à libération prolongée (**Chronadalate LP 30**).

— Ils sont souvent bénins, néanmoins gênants fonctionnellement :
  - hypotension orthostatique,
  - œdème des membres inférieurs (dose-dépendant), rougeurs du visage, céphalées, bouffées de chaleur,
  - palpitations transitoires,
  - vol coronarien.

— Les ICL à action cardiaque (**Tildiem** surtout au-delà de 4 cp/j, **Cordium**, **Isoptine**) peuvent entraîner :
  - bradycardie sinusale, bloc sino-auriculaire, bloc auriculo-ventriculaire,
  - décompensation d'une insuffisance cardiaque.

Mono•Tildiem® LP

Diltiazem

HTA-ANGOR

Une gélule par jour

en 1re intention

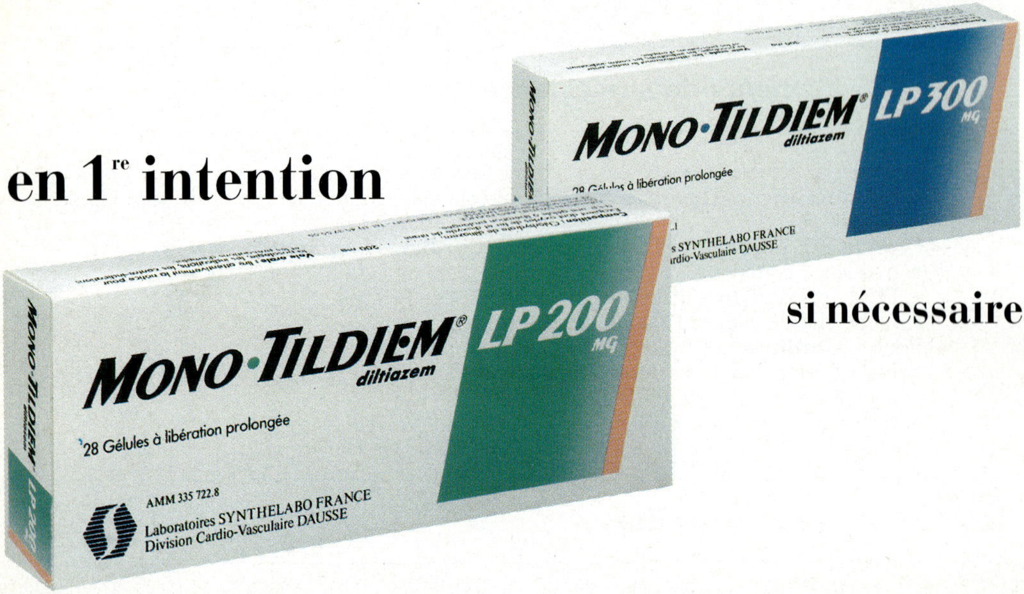

si nécessaire

MONO-TILDIEM LP 200 mg et MONO-TILDIEM LP 300 mg. Gélules à libération prolongée. Composition : Chlorhydrate de diltiazem : 200 mg et 300 mg. Excipient dont colorants E 171 et E 172 qsp une gélule à libération prolongée. **Propriétés pharmacologiques :** Antagoniste calcique, anti-angoreux, anti-hypertenseur. **Indications thérapeutiques :** Traitement préventif des crises d'angor stable. Hypertension artérielle. **Contre-indications :** - Dysfonctionnement sinusal , BAV II et III non appareillés. - Insuffisance ventriculaire gauche avec stase pulmonaire. - Bradycardie sévère (inférieure ou égale à 40 bat/min). - **Grossesse :** cette spécialité s'étant avérée tératogène chez certaines espèces animales, elle est formellement contre-indiquée chez la femme enceinte ou susceptible de l'être. **Précautions d'emploi :** - Surveillance en cas de BAV I (allongement de PR) et de bradycardie. - Surveillance attentive, en début de traitement, des sujets âgés, insuffisants rénaux et insuffisants hépatiques. - Anesthésie générale : informer l'anesthésiste de la prise du médicament. - Allaitement : déconseillé en raison du passage du diltiazem dans le lait maternel. **Interactions médicamenteuses et autres interactions :** - Association contre- indiquée par mesure de prudence : dantrolène en perfusion. - Associations nécessitant des précautions d'emploi : • Ciclosporine, carbamazépine et théophylline : augmentation des taux circulants par le diltiazem. • Anti-H_2 : augmentation des concentrations plasmatiques de diltiazem. • Antiarythmiques : association déconseillée, à n'entreprendre que sous surveillance clinique et ECG étroite, du fait de l'augmentation des effets indésirables cardiaques. • Bêta-bloquants : troubles de l'automatisme, de la conduction et défaillance cardiaque possibles. • Alpha 1 antagonistes : augmentation de l'effet hypotenseur. • Amiodarone, digoxine : risque accru de bradycardie particulièrement chez les sujets âgés ou lors d'emploi de fortes doses. • Dérivés nitrés : augmentation de l'effet hypotenseur et lipothymies. **Effets indésirables :** - Par ordre de fréquence décroissante : céphalées et/ou bouffées vasomotrices et/ou malaises, œdèmes des membres inférieurs, troubles digestifs (dyspepsies, gastralgies, sécheresse buccale), éruptions cutanées, asthénies, palpitations. - Exceptionnellement : bradycardies symptomatiques, blocs sino-auriculaires, blocs auriculo-ventriculaires. - Rares cas d'augmentations isolées, modérées et transitoires, des transaminases hépatiques à la période initiale du traitement. - Très exceptionnels cas d'hépatites cliniques. **Posologie et mode d'administration :** la posologie quotidienne usuelle est d'une gélule de MONO-TILDIEM LP. Le traitement sera initié par une gélule de MONO-TILDIEM LP 200 mg en une seule prise par jour, en particulier chez le patient âgé, l'insuffisant rénal et l'insuffisant hépatique. La posologie peut-être augmentée à une gélule de MONO-TILDIEM LP 300 mg par jour en fonction de la réponse thérapeutique et de la tolérance. L'heure de la prise au cours de la journée est indifférente mais elle doit rester relativement constante chez un même patient. La gélule doit être avalée sans être ouverte, ni croquée. Coût du traitement journalier : MONO-TILDIEM LP 200 mg : 4,75 F MONO-TILDIEM LP 300 mg : 4,79 F. **Liste I** - MONO-TILDIEM LP 200 mg : AMM 335 722.8 : 28 gélules. Prix : 133,10 F. MONO-TILDIEM LP 300 mg : AMM 335 721.1 : 28 gélules. Prix : 134,10 F. Remb. Séc. Soc. à 65 %. Collect. Mis sur le marché en 1993. Pour toutes informations complémentaires, se référer au dictionnaire VIDAL. **LABORATOIRES SYNTHELABO** - Division Cardio-Vasculaire : 22 avenue Galilée 92350 Le Plessis Robinson Direction et Information médicale : 23-25 avenue Morane Saulnier 92360 Meudon La Forêt - Tél. : (1) 41 28 16 00.

– Le bépridil (**Cordium**) expose au risque de torsade de pointe, essentiellement chez le sujet âgé, en cas d'hypokaliémie (diurétiques), de bradycardie (digitaliques, bêta-bloquants), d'association aux quinidiniques.
– Ont été égalements signalés de rares cas de :
  • nausées, gastralgies, troubles du transit,
  • prurit, éruptions cutanées,
  • hépatites.

4. La bonne attitude en cas de « coups durs »

Outre l'arrêt du médicament responsable :
– Hypotension : position allongée jambes surélévées, remplissage.
– Torsade de pointe : transfert en USIC par SAMU, ne pas utiliser d'anti-arythmique, recharge potassique, **Isuprel** 5 amp dans un flacon de G5 % en perfusion adaptée, entraînement électro-systolique.
– Trouble de conduction mal toléré : transfert en USIC par SAMU : **Atropine** 0,5 mg IV, voire **Isuprel** 5 amp dans 250 ml de G5 % en perfusion adaptée, alcalinisation, entraînement électro-systolique.
– Insuffisance cardiaque décompensée : **Lasilix** 2 amp à 20 mg IVD, **Natispray**, oxygène.

5. La prévention

– La grossesse et l'allaitement contre-indiquent tous les ICL.
– Les autres contre-indications sont essentiellement le fait des ICL à action cardiaque (**Tildiem**, **Cordium**, **Isoptine**) :
  • dysfonction sinusale, blocs auriculo-ventriculaires (BAV) du 2e et 3e degré non appareillés, prudence en cas de BAV du 1er degré.
  • insuffisance cardiaque non compensée.
– Diminuer la posologie chez le sujet âgé, l'insuffisant hépatique.
– Connaître les interactions médicamenteuses.

	Adalate Loxen Nidrel	**Tildiem**	**Cordium**	**Isoptine**
Bêta-bloquants	Oui	Prudence	Prudence SOTALEX : Non	Non
Cordarone	Oui	Prudence	Non	Prudence
Digitaliques	Dosage	Prudence	Prudence	Non
Quinidiniques	Oui	Prudence	Non	Prudence
Diurétiques	Oui	Oui	Prudence	Oui

Oui = association possible. Non = association interdite.

Surveillance d'un patient traité par les anti-arythmiques

Dr H. LACROIX, Dr D. BRUN

1. Définition de la pathologie et grands principes du traitement

Les pathologies

– Les cardiopathies :
  - ischémiques, dilatées, obstructives, hypertrophiques, valvulaires, restrictives : réduire et prévenir les troubles du rythme supraventriculaire ou ventriculaire.

– Les voies anormales de conduction ou voies accessoires :
  - réduire ou prévenir les troubles du rythme.

Les grands principes du traitement

– Les anti-arythmiques sont utilisés :
  - pour réduire un trouble du rythme mais il faut connaître d'une part, l'origine du trouble du rythme (auriculaire, nodal, ou ventriculaire), d'autre part, le tissu cible des anti-arythmiques (tissu auriculaire, ventriculaire ou les deux) ce qui permet de mieux poser l'indication des différents anti-arythmiques,
  - pour prévenir un trouble du rythme : malgré une démarche physiopathologique « nous tâtonnons » souvent et pour chaque malade il faut trouver le bon médicament, celui qui marche.

– Les anti-arythmiques sont tous inotropes négatifs, ce d'autant qu'ils sont employés par voie IV. La **Cordarone** per os est celui qui a le moins d'effet inotrope négatif.

– Une règle essentielle : il ne faut pas associer deux anti-arythmiques de la même classe.

Les grandes notions sur les anti-arythmiques.

1. La classification électrophysiologique (VAUGHAN-WILLIAMS) :

– Classe I = inhibiteurs du canal sodique :
  - Ia = quinidine like,
  - Ib = lidocaïne like,
  - Ic = nouvelle classe.

– Classe II = bêta-bloquants.

– Classe III = inhibiteurs préférentiels du flux potassique.

– Classe IV = inhibiteurs des canaux calciques.

2. La classification clinique de TOUBOUL :

Les médicaments agissent sur :

– La conduction auriculo-ventriculaire :
  - bêta-bloquants (une trentaine commercialisés),
  - digitaliques (**Digoxine, Digitaline**),
  - inhibiteurs calciques (**Isoptine, Cordium, Tildiem**),
  - l'ATP (**Striadyne**).

– Le myocarde auriculaire et/ou ventriculaire :
  - classe I (Ia, Ib, **Cipralan, Flécaïne**).
– A la fois sur la conduction et sur le myocarde :
  - **Cordarone**,
  - **Rythmol**,
  - **Sotalex**.

Les grands dangers

Ils sont liés à leurs effets et efficacité thérapeutiques :
– Les médicaments agissant sur la conduction nodale sont bradycardisants, ce d'autant qu'ils sont en association, (ex : bêta-bloquant + inhibiteur calcique).
– Les quinidiniques (**Sérécor, Longacor,** etc.) allongent l'espace QT (d'où le risque de torsade de pointe).
– Les médicaments de la classe Ic élargissent les QRS **(Flécaïne, Cipralan, Rythmol)**.
– La **Cordarone** : entraîne des dysthyroïdies (hypo ou hyperthyroïdie) ce qui conduit au moindre doute à demander facilement le dosage des hormones thyroïdiennes et entraîne exceptionnellement des pneumopathies interstitielles.

Les petites subtilités

– Le **Rythmodan**, l'**Isorythm** (Ib) par leur action atropine like peuvent accélérer la fréquence sinusale (contre-indication dans le glaucome et l'adénome prostatique).
– Le **Rythmol** a une action bêta-bloquante certaine, d'où ralentissement de la fréquence cardiaque.
– Les quinidiniques (**Sérécor, Longacor**) peuvent entraîner une diarrhée (utile chez les constipés).
– L'**ATP** est le seul anti-arythmique en IV flash, en débutant avec ½ ampoule soit 10 mg (jusqu'à 2 ampoules soit 40 mg).

Tableau 1

LES DIFFÉRENTS ANTI-ARYTHMIQUES					
Classe	**DCI**	**Nom de la spécialité**	**Dose IV initiale**	**Dose per os/24 h**	
Ia	Procaïnamide	**Pronestyl**	50 à 100 mg/min	cp à 250 mg	12 à 16 cp/j
	Disopyramide	**Rythmodan**	1,5 mg/kg en 5 min	cp à 100 mg	300 mg à 800 mg/j
		Rythmodan LP		cp à 250 mg	2 à 3 cp maximum
		Isorythm LP		gél à 125 mg	2 gél
		Isorythm LP		gél à 250 mg	1 à 3 gél
	Aprindine	**Fiboran**		cp à 50 mg	50 à 200 mg
	Quinidine	**Quinidurule**	–	cp à 250 mg	4 cp
		Longacor	–	gél 275 mg	4 à 6 gél
	Hydroquinidine	**Sérécor**	–	cp à 300 mg	2 à 4 cp
Ib	Lidocaïne	**Xylocaïne**	1 à 2 mg/kg		
	Mexilétine	**Mexitil**	150 à 200 mg en 5 min	gél à 200 mg	600 à 900 mg
Ic	Cibenzoline	**Cipralan Exacor**	1 mg/kg en 2 min	gél à 130 mg	2 à 3 cp/j
	Flécaïnide	**Flécaïne**	1 à 2 mg/kg en 5 min	cp à 100 mg	200-600 mg
	Propafénone	**Rythmol**	1,5 mg/kg en 5 min	cp à 300 mg	450-1 200 mg
II	Propranolol	**Avlocardyl**	5 à 10 mg en 5 min	cp à 40 mg	120 à 480 mg
III	Amiodarone	**Cordarone**	150 mg en 5 min (5 mg/kg)	cp à 200 mg	200-400 mg
	Brétylium tosylate	**Brétylate**	5 mg/kg	–	–
	Sotalol	**Sotalex**	0,5 mg/kg en 5 min	cp à 80 et 160 mg	160 à 640 mg
IV	Vérapamil	**Isoptine**	5 à 10 mg en 5 min	cp à 40 mg	1 à 4 cp
		Isoptine LP		gél à 120 mg	120 à 480 mg
Digitalique	Lanatoside C	**Cédilanide**	0,4 à 0,8 mg	–	–
	Digoxine	**Digoxine**	0,5 à 0,75 mg	cp à 0,25 mg	0,125 à 0,25 mg
	ATP	**Striadyne**	10 à 40 mg (flash)	–	–

2. Eléments de surveillance

- Préciser les traitements associés ou une intolérance connue à un anti-arythmique.
- Rechercher une pathologie ou un âge avancé influençant le métabolisme des médicaments ou une interaction médicamenteuse par le biais des modifications du taux sérique ou plasmatique de l'anti-arythmique.
- Pratiquer systématiquement :
  - un ECG avant mise en route du traitement : recherche d'un trouble de conduction pré-existant + + +,
  - un ECG après mise en route du traitement : à la recherche soit de signes d'imprégnation médicamenteuse, soit de signes de mauvaise tolérance (allongement important du QT, de la largeur des QRS, de l'espace PR...).
- Éventuellement, en fonction du contexte, dosage plasmatique.
- Connaître la voie d'élimination du produit (diminution des doses si insuffisance rénale ou hépatique, voir tableau 2).

Tableau 2

Classe	Nom	Élimination	Interactions
Ia	**Sérécor** **Quinidurule** **Longacor** **Rythmodan** **Isorythm**	Foie Foie Foie Rein Rein	PHÉNOBARBITAL ↘ QUINIDINÉMIE DI-HYDAN ↘ QUINIDINÉMIE QUINIDINE ↗ DIGOXINÉMIE AVK + QUINIDINE ↘ TP AVLOCARDYL ↗ QUINIDINÉMIE DI-HYDAN ↘ RYTHMODAN
Ib	**Xylocaïne** **Mexitil**	Foie Foie	TAGAMET ↗ TAUX DE XYLOCAÏNE Certains BÊTABLOQUANTS ↗ TAUX DE XYLOCAÏNE
Ic	**Cipralan Exacor** **Flécaïne** **Rythmol**	Rein Foie Foie	RAS FLÉCAÏNE ↗ AVLOCARDYLÉMIE FLÉCAÏNE ↗ DIGOXINÉMIE RYTHMOL ↗ DIGOXINÉMIE Surveillance du TP
II	**Avlocardyl**	Foie	Multiples interactions
III	**Cordarone** **Sotalex**	Complexe et lente Rein	CORDARONE ↗ QUINIDINÉMIE CORDARONE ↗ FLÉCAINÉMIE CORDARONE ↗ DIGOXINÉMIE CORDARONE ↘ Le TP
IV	**Isoptine** **Tildiem** **Cordium**	Foie Mixte Foie	ISOPTINE ↗ DIGOXINÉMIE VALIUM ↘ TAUX DE TILDIEM TILDIEM ↗ DIGOXINÉMIE Ne modifie pas la digoxinémie

3. Les « coups durs »

- Les intoxications (accidentelles ou volontaires) conduisent en réanimation.
- Les surdosages accidentels entraînent :

- soit des troubles de conduction : bloc AV, bloc sino-auriculaire, dysfonction sinusale,
- soit des torsades de pointe,
- soit des effets inotropes négatifs marqués : OAP, poussée d'insuffisance cardiaque.

– Les effets proarythmogènes : accentuation de l'arythmie chez 10 à 20 % des patients, pratiquement avec tous les anti-arythmiques, en l'absence de tout surdosage.

– Il faut rechercher : les associations médicamenteuses parfois méconnues du prescripteur, chaque médecin prescrivant ses médicaments...
  - exemple : **Timoptol** (bêta-bloquant oculaire mais il passe dans le sang) + **Catapressan** (source de bloc AV) + **Cordarone** (bradycardisant).

4. La bonne attitude en cas de « coups durs »

– **Intoxications** = réanimation et traitement adaptés à chaque médicament (téléphoner au centre anti-poison).

– **Surdosages** = arrêt des médicaments en cause, et hospitalisation le plus souvent en réanimation pour :
  - monter une sonde de stimulation ventriculaire en cas de BAV, bradycardie sévère, dysfonction sinusale majeure, torsade de pointe, en cas d'échec de la montée de sonde : **Isuprel** à la seringue électrique,
  - utiliser des drogues inotropes positives en IV (**Dobutamine, Dopamine,** voire **Adrénaline**) en cas de défaillance ventriculaire gauche (OAP).

– Effets proarythmogènes : arrêt des médicaments et recherche de causes favorisantes, en particulier une hypokaliémie, une insuffisance rénale ou hépatique.

– En cas d'associations médicamenteuses :
  - ne pas méconnaître les facteurs favorisants :
    diurétique + quinidinique + bradycardie = torsade de pointe,
  - ne pas méconnaître un foie cardiaque qui majore une insuffisance hépatique ce d'autant que le patient est âgé.

5. La prévention

Respecter les contre-indications.

Surveiller l'ECG surtout lors de l'instauration du traitement :

– A la recherche d'une imprégnation médicamenteuse :
  - modification de T, de QT, de PR et de largeur des QRS,
  - modification de la fréquence cardiaque.

– Arrêt du traitement devant :
  - QT supérieur à 450 msec avec quinidine,
  - bradycardie inférieure à 45/min avec bêta-bloquants, **Cordarone**, **Cordium**, **Isoptine**, **Tildiem**,
  - élargissement des QRS > 25 % de la valeur initiale (**Rythmol**, **Flécaïne**, **Cipralan**),
  - allongement important du PR par rapport au tracé initial (> 40 %).

Éviter de se trouver dans des situations délicates par des associations dangereuses :

– Hypokaliémie + bradycardie + **Quinidine** ou **Cordium** = torsade de pointe,

– Bêta-bloquant + **Tildiem** ou **Cordium** ou **Cordarone** = bradycardie ou bloc AV,

– **Cordarone** + inhibiteurs calciques ou digitaliques = bradycardie.

Penser à diminuer de moitié les doses si l'on associe digitalique et anti-arythmique ou s'il existe une insuffisance métabolique (rein-foie) : dans ce cadre, savoir demander un dosage spécifique du médicament employé.

Surveillance d'un patient traité par les anticoagulants

Dr Ch. M. SAMAMA

1. Définition de la pathologie et grands principes du traitement

— L'objectif d'un traitement anticoagulant est de prévenir la survenue, de traiter ou d'empêcher la récidive, d'une thrombose veineuse ou artérielle.
— Un traitement anticoagulant mal conduit peut aussi bien aboutir à des complications hémorragiques qu'à des accidents thrombotiques qui peuvent, dans un cas comme dans l'autre, mettre en jeu le pronostic vital.
— La surveillance biologique est modulée (choix du test, fréquence) en fonction du caractère préventif ou curatif du traitement, et du type de médicament utilisé. Elle permet l'adaptation des posologies afin d'obtenir un niveau d'anticoagulation optimal.

2. Eléments de surveillance

Surveillance clinique
Elle est indispensable, à la fois à la recherche de signes évocant un surdosage (hématomes, ecchymoses, hémorragies) qu'un sous-dosage (récidive ou extension d'une thrombose, survenue d'un nouvel accident thrombo-embolique).

Surveillance biologique

— **Héparine non fractionnée** (héparine classique) :
- **tests** : temps de Céphaline Activateur (TCA), héparinémie (activité anti-IIa ou anti-Xa) ou temps de thrombine, numération des plaquettes,
- **doses préventives** par voie sous-cutanée : 5 000 UI, soit 0,2 ml de **Calciparine** 2 ou 3 fois par jour. Aucune surveillance n'est nécessaire,
- **doses curatives** : après une dose de charge de 100 UI/kg par voie intraveineuse, la voie IV continue ou la voie sous-cutanée (2 injections par 24 heures suffisent) peuvent être proposées indifféremment. La posologie est adaptée de façon à obtenir un TCA compris entre 1,5 et 2,5 fois le temps du témoin (voie IV continue), 2 et 3 fois le temps du témoin (voie sous-cutanée) et/ou une héparinémie située entre 0,3 et 0,6 $U.ml^{-1}$. Le prélèvement sanguin est réalisé à mi-distance de 2 injections sous-cutanées ou à n'importe quel moment en cas de perfusion continue. La dose totale d'héparine quotidienne avoisine 400 à 600 UI/kg.

— **Héparine de bas poids moléculaire (HBPM : Fraxiparine, Lovenox, Fragmine, Clivarine)** (dose préventive), **Innohep** (dose curative)
- **test** : activité anti-Xa, numération des plaquettes,
- **doses préventives** à l'exception des sujets cachectiques, très âgés ou insuffisants rénaux, la surveillance de l'activité anti-Xa est inutile,
- **doses curatives** : l'existence d'un risque hémorragique potentiel conduirait à préconiser au moins un dosage de l'activité anti-Xa au 2e jour de traitement. La fourchette thérapeutique est alors de 0,5 à 1 UI AXa/ml, au pic d'activité, soit 3 heures après l'injection du produit.

Pour l'héparine classique comme pour les HBPM, en mode préventif comme en mode curatif, une numération bi-hebdomadaire des plaquettes est recommandée pendant toute la durée du traitement afin de détecter la survenue d'une thrombopénie induite.

– **Antivitamine K**
  - **caractéristiques des AVK** : le clinicien doit tenir compte des propriétés pharmacocinétiques différentes des anticoagulants oraux (tableau 1). Celles-ci conditionnent le nombre de prises et la posologie quotidienne,

Tableau 1 : Principales caractéristiques des antivitamines K

Dénomination Commune	Spécialités	Demi-vie (heures)	Posologie moyenne (mg/j)	Dose/cp (mg)
	Demi-vie courte et intermédiaire			
Acénocoumarol	**Sintrom**	8 - 9	2 - 10	4
Phénindione	**Pindione**	5 - 10	50 - 100	50
	Demi-vie longue			
Tioclomarol	**Apegmone**	24	4 - 8	4
Fluindione	**Préviscan**	30	20 - 40	20
Warfarine	**Coumadine**	35 - 45	2 - 15	2 ou 10

  - **test :** l'absence d'homogénéité du TP due à la grande diversité des thromboplastines utilisées a conduit à une normalisation et à la présentation du résultat du test sous forme d'un rapport du temps du patient sur le temps du témoin, le tout élevé à la puissance ISI qui représente l'index de sensibilité de la thromboplastine utilisée (compris entre 1 et 2,8). La valeur de ce rapport ou International Normalized Ratio (INR), détermine la zone de surveillance des traitements AVK. (tableau 2). Ce nouveau mode de surveillance permet théoriquement au patient de changer de laboratoire sans courir de risque puisque, même si le réactif utilisé pour le TP est différent, l'INR sera comparable.

  Plusieurs données doivent être constamment présentes à l'esprit du prescripteur :

– Lors d'un relais avec un traitement héparinique, la durée du chevauchement des deux thérapeutiques doit être d'au moins 5 jours, surtout avec les AVK à demi-vie longue. En effet, la décroissance des facteurs de la coagulation vitamine K dépendants est bi-exponentielle, soit rapide tout d'abord, puis plus progressive. Pendant cette période d'équilibration, l'INR (associé au TCA ± héparinémie) doit être mesuré tous les deux jours.

– Après stabilisation du traitement, le rythme optimal de surveillance doit être bi-mensuel. La tenue d'un carnet d'anticoagulation est alors particulièrement utile pour dépister une résistance progressive au traitement ou un surdosage, en rapport avec une pathologie intercurrente ou une mauvaise observance. Le rôle pédagogique de ce carnet doit être souligné.

3. Les « coups durs »

Ils sont résumés par les complications hémorragiques, thrombotiques, ou allergiques (voir chapitre « Accidents des anticoagulants » dans « Protocoles »). La résistance à un traitement et la survenue d'une thrombopénie induite par l'héparine sont du ressort de la consultation spécialisée (hémostase, hématologie). Ces complications peuvent, à l'extrême, mettre en jeu le pronostic vital et doivent généralement conduire à une hospitalisation.

4. La bonne attitude en cas de « coups durs »

Voir chapitre : « Accidents des anticoagulants » dans « Protocoles ».

5. La prévention

- La prescription d'anticoagulants doit toujours être précédée d'une évaluation du rapport bénéfice-risque pour le patient. Dans le cadre d'une utilisation préventive, le choix d'une méthode mécanique (bas de contention par exemple) est toujours envisagé.
- L'association à d'autres molécules interférant avec l'hémostase doit être évitée. Notamment la prise d'aspirine, d'anti-inflammatoires non stéroïdiens ou de ticlopidine constitue une contre-indication relative à l'instauration d'un traitement par l'héparine ou les AVK. Il en va de même pour les solutés colloïdes dont l'innocuité vis-à-vis de l'hémostase n'a pu être démontrée (hydroxyéthylamidons de bas poids moléculaire : **Elohes, Haesteril,** ou dextran : **Hémodex, Plasmacair**).
- La surveillance clinique et biologique constitue la clé de la prévention.
- Un certain nombre de molécules interfèrent avec les AVK en potentialisant ou en inhibant partiellement ceux-ci. La liste exhaustive de ces médicaments doit faire l'objet d'une information du patient et figurer dans le carnet de traitement anticoagulant.

Tableau 2 : Valeurs cibles de l'INR

Indications	INR
Prévention de la trombose veineuse	2 - 3
Traitements des tromboses veineuses et embolies pulmonaires	2 - 3
Prévention des embolies systémiques Prothèse valvulaire tissulaire Fibrillation auriculaire Cardiopathie valvulaire Infarctus du myocarde	2 - 3
Prothèse valvulaire mécanique	2,5 - 3,5
Embolies systémiques récidivantes	2,5 - 3,5

Comment prescrire une héparine ?

Dr J.F. VITOUX

1. Les grandes classes médicamenteuses

- L'héparine standard est un mélange très hétérogène de chaînes polysaccharidiques de poids moléculaire très variable, extraites du poumon ou de l'intestin de porc.
- L'héparine standard se présente sous forme d'une préparation pour injection intraveineuse (sel sodique : **Héparine**) ou pour injection sous cutanée (sel calcique : **Calciparine**).
- Les héparines de bas poids moléculaire sont des dérivés purifiés de l'héparine standard dont seules les chaînes de poids moléculaire faible sont conservées. Elles sont injectées par voie sous cutanée (**Fragmine**, **Fraxiparine**, **Lovenox**, **Clivarine**).

2. Les principales indications

- Le traitement de la maladie veineuse thrombo-embolique repose sur l'héparinothérapie au stade initial de la maladie mais aussi pour sa prévention (alitement prolongé, intervention chirurgicale...).
- Les héparines de bas poids moléculaire (HBPM) n'ont pas actuellement l'autorisation du ministère pour le traitement des embolies pulmonaires, mais seulement pour les thromboses veineuses profondes.
- Les autres indications sont celles de l'anticoagulation classique avant le relais par les antivitamines K (prothèses valvulaires, embolies artérielles, troubles du rythme cardiaque...) ou en relais des AVK pour une courte période (extraction dentaire...).
- L'utilisation des HBPM en pratique de ville est plus simple que celle de l'héparine standard.

3. Les contre-indications

- Les contre-indications sont celles de tout traitement anticoagulant et en particulier les anomalies de la coagulation, l'insuffisance hépato-cellulaire grave, l'existence d'un syndrome hémorragique concomitant ou des antécédents d'ulcère gastroduodénal non cicatrisé.
- Seul le saignement patent est en fait une contre-indication absolue, les impératifs thérapeutiques pouvant amener à négliger une contre-indication relative.
- La grossesse reste une indication déconseillée aux HBPM en l'absence de série importante réalisée.

Thrombose
Veineuse Profonde !
Plus de 90 kg ?
Tu as "fraxi" 1 ml
c'est nouveau !
VIDAL

4. Les règles de prescription

En préventif

– En milieu médical ou en milieu de chirurgie non orthopédique :
  - **Calciparine** SC 0,1 ml 3 fois/24 heures,
  - ou **Fragmine** SC 2 500 UI/24 heures,
  - ou **Fraxiparine** SC 0,3 ml/24 heures,
  - ou **Lovenox** SC 20 mg/24 heures,
  - **Clivarine** 1 750 UI SC/24 heures,

  pendant toute la durée du risque, habituellement de l'ordre de 7 jours.

– En milieu de chirurgie orthopédique ou en présence de facteurs de risque associés (tares, poids, antécédents) :
  - **Calciparine** à doses adaptées,
  - ou **Fragmine** SC 5 000 UI/24 heures,
  - ou **Fraxiparine** SC (dose adaptée au poids),
  - ou **Lovenox** SC 40 mg/24 heures,
  - **Clivarine** 4 200 UI SC/24 heures.

En curatif

– **Héparine** par voie IV à la seringue électrique à la dose de 20 UI/kg/heure après une dose de charge de 50 UI/kg relayée rapidement par **Calciparine** SC 0,1 ml/10 kg/12 heures.
– Ou **Fragmine** SC 100 UI/kg/12 heures.
– Ou **Fraxiparine** SC 225 U antiXa IC/kg/12 heures (≃ 100 UI/kg/12 heures).
– Ou **Lovenox** SC 1 mg/kg/12 heures (≃ 100 UI/kg/12 heures).

5. Les éléments de surveillance

– Les plaquettes doivent être comptées avant traitement puis deux fois par semaine, pendant la durée du traitement héparinique quel qu'il soit.
– Il faut dépister une chute de plus de 40 % de ce chiffre qui doit faire évoquer une thrombopénie induite.
– En préventif, il n'est habituellement pas nécessaire de faire une adaptation de dose.
– En curatif, il faut adapter la dose d'héparine standard sur le TCA (1,5 à 2 fois le témoin) ou sur l'héparinémie (entre 0,2 et 0,5 U/ml).
– En curatif, la dose des HBPM peut être adaptée au moment du pic 3 à 4 h après l'injection sur l'activité anti-Xa (0,5 à 1 UI/ml). Ce dosage doit être effectué le 2e jour.

6. Les interférences médicamenteuses

– Potentialisation du risque hémorragique de tout traitement anticoagulant par les dérivés de l'aspirine, les antiagrégants plaquettaires, les anti-inflammatoires stéroïdiens ou non stéroïdiens.

7. Les équivalences thérapeutiques

– On peut très approximativement considérer qu'en terme d'efficacité 1 000 UI d'héparine standard (SC ou IV) équivalent à 500 UI d'HBPM. Cependant, cette équivalence n'est pas stricte et n'est qu'indicative.

L'ASPIRINE* POUR LA VIE

* Sous forme d'Acétylsalicylate de Lysine

FORME ET PRÉSENTATION : Poudre pour solution buvable - Boite de 30 sachets. **COMPOSITION :** KARDÉGIC 160 mg : Acétylsalicylate de DL-Lysine : 288 mg, correspondant à 160 mg d'aspirine. Excipient q.s.p. un sachet. KARDÉGIC 300 mg : Acétylsalicylate de DL-Lysine : 540 mg, correspondant à 300 mg d'aspirine. Excipient q.s.p. un sachet. **PROPRIÉTÉS :** Antiagrégant plaquettaire, analgésique, antipyrétique, anti-inflammatoire à dose élevée. **INDICATIONS :** Celles de l'aspirine et en particulier :- KARDÉGIC 160 mg : Réduction du risque de mortalité ou de complication à la suite immédiate d'infarctus du myocarde à la phase aiguë/subaiguë. Le traitement doit débuter dès les premiers signes et être poursuivi pendant au moins 5 semaines. - KARDÉGIC 300 mg : Prévention secondaire après un premier accident ischémique myocardique ou cérébral lié à l'athérosclérose : - Réduction de la mortalité et de la morbidité de cause cardiovasculaire : • après infarctus du myocarde ; • dans le cadre d'angor instable ; • avant angioplastie coronaire transluminale ; • après accident ischémique cérébral transitoire ou constitué. - Réduction de l'occlusion des greffons après pontage aorto-coronaire. **CONTRE-INDICATIONS : - Absolues :** • Ulcère gastro-duodénal en évolution, • Antécédent d'hypersensibilité aux salicylés (bronchospasme, réaction anaphylactique), • Toute maladie hémorragique constitutionnelle ou acquise, • **Grossesse :** dernier trimestre de la grossesse (cf. paragraphe grossesse). - **Relatives :** Association déconseillée : avec les anticoagulants oraux (à faible dose), avec l'héparine, avec la ticlopidine, avec les AINS (cf. interactions médicamenteuses). **PRÉCAUTIONS D'EMPLOI :** - ***Utiliser avec précaution*** en cas d'ulcère gastrique ou duodénal ou d'hémorragies digestives, d'insuffisance rénale, d'asthme, de dispositif intra-utérin. - ***Déconseillé :*** dans la goutte, dans les métrorragies et/ou ménorragies . - **Grossesse :** Un traitement bref au cours des deux premiers trimestres ne parait pas poser de problème. En revanche, toute prise est absolument contre-indiquée pendant le 3ème trimestre de la grossesse. - **Allaitement :** Déconseillé en cas de prise répétée. **INTERACTIONS MÉDICAMENTEUSES :** ***Associations contre-indiquées :*** avec les anticoagulants oraux quand ils sont associés à de fortes doses d'aspirine, le méthotrexate en particulier à haute dose. ***Associations déconseillées*** avec les autres AINS, les anticoagulants oraux quand ils sont associés à de faibles doses d'aspirine, l'héparine, la ticlopidine, les uricosuriques. ***Associations nécessitant des précautions d'emploi :*** • Antidiabétiques (en particulier sulfamides hypoglycémiants), les diurétiques, les glucocorticoïdes. • Prendre les antiacides à distance des salicylés (2 heures). **EFFETS INDÉSIRABLES :** • Bourdonnements d'oreille, sensation de baisse de l'acuité auditive, céphalées qui sont habituellement la marque d'un surdosage. • Ulcères gastriques. • Hémorragies digestives patentes (hématémèse, melaena...) ou occultes, responsables d'une anémie ferriprive. • Syndrome hémorragique (épistaxis, gingivorragies, purpura...) avec augmentation du temps de saignement. Cette action persiste 4 à 8 jours après l'arrêt de l'aspirine. Elle peut créer un risque hémorragique en cas d'intervention chirurgicale. • Accidents de sensibilisation (œdème, urticaire, asthme, accidents anaphylactiques). • Douleurs abdominales. **POSOLOGIE : Réservé à l'adulte.** La posologie recommandée est de 1 sachet par jour. Administré uniquement sur prescription médicale. KARDÉGIC 160 mg : Après infarctus du myocarde, entreprendre le traitement le plus précocement possible après l'accident inaugural ou la récidive, et le poursuivre au moins 5 semaines. **CTJ :** 0,65 F. KARDÉGIC 300 mg : Après infarctus du myocarde, ainsi que dans l'angor instable, entreprendre le traitement le plus précocement possible après l'accident inaugural ou la récidive. **CTJ :** 0,69 F. **SURDOSAGE :** A la posologie préconisée, un surdosage est improbable, même chez le sujet âgé. En revanche l'intoxication, fréquente chez les tout-petits, nécessite un traitement d'urgence en milieu hospitalier spécialisé. KARDÉGIC 160 mg : AMM 332 473.7 (1990). Mis sur le marché en 1993. KARDÉGIC 300 mg : AMM 332 265.5 (1989). Mis sur le marché en 1993. **Prix :** KARDÉGIC 160 mg : 19,50 F. (30 sachets) - Remb. Séc. Soc. 65 % - Collect. KARDÉGIC 300 mg : 20,70 F. (30 sachets) - Remb. Séc. Soc. 65 % - Collect. Pour information complète, consulter le dictionnaire VIDAL. Laboratoires Synthélabo, 22 avenue Galilée - 92350 LE PLESSIS-ROBINSON. Direction et Information Médicale : 23-25, avenue Morane-Saulnier - 92360 MEUDON-LA-FORÊT. Tél. : (1) 41.28.16.00.

04/96 - CRÉDIT PHOTO : STOCK IMAGE

Laboratoires Synthélabo SYSTEME NERVEUX CENTRAL

Comment prescrire un antiagrégant plaquettaire ?

Pr M. R. BOISSEAU

Les médicaments reconnus sous le nom d'antiagrégants ont été sélectionnés pour leur capacité à allonger la vie plaquettaire sur des modèles de thrombose expérimentale et chez le patient en état de thrombose ou porteur de prothèse vasculaire. Nouveaux ou anciens, beaucoup ont été proposés, mais en pratique quatre produits seulement sont utilisés en France.
Le champ d'application des antiagrégants plaquettaires (AAP) est avant tout la prévention secondaire des évènements thrombotiques artériels.

1. Avant de prescrire

Comprendre le mode d'action des plaquettes sanguines

Tableau 1
Mode d'action des antiagrégants plaquettaires

1. Action sur les récepteurs membranaires **Rappel**
GPIIbIIIa : récepteur du fibrinogène, activé par l'ADP intra ou extra-plaquettaire. R-TXA2 : permet l'action du thromboxane A2 (TXA2), libérant l'ADP ; est aussi spastique.
Ticlopidine : s'oppose à la jonction fibrinogène GPIIbIIIa, antagoniste de l'ADP. **Produit en développement :** Clopidogral
2. Inhibition sur la voie des protaglandines **Rappel** Activation des plaquettes → mise en jeu de la cyclo oxygénase → de la TXA2 synthétase → génèse de TXA2 → libération d'ADP → agrégation plaquettaire
– **AAS** : inhibe la cyclo-oxygénase (COX-1) plaquettaire, à faible dose, de manière irréversible donc prolongée plusieurs jours. Inhibe la COX endothéliale, mais pour de plus fortes doses et de manière réversible. Peu d'effet sur la COX-2 leucocytaire. – **effet résultant** : production diminuée de TXA2, action modérée sur la PG12 ou prostacyclne endothéliale, elle-même antiagrégante et vasodilatatrice.
Flurbiprofène : inhibe la COX, dès les faibles doses, mais de manière compétitive. **Produits en développement :** inhibiteur de la TXA2-synthétase.
3. Actions métaboliques **Rappel** L'activation plaquettaire est liée à l'abaissement de l'AMPc mobilisant le calcium ; l'adénosine, provenant des hématies les plus rigides, permet l'accumulation d'ADP intraplaquettaire ; les radicaux libres oxygénés activent les plaquettes et altèrent l'endothélium.
Dipyridamole : inhibe la phosphodiestérase et donc maintient l'AMPc, diminue l'entrée d'adénosine dans les plaquettes, améliore la déformabilité des hématies et est bénéfique pour l'endothélium.

- La notion de plaquettes activées circulantes est réelle et peut être appréciée par la mesure de la disponibilité de récepteurs à la surface de la cellule, les glycoprotéines GPIIbIIIa et Sélectine P ou CD62P. Ceci est réalisable à l'aide d'anticorps monoclonaux spécifiques. Au cours de l'évolution de l'athérosclérose et des thromboses artérielles, la disponibilité de ces récepteurs justifie la prescription des AAP, pour prévenir la formation de l'agrégat ou l'adhérence aux leucocytes.
- Néanmoins, il faut se souvenir que les plaquettes interviennent dans tout épisode de thrombose, veineux compris et au cours de l'ischémie, au niveau de l'endothélium veineux soumis à l'hypoxie, en particulier sous la forme de microparticules.

Les médicaments antiplaquettaires retenus agissent à différents niveaux

Tableau 2
Action des plaquettes sanguines sur l'arbre artériel pathologique

1. Elles s'activent par frottement sur les plaques (« shear activation ») dans les zones ischémiques (baisses de la sécrétion de NO et PG12), ce qui rend disponibles les récepteurs GPIIbIIIa et CD62P.
2. Elles adhèrent à une lésion de l'endothélium le plus fréquemment par effraction de la cape fibreuse d'une plaque. A ce niveau, la thrombine, formée près de la paroi et de la plaque, est le principal activateur des plaquettes.
3. Elles agrègent et sécrètent, initiant la thrombose – L'agrégat de plaquettes est dû à l'affinité de GPIIbIIIa pour la séquence RGD du fibrinogène qui sert de ligand (autres possibles, tels que le facteur de Willebrand) la sécrétion plaquettaire est due à la synthèse de TXA2, appliqué à ses récepteurs intra et extra-plaquettaires, libérant le contenu des granules. – L'ADP granulaire est l'activateur principal de GPIIbIIIa. – Le TXA2 formé, la sérotonine libérée sont vaso-constricteurs. – Des phospolipides modifiés participent à la génération de thrombine et à l'apparition de fibrine. – CD62P ou P-sélectine, permet l'adhésion de leucocytes actifs pour l'accroissement du thrombus et pour la vasoconstriction.
Au total un agrégat volumineux se développe sur la paroi malade, entouré de fibrine, parsemé de globules blancs et libérant des produits spastiques.

- Les antiagrégants ont aussi d'autres effets. Ainsi, l'aspirine est analgésique, antipyrétique et anti-inflammatoire. La ticlopidine diminue le taux de fibrinogène, améliore la rhéologie et diminue la génération de thrombine (action large anti-thrombosante). Le dipyridamole est vasodilatateur et le flurbiprofène est un anti-inflammatoire non stéroïdien. Enfin, doit-on se souvenir que beaucoup de produits développent une action antiagrégante plaquettaire : les inhibiteurs calciques, les inhibiteurs du PAF-acéther, certains médicaments vasoactifs.

2. Les bonnes indications

Indications hématologiques

- La prescription d'AAP est nécessaire au cours des thrombocytoses, soit de cause connue comme dans les suites de splénectomie, soit secondaires à une inflammation, une hémorragie chronique. On choisira la ticlopidine 1 cp/j ou l'acétyl-salicylique (AAS) 300 mg. Au cours de la thrombocythémie, syndrome myéloprolifératif au long cours, la même prescription est nécessaire, sauf en présence d'hémorragies cutanéo-muqueuses, sachant que paradoxalement cette affection peut être thrombotique ou hémorragique.
- Dans certains cas, un syndrome d'érythermalgie est présent, caractérisé par un prurit, des démangeaisons et des douleurs distales des orteils. L'AAS est plus actif que la ticlopidine dans ces cas et la dose efficace journalière doit être recherchée.

Indications cardio et cérébro-vasculaires

– L'effet préventif significatif des AAP vis-à-vis d'un accident thrombotique et/ou d'un évènement majeur survenant chez les sujets ayant eu un accident artériel lié à l'athérosclérose, a été récemment démontré par de nombreuses études portant sur des milliers de malades, reprises en méta-analyses. Globalement, 27 % de réduction sont obtenus, à la fois sur les accidents vasculaires cérébraux, les accidents transitoires, l'infarctus du myocarde et la mort subite. Au cours de l'angor instable, l'AAS est actif pour prévenir l'infarcissement mais bizarrement pas pour réduire la fréquence des crises.
– Il est donc nécessaire, éthiquement, de prescrire un AAP chez les sujets ayant eu un accident rattaché à l'arbre artériel. Il est à noter qu'il n'est pas demandé d'effectuer une prévention primaire par ce moyen. Par ailleurs, il est recommandé d'indiquer les AAP chez les personnes très âgées en fibrillation auriculaire lorsqu'il y a contre-indication au traitement par les antivitamines K et pour les mêmes raisons, au décours de la thrombose veineuse, où d'ailleurs l'action positive de l'AAS a été reconnue en méta-analyse.
– Au cours d'artériopathies chroniques des membres inférieurs, les AAP sont largement indiqués, connaissant en plus le danger cardiaque et cérébral de tels patients.
– Récemment, on a souligné l'intérêt de la ticlopidine au cours et au décours de l'angioplastie coronaire transluminale, où cette thérapeutique semble réduire la resténose. Les AAP sont par ailleurs, prescrits par les cardiologues lors des pontages coronariens avec des veines saphènes, réduisant les occlusions du greffon (AAS surtout, mais aussi ticlopidine). Enfin, la ticlopidine est largement utilisée chez les porteurs de STENT.

3. Les grandes classes médicamenteuses

Tableau 3
Principaux antiagrégants plaquettaires

DCI	Spécialités	Dose/cp	Posologie max./24 h	Coût/cp
Acide acétylsalicylique	**Aspirine Merk** **Aspirine pH8** **Aspirine UPSA** **Rhonal**	500 mg 500 mg 325 mg 500 mg	1 g 1 g 1 g 1 g	0,29 0,29 0,91 0,30
Acétylsalicylate de lysine	**Kardégic 160** **Kardégic 300**	160 mg 300 mg	160 mg 1 g	0,65 0,69
Acétylsalicylate de soude	**Catalgine 0,25**	250 mg	1 g	0,61
Ticlopidine	**Ticlid**	250 mg	250 mg	5,47
Dipyridamole	**Cléridium 150** **Coronarine 75** **Perkrod 75** **Persantine 75**	300 mg 150 ou 300 mg 150 ou 300 150 ou 300 mg	900 mg (nycthémère) 900 mg 900 mg 900 mg	0,81 0,35 0,34 0,50
Flurbiprofène	**Cebutid 50**	100 mg	100 mg	0,95

Compte-tenu, en France, des influences liées aux données scientifiques, mais aussi aux efforts de développement des compagnies pharmaceutiques, on peut raisonnablement établir les points suivants :
– L'AAS, en une seule prise, doit être employé à la phase aiguë de l'infarctus, pour certains à raison de 160 mg (toute dose indiquée l'est pour une journée et en valeur moyenne dont on peut s'éloigner légèrement), dans le post-infarctus et après accident vasculaire cérébral

à raison de 300 mg. La ticlopidine est préconisée pour la prévention des accidents cérébraux et chez les sujets diabétiques, en particulier avec rétinopathie ou/et artériopathie. La dose est de 500 mg en deux prises.

– Le dipyridamole est volontiers associé à l'AAS, non pas pour des effets potentialisateurs qui n'ont pas été actuellement démontrés, mais pour une action pro-endothéliale et anti-ischémique. La dose recommandée est de 300 mg en deux prises, ce qui du fait de l'élimination rapide du produit, ne couvre pas le nycthémère. Le flurbiprofène 50 à dose de 100 mg en deux prises associe les propriétés anti-inflammatoires à l'effet anti-plaquettaire et est indiqué pour ces deux objectifs, par exemple chez des sujets polyvasculaires avec un fibrinogène élevé et présentant des signes inflammatoires. Cependant, l'indication ne devra pas excéder deux mois et le relais par un autre AAP est nécessaire.

4. Les contre-indications

Dans l'ensemble, l'intérêt des AAP, c'est leur bonne tolérance... Néanmoins, leur indication est très limitée dans les cas suivants :

– Syndromes hémorragiques constitutionnels : hémophilie, maladie de Willebrand ou acquis, de type thrombopénie chronique.
– L'héparinothérapie et le traitement par les antivitamines K.
  Cependant, certains cardiologues associent l'AAS 160 mg aux antivitamines K à doses modérées (INR = 2,5), ce qui n'est cependant pas actuellement validé par des essais répertoriés :
– L'insuffisance hépatique, l'état cirrhotique.
– L'ulcère gastroduodénal.
– Un antécédent d'hypersensibilité aux salicylés.

5. Les règles de prescription et les interférences

C'est avant tout pour l'AAS qu'un certain nombre de données doivent être prises en considération :

– Il n'est pas utile de prescrire de fortes doses journalières de plus de 1g, car elles n'ont pas apporté, dans les essais, de différence d'action de prévention avec les doses de 300 mg. De plus, la gastrotoxicité est dose-dépendante.
– Les doses très faibles, de moins de 100 mg, ne sont pas moins hémorragiques que les doses supérieures de 300 mg.
– De ce fait, les doses moyennes d'AAS sont à retenir autour de 300 mg.

6. Les éléments de surveillance

– Contrôle d'efficacité : on sait aisément reconnaître l'effet de l'AAS et de la ticlopidine sur la courbe d'agrégation plaquettaire in vitro obtenue sur le sang du patient. En pratique, l'intérêt est limité, sauf pour vérifier l'observance que l'on peut obtenir pour l'aspirine avec une simple salicylémie.
– Contrôle d'un syndrome hémorragique occulte : comme pour tout traitement impliquant l'hémostase, les AAP peuvent entraîner des hémorragies digestives occultes, parfois

révélatrices pour le bénéfice du malade, de lésions débutantes. L'hémogramme annuel dépistera l'anémie microcytaire.

– Le contrôle pré-opératoire d'un patient sous AAP : c'est un réel problème qu'il faut aborder avec soin. Si possible, on doit stopper le traitement 8 jours avant l'intervention, quitte à placer le sujet sous héparine de bas poids moléculaire. S'il s'agit d'une intervention d'urgence, le temps de saignement très allongé conduira à une corticothérapie et au maximum, à une manœuvre d'augmentation du taux du facteur Willebrand par le Minirin. Cela est cependant rarement employé et la transfusion plaquettaire devra rester exceptionnelle.
– Ticlopidine : pendant les trois premiers mois de traitement, 3 hémogrammes espacés de 15 jours sont nécessaires pour éliminer de rares neutropénies (0,8 % des cas). Peuvent aussi se développer une intolérance hépatique exceptionnelle, une diarrhée motrice, une allergie cutanée.
– Flurbiprofène : comme tous les anti-inflammatoires non stéroidiens et malgré la faible posologie ici retenue, les traitements prolongés doivent être évités.
– Dipyridamole : possibilité de vertiges et de céphalées moins fréquents dans les préparations à absorption lente.

Comment prescrire un antivitamine K ?

Dr J.F. VITOUX

1. Les grandes classes médicamenteuses

– Les antivitamines K (AVK) inhibent la synthèse hépatique des facteurs vitamine K dépendants.
– Leur classification ne peut réellement reposer que sur leur durée d'action qui détermine le nombre de prises quotidiennes.
– On distingue ainsi :
- les AVK de durée brève : **Tromexane**,
- les AVK de durée intermédiaire : **Sintrom**, **Pindione**,
- les AVK de durée prolongée : **Préviscan**, **Coumadine**. Seuls, ces derniers peuvent être administrés une seule fois par jour.

2. Les principales indications

– Les indications préventives des AVK ne sont pas encore reconnues.
– On ne prescrit donc les AVK qu'au long cours pour une durée au moins égale à trois mois en relais d'une héparinothérapie dans le cadre du traitement d'une maladie veineuse thrombo-embolique.
– Les AVK représentent le traitement anticoagulant habituel des patients ayant une indication à vie (prothèse valvulaire, cardiomyopathie, embolies artérielles...).

3. Les contre-indications

– Outre les contre-indications classiques relatives ou absolues des traitements anticoagulants, l'insuffisance hépato-cellulaire grave est une contre-indication absolue en raison du mécanisme d'action des AVK et de l'abaissement spontané des facteurs de la coagulation.
– Les AVK sont contre-indiqués pendant la grossesse mais peuvent être prescrits pendant l'allaitement.

4. Les règles de prescription

En urgence
– Si l'on souhaite avoir une efficacité rapide, on doit utiliser le **Tromexane** mais l'équilibre biologique mettra au moins 3 ou 4 jours pour être atteint.

– Ne jamais prescrire de doses de charge qui sont inutiles et dangereuses.

Au long cours
– Le meilleur garant d'un bon équilibre biologique est l'utilisation d'un AVK de durée de vie prolongée (**Préviscan**, **Coumadine**).
– Le relais avec l'héparine doit toujours être prolongé de façon à obtenir une stabilisation des facteurs de coagulation en une semaine environ.

5. Les éléments de surveillance

– La réponse biologique aux AVK est très différente d'un individu à l'autre ce qui impose une surveillance stricte.
– Le classique taux de prothrombine est insuffisant en raison de la difficulté de standardisation des résultats d'un laboratoires à l'autre.
– C'est pourquoi l'INR (International Normalized Ratio) a été proposé.
– On doit exiger un INR entre 2 et 3 à l'équilibre.
– Il faut savoir que la baisse précoce des facteurs de la coagulation doit faire redouter un surdosage et faire baisser les posologies.
– Doser l'INR tous les 2 jours au début puis toutes les 3 semaines après l'équilibre est un bon compromis.

6. Les interférences médicamenteuses

– Surveiller les apports nutritionnels en vitamine K (choux, crudités, brocolis, avocats...).
– Potentialisation de l'effet anticoagulant : salicylés, anti-inflammatoires, fibrates...
– Atténuation de l'effet anticoagulant : pansements digestifs, barbituriques...

7. Les équivalences thérapeutiques

– Elles sont impossibles à prévoir en raison de la susceptibilité de chaque individu.
– Habituellement, un comprimé de **Sintrom** équivaut à un comprimé de **Préviscan** ou de **Coumadine** mais il faut être vigilant en cas de passage d'un dérivé à un autre, la réponse biologique pouvant être très différente.

Surveillance d'un patient artéritique

Dr G. ETIENNE, Dr M. HEVIA

Un patient porteur d'une artériopathie chronique oblitérante des membres inférieurs (AOMI) doit être soumis, après un bilan complet de la diffusion de la maladie athéromateuse, à une surveillance à vie, dont le but est de dépister précocement les complications et de traiter les facteurs de risque pour prévenir l'aggravation des lésions.

1. Définition de la pathologie et grands principes du traitement

— La claudication intermittente est l'expression clinique la plus habituelle de l'AOMI. Elle traduit l'inadaptation du débit sanguin musculaire à l'augmentation des besoins tissulaires en oxygène lors de l'effort. Les douleurs permanentes et la gangrène distale traduisent une souffrance tissulaire mettant en jeu la viabilité du membre à moyen terme. L'ischémie aiguë traduit le plus souvent une oblitération brutale d'un axe artériel majeur par embolie ou par thrombose. Elle menace le membre à très court terme. Elle implique un traitement d'urgence.

— Le traitement médical comporte quatre volets :
- lutte contre les facteurs de risque de l'athérosclérose : arrêt du tabac en particulier,
- anticoagulant (**Héparine** ou **Anti-vitamine K**) ou, de plus en plus, anti-agrégant plaquettaire (**Ticlid** 500 mg/j, **Aspégic** 250 mg/j),
- médications vaso-actives, agissant sur les facteurs rhéologiques (**Torental**), ou le spasme artériel (**Praxilène**, **Fonzylane**, **Vadilex**), ou sur les deux (**Sermion 10**). Le **Trivastal** agit par inhibition du tonus sympathique,
- développement de la circulation collatérale par l'exercice musculaire quotidien (bicyclette, marche).

— Le traitement chirurgical est à envisager après échec du traitement médical dans les claudications serrées, et d'emblée en cas de menace de perte de membre. Il peut s'agir :
- d'angioplastie par dilatation percutanée ou peropératoire,
- d'endartériectomie ou de pontage veineux ou prothétique,
- la sympathectomie a des indications discutées.

2. Eléments de surveillance

1. Chez l'artéritique non opéré, elle a trois buts

— Évaluer l'efficacité du traitement médical : périmètre de marche, amélioration de la perfusion distale appréciée par les indices de cheville au doppler.

— Dépister une aggravation : disparition d'un pouls, coloration et chaleur cutanée, apparition de douleurs permanentes ou de troubles trophiques.

— Contrôler la tolérance du traitement (voir « Surveillance d'un traitement anticoagulant »)

2. Chez l'artéritique opéré

— La surveillance fait appel à la clinique (périmètre de marche, pouls du greffon), aux écho-dopplers répétés au 4e, 8e, 12e mois puis tous les ans, à l'angiographie numérisée au moindre doute. Elle a pour but de dépister :

- une resténose post-angioplastie, observée dans 30 % des cas,
- une sténose du greffon ou un faux anévrisme anastomotique imposant la reprise chirurgicale avant la thrombose ou la rupture,
- une thrombose de pontage,
- une infection de prothèse qui peut être tardive.

Dans tous les cas, surveillance des facteurs de risque

– Tabagisme, diabète, dyslipidémie, hypertension artérielle, sédentarité.

– Apprécier la diffusion de la maladie : carotides (écho-doppler des troncs supra-aortiques), coronaires (électrocardiogramme d'effort), fonction rénale (créatinine).

3. Les « coups durs »

– Ischémie aiguë (voir ce chapitre dans « Protocoles »).

– Complications du geste de revascularisation :
- thrombose du pontage, rupture d'un faux anévrysme, infection prothétique.

– Accident des anti-coagulants :
- sous-dosage responsable d'une occlusion artérielle ou surdosage avec risque hémorragique.

4. La bonne attitude en cas de « coups durs »

– Ischémie aiguë :
- transfert urgent en milieu spécialisé. Dans tous les cas héparinothérapie et vaso-dilatateurs. Bilan angiographique selon le degré d'urgence. Désobstruction, thrombolyse ou pontage selon les cas.

– Complications post-opératoires :
- le bon geste dépendra du délai de la thrombose, de sa cause éventuelle, du capital veineux encore disponible pour réaliser un nouveau pontage, de l'état du lit d'aval apprécié sur l'angiographie,
- en cas d'infection, le traitement est complexe, avec un taux élevé d'amputation ou de décès surtout à l'étage aorto-iliaque.

– Accident des anti-coagulants (voir « Accidents des anticoagulants » dans « Protocoles »).

5. La prévention

– Elle repose avant tout sur la prise en charge du tabagisme dans un Centre antitabac en vue d'un traitement approprié qui sera fondé sur des tests d'évaluation de la dépendance : traitement médical et/ou soutien psychologique selon le cas.

– Traitement des autres facteurs de risque : en particulier diabète et dyslipidémie.

– Incitation régulière à la marche quotidienne.

– Chez ces patients poly-artériels, prévention des accidents coronaires ou carotidiens par un traitement antiagrégant au long cours (**Ticlid** 500 mg/j ou **Kardegic** 300 mg/j).

– Chez l'opéré artériel, la qualité des résultats dépend de la rigueur des indications, de la précision du geste, de l'information des opérés et de la surveillance à long terme.

Surveillance d'un patient porteur d'un pacemaker

Dr J.M. MONTELY

1. Définition de la pathologie et grands principes du traitement

Un code à cinq lettres décrit les possibilités de plus en plus complexes des PM :
- 1re lettre (cavité stimulée) : A oreillette, V ventricule, D les deux, O aucune.
- 2e lettre (cavité détectée) : A oreillette, V ventricule, D les deux, O aucune.
- 3e lettre : réaction à la détection → I inhibition, T déclenchement, D synchronisation sur l'oreillette, inhibition sur le ventricule.
- 4e lettre : possibilités de programmation → P programmable, M multiprogrammable, C interrogeable, R asservi.
- La 5e lettre concerne les PM anti-tachycardiques non envisagés ici.

En pratique, trois types de PM multiprogrammables sont couramment utilisés :
- Stimulation ventriculaire à la demande à fréquence fixe VVI.
- Stimulation double chambre DDD, la stimulation ventriculaire est couplée à l'activité auriculaire détectée, ce qui autorise une accélération de la fréquence cardiaque à l'effort avec conservation de la synergie auriculo-ventriculaire si la fonction sinusale est préservée; en cas de ralentissement sinusal excessif, une double stimulation auriculaire et ventriculaire est effectuée.
- Stimulation asservie à un paramètre d'activité pour permettre, malgré une dysfonction sinusale, l'accélération à l'effort : VVIR si stimulation ventriculaire, DDDR si double chambre.
- La surveillance nécessite la connaissance des caractéristiques du PM et de sa programmation :
  - fréquence minimale de dépannage (60 à 70/minute),
  - fréquence maximale pour les stimulateurs asservis ou DDD,
  - fréquence sous aimant qui transforme le PM en asynchrone soit à la fréquence de dépannage, soit à une fréquence plus rapide, soit association de ces deux modalités (quelques complexes à fréquence rapide, puis fréquence de dépannage),
  - critères d'épuisement des batteries, en général abaissement de la fréquence sous aimant de quelques coups par minute ou d'un certain pourcentage,
  - tous ces paramètres sont malheureusement non standardisés et il faut se reporter aux comptes-rendus d'implantation et de reprogrammation ultérieurs.

La surveillance porte aussi sur la cardiopathie et la fonction ventriculaire gauche.
Les principales indications de la pose de PM sont :
- Les bradycardies permanentes par bloc auriculo-ventriculaire de haut degré, dysfonction sinusale ou maladie de l'oreillette : l'entraînement est visible du premier coup d'œil à l'ECG.
- Les syncopes rapportées après holter ou exploration électrophysiologique à un BAV paroxystique ou à une dysfonction sino-auriculaire transitoire : un rythme sinusal spontané est présent et il faut un test à l'aimant pour extérioriser le fonctionnement du PM.

2. Eléments de surveillance

1. Interrogatoire

- Recherche de malaises, syncopes, chutes, symptômes rappelant ceux précédant l'implantation.

— Mais ces symptômes peuvent traduire aussi bien une bradycardie par panne du PM que des troubles du rythme rapides liés ou non à celui-ci.
— Rechercher aussi dyspnée, angor, palpitations.

2. Examen clinique
— État de la cicatrice et de la région d'implantation.
— Auscultation prolongée sur une minute et examen cardio-vasculaire complet (signes d'insuffisance cardiaque).

3. ECG : Indispensable pour affirmer le bon fonctionnement du PM.
— Entraînement correct visible :
- VVI : stimulation ventriculaire à fréquence de dépannage programmée avec spike et QRS élargi à déviation axiale gauche; même aspect mais accélération de la fréquence à l'effort en cas de PM asservi,
- DDD : spike ventriculaire et QRS élargi suivant onde P sinusale ou double spike auriculaire et ventriculaire si ralentissement excessif de la fréquence sinusale.

— Si le rythme spontané est supérieur à la fréquence de dépannage minimale (PM inhibé, écoutant bien), il faut tester les possibilités de stimulation par le test à l'aimant : dérouler l'ECG et approcher l'aimant du boîtier ce qui transforme le PM en asynchrone ventriculaire (VOO) ou double chambre (DOO) :
- mesure de la fréquence des spikes à comparer à la valeur d'implantation,
- vérifier que chaque spike ventriculaire ou auriculaire et ventriculaire ne tombant pas en période réfractaire de la cavité concernée entraîne bien une dépolarisation auriculaire ou ventriculaire,
- pour les PM VVI, possibilité de mesure précise de la fréquence et de la période de stimulation par un boîtier spécial (cardiocheck).

— Epreuve d'effort si réalisable et holter complètent la surveillance des DDD et sont indispensables pour régler et contrôler les stimulateurs asservis (VVIR et DDDR).

4. Périodicité
— Surveillance par le cardiologue à la sortie du centre d'implantation, un à deux mois plus tard, puis deux fois par an jusqu'à cinq ans.
— Consultation rapide pour tout symptôme nouveau.
— Après cinq ans, surveillance tous les trois mois et avis du centre une à deux fois par an.

3. Les « coups durs »

1. Complications de la stimulation
— Précoces :
- problèmes de cicatrisation : hématome, désunion de cicatrice, ulcération cutanée en regard du boîtier; si suspicion d'infection, prélèvement local, hémocultures, hémogramme,
- déplacement de sonde ou élévation du seuil de stimulation : défaut d'écoute (spikes tombant n'importe où), défaut de stimulation (spikes non suivis de dépolarisation spontanément ou au test à l'aimant).

— Retardées :
- syndrome du pacemaker en cas de VVI surtout si conduction rétrograde à l'oreillette des stimulations ventriculaires : fatigabilité, malaises, IC débutante,
- tachycardie avec stimulation rapide du ventricule après la détection d'une activité auriculaire rapide en cas de DDD : tachycardie sinusale ou trouble du rythme auriculaire (flutter ou tachysystolie) entraînant une stimulation ventriculaire en général en 2/1 ; tachycardie par réentrée impliquant le stimulateur par détection d'une conduction auriculaire rétrograde entraînant une stimulation ventriculaire.

– Tardives :
  - en général entre cinq et dix ans après implantation, épuisement de la source d'énergie,
  - rechute de symptômes,
  - bradycardie par bloc auriculo-ventriculaire ou dysfonction sinusale,
  - spikes non suivis de QRS ou à fréquence trop lente spontanément ou au test à l'aimant.

2. Complications de la pathologie

– Troubles du rythme auriculaire ou ventriculaire liés à la cardiopathie ou à une maladie de l'oreillette, entraînant palpitations, angor ou insuffisance cardiaque.

4. La bonne attitude en cas de « coups durs »

– Problèmes de cicatrisation : soins locaux, antibiothérapie adaptée aux prélèvements en cas d'infection; explantation et implantation controlatérale si non guérison.
– Problèmes de stimulation précoce : reprogrammation au centre si élévation de seuil, réintervention pour repositionnement de sonde si déplacement.
– Épuisement du boîtier ou exceptionnelle panne électronique plus précoce : si symptômes majeurs, sonde d'entraînement provisoire au centre de réanimation le plus proche puis adresser dans tous les cas au centre de stimulation pour remplacement.
– Syndrome du pacemaker : remplacer le VVI par un DDD si bonne fonction sinusale et absence de troubles du rythme auriculaires.
– Traitement anti-arythmique adapté pour les troubles du rythme autonomes, en hospitalisation le plus souvent.
– Troubles du rythme sur les DDD :
  - traitement anti-arythmique mais surtout reprogrammation au centre pour limiter la fréquence de stimulation ventriculaire,
  - pour les tachycardies par réentrée, interruption de l'accès par application de l'aimant, prévention des rechutes par reprogrammation ou traitement anti-arythmique déprimant la conduction rétrograde,
  - rarement nécessité de reprogrammation sur un mode plus simple en cas d'échec.

5. La prévention

– Surveillance très simple par ECG et test à l'aimant des VVI, beaucoup plus complexe des DDD nécessitant un recours plus fréquent au centre d'implantation pour optimiser le réglage des multiples paramètres programmables.
– Bien choisir le type de stimulation avant l'implantation :
  - éviter les modes sophistiqués pour les patients très âgés et peu valides qui n'en bénéficieront pas,
  - dans les dysfonctions très paroxystiques se contenter d'un VVI avec une fréquence de dépannage très basse pour épargner les piles et éviter le syndrome du pacemaker,
  - dans les bradycardies permanentes avec oreillette stimulable, d'autant plus qu'existe une cardiopathie, implanter un DDD, voire un DDDR si l'oreillette ne peut s'accélérer à l'effort,
  - s'il y a un trouble du rythme auriculaire chronique, mode VVIR.
– Visite au centre d'implantation 2 mois après la pose pour contrôler les seuils, optimiser les réglages.
– Après cinq ans, surveillance étroite, d'autant plus que le patient est PM dépendant, pour dépister les premiers signes d'épuisement et éviter les remplacements en urgence.

Surveillance d'un patient porteur de varices des membres inférieurs

Dr J.M. MONTELY

1. Définition de la pathologie et grands principes du traitement

1. Il faut distinguer :

– Les varices essentielles, dilatations veineuses diffuses plus ou moins importantes du réseau veineux superficiel, systématisées si les troncs saphène interne (SI) et saphène externe (SE) sont intéressés, non systématisées dans le cas contraire; le réseau veineux profond est normal en l'absence de complication, par contre les varices atteignent aussi les perforantes faisant communiquer les deux réseaux.
– Les varices secondaires se développent après une obstruction du réseau profond et exposent beaucoup plus aux complications trophiques.

2. Principales possibilités thérapeutiques :

– Hygiène de vie à tous les stades de la maladie.
– Traitement chirurgical, pour les varices systématisées avec stripping des axes SI et SE atteints, ligatures des perforantes et exérèses éventuelles d'autres varices importantes; ne peut se concevoir que si le réseau profond est fonctionnel.
– Traitement phlébologique, par scléroses multiples, dans les formes peu importantes, non systématisées et en complément de la chirurgie.
– La contention élastique par bande ou par bas est indispensable pour encadrer le traitement chirurgical et phlébologique et au stade des complications.

2. Eléments de surveillance

1. L'interrogatoire

Il fait préciser :

– Les signes fonctionnels (lourdeur de jambes, douleur localisée).
– L'ancienneté de la pathologie veineuse.
– Les traitements effectués.
– Chez la femme, la prise de pilule, l'influence des grossesses.
– Et dans tous les cas recherche des épisodes de phlébite, d'embolie pulmonaire à la suite d'immobilisation ou de chirurgie.

2. L'examen clinique

Il se fait debout, jambes nues et est comparatif :

– Importance et topographie des varices, vues et palpées, à la jambe et à la cuisse par rapport aux axes SE et SI.

— Recherche une impulsion de la SI à la toux (incontinence de la crosse).
— Manœuvre de Trendelenburg : vidanger les varices par décubitus et surélévation du membre, pose d'un garrot à la racine et mise en orthostatisme; au retrait du garrot, le remplissage en moins de 30 secondes de haut en bas de la SI signe une incontinence de la crosse.
— Examen attentif à la recherche de troubles trophiques au tiers inférieur de jambe : œdème malléolaire débutant ou plus marqué, pigmentation purpurique, taches brunâtres plus ou moins confluentes, amincissement ou hypertrophie du tissu cellulaire sous-cutané, trouble trophique majeur : ulcère.
— Toujours rechercher une atteinte artérielle associée : auscultation et palpation de l'artère fémorale, des pouls pédieux et tibial postérieur.
— L'asymétrie de la symptomatologie doit toujours faire rechercher une complication notamment sur le réseau profond.

3. Examens complémentaires

— Jamais systématiques, orientés par la situation clinique :
- doppler artériel,
- écho doppler, plus rarement phlébographie si une atteinte du réseau profond est suspectée, récente ou ancienne, et pour les complications,
- écho doppler du réseau superficiel permettant une cartographie et la recherche des principaux points de reflux.

3. Les « coups durs »

1. Phlébite superficielle

— Thrombose aiguë d'un paquet variqueux, plus souvent sur le trajet SI que sur SE.
— Douleur aiguë avec signes inflammatoires locaux : trajet veineux tuméfié, induré, sensible avec augmentation de la chaleur locale.
— L'extension de proche en proche au réseau profond est à redouter en cas de localisation SI, au-dessus du genou, et sur plus de 10 cm. Le risque majeur est la tendance spontanée du patient à l'immobilisation avec le risque de thrombose veineuse profonde secondaire.

2. La rupture variqueuse

— Survient spontanément ou à l'occasion d'un traumatisme minime et pourrait entraîner une hémorragie importante.
— La rupture d'une varice protégée par une peau saine n'entraîne qu'un hématome local.

3. Ulcères variqueux et troubles trophiques

— L'ulcère :
- survient dans la zone d'élection des troubles trophiques au tiers inférieur de jambe, près de la malléole interne, souvent compliqué d'infection ou d'eczématisation,
- rare dans les varices essentielles, doit faire rechercher l'atteinte du réseau profond ou une pathologie artérielle associée.

— Les troubles trophiques associent :
- œdème distal au début réversible puis chronique,
- troubles de la pigmentation locale (dermite ocre),
- hypodermite avec atrophie et rétraction du tissu cellulaire sous-cutané.

4. Phlébite profonde

— La maladie variqueuse est un facteur de risque certain de phlébite profonde, à l'occasion d'une des causes classiques : alitement pour une affection médicale aiguë ou chronique, intervention chirurgicale, traumatisme avec immobilisation.

— Le diagnostic est évoqué sur une douleur unilatérale, retrouvée à la palpation du mollet avec signe de Homans, diminution du ballottement du mollet et début d'œdème unilatéral plus tardif.
— Le traitement est débuté dès la suspicion clinique et les examens complémentaires en recherchent la confirmation :
- doppler veineux et échographie peuvent dépister l'atteinte d'un gros tronc,
- phlébographie indispensable pour prouver une atteinte surale ou dans formes graves,
- rechercher une éventuelle embolie pulmonaire.

? 4. La bonne attitude en cas de « coups durs »

1. Phlébite superficielle

— Traitement anti-inflammatoire non corticoïde, local (**Nifluril** pommade) ou général.
— Mise en place d'une contention par bande élastique posée de bas en haut du membre et prescription formelle de la poursuite de la déambulation.
— Au moindre doute d'atteinte profonde associée ou si immobilisation : héparinothérapie sous-cutanée.
— Après quelques jours, évacuation du thrombus quand il est rénitent : incision par pointe de bistouri, sous anesthésie locale, élimination du thrombus par expression de la périphérie vers le centre, pansement compressif et remise en place de la bande élastique.
— Indication opératoire si atteinte SI près de la crosse (risque d'atteinte du réseau profond).

2. Rupture variqueuse

— Extériorisée : décubitus, surélévation du membre, antiseptique local, pansement compressif et bande élastique sur le membre avant reprise de la déambulation.
— Hématome : évacuer par ponction ou fine incision au bistouri, et pansement compressif plus bande élastique.

3. Ulcère variqueux

— Prise en charge complexe et longue nécessitant une collaboration avec le dermatologue et le phlébologue.
— Soins locaux pour assurer la désinfection, la détersion puis le bourgeonnement.
— Éventuel recouvrement par greffe cutanée.
— Mise en place d'une bande élastique de contention ferme et discussion après amélioration, du traitement radical des varices responsables (chirurgie, sclérose).

4. Complications infectieuses :

— Au stade des troubles trophiques graves avec ulcère peuvent survenir des complications infectieuses avec cellulite et fasciite.
— Des signes inflammatoires débordant la zone d'ulcère avec douleurs et surtout s'il existe des signes généraux (fièvre) doivent faire prescrire d'urgence une antibiothérapie à large spectre couvrant les anaérobies (risque de gangrène gazeuse) et les germes aérobies habituels (streptocoques principalement) : **Augmentin** 2 grammes par jour.

5. Phlébite profonde

— Dès le diagnostic : **Calciparine** sous-cutanée 3 injections par 24 heures de 0,3 à 0,4 ml à ajuster pour obtenir le TCA entre une fois et demi et trois fois le témoin , ou héparine de bas poids moléculaire en deux injections SC par 24 heures (**Fragmine** 100 UI anti-Xa/kg ou **Fraxiparine** 225 UI anti-Xa IC/kg, ou **Lovenox** 1 mg/kg, pour chaque injection).
— Débuter en même temps un anti-vitamine K, **Sintrom** 1 cp/j ou **Préviscan** 1 cp/j avec premier dosage de l'INR (plus fiable que le taux de prothrombine) après 3 jours de traitement et interruption de l'héparinothérapie dès l'obtention d'un INR efficace, entre 2 et 3.

– Reprise de la déambulation sous bande élastique de contention après 48 heures si traitement efficace.
– Hospitalisation pour les formes étendues hautes (suspicion doppler ou écho) et en cas de suspicion d'embolie; possibilité de traitement à domicile pour les formes surales.

5. La prévention

– Au **stade prévariqueux** avec troubles fonctionnels sans signe objectif d'insuffisance veineuse, s'efforcer de retarder l'apparition des varices :
  • hygiène de vie : éviter la station debout immobile, pratiquer une marche régulière, gymnastique ou drainage postural, lutte contre le surpoids, surélévation de 10 cm des pieds du lit, douches fraiches et pas d'exposition au soleil,
  • prescription de phlébotoniques,
  • port de bas de contention de type préventif si station debout et symptomatologie importantes.
– Au **stade de varices** constituées, mêmes prescriptions mais contention élastique moyenne, puis forte au stade des complications débutantes (œdème réversible) et surtout convaincre le patient de la nécessité d'un traitement plus efficace, dès que les varices sont importantes, avant les complications :
  • sclérothérapie dans les formes peu étendues, sans atteinte importante de la SI ou insuffisance de la crosse de la SI,
  • cure CHIVA (cure conservatrice et hémodynamique de l'insuffisance veineuse en ambulatoire) dont indications et résultats restent à préciser,
  • phlébectomies ambulatoires en l'absence d'atteinte SI,
  • traitement chirurgical avec éveinage pour les atteintes majeures de la SI,
  • l'évolutivité de la maladie veineuse nécessite au fil des années le recours aux différentes méthodes, et de privilégier la contention élastique.
– La gravité des thromboses veineuses profondes et de leurs séquelles, impose une prophylaxie chez le variqueux pour toute immobilisation : outre la contention élastique, mobilisation précoce, héparinothérapie préventive **Calciparine** 0,2 ml × 2 SC ou **Héparine** de bas poids moléculaire (HBPM) en une injection sous-cutanée : **Fragmine** 2 500 UI anti Xa, **Fraxiparine** 7 500 U anti Xa IC, **Lovenox** 20 mg. En cas de risque particulièrement élevé (orthopédie, chirurgie gynécologique ou urologique pour cancer), 2 injections par jour d'une HBPM, ou doses plus élevées.

NOUVEAU

Prise en charge d'un patient porteur d'un ulcère de jambe d'origine veineuse

Pr P. HUMBERT

1. Définition de la pathologie et grands principes du traitement

L'ulcère de jambe d'origine veineuse représente 70 % des ulcères de jambe. Il survient dans les suites d'une insuffisance profonde :
– Fonctionnelle : par dysfonctionnement de la pompe veineuse du mollet (ankylose tibio-tarsienne, malformations de la voûte plantaire, arthrose de genou, de hanche, séquelles de poliomyélite, d'hémiplégie....).
– Acquise : par suite d'une thrombose veineuse profonde.
– Congénitale : dysgénésie des valvules profondes.
Ou il survient dans les suites d'une insuffisance veineuse superficielle :
– Secondaire à une insuffisance veineuse profonde.
– Par incompétence des valvules ostiales des veines saphène externe et saphène interne.
Il se distingue des ulcères de jambe d'une autre origine par :
– Sa topographie : dans les régions péri malléolaires interne ou externe, où l'hypertension veineuse est importante.
– Sa survenue sur une zone de troubles trophiques témoins de l'insuffisance veineuse : lipodermatosclérose (ou hypodermite sclérodermiforme), dermite ocre, zones d'atrophie blanche, œdème, varicosités ou varices...
– Son aspect clinique : superficiel ou profond, aux bords surélevés, au fond fibrineux, son caractère atone, son indolence classique (pas toujours vérifiée en pratique).
– L'existence d'une insuffisance veineuse évaluée par :
  • l'interrogatoire soulignant les antécédents familiaux ou personnels de thrombose veineuse profonde connue ou suspectée (interventions orthopédique ou gynécologique passées...),
  • la recherche de varices, varicosités, veines perforantes incontinentes, reflux saphénien... au moyen d'examens complémentaires (échodoppler, pléthysmographie...) qui préciseront le siège des anomalies anatomiques et fonctionnelles.

Le traitement repose avant tout sur la contention : sans contention, il est illusoire de vouloir cicatriser un tel ulcère. Elle a pour objectifs de diminuer l'hyperpression veineuse et d'en limiter les conséquences. Ses principes de base sont :
– Comblement des creux (rétro malléolaires...) par des coussinets de mousse (coussinets **Varico**).
– Utilisation de bandes appropriées (force, longueur, élastiques ou non élastiques).
– Dégressivité de la force de compression de bas en haut.
– Mise en place le matin avant le lever, retrait le soir au coucher.

Les soins locaux :
– Comme pour toute plaie, ou perte de substance il faut nettoyer l'ulcère au moyen d'une eau savonneuse (en bains de pied) ou d'un sérum physiologique, ou d'une solution de **Dakin**. L'utilisation d'antiseptiques n'est pas nécessaire. La présence de germes sur un ulcère de jambe ne signifie pas qu'il y a infection. La colonisation bactérienne n'influe pas de façon délétère sur la cicatrisation.

– La détersion vise à évacuer les enduits fibrineux, nécrotiques ou purulents. Elle peut être mécanique (curette de Brocq, grattoir de Vidal, scalpel), aidée par une application préalable d'un topique anesthésique (**Xylocaïne gel ou spray, crème Emla)**. Elle peut être plus progressive en utilisant des préparations enzymatiques telles que la trypsine.
– L'absorption de l'exsudat est facilitée par l'emploi de gels absorbants (gels polysaccharidiques déshydratés et polymères de dextran, cadexomères iodés, polysaccharides de fibres d'alginate de calcium...), ou d'hydrogel ou encore de charbon activé ou de mousses de polyuréthane.
– Le bourgeonnement obtenu, après les phases évolutives précédentes, devra être suffisant pour combler la perte de substance. Il sera favorisé par l'emploi de pommades grasses telles que la vaseline, ou l'emploi de pâtes inertes (pâtes à l'eau, pâtes à l'oxyde de zinc..). Il ne doit pas être excessif et dépasser le plan du tégument voisin. Si tel était le cas, il faudrait le réduire en utilisant un dermocorticoïde en application locale, ou une touche au crayon de nitrate d'argent.
– L'épidermisation s'effectuera parallèlement aux phases de cicatrisations citées précédemment, ou sera facilitée par l'emploi de pansements gras, ou de pansements hydrocolloïdes (**Biofilm, Comfeel, Algoplaque, Duoderm...**) ou encore de films de polyuréthane (**Opsite, Opraflex..**).
– **La peau périulcéreuse** doit être traitée sinon protégée :
  • en cas d'eczématisation, utilisation de dermocorticoides,
  • en cas de suintement, utilisation de pâtes absorbantes (oxyde de zinc 30 g dans 100 g de liniment oléocalcaire, pâtes à l'eau....),
  • en cas de dessèchement cutané, protection par une pâte à l'oxyde de zinc.

Traitements généraux :
– Les travaux récents tendent à souligner l'intérêt de certaines molécules, notamment sur le temps de cicatrisation (**Aspirine** 300 mg, **Torental**, **Daflon** 500 mg).
– Les traitements antalgiques sont parfois nécessaires notamment avant la réalisation du pansement (**Propofan**, **Di-Antalvic**). Il est rarement fait appel aux antalgiques morphiniques pour ce type d'ulcère.

2. Éléments de surveillance

– Il faudra s'assurer :
  • d'une bonne prophylaxie antitétanique, de la bonne observance des soins et tout particulièrement du port de la contention veineuse,
  • de la bonne tolérance des traitements locaux appliqués, en veillant à éviter ou traiter tôt toute eczématisation de la zone périulcéreuse.
– Il faudra évaluer précocément l'intérêt d'un traitement chirurgical étiologique de l'insuffisance veineuse et de ses complications :
  • en cas d'insuffisance veineuse superficielle avec ou sans insuffisance des perforantes : crossectomie associée à un stripping tronculaire saphène souvent complété par une phlébectomie des collatérales pathologiques,
  • en cas d'insuffisance veineuse profonde majeure, discuter une chirurgie réparatrice et reconstructrice du réseau, par des équipes spécialisées.
– Il faudra juger de la bonne évolution cicatricielle avec disparition des enduits fibrineux, puis progression régulière du bourgeonnement, enfin apparition d'une progression circonférencielle d'un épiderme de recouvrement, et d'ilôts épidermiques au sein du tissu de granulation. Suivre la cicatrisation, cliniquement et au moyen d'un calque

3. Les « coups durs »

- **Erysipèle** : annoncé par une fièvre, parfois avec des frissons, une douleur inflammatoire du tégument, un œdème rouge chaud et unilatéral, avec une adénopathie inguinale satellite.
- **Phlébite superficielle :** thrombose aiguë d'un paquet variqueux, avec signes inflammatoires locaux, et une extension de proche en proche. Parfois apparition d'une collection suppurée réalisant une phlébite superficielle suppurée.
- **Résistance au traitement :** vérifier qu'il ne s'agit pas d'un ulcère de tout autre nature (carcinome ulcéré, pyoderma gangrenosum, ulcère artériel ou artériolytique...).
- **Eczématisation de la peau péri-ulcéreuse**
  L'eczématisation de la peau péri-ulcéreuse n'est pas rare au cours de l'évolution d'un tel ulcère. Il conviendra d'établir le rôle d'une sensibilisation de contact, le rôle de foyers microbiens, ou de la stase veinolymphatique.

4. La bonne attitude en cas de « coups durs »

- **La survenue d'un érysipèle** conduira à rechercher une porte d'entrée telle qu'un intertrigo interorteils. Mise en route alors d'une antibiothérapie générale d'une durée de 3 semaines, utilisant les béta-lactamines, ou les macrolides.
- **La phlébite superficielle** bénéficiera d'anti-inflammatoires non-stéroidiens locaux (**Nifluril gel** par exemple). Dans certains cas se discutera l'héparinothérapie générale (en cas d'extension du thrombus). La survenue d'une phlébite superficielle suppurée justifiera d'une évacuation après ouverture au bistouri, après anesthésie locale.
- **La résistance d'un ulcère d'origine veineuse au traitement** pourra conduire à une hospitalisation pour rechercher les facteurs étiologiques et les facteurs associés de débilité (artérite associée, diabète, troubles de la crase sanguine....), mais également pour favoriser le repos, permettre une rééducation hygiéno-diététique et kinésithérapique, discuter une indication chirurgicale, et mettre en œuvre des soins locaux journaliers appropriés.
- **L'eczématisation** conduira à l'emploi de dermocorticoïdes locaux, et l'éviction du topique responsable (lanoline...).

5. La prévention

- Mieux reconnaître et donc mieux traiter les thromboses veineuses demeurent les éléments essentiels d'une bonne prévention de l'ulcère de jambe d'origine veineuse.
- La maladie variqueuse doit être corrigée le plus tôt possible, et le traitement de l'insuffisance veineuse avant l'apparition des troubles trophiques est de règle en utilisant la contention.

Surveillance d'un patient porteur d'un anévrysme de l'aorte abdominale

Dr G. ETIENNE, Dr J.M. CONSTANTIN

- La mortalité d'un anévrysme de l'aorte abdominale opéré à froid est de l'ordre de 4 %.
- La mortalité d'un anévrysme de l'aorte abdominale opéré pour rupture est de 50 % dans les meilleures équipes.
- Tout anévrysme de l'aorte abdominale doit donc être opéré préventivement.
- La surveillance ne se justifie que devant un anévrysme inférieur à 40 mm de diamètre ou chez des malades présentant un risque opératoire déraisonnable en raison du terrain.

1. Définition de la pathologie et grands principes de traitement

- Un anévrysme de l'aorte abdominale est une dilatation d'origine athéromateuse le plus souvent, et très rarement infectieuse ou dysplasique.
- L'évolution naturelle est à l'augmentation du volume en moyenne de 0,5 cm/an.
- Le risque de rupture est proportionnel au diamètre de l'anévrysme et augmente donc avec le temps. Au-dessus de quatre à cinq centimètres ce risque implique un traitement chirurgical.
- En dehors de la rupture, les complications les plus fréquentes sont l'ischémie aiguë des membres inférieurs par embolisation et la compression des organes de voisinage responsable de symptômes parfois très trompeurs.
- Le seul traitement est chirurgical : mise à plat, greffe aortique.
- Les contre-indications opératoires sont de plus en plus rares.

2. Eléments de surveillance

La surveillance a trois buts :

A. Evaluer l'évolutivité de l'anévrysme annuellement par palpation mais surtout par l'échographie plus facilement disponible que le scanner abdominal.
Toute augmentation de diamètre impose une intervention chirurgicale. En outre, ces deux examens permettront de situer l'anévrysme par rapport aux artères rénales, ce qui a une valeur pronostique considérable.

B. Dépister une complication

- Fissuration qui traduit le caractère rapidement évolutif de l'anévrysme et fait craindre une rupture imminente. Elle est suspectée devant une douleur abdominale postérieure spontanée et surtout provoquée par la palpation de l'anévrysme. Il peut s'y associer une anémie. Mais, très souvent, le tableau clinique est trompeur : lumbago, sciatique, colique néphrétique, rétention d'urines, syndrome occlusif, pancréatite, anémie isolée. Toute manifestation abdominale anormale impose chez un patient porteur d'un anévrysme de l'aorte abdominale d'évoquer une fissuration et d'hospitaliser en urgence pour un bilan scannographique ou échographique et une éventuelle intervention.

– Compression des organes de voisinage en particulier duodénum avec vomissements, uretère avec distension des voies excrétrices, nerveuse avec douleurs radiculaires.
– Fistule aorto-duodénale à suspecter devant toute hémorragie digestive haute ou basse, même minime, surtout si elle survient en contexte infectieux, chez tout patient porteur d'un anévrysme aortique.
– Fistule aorto-cave : hématurie, douleur lombaire, œdème des membres inférieurs et souffle continu.

C. Surveiller les facteurs de risque de l'athérome (voir « Surveillance d'un patient artéritique »)
– Recherche d'autres tares générales qui pourraient représenter un risque opératoire accru, en particulier respiratoire (BPCO post-tabagique).

3. Les « coups durs »

– La rupture peut s'observer avec tous les anévrysmes, quelle que soit leur taille, même inférieure à 40 mm. Elle peut être révélatrice et le diagnostic d'anévrysme de l'aorte abdominale ne sera fait qu'à ventre ouvert devant un tableau d'hémopéritoine avec collapsus intense, ou s'observer chez un malade dont l'anévrysme est déjà connu et le diagnostic est évident devant tout tableau de choc hémorragique :
  • la rupture rétro-péritonéale donne habituellement le temps pour la prise en charge en centre spécialisé,
  • la rupture intra-péritonéale ne permet malheureusement pas souvent le transport jusqu'en milieu chirurgical.
– Ischémie aiguë des membres inférieurs (voir « Ischémie aiguë des membres inférieurs »)

4. La bonne attitude en cas de « coups durs »

– L'hospitalisation d'extrême urgence par le SAMU en milieu spécialisé est impérative. Le rôle du médecin traitant est fondamental pour savoir évoquer le diagnostic même devant des tableaux très trompeurs, en particulier en cas de fissuration ou de compression.
– En cas de fissuration, l'intervention peut être différée de quelques heures, voire quelques jours afin de permetre un bilan complet de l'anévrysme (scanner, artériographie) et du terrain. Ce malade sera opéré en urgence différée en milieu spécialisé dans les meilleures conditions.
– En cas de rupture, le traitement chirurgical doit être immédiat. Le pronostic dépend de la rapidité du clampage aortique, de l'abondance des pertes sanguines, de l'âge et du terrain.
– En cas d'ischémie aiguë, le transfert urgent en milieu spécialisé s'impose. Dans tous les cas, une héparinothérapie et des vaso-dilatateurs sont administrés. Un bilan angiographique précisera le siège de l'obstacle, l'état du réseau artériel d'aval et renseignera sur le siège de l'anévrysme. Selon les cas, une désobstruction ou un pontage seront pratiqués avec dans le même temps ou de façon différée un traitement chirurgical de l'anévrysme.

5. La prévention

Elle repose avant tout sur le dépistage des anévrysmes de l'aorte abdominale par la palpation soigneuse de l'abdomen chez tous les patients de plus de cinquante ans. Tout artéritique même s'il ne justifie aucune exploration angiographique, doit bénéficier d'une échographie aortique. Tout anévrysme de l'aorte doit être confié à une équipe chirurgicale, les contre-indications formelles étant de plus en plus rares. L'intervention préventive réalisée après un bilan complet du terrain permet, dans de bonnes conditions de sécurité, d'éviter les complications dramatiques.

Surveillance d'un patient sous insuline

Dr J.F. GAUTIER, Dr P. HALFON

1. Définition de la pathologie et grands principes du traitement

- L'insulinothérapie s'impose chez tous les diabétiques insulino-dépendants (par carence en insuline) mais également chez certains diabétiques non insulino-dépendants de façon définitive ou transitoire.
- Le plus souvent 3 injections SC par jour d'insuline : insuline d'action rapide matin et midi, mélange d'insuline d'action rapide et intermédiaire le soir ou mélange d'insuline d'action rapide et intermédiaire matin et soir, plus une injection de rapide à midi.

2. Éléments de surveillance

- La mesure pluri-quotidienne de la glycémie capillaire, consignées dans un carnet (deux à trois analyses quotidiennes, de préférence à heures variables, constituent un minimum). L'objectif glycémique est d'autant plus strict que le patient est jeune et/ou qu'il existe des complications microangiopathiques. Quand les glycémies capillaires ne dépassent pas 1,8 g/l, le diabète est bien équilibré.

Surveillance du diabètique

Tous les 2-3 mois	- Analyse du carnet - Pression artérielle - Examen des pieds (plaies, mycoses) - HbA1C
Tous les ans	- Recherche d'une complication microangiopathique : • FO ± angiographie rétinienne • excrétion urinaire d'albumine, créatinine, ECBU • étude de la sensibilité des pieds (examen clinique) - Recherche d'une complication macroangiopathique : • souffle vasculaire et pouls périphérique → doppler artériel si anomalie clinique • ECG de repos - Recherche de facteurs de risque cardiovasculaire associé au diabète : cholestérol total et HDL, triglycérides, uricémie.

- Quand la glycémie capillaire est supérieure à 12 mmol/l, le patient doit rechercher une cétonurie associée à une glycosurie.

– À chaque visite : poids (et taille chez l'enfant), pression artérielle, examen des points d'injection, à la recherche de lipodystrophie.
– Tous les trois mois, un dosage de l'hémoglobine glycosylée. Celle-ci doit être inférieure à 7,5-8 % (pour une N < 6).
– Un dosage de la glycémie au laboratoire est parfois utile (vérification du lecteur) et ne doit pas être réalisé à jeun (elle serait élevée car l'injection d'insuline est retardée).
– Une fois par an au minimum : examen clinique recherchant des complications chroniques du diabète, prise de sang à jeun au laboratoire pour dosage des fractions lipidiques, de la créatinine, examen d'urines des 24 h pour l'excrétion urinaire d'albumine et l'ECBU, examen ophtalmologique.

3. Les « coups durs »

– **Hypoglycémie** : y penser devant tout signe anormal surtout neurologique et psychique chez un diabétique insulino-traité.
– **Acidocétose** : déshydratation extra-cellulaire et dyspnée caractéristique, douleurs abdominales et vomissements parfois au premier plan simulant une urgence chirurgicale.
– **Allergie à l'insuline** : exceptionnelles, réactions locales le plus souvent, rarement généralisées ou systémiques.
– **Lipodystrophies hypertrophiques** secondaires à une mauvaise technique d'injection, et responsables du déséquilibre du diabète.

4. La bonne attitude en cas de « coups durs »

Hypoglycémies :
– Mineures : trois morceaux de sucre (15 g) à absorber sans délai même en cas de doute ou 50 ml de sirop de sucre, suivi d'une collation (pain + fromage par exemple).
– La répétition de l'hypoglycémie à la même heure le jour suivant doit faire baisser de 2 U la dose d'insuline agissant au moment de l'hypoglycémie.
– Coma hypoglycémique : 20 à 40 ml de glucosé à 30 % intraveineux ou en cas de veine inaccessible 1 mg **Glucagon** en IM suivi de 20 à 30 g de glucides par la bouche, après le réveil.

Cétose :
– Cétonurie fortement positive avec glycosurie élevée : supplément d'insuline d'action rapide (**Actrapid** ou **Umuline** ordinaire) 5 U par croix d'acétone à renouveler toutes les trois heures jusqu'à disparition de l'acétonurie, boissons salées abondantes (1 à 2 litres toutes les six heures), transfert à l'hôpital en l'absence d'amélioration des tests ou en cas de vomissements.
– Acidocétose : transfert à l'hôpital dans les plus brefs délais.

Autres :
– Lipodystrophies insuliniques : éviter d'injecter dans cette zone.
– Allergie à l'insuline : prescrire une autre insuline humaine, désensibilisation en milieu spécialisé en cas d'échec ou de réactions systémiques.

5. La prévention

Des hypoglycémies :

— Insister auprès du patient sur la nécessité de s'alimenter à heures fixes et la prise de collations glucidiques.

— En cas de repas différé, prendre 25 g de glucides (un fruit ou 50 g de pain) à l'heure habituelle du repas ; en cas d'exercice physique intense, 15 à 20 g de glucides en supplément de la ration quotidienne, par demi-heure d'exercice. Le mieux est de programmer l'excercice physique afin de diminuer la dose d'insuline qui précède l'excercice musculaire.

— La prescription de **Glucagon** est à renouveler avant la date de péremption du produit.

— Maintien volontaire de glycémies en permanence un peu élevées (1,80 g/l à jeun) chez des patients âgés athéroscléreux, alcooliques, chez qui l'apparition d'une hypoglycémie sévère est dangeureuse.

— Le diabétique à jeun (pour un examen par exemple) : si l'examen dure moins d'une heure, reporter l'injection et le premier repas en vérifiant la glycémie du lever. Si l'examen se prolonge, insuline à dose habituelle et glucosé à 10 % en perfusion (50 ml/h).

De l'acidocétose :

— Intensifier la surveillance du diabète en cas de maladie intercurrente ; en cas d'intolérance alimentaire, alimentation fractionnée, liquide et sucrée avec maintien, voire augmentation des doses d'insuline.

Autres :

— Lipodystrophies : ne pas répéter les injections d'insuline exactement au même endroit.

Surveillance d'un diabétique non insulino-dépendant

Pr. J.M. BRUN

1. Définition de la pathologie et grands principes du traitement

– Le diabète gras est une maladie chronique dont la gravité réside dans la survenue de complications dégénératives à long terme.
– L'essentiel de la prise en charge thérapeutique réside donc dans la prévention de ces complications.
– Les mesures hygiéno-diététiques restent au premier plan et doivent être essayées seules dans un premier temps, les antidiabétiques oraux étant utilisés en seconde intention lorsque celles-ci s'avèrent insuffisantes.
– Les sulfamides hypoglycémiants (**Daonil**, **Diamicron**, **Glibenese**, **Glutril**...) agissent pour l'essentiel en stimulant l'insulinosécrétion, les biguanides (**Glucophage 850**, **Stagid**) diminuent l'insulino-résistance et la néoglucogénèse ainsi que le **Médiator** qui semble en outre réduire plus nettement l'hyperinsulinisme. Le **Glucor** abaisse la glycémie et l'insulinémie postprandiales.
– Une double surveillance s'impose, surveillance à court terme de l'équilibre glycémique proprement dit et de la tolérance du traitement, surveillance à long terme de la survenue des complications.
– Le calendrier suivant peut être proposé, il est certes schématique et son application doit forcément être adaptée au psychisme du patient et à ses obligations familiales et professionnelles. C'est toutefois d'une surveillance systématique de ce type qu'il faut s'efforcer de se rapprocher.

2. Éléments de surveillance

Tous les quinze jours
– Glycémie à jeun et glycémie post-prandiale (deux heures après le repas du midi) si antérieurement l'équilibre glycémique n'est pas satisfaisant.
– L'objectif est une glycémie à jeun inférieure à 1,40 g/l et post-prandiale inférieure à 2 g/l.

Tous les mois
– Glycémie à jeun et glycémie post-prandiale. Cette fréquence est suffisante si l'équilibre est bon.
– On pratiquera également une glycosurie des 24 heures et la recherche d'une acétonurie.

Tous les trois mois
– Consultation médicale comportant un examen clinique systématique (poids, TA, examen cardiovasculaire et neurologique, état trophique des membres inférieurs, état dentaire).
– Dosage de l'hémoglobine glyquée.

Tous les six mois
– Consultation médicale assortie d'un bilan biologique courant comprenant ionogramme sanguin, créatininémie, numération formule sanguine, VS, cytobactériologie urinaire, micro-albuminurie des 24 heures.

Mediator

Benfluorex 150 mg

Chez le diabétique non insulinodépendant, trop de sucre n'est pas la seule anomalie à rechercher.

3 comprimés par jour

La poursuite du régime est indispensable

Présentation et composition : boîte de 30 comprimés enrobés dosés à 0,150 g de chlorhydrate de benfluorex. **Propriétés :** hypolipémiant : il agit sur plusieurs facteurs liés au risque athérogène. Métabolisme lipidique : réduction de l'absorption des triglycérides et de la synthèse des triglycérides et du cholestérol. Métabolisme glucidique : facilite la pénétration et l'utilisation cellulaires du glucose. Action complémentaire : réduction de l'uricémie chez les obèses hyperuricémiques. **Indications :** 1 - Adjuvant du régime adapté dans les hypertriglycéridémies. La poursuite du régime est toujours indispensable. 2 - Proposé comme adjuvant du régime dans le diabète asymptomatique avec surcharge pondérale. Remarque : l'efficacité pour la prévention primaire et secondaire des complications de l'athérosclérose n'est pas prouvée. **Contre-indications :** les pancréatites chroniques avérées. **Mise en garde :** les troubles métaboliques relevant d'un traitement par Mediator sont essentiellement observés chez l'adulte. La prescription de Mediator n'est donc pas justifiée chez l'enfant. L'attention des sportifs sera attirée sur le fait que cette spécialité contient un principe actif pouvant induire une réaction positive des tests pratiqués lors des contrôles antidopage. **Précautions d'emploi :** à éviter pendant l'allaitement et la grossesse par mesure de prudence. Si après une période d'administration de quelques mois (3 à 6 mois) une réduction satisfaisante des concentrations sériques de lipides n'est pas obtenue, des moyens thérapeutiques complémentaires ou différents doivent être envisagés. **Effets indésirables :** troubles digestifs, asthénie, somnolence ou état vertigineux, plus particulièrement aux posologies supérieures à 3 comprimés par jour et variant en fonction des susceptibilités individuelles. **Posologie et mode d'administration :** 3 comprimés enrobés par jour, posologie qui peut être atteinte progressivement (1 comprimé la première semaine au dîner, 2 comprimés la deuxième semaine : 1 au déjeuner, 1 au dîner, 3 comprimés à partir de la troisième semaine : 1 au petit déjeuner, 1 au déjeuner, 1 au dîner). Coût du traitement journalier : 1,43 à 4,29 F. **Durée du traitement :** en association avec le régime, Mediator constitue un traitement symptomatique devant être prolongé et régulièrement surveillé. Liste I. A.M.M. 317.557.9. Durée de conservation : 3 ans. Prix : 42,90 F. Remboursé à 65 % par la Sécurité Sociale. Admis aux collectivités. **Information médicale : Biopharma** - 29, rue du Pont - 92200 Neuilly-sur-Seine - Tél. : (1) 46 41 60 00 • Les Laboratoires Servier - 22, rue Garnier - 92200 Neuilly-sur-Seine.

– Contrôle du bilan lipidique (cholestérol total, triglycérides, HDL-cholestérol) et des gamma GT si les résultats antérieurs étaient anormaux.
– Contrôle du fond d'œil s'il était antérieurement pathologique.

Contrôle de la bonne tolérance du traitement

– Les effets indésirables sont rares et n'amènent qu'exceptionnellement à arrêter le traitement.
– Pour les sulfamides, ce sont quelques troubles digestifs, de très rares réactions cutanées, hépatiques ou hématologiques, parfois un effet antabuse lors d'ingestion d'alcool.
– Pour le **Glucophage retard** et le **Médiator**, ce sont surtout des troubles digestifs en particulier de la diarrhée.
– L'augmentation du taux de l'acide lactique ne s'observe que sous biguanide.

Tous les ans

Hospitalisation de jour comportant :
– Un examen clinique systématique.
– Une appréciation de l'équilibre glycémique par cycles glycémiques, hémoglobine glyquée, glycosurie des 24 heures, acétonurie.
– Un bilan biologique courant précisé à six mois complémenté par un ECBU, uricémie, gamma GT, bilan lipidique (cholestérol total, triglycérides, HDL-cholestérol).
– Les autres examens biologiques seront demandés en fonction d'éventuels signes d'appel.
– Systématiquement seront pratiqués par ailleurs un électrocardiogramme, une radiographie de poumon, un fond d'œil.
– Le malade profitera en outre de cette hospitalisation de jour pour un nouvel entretien avec une diététicienne.
– Une exploration fonctionnelle par doppler, une recherche de neuropathie périphérique par l'étude des vitesses de conduction nerveuse, une angiographie rétinienne à la fluorescéine ne seront pratiquées que si ces examens étaient antérieurement anormaux.

Tous les trois ans

Hospitalisation de semaine :
– Au cours de cette hospitalisation le bilan annuel précédent sera bien entendu pratiqué.
– L'équilibre glycémique pourra être apprécié sur plusieurs jours.
– L'étude des réserves insuliniques pancréatiques pourra être appréciée, à la demande, par un dosage du peptide C après stimulation par le **Glucagon**.
– Systématiquement seront cette fois-ci pratiquées une exploration fonctionnelle vasculaire, une recherche de neuropathie périphérique et une angiographie rétinienne.
– Surveillance quotidienne, au repos, de la tension artérielle.
– Ce n'est qu'en fonction de signes d'appel que d'autres examens pourront être demandés (urographie intra-veineuse, électrocardiogramme d'effort, radiographie des pieds, radiographie de l'abdomen sans préparation, Holter tensionnel...).
– Cette hospitalisation plus prolongée sera mise à profit pour remettre à jour les connaissances du diabétique sur sa maladie au cours de séances d'éducation collective et personnalisée.

3. Les « coups durs »

Les accidents et incidents liés au traitement du diabète sont heureusement rares.

Les hypoglycémies : ce sont les incidents les plus fréquents, ils ne surviennent que lorsque le sujet est traité par sulfamides. Elles sont le plus souvent mineures mais peuvent être parfois graves, responsables de coma, plus ou moins prolongés. Elle peuvent être parfois liées à la potentialisation des sulfamides par d'autres médicaments (bêta-bloquants, anti-inflammatoires, anti-coagulants, miconazole, **Bactrim**), et par l'alcool.

L'acidose lactique : c'est la complication la plus grave qui peut survenir chez le diabétique non insulino-dépendant traité par **Glucophage R** ou **Stagid**. Elle est heureusement exceptionnelle et survient essentiellement chez des sujets dont la fonction rénale est altérée. Elle n'a pas été décrite au cours du traitement par **Médiator**. Son pronostic reste sombre. Une insuffisance rénale aiguë oligo-anurique peut s'observer chez des malades traités par glucophage à l'occasion d'un examen radiologique utilisant un produit de contraste (scanner, UIV, artériographie...).

Les affections intercurrentes et les complications dégénératives : en dehors de toute responsabilité du traitement proprement dit, des complications aiguës peuvent survenir amenant en général à arrêter le traitement oral au bénéfice d'une insulinothérapie transitoire ou définitive. Ce sont des affections intercurrentes graves (pneumopathies, pyélonéphrite, septicémies, interventions chirurgicales, traumatismes...) ou des complications de la maladie diabétique (infarctus du myocarde, artériopathie des membres inférieurs, installation d'une insuffisance rénale...).

4. La bonne attitude en cas de « coups durs »

— **L'attitude vis-à-vis de l'hypoglycémie** dépend de son intensité :
- en dehors de toute altération de l'état de conscience, la prise orale rapide de glucide à assimilation rapide est le plus souvent suffisante (sucre, jus de fruits...) sinon la mise en place d'une perfusion d'un glucosé à 10 % après injection IV d'une à deux ampoules de glucosé à 30 % est indispensable,
- un doute sur une complication neurologique ou la tendance à la rechute de l'hypoglycémie à l'arrêt de la perfusion doivent faire hospitaliser le malade,
- il faut savoir en effet que ces comas hypoglycémiques sous sulfamides peuvent être prolongés et récidivants pendant 48 heures ou plus, surtout si le sujet a une fonction rénale altérée.

— **La suspicion d'acidose lactique** (dyspnée d'acidose, acidose biologique contrastant avec une cétose et une hyperglycémie modérées) nécessite une hospitalisation en urgence. Seule une réanimation très précoce a des chances d'être efficace.

— **Une maladie aiguë intercurrente ou une complication dégénérative évolutive** nécessitent également une hospitalisation de façon à mettre en route une insulinothérapie.

5. La prévention

Les mesures de prévention devraient suffire à éviter ces différents accidents.

— **La prévention des hypoglycémies** passe par :
- l'utilisation de sulfamides à demi-vie courte chez les sujets âgés et/ou à fonction rénale altérée, (**Glibenèse**, **Minidiab**),
- une alimentation régulière, et la prise d'un sulfamide que si celle-ci est suivie d'un repas
- la diminution de posologie du sulfamide en cas d'association à un médicament potentialisateur.

— **La prévention de l'acidose lactique** impose :
- une contre-indication des biguanides chez le sujet de plus de 70 ans et chez les insuffisants rénaux et hépatiques,
- la surveillance des taux d'acide lactique chez les patients sous biguanides.

— La prévention de l'insuffisance rénale aiguë impose l'arrêt des biguanides impérativement 48 heures avant un examen radiologique utilisant un produit de contraste.

— **La prévention des complications aiguës** nécessite :
- la prévention des affections intercurrentes (vaccinations, soins méticuleux des plaies...),
- la surveillance systématique de la survenue des complications dégénératives selon le schéma que l'on vient de préciser,
- le traitement précoce de ces complications (soins des pieds, soins dentaires, laser sur lésions rétiniennes...),
- une hospitalisation précoce lorsqu'une complication déséquilibre le diabète afin d'instaurer une insulinothérapie transitoire.

Surveillance d'un patient traité pour une hyperlipidémie

Pr E. BRUCKERT

1. Définition de la pathologie et grands principes du traitement

Les hyperlipidémies sont des pathologies très fréquentes qui exposent au risque artériel à long terme. Ce risque est bien mis en évidence pour les hypercholestérolémies et pour les hypoDHLémies, qui semblent jouer un rôle direct et important dans la genèse de l'athérome. Le rôle des triglycérides est plus complexe car ils ont un rôle surtout indirect sur l'athérosclérose par l'intermédiaire des autres facteurs de risque associés et de l'hypoHDLémie. Le risque aigu de pancréatite ou d'ostéonécrose de hanche est beaucoup plus rare et existe surtout pour les hypertriglycéridémies majeures supérieurs à 10 g/l. Le traitement des hyperlipidémies est le plus souvent purement diététique d'où sa difficulté. La surveillance d'un traitement hypolipidémiant a pour but de :

- Vérifier l'efficacité de la prescription et donc de renforcer l'observance ; l'observance est en effet toujours un problème à ne pas sous-estimer en prévention primaire et secondaire.
- Vérifier la bonne tolérance de la prescription.
- Vérifier l'absence de complication de l'anomalie métabolique.

Les seuils d'intervention pour les adultes de plus de 45 ans sont précisés dans le tableau ci-dessous :

Caractéristiques	Intervention diététique si	Intervention médicamenteuse si
Sujet sans facteur de risque associé	LDL-C > 1,60 g/l	LDL-C > 1,90 g/l
Sujet avec facteur de risque associé	LDL-C > 1,30 g/l	LDL-C > 1,60 g/l
Sujet en prévention secondaire	LDL-C > 1,10 g/l	LDL-C > 1,30 g/l

2. Eléments de surveillance

La surveillance est clinique.

- Elle recherche surtout l'apparition de xanthomatose éruptive et de douleurs abdominales voire parfois de signes moins spécifiques (somnolence post-prandiale) qui font craindre la possibilité d'une poussée d'hypertriglycéridémie majeure avec son risque d'accident aigu grave comme la pancréatite aiguë ou l'ostéonécrose aseptique de hanche. Une telle poussée est facilement confirmée par le simple aspect du sérum à jeun.
- À plus long terme, la surveillance des patients hypercholestérolémiques permet l'appréciation de l'évolution des dépôts extravasculaires de cholestérol (xanthomes...) et vasculaires (recherche de souffle ou de symptômes : angor, artérite...).

— Elle dépiste l'apparition d'effets secondaires des hypolipidémiants : impuissance, douleur musculaire, gastralgie, constipation.
— Elle permet de vérifier la prise en charge correcte des autres facteurs de risque (hypertension artérielle).
— La surveillance vasculaire dépend du type de prévention : la prévention primaire est celle qui concerne les patients non symptomatiques ; la prévention secondaire concerne les patients ayant eu un accident vasculaire. Dans les deux cas le traitement actif des anomalies lipidiques entraîne une diminution de la fréquence des événements coronariens. La rentabilité de l'intervention est maximum en prévention secondaire et il a même été montré que la mortalité totale était diminuée sous **Lodalès** et **Zocor**.

La surveillance est biologique

— Le plus souvent la surveillance biologique est simple. Elle est assurée par la pratique régulière du cholestérol total des triglycérides et du HDL-cholestérol. Ce bilan permet le calcul du LDL-cholestérol par la formule de Friedewald : LDL-cholestérol = CT - HDL-c - TG/5 ou tous les paramètres sont exprimés en gramme par litre. La formule n'est pas valable quand les triglycérides sont supérieurs à 4 grammes par litre. Si le dosage du HDL-cholestérol pose problème pour des raisons techniques ou pour une raison de coût, il peut être remplacé par un dosage de l'apolipoprotéine A1. Aucune autre évaluation n'a d'intérêt pour la surveillance des patients et il faut supprimer des habitudes le dosage des lipides totaux, des phospholipides, de l'apolipoprotéine A totale. Les dosages plus spécialisés apolipoprotéine A2, E, Lp(a), HDL2, HDL3 et des autres sous-fractions (LpA1) sont intéressants pour la recherche mais sont inutiles pour la prise en charge du patient en pratique courante.
— La biologie doit obligatoirement comprendre un dosage des transaminases et des CPK si le sujet est sous inhibiteurs de l'HMG CoA réductase ou sous fibrates. Sous cholestyramine, ces dosages ne sont pas nécessaires. Il n'existe pas de consensus sur la fréquence des contrôles. Il est nécessaire de les faire 1 à 2 mois après le début du traitement puis tous les 6 mois. La fréquence est plus grande chez le sujet à risque (polymédicamenté) ou en cas de symptômes (douleurs musculaires).

Ce bilan biologique permet de classer l'anomalie dans une des grandes catégories suivantes :
— Hypercholestérolémies pures (les triglycérides sont inférieurs à 1,50 g/l).
— Hypertriglycéridémies prédominantes (les triglycérides sont très élevés et il existe une hypercholestérolémie d'entrainement car les VLDL contiennent du cholestérol ; le rapport triglycérides/cholestérol en g/l est en général supérieur à 2,5).
— Hyperlipidémie mixte quand il y a augmentation du cholestérol et des triglycérides tel que le rapport est inférieur à 2,5. Cette classification est importante car elle conditionne la décision thérapeutique.

La surveillance nécessite parfois des examens vasculaires non invasifs (ECG, échographie et ECG d'effort) réservés au patient à très haut risque.
Le rythme de la surveillance dépend de la gravité de l'anomalie, de l'observance et du contexte : chez un patient coopérant présentant une hypercholestérolémie modérée bien contrôlée par la diététique, un bilan annuel est suffisant. Lorsqu'il existe un hypolipidémiant, une surveillance tous les six mois est justifiée. Une surveillance plus rapprochée (1 à 3 mois) est justifiée au début du traitement, en cas de forme sévère ou résistante au traitement ou en cas de dyslipidémie secondaire (insuffisance rénale).

3. Les « coups durs »

— Ils peuvent être liés à un accident du traitement. Les deux plus fréquents sont la cytolyse hépatique et la toxicité musculaire.
— Ils peuvent être dus à une poussée importante des triglycérides (taux supérieur à 10 grammes par litre) avec un sérum opalescent.

– Ils peuvent être dus à une réapparition ou une aggravation de l'anomalie lipidique (arrêt du régime ou du traitement, reprise de l'alcool, apparition d'une cause secondaire).

4. La bonne attitude en cas de « coups durs »

– Un triplement des transaminases sous HMG CoA réductase ou sous fibrates impose l'arrêt immédiat du traitement. La survenue de douleurs musculaires même si les CPK sont normales et une élévation importante et confirmée des CPK (non expliquée par une activité sportive) même sans douleurs imposent aussi l'arrêt de ces hypolipidémiants.
– Une poussée de triglycérides au-delà de 10 g/l impose la reprise d'une diététique stricte; si le taux est très élevé ou ne baisse pas rapidement, une hospitalisation peut être nécessaire. Elle est indispensable et urgente en cas de douleur abdominale (mise sous aspiration, diététique stricte, amylasémie et scanner ou échographie).
– Une aggravation nécessite de rechercher une mauvaise observance et l'apparition d'une cause secondaire (hypothyroïdie, insuffisance rénale, diabète, cholestase et iatrogénose).

5. La prévention

– La prise en charge des dyslipidémies est une attitude préventive essentielle qui pour être efficace doit respecter les grandes règles d'or suivantes :
  - avoir un diagnostic précis de l'anomalie lipidique d'où l'importance de faire plusieurs bilans en période métabolique stable avant toute prescription,
  - ce bilan comprend au moins un dosage du cholestérol, des triglycérides et du HDL-C après 12 heures de jeûne,
  - éliminer les causes secondaires (hypothyroïdie, atteinte rénale, causes iatrogènes, diabète...),
  - resituer les anomalies dans le contexte (âge, sexe, autres facteurs de risque...),
  - privilégier la diététique dans le traitement et en particulier il est indispensable et prioritaire de diminuer le plus possible le beurre et les aliments riches en beurre qui sont à l'évidence les plus hypercholestérolémiants et sans véritable intérêt nutritionnel (il n'y a en particulier pas de risque de carence vitaminique !).

6. Cas particuliers

Hyperlipidémies de la femme
La fréquence des maladies cardiovasculaires est beaucoup moins importante chez la femme que chez l'homme. Cette différence s'atténue pour pratiquement disparaître chez les sujets très âgés. Ces données ont suggéré que « les femmes étaient protégées par leurs hormones » d'autant plus que des études de cohorte ont retrouvé que les femmes, sous traitement hormonal après la ménopause, avaient un risque diminué. Ceci a pour conséquence que, sauf cas particulier, les traitements hormonaux de la ménopause avec des œstrogènes donnés par voie percutanée ne sont pas contre-indiqués par une dyslipidémie mineure.
Chez les femmes, les facteurs de risque vasculaires classiques jouent le même rôle que chez l'homme avec quelques nuances : la femme est plus sensible que l'homme au diabète et à la baisse du HDL-cholestérol.

Hyperlipidémies de l'enfant

Les dyslipoprotéinémies de l'enfant sont représentées le plus souvent par une hypercholestérolémie pure avec triglycéridémie normale. Les données épidémiologiques et thérapeutiques accumulées depuis plusieurs années chez le sujet adulte ont clairement identifié cette anomalie comme étant athérogène. En l'absence d'étude spécifiquement réalisée chez l'enfant, la stratégie actuelle est de corriger les hypercholestérolémies sévères (plus de 3 g/l) par diététique et médicaments et de conseiller une diététique raisonnable dans les autres cas. Actuellement, seule la cholestyramine peut être recommandée chez l'enfant.

Hyperlipidémies du sujet âgé

La prise en charge des hyperlipidémies des sujets âgés de plus de 60 ans est un problème important compte tenu de la fréquence des anomalies métaboliques à cet âge. La décision doit tenir compte des incertitudes actuelles. La cholestérolémie reste un facteur de risque chez le sujet âgé. Aucune étude thérapeutique n'a été réalisée dans le seul but d'évaluer l'effet d'une baisse du cholestérol chez les sujets de plus de 60 ans. Par ailleurs l'application stricte des recommandations internationales à cet âge serait source de traitements très nombreux dont l'intérêt serait discutable. Dans ces conditions les conseils pour la pratique clinique reposent sur une extrapolation raisonnable des données épidémiologiques obtenues chez l'homme d'âge moyen. Le traitement s'adresse donc aux formes les plus graves d'hyperlipidémie et tient compte de l'espérance de vie du sujet.

Hyperlipidémies chez le diabétique

Le diabète est souvent associé à une hypertriglycéridémie. Cette hypertriglycéridémie avec son cortège d'anomalies associées peut favoriser les complications vasculaires du diabétique. En pratique il faut bien entendu obtenir une correction optimum de l'hyperglycémie. En cas de persistance d'une hyperlipidémie il faut la corriger en complétant les conseils diététiques. Un hypolipidémiant est justifié si ces précautions ne suffisent pas.

Les différents hypolipidémiants

	Nom chimique	Nom commercial		Posologie
RÉSINES	cholestyramine	**Questran**		1 à 6 sachets
FIBRATES	fenofibrate	**Lipanthyl Micronisé**	67 ou 200	67-200 mg
	bezafibrate	**Béfizal**	200 ou 400	200-600 mg
	ciprofibrate	**Lipanor**		100 mg
	gemfibrozil	**Lipur**		450-900 mg
Acide nicotinique non commercialisé en France (prescription magistrale dans certaines formes particulièrement graves d'hyperlipidémie mixte).				
Inhibiteurs HMG CoA reductase	simvastatine	**Zocor**	5* ou 20	5-40 mg
	simvastatine	**Lodalès**	5* ou 20	5-40 mg
	pravastatine	**Elisor**		10-40 mg
	pravastatine	**Vasten**		10-40 mg
Huiles de poisson	EPA-DHA	**Maxepa**	300 mg	4 à 6 cap
Antioxydants	probucol	**Lurselle**		1 g
	vitamine E	**Toco 500**		500 mg

* Forme non encore remboursée.

Surveillance d'un adulte présentant un reflux gastro-œsophagien

Dr P. LE BOURGEOIS

1. Définition de la pathologie et grands principes de traitement

– Le RGO intéresse au moins un adulte sur quatre au cours de la vie.

– Il peut être défini :

- par ses symptômes : le **pyrosis** parfois favorisé par une posture (décubitus, antéflexion), les régurgitations, la toux spasmodique nocturne, certains asthmes, des manifestations ORL (fausses angines, otalgies), des douleurs pseudo-angineuses de diagnostic difficile,
- par ses complications œsophagiennes, reconnues au mieux par l'endoscopie. L'œsophagite est classée en quatre stades de gravité croissante en fonction des lésions : érosives ou ulcérées, et de leur caractère circonférentiel ou non,
- par des critères de pH-métrie (le pH œsophagien est normalement neutre), objectivant le reflux acide, qu'il y ait ou non œsophagite.

Ces trois éléments sont loin d'être toujours concordants : pyrosis mais pH-métrie normale par exemple, œsophagite ulcérée et sténosée révélatrice d'un reflux asymptomatique.

– La hernie hiatale reconnue par la fibroscopie ou le TOGD (souvent réalisé à titre pré-opératoire) et les troubles de la motricité œsophagienne étudiés par la manométrie (sphincter inférieur de l'œsophage) sont les principaux facteurs favorisants du RGO.

– Le devenir à long terme du reflux est mal connu : progression des lésions ou plus souvent amélioration des symptômes alors que les lésions persistent.

– Les mesures hygiénodiététiques sont systématiques : précautions posturales, cure d'amaigrissement.

– Les traitements médicamenteux sont d'activité variable. D'éfficacité croissante on peut retenir :

- les alginates (**Gaviscon**), les prokinétiques type métoclopramide (**Primpéran**) efficaces sur le pyrosis dans 90 % des cas,
- les nouveaux prokinétiques (**Prépulsid**) actifs sur les lésions endoscopiques comme sur le pyrosis,
- les anti-H2 à forte dose : **Azantac 300**, **Raniplex 300**, **Tagamet 800** eff. ou **Pepdine 40** : 2 à 3 prises par jour, actifs sur les œsophagites érosives,
- les inhibiteurs de la pompe à protons (IPP) (**Mopral**, **Zoltum**, **Lanzor**, **Ogast**, **Inipomp** ou **Eupantol**) 1 gél ou cp/j : remarquablement actifs sur les lésions et les symptômes. On peut les proposer d'emblée (œsophagites) ou seulement après échec des précédents.

– Le traitement d'entretien est fonction du terrain, de l'évolution clinique et endoscopique : alginates, prokinétiques, anti H_2. Les inhibiteurs de la pompe à protons sont réservés aux patients n'ayant pas d'autre alternative : œsophagites stade III ou IV, ne cicatrisant pas, récidivantes ou invalidantes.

– Le traitement chirurgical doit être envisagé après un traitement bien conduit, prolongé, chez des sujets très symptomatiques présentant des lésions récidivantes à court terme. Il comprend la cure d'une éventuelle hernie hiatale et la réalisation d'une valve anti-reflux (**Nissen**, **Toupet**).

2. Eléments de surveillance

— Interrogatoire : évolution des symptômes sous traitement, nécessité d'une escalade thérapeutique, d'un traitement d'entretien, réapparition des symptômes à son arrêt. Recherche de manifestations faisant redouter une complication : dysphagie, amaigrissement, anémie.
— La fibroscopie gastrique : elle ne s'impose pas d'emblée devant un pyrosis. Cependant outre son intérêt diagnostic, c'est l'élément décisionnel pour le choix du traitement d'attaque et du traitement d'entretien. Des signes d'alarme (dysphagies, hémorragies), la résistance au traitement font rechercher une œsophagite ulcérée par la fibroscopie. Elle dépiste une lésion associée : hernie hiatale ulcérée ou non, ulcère gastroduodénal.
— Après six à huit semaines de traitement d'attaque d'une œsophagite érosive, la fibroscopie contrôle la cicatrisation et permet d'établir un parallélisme lésion-symptôme chez un malade donné.
— La pH-métrie est utile pour rapporter des symptômes atypiques à un reflux et à titre de référence si une intervention est proposée.

3. Les « coups durs »

— La persistance des symptômes malgré le traitement.
— L'œsophagite érosive, reconnue par la fibroscopie.
— Les formes sévères : œsophagite avec ulcères multiples, confluents ou circulaires ne concernent que 5 à 10 % des lésions découvertes par une fibroscopie réalisée pour un reflux. 90 % des œsophagites sont limitées à des érosions ou à un ulcère d'évolution simple sous traitement.
— Les complications souvent révélatrices :
- hémorragies digestives hautes ou basses, rapportées à leur cause par la fibroscopie en urgence en recherchant un facteur déclenchant : alitement, aspirine... L'anémie chronique hypochrome microcytaire est plus fréquente. La fibroscopie rapporte l'anémie à l'œsophagite en se méfiant d'une autre cause de saignement chronique,
- la sténose peptique, cicatricielle, souvent associée à un ulcère de l'œsophage, source de dysphagie voire d'aphagie,
- l'endo-brachy-œsophage (EBO) : cicatrisation de l'œsophagite sous forme d'une métaplasie de l'épithélium glandulaire gastrique qui remonte plus ou moins haut dans l'œsophage. L'EBO expose à l'ulcération (ulcère de Barrett) et à la cancérisation (adénocarcinome) parfois précédée d'une dysplasie. L'EBO a parfois régressé sous IPP.

— Les coups durs du traitement, souvent prolongé :
- effets secondaires des antisécrétoires rares, hypergastrinémie des inhibiteurs de la pompe à protons discutés en traitement continu (surveillance de la gastrinémie qui doit rester inférieure à 5 fois la limite supérieure de la normale),
- impossibilité du sevrage médicamenteux.

4. La bonne attitude en cas de « coups durs »

— La non-réponse au traitement fait rechercher :
- une non-compliance au traitement,
- une autre étiologie à des symptômes atypiques : pulmonaires, ORL, cardiaques, digestifs,

• invite à réaliser une pH-métrie et une fibroscopie pour objectiver un reflux ou une œsophagite.

– L'hémorragie met rarement le pronostic vital en cause mais impose l'hospitalisation : transfusion, traitement médical : **Mopral** IV.
– La sténose peptique est traitée par des manœuvres de dilatation instrumentales (sonde, olives) répétées sous traitement anti-reflux prolongé. Une intervention chirurgicale est indiquée en fonction du terrain, des résultats du traitement médical.
– L'EBO expose à l'adénocarcinome évalué à 15 % sur 10 ans environ. Il justifie des fibroscopies annuelles avec biopsies multiples à la recherche d'une dysplasie.
– L'impossibilité du sevrage médicamenteux doit faire envisager un traitement anti-reflux chirurgical. La voie d'abord cœlioscopique doit être envisagée avec prudence, n'ayant fait l'objet actuellement d'aucune étude contrôlée.

5. La prévention

– Recherche facile d'une œsophagite érosive par la fibroscopie si le reflux persiste sous anti-acides.
– Surveillance endoscopique régulière de la cicatrisation des œsophagites érosives sévères sous inhibiteurs de la pompe à proton pour discuter d'une intervention avant la survenue d'une sténose si le terrain le permet.
– Un traitement d'épreuve par les inhibiteurs de la pompe à proton est justifié devant des manifestations atypiques de reflux quels que soient les résultats de la fibroscopie et de la pH-métrie.
– Endo-brachy-œsophage : biopsies endoscopiques régulières à la recherche d'une dysplasie ou d'un cancer.

Surveillance d'un patient traité par les antisécrétoires gastriques

Pr J.C. DELCHIER

1. Définition de la pathologie et grands principes du traitement

La diminution de la sécrétion acide gastrique, de même que pour aider à l'éradication d'Helicobacter pylori (HP), est utile pour obtenir la guérison et/ou prévenir la récidive des ulcères gastroduodénaux et de l'œsophagite peptique.

Différents types d'antisecrétoires gastriques sont actuellement commercialisés (cf. tableau). Ils sont définis par :

– Leur mode d'action au niveau de la cellule pariétale : antagonistes des récepteurs H2, antagonistes des récepteurs cholinergiques, stimulants des récepteurs aux prostaglandines, inhibiteurs de la pompe K^+/H^+ au niveau du canalicule sécrétoire.
– Leur puissance anti-sécrétoire, leur durée d'action, leur posologie habituelle.
– La possibilité d'utiliser ou non un traitement d'entretien.
– Leurs effets secondaires.

Le choix de l'antisécrétoire va dépendre de l'indication thérapeutique :

– Traitement d'attaque de l'ulcère gastroduodénal HP + : inhibiteurs de la pompe à protons + 2 antibiotiques.
– Traitement d'attaque de l'ulcère gastroduodénal HP - : inhibiteurs de la pompe à protons ou antiH2.
– Traitement de l'œsophagite peptique : inhibiteurs de la pompe à protons ou antiH2.
– Traitement d'entretien de la maladie ulcéreuse gastroduadénale : antiH2.
– Prévention des lésions ulcérées dues à la prise prolongée d'anti-inflammatoires non stéroïdiens : prostaglandines.

2. Éléments de surveillance

La fibroscopie œsogastroduodénale est l'élément central de la surveillance du traitement antisecrétoire. Elle permet :

– Le diagnostic de la lésion nécessitant le traitement et le dépistage d'HP.
– Les biopsies indispensables en cas d'ulcère gastrique pour éliminer le diagnostic de cancer gastrique.
– Le contrôle de l'efficacité du traitement antisécrétoire :
  • la fibroscopie doit être réalisée après 6 à 8 semaines de traitement antisécrétoire dans l'ulcère gastrique, avec une série de biopsies,
  • la fibroscopie n'est pas indispensable en cas d'ulcère duodénal.
– La fibroscopie n'est pas indispensable pour vérifier l'éradication d'HP (qui est testée au moins 4 semaines après la fin du traitement). En effet, le test respiratoire à l'urée 13 C est mieux adapté à cette indication. La fibroscopie est cependant une solution envisageable en cas d'impossibilité de faire un test respiratoire à l'urée 13 C.
– Il n'est pas nécessaire d'exercer une surveillance clinique et biologique systématique si le traitement est administré pour une période inférieure à 2 mois.

– En cas de traitement prolongé par inhibiteurs de la pompe K^+/H^+ : dosage éventuel de la gastrinémie.

3. Les « coups durs »

– La non-cicatrisation des lésions, les complications des lésions ulcérées : hémorragies, perforations.
– Échec d'éradication de HP.
– Les conséquences néfastes d'un contrôle exagéré de la sécrétion gastrique : hypergastrinémie +/– hyperplasie des cellules ECL du fundus gastrique.
– Effets secondaires de certains antisécrétoires : confusion mentale, gynécomastie, interférence médicamenteuse.

4. La bonne attitude en cas de « coups durs »

La non-cicatrisation de l'ulcère dans les délais habituels (4 à 6 semaines pour l'ulcère duodénal, 6 à 8 semaines pour l'ulcère gastrique, 4 à 6 semaines pour l'œsophagite peptique) peut avoir 3 types de cause :
– La non-compliance du patient au traitement
– En cas d'ulcère duodénal ou d'œsophagite peptique, une insuffisance de l'antisécrétion. En cas d'ulcère duodénal résistant à un traitement antisécrétoire bien conduit par anti H2 (**Azantac**, **Raniplex**) ou IPP (**Mopral**, **Zoltum**), un syndrome de Zollinger-Ellison devra être suspecté. Son diagnostic repose sur la mise en évidence d'une hypergastrinémie et d'une hypersécrétion acide au tubage gastrique.
– En cas d'ulcère gastrique, la non-cicatrisation renforce la suspicion de cancer gastrique et doit faire procéder à de nouvelles biopsies multiples. La non cicatrisation à un traitement antisécrétoire renforcé est une indication de gastrectomie.
– La survenue d'une complication (hémorragie ou perforation) en cours de traitement antisécrétoire (exceptionnelle), nécessite un transfert d'urgence en milieu spécialisé.
– La non éradication de HP peut être liée à une antisécrétion insuffisante. Donner des IPP à doubles doses. Le plus souvent l'échec est lié soit à une mauvaise compliance, soit à une résistance aux antibiotiques administrés.
– La constatation d'une hypergastrinémie basale supérieure à 5 fois la normale lors d'un traitement prolongé (> 2 mois) par antisécrétoires puissants doit faire revoir à la baisse la posologie du fait du risque d'hyperplasie des cellules endocrines ECL du fundus.
– La survenue d'un état de confusion mentale, d'une gynécomastie ou d'une toxicité de médicaments métabolisés par le foie et ayant un spectre thérapeutique étroit (antivitamines K) peut être observée sous certains traitements antisécrétoires. En cas de doute sur la responsabilité d'un médicament antisécrétoire, celui-ci doit être arrêté et remplacé soit par un autre médicament antisécrétoire, soit par un anti-ulcéreux n'agissant pas sur la sécrétion acide gastrique (**Ulcar, Kéal**).

5. La prévention

– Non cicatrisation et complications : prescription des antisecrétoires les plus puissants aux doses convenables (cf. tableau), éradication de HP.

— Hypergastrinémie : utilisation des antisécrétoires les plus puissants pour des traitements de durée limitée (< 2 mois). Contrôle systématique de la gastrinémie tous les ans si nécessité d'un traitement antisécrétoire puissant prolongé. Diminution des doses d'antisécrétoires si gastrinémie supérieure à 5 fois la normale.
— Effets indésirables et interférence médicamenteuse : prescription chez les sujets âgés et/ou polymédicamentés, des antisécrétoires les moins susceptibles d'être responsables de ces effets.

Classification des principaux antisécrétoires gastriques

Nom commercial	Dénomination internationale	Type	Durée d'action	Posologie habituelle	Traitement d'entretien de l'ulcère duodénal	Traitement d'entretien de l'œsophagite	Effets secondaires
Azantac-Raniplex	ranitidine	anti-H2	7 h	300 mg	OUI (150 mg)	NON	EXCEPTIONNELS
Tagamet-Édalène	cimétidine	anti-H2	7 h	800 mg	OUI (400 mg)	NON	EXCEPTIONNELS
Pepdine	famotidine	anti-H2	9 h	40 mg	OUI (20 mg)	NON	EXCEPTIONNELS
Nizaxid	nizatidine	anti-H2	4 h	300 mg	OUI (150 mg)	NON	EXCEPTIONNELS
Gastrozépine	pirenzépine	anti-cholinergique	5 h	75 mg × 2	NON	NON	Effets atropiniques
Cytotec	misoprostol	prostaglandine	4 h	200 µg × 4	NON	NON	Contre-indiqué chez la femme en période d'activité génitale
Mopral-Zoltum	oméprazole	inhibiteur pompe K+ - H+	> 3 jours	20 mg*	OUI (20 mg) si résistance au traitement anti H_2	OUI (10 et 20 mg) stade III, IV	EXCEPTIONNELS
Ogast-Lanzor	lanzoprazole	inhibiteur pompe H+ - K+	> 3 jours	30 mg*	NON	OUI (15 et 30 mg) stade III et IV	EXCEPTIONNELS
Eupantol Inipomp	pantoprazol	IPP	> 3 j	40 mg	NON	NON	EXCEPTIONNELS

* Double dose en association avec antiotiques dans la phase d'éradication Helicobacter pylori.

ŒSOPHAGITE PAR RGO + ULCÈRE

* Anti-sécrétoire

(1) Savarino V. et coll. : Continuous 24-hour intragastric pH monitoring in the evaluation of the effect of a nightly dose of famotidine, ranitidine and placebo on gastric acidity of patients with duodenal ulcer. Digestion 1987; 37 : 103-109.

DENOMINATION : PEPDINE® 20 mg, lyophilisat oral ; PEPDINE® 40 mg, lyophilisat oral. **COMPOSITION QUALITATIVE ET QUANTITATIVE :** Par lyophilisat oral, famotidine (DCI) : 20 mg. Par lyophilisat oral, famotidine (DCI) : 40 mg. Excipients : gélatine, mannitol, gomme xanthane, aspartam, arôme menthe, oxyde de fer rouge. **FORME PHARMACEUTIQUE :** lyophilisat oral. **DONNÉES CLINIQUES :** Indications thérapeutiques : Ulcère duodénal, Ulcère gastrique bénin, Etats hypersécrétoires tels que le syndrome de Zollinger-Ellison, Prévention des récidives de l'ulcère duodénal, Traitement de l'œsophagite secondaire au reflux gastro-œsophagien (RGO). Mode d'administration et Posologie : Administration orale : Les patients doivent être informés qu'ils doivent ouvrir l'emballage unitaire avec des mains sèches. Les patients devront mettre le lyophilisat oral sur la langue afin qu'il se dissolve puis l'avaleront avec la salive. Posologie : La présentation en lyophilisat oral peut remplacer l'usage des comprimés dragéifiés de PEPDINE® dans toutes les indications et aux mêmes posologies recommandées. **Ulcère duodénal et ulcère gastrique bénin :** 1 lyophilisat oral de PEPDINE® 40 mg, le soir pendant 4 semaines. En cas de non cicatrisation constatée par endoscopie, poursuivre le traitement 4 semaines supplémentaires. C. T. J. : 7,83 F. **Prévention des récidives de l'ulcère duodénal :** 1 lyophilisat oral de PEPDINE® 20 mg, le soir. C. T. J. : 3,91 F. **Syndrome de Zollinger-Ellison :** posologie à adapter à chaque cas. **Œsophagite secondaire au reflux gastro-œsophagien (RGO)** - œsophagite de stades I et II : 20 mg, 2 fois par jour pendant 4 à 8 semaines. C. T. J. : 7,83 F. - œsophagite de stades III et IV : 40 mg, 2 fois par jour pendant 4 à 8 semaines. C. T. J. : 15,65 F. ***Chez l'insuffisant rénal sévère :*** Chez l'insuffisant rénal sévère dont la clairance de la créatinine est inférieure ou égale à 30 ml/mn, la posologie doit être réduite à 20 mg pris le soir. Contre-indications : - Hypersensibilité à ce médicament ou à l'un de ses constituants - Femme qui allaite : cf. Chapitre Grossesse et Allaitement. Mise en garde et précautions particulières d'emploi : Mise en garde : La tolérance et l'efficacité de la famotidine n'ont pas été étudiées chez l'enfant. Précautions d'emploi : - *En cas d'ulcère gastrique* : vérifier la bénignité de la lésion avant tout traitement - *Insuffisance rénale* : si la clairance de la créatinine est égale ou inférieure à 30 ml/mn, la posologie habituelle doit être réduite à 1 lyophilisat oral à 20 mg, le soir - *Insuffisance hépatique* : pas de modification des données pharmacocinétiques chez l'insuffisant hépatique - *Utilisation chez le sujet âgé* : pas d'adaptation nécessaire de la posologie chez le sujet âgé. Interactions médicamenteuses et autres formes d'interactions : Aucune interaction médicamenteuse, cliniquement significative, n'a été identifiée. Grossesse et allaitement : Grossesse : Par mesure de prudence et comme pour de nombreux médicaments : - il est conseillé de ne pas l'utiliser au cours du premier trimestre de la grossesse ; - on s'abstiendra de le prescrire pendant les autres trimestres, sauf en cas de nécessité absolue. Allaitement : La famotidine est mise en évidence dans le lait maternel. Les femmes qui allaitent, arrêteront le traitement ou cesseront d'allaiter. Effets indésirables : La famotidine est généralement bien tolérée. Céphalées, vertiges, constipation et diarrhées ont été rapportés rarement. Les autres effets indésirables, encore plus rares, comprennent : sécheresse de la bouche, nausées et/ou vomissements, gêne ou ballonnement abdominal, anorexie, fatigabilité, rash, prurit, urticaire, anomalies des enzymes hépatiques, ictère cholestatique, anaphylaxie, œdème angioneurotique, arthralgies. Des cas d'hallucinations et de confusion ont été rapportés mais la responsabilité du médicament n'a pas été établie. Surdosage : A ce jour, aucun cas de surdosage n'a été rapporté. Des malades présentant un syndrome de Zollinger-Ellison ont toléré des posologies allant jusqu'à 800 mg/jour pendant plus d'un an sans que l'on ait observé l'apparition d'effets indésirables notables. Les mesures thérapeutiques habituelles de lavage gastrique, de surveillance clinique, et de traitement symptomatique seront toutefois mis en œuvre. **PROPRIETES PHARMACOLOGIQUES :** Propriétés pharmacodynamiques : Antagoniste des récepteurs H_2 à l'histamine. **DONNEES PHARMACEUTIQUES :** Durée de conservation : 2 ans. Précautions particulières de conservation : A conserver à une température inférieure à 25 °C et à l'abri de l'humidité. Nature et contenance du récipient : PEPDINE® 20 mg, lyophilisat oral : 30 lyophilisats sous plaquette thermoformée (alu/alu). PEPDINE® 40 mg, lyophilisat oral : 15 lyophilisats sous plaquette thermoformée (alu/alu). **PRESENTATIONS ET NUMEROS D'IDENTIFICATION ADMINISTRATIVE : PEPDINE® 20 mg, lyophilisat oral :** A.M.M. 337 215-6 : lyophilisats sous plaquette thermoformée (alu/alu) : boîte de 30. **PEPDINE® 40 mg, lyophilisat oral :** A.M.M. 337 217-9 : lyophilisats sous plaquette thermoformée (alu/alu) : boîte de 15. **CONDITIONS DE DELIVRANCE :** Liste II. Prix : 117,40 F. (30 lyophilisats oraux à 20 mg). Prix : 117,40 F. (15 lyophilisats oraux à 40 mg). Remb. Séc. Soc. à 65 % - Collect. **TITULAIRE DE L'A.M.M. :** Laboratoires MERCK SHARP & DOHME-CHIBRET - 3, avenue Hoche - 75114 Paris Cedex 08 Tél. : (1) 47.54.87.00. **DATES D'APPROBATION/ RÉVISION :** Date d'approbation : 11/04/94 ; date de révision : 20/02/96.

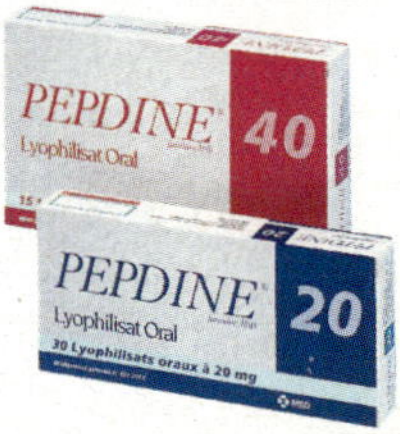

Pour une information plus complète, se reporter à la fiche signalétique.

MSD

04 97 PCD 96F 302 J TORRENT

Surveillance d'un patient porteur d'un ulcère gastroduodénal

Dr P. LE BOURGEOIS

1. Définition de la pathologie et grands principes du traitement

Le rôle pathogène d'hélicobacter pylori (HP) sur la muqueuse gastrique et son implication dans la maladie ulcéreuse gastroduodénal a transformé la physiopathologie et le traitement de la maladie. Cette bactérie de découverte récente, transmise par voie interhumaine, colonise la muqueuse gastrique antrale où elle est responsable d'une gastrite aiguë puis chronique conduisant à une gastrite atrophique. Il existe de nombreuses preuves du lien entre une infection antrale par HP et la survenue d'un ulcère duodénal. Ces preuves sont un peu moins nettes pour l'ulcère gastrique. HP est retrouvé dans l'antre dans 90 % des cas des ulcères duodénaux et dans 75 % des cas des ulcères gastriques. La plupart des autres ulcères gastriques sont d'origine iatrogène.

- La maladie ulcéreuse duodénale est une maladie chronique caractérisée par des poussées (ulcère creusant) et des rémissions (ulcère cicatrisé). La douleur typique à type de brûlure épigastrique, rythmée (post-prandiale tardive et nocturne) et périodique (printemps, automne) ne s'observe que chez la moitié des patients. La fréquence des poussées est extrêmement variable d'un individu à l'autre et chez un même individu. Les formes atypiques, voire asymptomatiques mais exposées aux mêmes complications que les formes typiques sont fréquentes.
- L'ulcère gastrique est le plus souvent antral. Il a une évolution capricieuse, sans poussée nettement individualisée comme dans l'ulcère duodénal. Sa symptomatologie est atypique : douleur continue ou intermittente, pesanteur.
- Devant une douleur épigastrique évocatrice ou non, le seul moyen diagnostique de certitude est la fibroscopie haute qui permet d'éliminer ou d'affirmer un ulcère, de préciser son siège gastrique ou duodénal, de retrouver une pathologie associée (œsophage) et de pratiquer des biopsies multiples pour éliminer un cancer gastrique ulcériforme.
- Le traitement médical, remarquablement efficace, repose sur les anti-acides (**Maalox**, **Phosphalugel**...) à visée symptomatique, et surtout sur les anti-sécrétoires :
  - anti H2 (**Azantac**, **Raniplex**, **Tagamet**, **Nizaxid**, **Pepdine**),
  - inhibiteurs de la pompe à protons (**Mopral**, **Zoltum**, **Lanzor**, **Ogast**, **Eupantol**, **Inipomp**).
- Le traitement assure la disparition de la douleur en moins de 4 jours et la cicatrisation de l'ulcère duodénal en quatres semaines dans plus de 90 % des cas, celle de l'ulcère gastrique en 6 à 8 semaines.
- Les associations thérapeutiques ne semblent pas plus efficaces sur la douleur ni la rapidité de cicatrisation de l'ulcère qu'un anti-sécrétoire isolé.
- L'éradication d'HP par les antibiotiques permet la guérison définitive de la maladie. Elle fait passer le taux de récidive de l'ulcère duodénal à 1 an de 75 % à moins de 5 %. Le contrôle de l'éradication par biopsies antrales n'est justifié qu'en cas de récidive. Une sérologie ou un test respiratoire au C13, non invasifs, sont de réalisation plus simple mais de fiabilité moindre.
- En cas d'infection antrale par HP, et de façon systématique pour certains, tout ulcère gastroduodénal doit bénéficier d'un traitement d'éradication, associant aux antisecrétoires deux antibiotiques pendant une semaine : **Clamoxyl** et/ou **Flagyl** et/ou **Zeclar**.

2. Eléments de surveillance

- Cliniques : douleur, bien soulagée au début par la prise d'anti-acides à la demande plutôt qu'après le repas, disparition des signes associés : vomissements, pesanteurs, troubles du transit.
- Endoscopiques afin d'affirmer la cicatrisation de l'ulcère gastrique à huit semaines. Ce contrôle comportera de multiples biopsies sur la cicatrice ulcéreuse, visant à éliminer la cicatrisation d'un cancer ulcéré, toujours possible sous traitement.
- Certains ulcères nécessitent pour leur cicatrisation un traitement plus prolongé : ulcères linéaires, irréguliers, ou ulcères salamis du bulbe, absence d'infection par HP (3 % des ulcères duodénaux).
- L'absence de cicatrisation fera poursuivre le traitement à la dose d'attaque pendant quatre à six semaines supplémentaires et rechercher un tabagisme. La non cicatrisation d'un ulcère gastrique après trois mois de traitement d'attaque doit faire discuter une gastrectomie partielle si le traitement a été bien suivi. En effet, si la cancérisation d'un ulcère semble rare, le cancer ulcériforme est fréquent (3 à 4 %).
- La surveillance à long terme est clinique, aidée par la fibroscopie au moindre doute ou le test respiratoire au C13, non invasif, simple, qui recherche l'éradication ou une réinfestation conduisant à un nouveau traitement.

3. Les « coups durs »

1. Les rechutes
- Elles peuvent être identiques ou non à la première poussée, asymptomatiques, méconnues ou révélées par une complication. Les symptômes sont souvent bien connus des patients, volontiers à date fixe ou lors des périodes de stress.
- La fibroscopie confirme la poussée ulcéreuse, recherche une infection par HP (échec du traitement initial ou réinfestation), et un nouveau traitement d'attaque est entrepris.

2. L'hémorragie
- C'est la complication la plus sévère et la plus fréquente de l'ulcère, tant gastrique que duodénal, parfois révélatrice.
- Le plus souvent cataclysmique, avec hématémèse et maeléna, signe de choc plus ou moins net, mettant en jeu le pronostic vital, elle peut être responsable d'un saignement à bas bruit, révélé par une anémie hypochrome microcytaire.
- L'hémorragie complique le plus souvent un ulcère méconnu, créé et/ou rendu hémorragique par l'**Aspirine** ou un traitement anti-inflammatoire non stéroïdien.

3. La perforation ulcéreuse
- Lorsqu'elle survient en péritoine libre, elle est responsable d'une péritonite par perforation avec contracture. Son début est brutal, en coup de poignard. Le diagnostic est facile chez l'ulcéreux connu, plus difficile lorsque la perforation est inaugurale. Le cliché d'abdomen retrouve un pneumo-péritoine, la fibroscopie, comme le TOGD, sont contre-indiqués.
- La perforation en péritoine cloisonné entraîne un tableau plus bâtard, il n'y a pas de péritonite, pas de pneumo-péritoine. Le TOGD aux hydrosolubles reste une bonne indication à visée diagnostique.

4. La sténose du pylore
- Rare et tardive, elle complique les ulcères duodénaux anciens, négligés, non ou mal traités, à récidives fréquentes.

5. Les coups durs du traitement

— Le traitement est en règle parfaitement toléré : rares troubles du transit, interférences des anti H2 avec le métabolisme hépatique de certains médicaments, sans retentissement en pratique courante.
— Les traitements d'entretien ne se dicutent qu'après échecs répétés ou renoncement à l'éradication d'HP.

4. La bonne attitude en cas de « coups durs »

— Nouvelle poussée : reprise d'un traitement d'attaque après confirmation par fibroscopie, éradication éventuelle d'une infection par HP.
— Hémorragie digestive haute ou basse, chez un ulcéreux connu ou non : transfert en urgence en réanimation, malade à jeun, par le SAMU qui au besoin débute la réanimation cardio-circulatoire : une fibroscopie réalisée en urgence, après lavage gastrique, confirme l'origine ulcéreuse de l'hémorragie. Outre la réanimation et le traitement anti-ulcéreux d'attaque (anti-sécrétoires par voie IV), on peut proposer dans certains cas un traitement endoscopique anti-hémorragique : laser, injections sclérosantes et vaso-constrictrices (**Adrénaline**). La persistance du saignement sous surveillance impose un geste chirurgical d'urgence.
— Hémorragie distillante : arrêt des médicaments gastro-toxiques, traitement anti-ulcéreux et traitement martial, surveillance étroite de la numération, au besoin en milieu hospitalier.
— La perforation en péritoine libre impose l'hospitalisation et l'intervention en urgence :
  • suture de la perforation, traitement chirurgical de l'ulcère : vagotomie tronculaire, pyloroplastie, vagotomie-antrectomie (ulcère duodénal), gastrectomie de 2/3 (ulcère gastrique),
  • le traitement par aspiration gastrique est réservé aux patients vus tôt, à jeun lors de leur perforation, ayant un diagnostic certain ou une contre-indication opératoire.
— La sténose pylorique peut conduire à l'intervention chirurgicale si le traitement anti-ulcéreux ne suffit pas à lever l'obstacle.
— La résistance au traitement fait rechercher un tabagisme, la non-observance du traitement, la prise de médicaments gastro-agressifs, un syndrome de Zollinger Ellison.

5. La prévention

— Documenter la maladie ulcéreuse par une fibroscopie diagnostique en évitant la prescription aveugle d'anti-sécrétoires, remarquablement efficaces et entretenant la méconnaissance de la maladie.
— Limiter aux maximum la prescription d'**Aspirine** ou d'anti-inflammatoires, en leur associant des anti-acides et/ou des prostaglandines, bien adaptées si leur tolérance est bonne.
— Encadrer la prise d'AINS par **Cytotec** 2 cp/j et/ou antisécrétoires chez les sujets de plus de 65 ans, les sujets à risque : antécédents d'ulcères, anticoagulants, fibroscopie gastrique facile.
— En cas d'ulcère évolutif, si la prescription d'anti-inflammatoires est indispensable : donner la préférence aux corticoïdes et attendre la cicatrisation de l'ulcère sous anti-sécrétoires.
— Éradication d'HP : association aux antisécrétoires à double dose d'une bi-antibiothérapie d'une semaine : **Clamoxyl** (2 gél à 500 mg × 2) plus **Zeclar** 250 mg (2 cp × 2) ou **Flagyl** (2 cp à 250 mg × 2). En cas d'allergie à la pénicilline : **Zeclar** 250 mg (2 cp × 2) plus **Flagyl** (2 cp à 250 mg × 2). Après cette phase d'éradication, on poursuit l'antisécrétoire à simple dose pendant 3 à 5 semaines.

Surveillance d'un patient porteur d'une hépatite chronique

Dr Ch. DUVOUX

1. Définition de la pathologie et grands principes du traitement

- Une hépatite chronique (HC) est une lésion hépatique diffuse caractérisée par l'association à des degrés divers :
  - d'un infiltrat inflammatoire portal et péri-portal,
  - d'une fibrose à prédominance portale,
  - d'une nécrose hépatocytaire.
- En pratique, la constatation d'une élévation persistante de l'activité sérique des transaminases à plus de deux fois la normale sur une période de six mois, doit faire évoquer le diagnostic d'HC et faire réaliser une ponction biopsie hépatique.
- Les causes d'hépatite chronique sont multiples :
  - virus B, C, D,
  - hépatite chronique active auto-immune caractérisée par la présence d'auto-anticorps dans le sérum,
  - médicaments : **Aldomet**, **Rimifon**, **Furadoïne**, **Furadantine**, **Diflurex**, **Papavérine** et autrefois **Oxyphénisatine**, **Dupéran**.
- Le risque évolutif d'une HC lorsqu'elle est active est cependant univoque : la cirrhose.
- Il est donc capital de diagnostiquer précocement l'HC pour en entreprendre tôt le traitement et prévenir l'évolution cirrhogène.
- Le traitement doit être adapté à l'étiologie de l'hépatite chronique et débuté en milieu spécialisé.

Hépatite chronique virale

- Due au virus B : **Interféron** alpha : 5 M d'unités en sous-cutané, 3 fois par semaine pendant 6 mois, ou **Vidarabine monophosphate** : 5 mg/kg/jour en intramusculaire pendant 4 semaines.
- Due au virus C : **Interféron** alpha : 3 M d'unités en sous-cutané, 3 fois par semaine pendant 1 an.

Hépatite chronique active auto-immune

- **Solupred** administré isolément : 1/2 à 1 mg/kg/jour en diminuant la posologie sur quelques semaines jusqu'à obtention de la dose d'entretien de 1/3 mg/kg/jour, ou association **Solupred-Imurel 50** 1 cp/jour, permettant d'utiliser la corticothérapie à plus faible dose.

Hépatite médicamenteuse

- Arrêt du médicament responsable.
- Éventuellement corticothérapie en l'absence d'amélioration après arrêt du traitement.

2. Éléments de surveillance

La surveillance porte sur l'efficacité et la tolérance du traitement.

Efficacité

– Quelle que soit l'étiologie de l'HC :
  - amélioration de l'état général.
– HC due au virus de l'hépatite B :
  - normalisation des transaminases après une élévation transitoire au 3ᵉ mois (**Interféron**),
  - arrêt de la réplication virale B : négativation de l'ADN du virus B, séroconversion antigène HBe, anticorps anti-HBe.
– HC due au virus C :
  - normalisation des transaminases.
– HC auto-immune :
  - normalisation des transaminases,
  - réduction de l'hypergammaglobulinémie, du taux des anticorps anti-tissus.

Tolérance

– Les effets secondaires du traitement peuvent entraîner une réduction de la posologie des médicaments utilisés voire leur arrêt :
  - **Interféron** alpha : syndrome grippal des premières injections (atténué par la prescription d'1 g de paracétamol avant et après l'injection); asthénie, chute de cheveux, modification de l'humeur (dépression), plus rarement diarrhée, phénomènes auto-immuns; leucopénie, thrombopénie,
  - **Vidarabine** : neuropathie périphérique (crampes douloureuses survenant en fin de traitement ou après arrêt),
  - effets secondaires de la corticothérapie.

3. Les « coups durs »

Échec du traitement ou rechute à l'arrêt du traitement :
  - HC dues aux virus B et C : 50 % des cas,
  - HC auto-immunes : la corticothérapie permet initialement une rémission dans plus de 80 % des cas et doit être poursuivie au moins un an; la fréquence des rechutes à l'arrêt du traitement doit cependant faire souvent proposer un traitement prolongé voire définitif.

– Effets secondaires du traitement.
– HC dues au virus C : évolution vers la cirrhose de 20 % en 10 ans
– HC dues au virus B : incidence d'évolution vers la cirrhose de 2 % par an.

4. La bonne attitude en cas de « coups durs »

Echec du traitement

– Ne pas perdre de vue le malade car en cas d'évolution vers une cirrhose :
  - une transplantation hépatique peut être proposée,

- un carcinome hépatocellulaire peut survenir dans plus de 20 % des cas et doit être dépisté par la réalisation semestrielle d'une échographie hépatique et d'un dosage de l'alpha fœtoprotéine.

Complications du traitement

– **Interféron alpha** :
  - réduction de moitié de la posologie si : tolérance clinique insuffisante, leucocytes $< 3\,000$ mm^3, polynucléaires neutrophiles $< 1\,500$ mm^3, plaquettes $< 75\,000$ mm^3,
  - arrêt du traitement si : mauvaise tolérance clinique après réduction de la posologie, état dépressif (risque de suicide), leucocytes $< 2\,000$ mm^3, polynucléaires neutrophiles $< 1\,000$ mm^3, plaquettes $< 50\,000$ mm^3.

– **Vidarabine** :
  - EMG systématique avant traitement; proscrire la **Vidarabine** en cas de neuropathie infraclinique,
  - arrêt du traitement si apparition de signes de neuropathie périphérique.

5. La prévention

– La prévention des hépatites chroniques virales B repose sur la vaccination de tous les sujets appartenant à des groupes à haut risque : personnel de santé, hémophiles, dialysés, homosexuels masculins, toxicomanes, entourage d'un porteur chronique de l'antigène HBs.

– La prévention des hépatites virales C à transmission essentiellement transfusionnelle repose sur l'élimination systématique du don de sang des sujets ayant des transaminases élevées et/ou une sérologie HCV positive. Transmission sexuelle rare (5 % des conjoints exposés au risque). Conseiller le préservatif pour les couples récents.

Surveillance d'un patient atteint d'une pancréatite chronique

Dr CH. DUVOUX, Dr J. FOUCHARD

1. Définition de la pathologie et grands principes du traitement

- La pancréatite chronique (PC) est une maladie caractérisée par la destruction progressive et irréversible du pancréas, sans obstacle canalaire primitif.
- En France, 90 % des PC sont dues à l'alcoolisme chronique.
- La PC survient essentiellement chez l'homme et débute vers 40 ans.
- La douleur domine initialement la symptomatologie et s'accompagne d'un amaigrissement.
- Insuffisances pancréatiques exocrine et endocrine sont plus tardives et sont mises en évidence par l'étude :
  - de la coprologie fonctionnelle : stéatorrhée > 7 g/j, créatorrhée > 1,5 g/j,
  - des tests fonctionnels exocrines parfois (PABA test),
  - de la glycémie à jeun et post-prandiale.

Le traitement de fond repose sur :

- La suppression complète et définitive de l'alcool.
- Une répartition normale et équilibrée des nutriments (apport normal en lipides).
- Les antalgiques en cas de douleurs : **Pro-Dafalgan** (1 g IV × 3/j), en proscrivant les morphiniques.
- Les extraits pancréatiques gastroprotégés en cas d'insuffisance pancréatique exocrine : **Alipase**, **Créon** : 2 à 3 gélules × 3/j ou **Eurobiol 25 000** : 2 gélules × 3/j au milieu des repas.
- L'équilibration éventuelle d'un diabète : régime et si nécessaire recours à l'insulinothérapie.

2. Éléments de surveillance

Cliniquement

- Appréciation de l'état général et nutritionnel.
- Poids, nombre et aspect des selles sur 24 heures.
- Douleurs : la persistance de douleurs devant faire rechercher une reprise de l'alcoolisme ou l'apparition d'une complication (poussée de pancréatite aiguë, pseudo-kyste).

Biologiquement

- Vérification du sevrage alcoolique : gamma GT, VGM.
- Contrôle de l'effet du traitement sur la stéatorrhée (qui doit rester < 10 g/24 heures).
- Tests biologiques hépatiques (dépistage d'une compression biliaire).
- Etude régulière de la glycémie.

Morphologiquement

- Échographie trimestrielle l'année suivant le diagnostic, puis tous les 6 à 12 mois pour :
  - dépister un pseudo-kyste ou une dilatation du Wirsung,
  - évaluer le retentissement de la PC sur les voies biliaires, le système porte.
- Échographie à compléter si nécessaire par un scanner abdominal ou une échoendoscopie.

3. Les « coups durs »

L'inefficacité du traitement

Les complications évolutives

– Les poussées de pancréatites aiguës : fréquentes au début de l'évolution, elles exposent aux mêmes risques que les pancréatites aiguës d'autres origines.
– Les pseudo-kystes peuvent être diagnostiqués :
  • lors du bilan de la maladie pancréatique ou lors de sa surveillance,
  • devant la persistance ou la réapparition d'une douleur et/ou d'une hyperamylasémie au décours d'une poussée aiguë.
– À l'occasion d'une complication propre :
  • compression de voisinage : voie bilaire principale, veine splénique (risque de thrombose et d'hypertension portale segmentaire), estomac, duodénum,
  • hémorragie intrakystique pouvant s'extérioriser dans la cavité abdominale ou le canal de Wirsung,
  • rupture d'un pseudo-kyste, intrapéritonéale, pleurale ou digestive.

Les complications évolutives liées à la PC en dehors des pseudo-kystes

– Sténose de la voie biliaire principale, exposant au risque d'infection biliaire, de lithiase (pigmentaire) voire de cirrhose biliaire secondaire.
– Sténose duodénale.

4. La bonne attitude en cas de « coups durs »

L'inefficacité du traitement doit faire rechercher une absence de sevrage alcoolique ou une mauvaise observance de la prise des enzymes pancréatiques. L'absence de ces facteurs doit faire évoquer un trouble de la vidange gastrique et proposer un traitement par enzymes non gastroprotégés.

Les complications évolutives : la survenue d'une complication impose l'hospitalisation en milieu spécialisé pour évaluation morphologique (échographie, scanner, échoendoscopie voire opacifications des voies biliaires ou des canaux pancréatiques), puis décision thérapeutique :
– Poussée aiguë de pancréatite : voir « Pancréatite aiguë » dans Protocoles.
– Pseudo-kyste : surveillance simple d'un pseudo-kyste non compliqué ou asymptomatique mais volumineux et ne régressant pas après six semaines de surveillance :
  • ponction ou drainage percutané sous échographie ou scanner, ou dérivation kysto-digestive, éventuellement par voie endoscopique en cas de complication compressive,
  • exérèse d'un kyste hémorragique.
– Sténose biliaire : dérivation bilio-digestive s'il existe une cholestase qui ne régresse pas après 4 semaines de surveillance.
– Sténose duodénale : gastroentérostomie et vagotomie.
– Douleurs résistant aux antalgiques et non liées à la survenue d'une complication :
  • infiltration alcoolique de plexus cœliaque par ponction per-cutanée guidée radiologiquement,
  • voire dérivation Wirsungo-jéjunale.

5. La prévention

– Elle repose sur la prise en charge et le sevrage précoces des alcooliques chroniques.

Surveillance d'un patient colopathe

Dr P. LE BOURGEOIS

1. Définition de la pathologie et grands principes du traitement

- La colopathie fonctionnelle représente la moitié des motifs de consultation d'un gastro-entérologue.
- Ses manifestations sont extrêmement polymorphes, dominées par :
  - des troubles dyspeptiques : éructations, nausées, digestion lente, brûlures, douleurs pseudo-ulcéreuses mais plutôt post-prandiales précoces, uniquement diurnes,
  - des troubles colitiques : constipation, diarrhée, ou alternance diarrhée-constipation, émission de glaires, douleurs abdominales en cadre, soulagées par la défécation, flatulences,
  - des manifestations abdominales : météorisme, ballonnements, parfois douloureux.
- L'évolution de la colopathie est chronique, étendue sur plusieurs années, volontiers depuis l'enfance, avec parfois une incidence familiale, souvent féminine. La chronicité est l'élément fondamental du diagnostic.
- La richesse et la variabilité des symptômes contrastent avec la conservation de l'état général, la normalité des examens paracliniques, tant biologiques que morphologiques (endoscopie, radiologie). L'examen clinique retrouve souvent un abdomen ballonné et sensible, en particulier le long du cadre colique.
- Le traitement est, en règle, entrepris et poursuivi en consultation. Les hospitalisations doivent être limitées au minimum, souvent réclamées par les patients eux-mêmes.
- La profusion des traitements proposés rend compte de leur efficacité relative chez un même malade et chez des malades différents.
- La clef du traitement repose sur un interrogatoire minutieux qui cherche à dépister le symptôme dominant sur lequel porteront les efforts thérapeutiques :
  - prokinétiques, type **Primpéran**, **Vogalène** ou **Motilium** dans les digestions lentes associés à des pansements type **Algicon** ou **Gaviscon**, en cas de syndrome de reflux,
  - anti-acides, souvent efficaces dans les dyspepsies non ulcéreuses avec brûlures. Le rôle d'une infection gastrique par *Helicobacter pylori* et l'intérêt de son éradication par une association d'antibiotiques restent discutés dans la dyspepsie non ulcéreuse,
  - laxatifs doux en cas de constipation, très fréquente : huile de paraffine (**Lansoÿl**, **Colarine**), mucilage (**Coréine**), sucres non absorbés (**Sorbitol**, **Duphalac**), pansement type **Poly-karaya**, laxatifs osmotiques (**Transipeg**, (**Forlax**),
  - ralentisseurs du transit en cas de diarrhée : **Actapulgite** ou **Imodium**,
  - antispasmodiques : **Spasfon**, **Avafortan**, **Débridat**, **Dicetel**, **Duspatalin**,
  - les régimes alimentaires sont souvent décevants : plutôt riches en fibres, réduits en hydrates de carbone qui favorisent la fermentation intestinale, les gaz et les ballonnements.

2. Eléments de surveillance

- La colopathie fonctionnelle expose à deux écueils :
  - la multiplication des examens complémentaires, inutiles, anxiogènes, entretenant le patient dans sa maladie, ou à l'inverse,
  - la méconnaissance d'une pathologie organique sous-jacente : examiner régulièrement le patient, éliminer une affection gynécologique, une anémie, une malabsorption, une affection pancréatique, hépato-biliaire ou rénale.
- Une coloscopie peut être indiquée :
  - devant des troubles du transit d'apparition récente en particulier après 45 ans,
  - devant des douleurs abdominales inexpliquées, prolongées,
  - devant des symptômes d'alerte : glaires abondantes, fièvre, rectorragies, anémie, syndrome inflammatoire, amaigrissement,
  - chez les sujets dont les antécédents familiaux évoquent la possiblité de cancers héréditaires.
- Chez le sujet âgé, fragile, difficile à préparer, volontiers porteur de diverticules, un lavement baryté est parfois préféré.
- Il faut aussi éliminer une pathologie œsophagienne ou ulcéreuse par une fibroscopie réalisée occasionnellement ou à distance de la prise d'anti-H2.
- Toute modification des symptômes habituels : amélioration paradoxale ou accentuation de la constipation, émission de glaires, amaigrissement et, a fortiori, rectorragies, doit faire rechercher une pathologie organique.

3. Les « coups durs »

- Poussées aiguës de l'affection chronique : augmentation des douleurs, des troubles du transit, intolérance alimentaire.
- Apparition d'une pathologie organique : ulcère, pancréatite, cancer colique.
- C'est l'interrogatoire, les examens cliniques et paracliniques qui permettent de rattacher une nouvelle symptomatologie à une poussée de la maladie ou à une affection organique.
- Deux réserves importantes en raison de leur fréquence :
  - la lithiase vésiculaire,
  - la diverticulose colique avec poussée de sigmoïdite.

  Ces deux affections peuvent être rendues à tort responsables des symptômes, et conduire alors à une intervention inutile, sinon nuisible, ou bien sont méconnues et négligées. La lithiase est responsable de cholécystite, d'angiocholite sur calcul du cholédoque méconnu, les diverticules peuvent se compliquer d'abcès, de perforation faisant suite à des poussées non rapportées à leur étiologie.

  On retiendra dans les deux cas, l'importance des autres examens biologiques : hyperleucocytose, élévation de la VS, utilité de l'échographie ou du scanner.
- Les coups durs du traitement :
  - leur inefficacité sur les symptômes : douleur, constipation,
  - l'escalade thérapeutique avec la multiplication d'ordonnances interminables, excessives, en règle non suivies,
  - la maladie des laxatifs avec hypokaliémie et côlon atone qui complique électivement les laxatifs irritants.

4. La bonne attitude en cas de « coups durs »

- L'essentiel est de reprendre l'interrogatoire lors des poussées pour choisir un traitement mieux adapté aux symptômes. On peut recourir, sur une courte période, aux anxiolytiques ou tranquillisants, modifier les antispasmodiques, corriger une constipation opiniâtre au besoin avec un petit lavement.
- Chez un patient constipé, habitué aux laxatifs irritants (séné, bourdaine) très efficaces au début, les laxatifs doux mettent plusieurs semaines ou mois pour être efficaces, et permettre une rééducation du côlon. La transition doit donc être très progressive entre ces deux types de traitement, en ayant souvent recours à des ajustements, car les laxatifs doux sont accusés d'inefficacité.
- Toute suspicion de lithiase vésiculaire compliquée ou de diverticulite doit faire l'objet d'explorations spécifiques.

5. La prévention

- Etablir un bon contact médecin-malade, rassurer le patient, reprendre à chaque consultation une éducation diététique et intestinale, un examen clinique complet.
- Assurer un transit intestinal aussi normal que possible en s'aidant de laxatifs doux (cf. paragraphe 1).
- Proposer des traitements de fond légers (une ou deux médications régulières) et la prise au coup par coup de traitements symptomatiques (antispasmodiques) afin d'éviter les accoutumances et les intoxications médicamenteuses.
- Toujours se méfier d'une pathologie organique, reprendre l'interrogatoire et l'examen clinique au départ, demander régulièrement un avis spécialisé.
- Mesure du temps de transit aux marqueurs radio-opaques pour déterminer le siège d'une constipation. Une constipation terminale fait rechercher un anisme (manométrie ano-rectale) ou un rectocele chez la femme.

Surveillance d'un patient porteur d'une rectocolite hémorragique (RCH) ou d'une maladie de Crohn (MC)

Dr S. PERROT

1. Définition de la pathologie et grands principes du traitement

— Maladie inflammatoire chronique d'étiopathogénie inconnue, la RCH touche le rectum et le côlon.

— Elle évolue par poussées entrecoupées de périodes de rémission.

— La MC peut, elle, toucher tous les segments du tube digestif mais le plus souvent l'iléon terminal, le côlon et l'anus.

— Ces affections peuvent être léthales dans deux circonstances :
- poussée sévère opérée trop tard,
- cancérisation.

— Le traitement médical n'a qu'un effet suspensif, non curatif.

— Les principaux médicaments utilisés sont la **Salazopyrine (SZP)** et ses dérivés, **Pentasa**, **Rowasa**, **Dipentum** et les corticoïdes, par voie générale ou par voie rectale :
- la **SZP** : à la dose de 4 à 6 g/j, elle est efficace sur les poussées légères ou modérées de RCH ou de MC colique. Elle n'a pas d'action sur les lésions du grêle. A la dose de 2 à 3 g/j, elle permet de diminuer le risque de poussées de RCH quiescentes mais n'a pas d'intérêt préventif dans la MC colique,
- le **Pentasa** ou le **Rowasa** : c'est la substance active de la molécule de **SZP**, il n'a pas les effets secondaires de la **SZP**. Le **Pentasa** et le **Rowasa** sont utilisés soit sous forme de comprimés enrobés à délitement tardif, soit en suspension rectale, soit en suppositoires. Ils sont indiqués dans la RCH et dans la MC colique ou iléale,
- le **Dipentum** : formé par deux molécules de **Pentasa**, il est indiqué dans la RCH seulement,
- les corticoïdes par voie générale (**Solupred**, **Cortancyl**) sont utilisés dans les poussées sévères de RCH ou de MC, à la posologie de 0,5 à 1 mg/kg/j,
- les corticoïdes par voie rectale sont utilisés dans les formes distales de la RCH ou de la MC. On utilise soit le **Betnésol** lavement, mais ses effets systémiques ne sont pas négligeables, soit les corticoïdes ayant peu d'effets systémiques : **Rectovalone**, **Colofoam**, **Proctocort**,
- le **Flagyl** est surtout utilisé dans les formes périnéales de MC,
- l'**Imurel** est indiqué dans les MC corticodépendantes.

— Le régime sans résidus est logique en cas de tendance diarrhéique mais en réalité les sujets porteurs d'une RCH sont souvent constipés, justifiant un régime riche en fibres et/ou en mucilages.

Tableau 1

Manifestations extra-intestinales de la RCH et de la MC

Articulaires	Arthralgies. Arthrites périphériques Sacro-iléite Spondylarthrite ankylosante Ostéoporose cortisonique Hippocratisme digital*
Cutanées	Aphtes buccaux Erythème noueux Pyoderma gangrénosum
Hépatiques	Stéatose Cholangite sclérosante Lithiase en cas de résection iléale*
Oculaires	Uvéite
Hématologiques	Anémie Maladie thrombo-embolique Hyperplaquettose
Urinaires	Compression urétérale droite* Fistule entéro-vésicale* Lithiase urinaire urique ou oxalique*
Pulmonaires	Alvéolites lymphocytaires
Diverses	Retard staturo-pondéral* Amaigrissement isolé*

* Uniquement MC

2. Éléments de surveillance

- La surveillance se fera toujours en étroite collaboration avec le gastro-entérologue. Cette surveillance est surtout clinique, à la recherche d'une poussée ou de manifestations extra-digestives (tableau 1). Une surveillance régulière du tube digestif par rectoscopie et coloscopie est impérative (coloscopie annuelle en cas de pancolite évoluant depuis plus de dix ans).
- Le cas particulier de la grossesse : les corticoïdes et la **SZP** n'ont pas de conséquences sur le déroulement de la grossesse ni sur la santé de l'enfant.
- Par ailleurs, RCH et MC ne sont pas des contre-indications à la contraception orale.

3. Les « coups durs »

- Complications évolutives de la RCH :
  - on distingue les poussées légères, limitées au rectum ou au rectosigmoïde, associant émission de glaires ou de sang, diarrhée modérée, absence de signes généraux,
  - et les poussées sévères où l'atteinte est plus étendue, associant une diarrhée abondante, des émissions sanglantes, de la fièvre et une altération de l'état général, imposant l'hospitalisation d'urgence.
- Complications évolutives de la MC :
  - les poussées de la maladie associent le plus souvent douleurs, diarrhée et altération de l'état général,

  - des complications plus graves et nécessitant l'hospitalisation peuvent survenir : occlusion ou subocclusion, fistules internes ou externes, abcès.
- La colectasie aiguë ou mégacôlon toxique est une dilatation aiguë du côlon :
  - les signes sont ceux d'une poussée grave, avec météorisme abdominal,
  - le risque de perforation est majeur.
- Les hémorragies massives sont rares mais peuvent parfois à elles seules constituer une indication opératoire.
- Les manifestations extra-digestives (tableau 1) sont fréquentes, parfois isolées, voire révélatrices.
- La cancérisation :
  - le risque de cancer (du côlon et du rectum dans la RCH, du grêle, du côlon et du rectum dans la MC) est élevé, probablement de l'ordre de 20 fois celui de la population générale,
  - le risque semble surtout important en cas de pancolite et de maladie évoluant depuis plus de dix ans,
  - ces cancers sont précédés d'un stade de dysplasie, rendant possible une prévention par surveillance endoscopique systématique.
- Les complications du traitement :
  - les complications de la corticothérapie font l'objet d'un chapitre de cet ouvrage, (en matière de RCH et de MC, le risque est essentiellement osseux, en cas de traitements prolongés),
  - les complications de la **SZP** sont résumées dans le tableau 2,
  - le **Pentasa** ou le **Rowasa** n'ont pas les effets secondaires de la **SZP.**

Tableau 2

Effets secondaires de la Salazopyrine

Effets secondaires immunologiques	- Rashs cutanés, fièvre, arthralgies - Leuco ou pancytopénie - Hépatites, pancréatites - Infertilité masculine - Pneumopathies interstitielles	
Effets secondaires liés à la dose	- Troubles digestifs (nausées, vomissements, douleurs épigastriques) - Céphalées	
	- Troubles hématologiques	- hémolyse par déficit en G6PD - anémie par carence en folates - méthémoglobinémie

4. La bonne attitude en cas de « coups durs »

- La survenue d'une poussée sévère ou l'absence de réponse rapide du traitement d'une poussée légère imposent l'hospitalisation en urgence en milieu médico-chirurgical spécialisé.

5. La prévention

- Comme pour toutes les maladies chroniques, la collaboration entre le malade, le généraliste et le spécialiste est primordiale.
- La survenue d'un cancer colo-rectal peut être prévenue par la réalisation annuelle d'une coloscopie avec biopsies systématiques, surtout en cas de pancolite évoluant depuis plus de 10 ans.

NOUVEAU

Surveillance d'un traitement hormonal substitutif (THS) de la ménopause

Dr A. TAMBORINI

1. Définition de la pathologie et grands principes du traitement

- La carence hormonale, en particulier œstrogénique de la ménopause va entraîner un certain nombre de conséquences, à plus ou moins long terme. A court et moyen terme, les troubles climatériques, en particulier vasomoteurs, et les troubles trophiques urogénitaux peuvent altérer considérablement la qualité de vie. A distance, ostéoporose et augmentation du risque cardiovasculaire, en particulier coronarien, représente les deux grandes complications de la carence œstrogénique. Le THS permet de préserver ou de restaurer la qualité de vie des femmes à la période climatérique et de prévenir les complications de la ménopause.
- Afin de recueillir tous les dividendes du THS, il est souhaitable de l'instaurer dès l'installation de la ménopause, sans « hiatus hormonal », et de le poursuivre le plus longtemps possible (au moins 7 années d'un point de vue osseux). Cependant, il n'est jamais trop tard pour traiter.
- Aucune décision concernant le THS n'est irréversible : un traitement peut toujours être modifié, arrêté, suspendu ou repris. Le THS doit être souvent modifié, personnalisé, en fonction des réactions de la patiente. Un traitement personnalisé est un traitement bien accepté, bien compris, efficace sur les troubles et surtout bien toléré. Le THS ne constitue pas une obligation mais reste un choix, une opportunité offerte aux femmes qui le souhaitent et/ou en ont besoin.

2. Éléments de surveillance

- L'interrogatoire et l'examen clinique s'assurent de la bonne compréhension, de la bonne observance, de l'efficacité et de la tolérance du traitement. Une très bonne tolérance clinique est indispensable pour une observance satisfaisante et de longue durée.
- Les examens complémentaires systématiques :
  - les frottis cervicaux de dépistage (col et endocol),
  - la mammographie,
  - le bilan glucidolipidique (glycémie à jeun, triglycérides, cholestérol total).
- D'autres examens peuvent être envisagés dans certains cas : une exploration endométriale en cas de ménométrorragies, une évalutation du capital osseux par absorptiométrie aux rayons X.
- Pour l'ajustement de la posologie œstrogénique, les dosages hormonaux sont inutiles, c'est la clinique qui prime.

Surdosage en estrogènes	Sous-dosage en estrogènes
Mastodynie Œdèmes Prise de poids Irritabilité	Bouffées de chaleur persistantes Asthénie Tendance dépressive Sécheresse vaginale

3. Les « coups durs »

Des incidents sont possibles avec toutes les formules thérapeutiques :
- Le traitement n'est pas bien toléré. Dans la plupart des cas, il existe des signes de surdosage œstrogénique : mastodynie, sensation de « gonflement », œdèmes.
- Le traitement n'est pas efficace : des troubles, en particulier vasomoteurs, persistent.
- Les « règles » surviennent en dehors de la fenêtre thérapeutique.
- Il existe des métrorragies, entre les « règles ».

4. La bonne attitude en cas de « coups durs »

- Ajuster la posologie œstrogénique en fonction de la clinique.
- Associer un traitement œstrogénique local au THS en cas de sécheresse vaginale persistante.
- Si les « règles » surviennent avant la fin du protocole thérapeutique, allonger la séquence progestative à 14 ou 15 jours ou changer de progestatif.
- En cas de métrorragies : pratiquer une exploration endométriale après s'être assuré de la bonne observance du traitement.

5. La prévention

- Donner des informations claires sur l'intérêt et les modalités du THS.
- Recueillir l'adhésion de la patiente et ne jamais imposer un traitement : « mieux vaut convaincre que contraindre ».
- Prévenir la patiente de la survenue possible d'incidents et de la fréquente nécessité d'adapter son traitement, surtout lors des premiers mois.
- Ne pas commencer le THS trop tôt. Attendre la ménopause confirmée.
- Instaurer souvent le THS à posologie œstrogénique modérée afin de juger de sa tolérance clinique.
- En cas d'incident, s'assurer de la bonne observance du traitement.

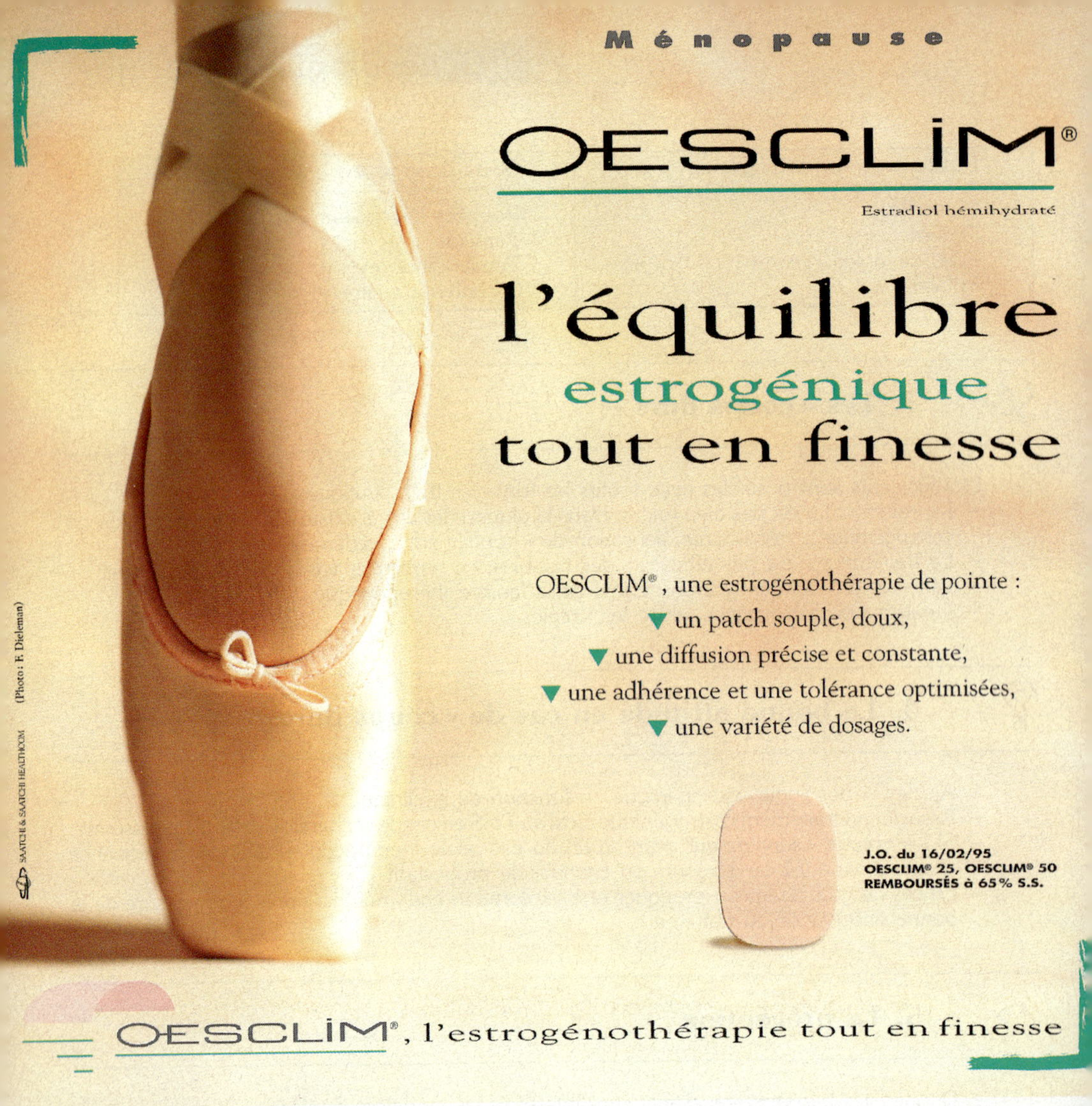
Ménopause
OESCLIM®
Estradiol hémihydraté
l'équilibre
estrogénique
tout en finesse
OESCLIM®, une estrogénothérapie de pointe :
▼ un patch souple, doux,
▼ une diffusion précise et constante,
▼ une adhérence et une tolérance optimisées,
▼ une variété de dosages.
J.O. du 16/02/95
OESCLIM® 25, OESCLIM® 50
REMBOURSÉS à 65% S.S.
(Photo : F. Dieleman)
SAATCHI & SAATCHI HEALTHCOM
OESCLIM®, l'estrogénothérapie tout en finesse

Comment prescrire un Traitement Hormonal Substitutif (THS) de la ménopause ?

Dr A. TAMBORINI

- Il y a en France près de 9 millions de femmes ménopausées et chaque année, 300 000 nouvelles femmes atteignent l'âge de la ménopause (dès 1997, elles seront plus de 400 000 avec l'arrivée à la cinquantaine des générations issues du « baby boom » d'après-guerre).
- Déjà, plus d'un million de Françaises bénéficient d'un THS : soit près de 12 % de l'ensemble des femmes ménopausées ou plutôt environ une femme sur quatre entre 50 et 64 ans.
- Les prescriptions de THS augmentent régulièrement et rapidement (plus de 40 % ces trois dernières années) et sont faites pour 45 % par les médecins généralistes.
- Allant dans le sens d'une amélioration de la qualité de vie, l'essor des traitements de la ménopause semble irréversible.
- Le praticien doit s'apprêter à répondre à cette demande grandissante et parfois insistante.

1. Avant de prescrire

La première consultation

- Elle requiert du temps et de l'attention de la part du praticien. Ce premier bilan va jouer un rôle de dépistage à un âge où la pathologie bénigne et maligne, gynécologique et mammaire, est fréquente, rechercher d'éventuelles contre-indications et servir de référence pour la surveillance ultérieure.
- L'interrogatoire recherche les antécédents familiaux et personnels de maladies cardiovasculaires, d'hyperlipidémie, de diabète, de tassements vertébraux, de cancers du sein et de l'endomètre, précise le mode de vie (tabagisme, habitudes alimentaires, exercice physique), recense et évalue les plaintes.
- Un examen gynécologique et mammaire, incluant des frottis de dépistage, est pratiqué. L'examen clinique général apprécie en particulier le poids, la pression artérielle et l'état veineux.
- Un bilan biologique comportant glycémie à jeun et post-prandiale, triglycérides et cholestérol total est demandé.
- Une mammographie est prescrite, étant donné la fréquence du cancer du sein à cet âge et son intérêt dans le dépistage des petites lésions infracliniques.
- Les dosages hormonaux plasmatiques (FSH et estradiol) ne sont pas indispensables. Ils peuvent même égarer le praticien, étant très fluctuants en périménopause.
- L'absoptiométrie biphotonique appréciant le capital osseux est un examen simple, rapide, indolore, peu irradiant : il est de plus en plus demandé, en particulier chez les femmes à risque d'ostéoporose.

Le diagnostic de ménopause

- Il ne faut instaurer le THS qu'en ménopause confirmée. Il ne faut pas se laisser abuser par un premier retard de règles ou les premières bouffées de chaleur ou même des dosages dits « de ménopause » qui peuvent précéder la vraie ménopause clinique de quelques mois à quelques années.
- En pratique, s'il existe une aménorrhée supérieure à une année chez une femme de plus de 45 ans, on peut instaurer le THS d'emblée.
- En cas d'aménorrhée inférieure à une année, il faut faire des tests au progestatif (progestatif administré seul 10 jours par mois). Après 3 tests au progestatif consécutifs, non suivis de saignements, on peut considérer que la patiente entre en ménopause confirmée et lui proposer un THS.
- Plusieurs années après la ménopause, le THS peut toujours être instauré. Il est efficace sur les troubles climatériques persistants, l'atrophie génitale et permet habituellement un gain osseux.

2. Les bonnes indications

En l'absence de contre-indications, les femmes qui devraient bénéficier de façon préférentielle d'un THS sont :

- Les femmes gênées par les troubles climatériques. La gêne peut être physique, fonctionnelle, psychologique et/ou sociale.
- Les femmes ayant eu une ménopause précoce naturelle ou artificielle.
- Les femmes à risque d'ostéoporose (les progrès de l'imagerie médicale permettent de mieux les identifier).
- Les femmes informées réclamant spontanément un traitement substitutif à visée préventive pour protéger leur qualité de vie, leur sexualité, leur peau, leur squelette.

Il faut cependant savoir que l'hormonothérapie substitutive ne constitue pas une obligation mais un choix, une opportunité offerte aux femmes qui le souhaitent ou en ont besoin. Au moment de la ménopause, toute femme devrait pouvoir bénéficier d'un bilan afin de pouvoir, conseillée par son médecin, exercer ce choix en toute connaissance de cause.

3. Les grandes classes médicamenteuses

- Le THS associe un estrogène et un progestatif.
- L'estrogène le plus utilisé en France est l'estrogène physiologique le plus actif : le 17 bêta estradiol. Il existe sous forme percutanée (gel), transcutanée (patch) ou orale (comprimé).
- Le progestatif est choisi habituellement parmi la progestérone, son isomère (la dydrogestérone) ou ses dérivés pregnanes, produits non androgéniques et réputés sans effets métaboliques indésirables.
- En cas de sécheresse vaginale avec parfois atrophie, les œstrogènes locaux sont très utiles et peuvent être employés seuls ou associés au THS.
- Il existe des traitements non hormonaux des bouffées de chaleur. Ils peuvent être employés seuls ou parfois associés au THS en cas de bouffées de chaleur particulièrement récalcitrantes.

Tableau 1
Traitement de la ménopause : principaux produits disponibles

ESTROGENES	
17 bêta-estradiol par voie cutanée	
Œstrogel	gel
Œstrodose	gel
Estreva	gel
Estraderm TTS	patch
Menorest	patch
Œsclim	patch
Systen	patch
17 bêta-estradiol par voie orale	
Estrofem	
Oromone	
Provames	
Progynova	valérate d'estradiol
Estrogènes conjugués équins	
Prémarin	
Associations estroprogestatives fixes	
Climène	17 bêta-estradiol et cyprotérone acétate
Divina	17 bêta-estradiol et acétate de médroxyprogestérone
Trisequens	17 bêta-estradiol et acétate de noréthistérone
Kliogest	17 bêta-estradiol et acétate de noréthistérone
Estrogènes locaux	
Colpotrophine	promestriène
Trophicrème	estriol
Physiogine	estriol
PROGESTATIFS	
Utrogestan	progestérone
Duphaston	dydrogestérone
Lutéran	acétate de chlormadinone
Colprone	médrogestone
Lutionex	démégestone
Lutényl	acétate de nomégestrol
Surgestone	promégestone
TRAITEMENT DES BOUFFÉES DE CHALEUR	
Abufène	bêta-alanine
Agréal	véralipride
Centralgol 300	proxibarbal

4. Les contre-indications

(Habituellement contenues dans les AMM, Autorisations de Mise sur le Marché).

Contre-indications absolues

- Cancers hormonodépendants surtout : cancer du sein et cancer de l'endomètre.
- Contre-indications plus rares : tumeurs de l'hypophyse, otospongiose aggravée pendant la grossesse, porphyries, atteintes hépatiques sévères.

Contre-indications relatives

- Contre-indications d'ordre gynécologique : mastopathies bénignes, fibromes utérins, endométriose clinique, antécédents familiaux de cancers du sein.
- Contre-indications vasculaires et métaboliques : HTA, antécédents cardiovasculaires thromboemboliques ou ischémiques, dyslipidémies.

L'attitude vis-à-vis des contre-indications cardiovasculaires pourrait évoluer à l'avenir. En effet, des enquêtes épidémiologiques bien conduites, réalisées avec des estrogènes conjugués par voie orale, concordent pour témoigner d'un effet protecteur vis-à-vis des maladies cardiovasculaires, en particulier coronariennes. Si la patiente est suivie conjointement par un autre médecin (un cardiologue pour HTA par exemple), il est sage et prudent de lui demander son avis et d'obtenir son agrément par écrit.

5. Les règles de prescription et les interférences

- Dans la plupart des cas, le THS associe un estrogène et un progestatif suivant un protocole séquentiel avec fenêtre thérapeutique (figure 1). Par souci de simplification, on commence le traitement le 1er de chaque mois. Le progestatif est prescrit au moins 10 jours par cycle.
- Les protocoles séquentiels mais avec estrogène en continu sont de plus en plus employés (figure 2) surtout si les troubles vasomoteurs ont tendance à réapparaître pendant la fenêtre thérapeutique.
- Les protocoles combinés continus associent tous les jours l'estrogène et le progestatif et entraînent normalement une aménorrhée. Cependant, ces protocoles « sans règles » ne sont pas toujours possibles à instaurer et induisent souvent des métrorragies conduisant à leur abandon.
- Les préparations estroprogestatives représentent des protocoles fixes, « prêtes à prescrire » pour le praticien et « prêtes à l'emploi » pour la patiente. Elles ont l'avantage de la simplicité, gage de bonne observance mais l'inconvénient de n'être pas modulables, donc ne permettre aucun ajustement thérapeutique.

6. Éléments de surveillance

- Lors des premiers cycles, la survenue d'incidents est possible avec toutes les formes de THS. Habituellement, c'est la posologie estrogénique qui est ajustée en fonction des signes suivants :

• Surdosage en estrogènes	• Sous-dosage en estrogènes
Mastodynie Œdèmes Prise de poids Irritabilité	Bouffées de chaleur persistantes Asthénie Tendance dépressive Sécheresse vaginale

— La surveillance d'une femme sous THS est peu différente de celle dont devrait bénéficier une femme ménopausée non traitée.

Tableau 2
Les examens systématiques

	Départ	3 M	6 M	12 M	18 M	24 M
Examen clinique	+	+	+	+	+	+
Examens biologiques	+	se référer aux R.M.O.				
Frottis cervicaux	+	se référer aux R.M.O.				
Mammographies	+	se référer aux R.M.O.				

— Les femmes sous THS bénéficient donc régulièrement d'examens de dépistage gynécologique et mammaire à un âge où la pathologie devient plus fréquente.

Figure 1

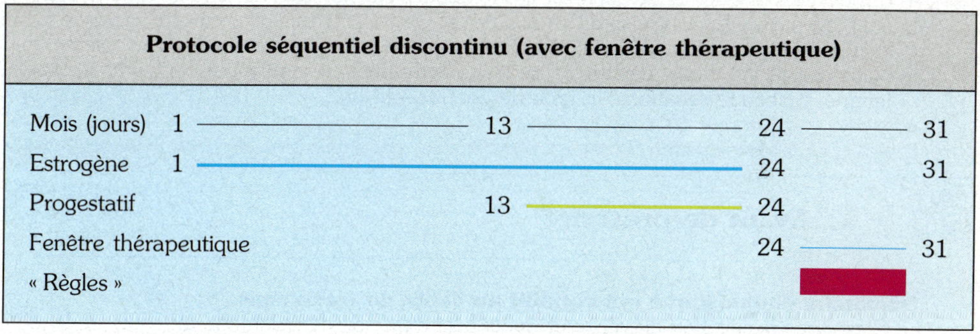

Figure 2

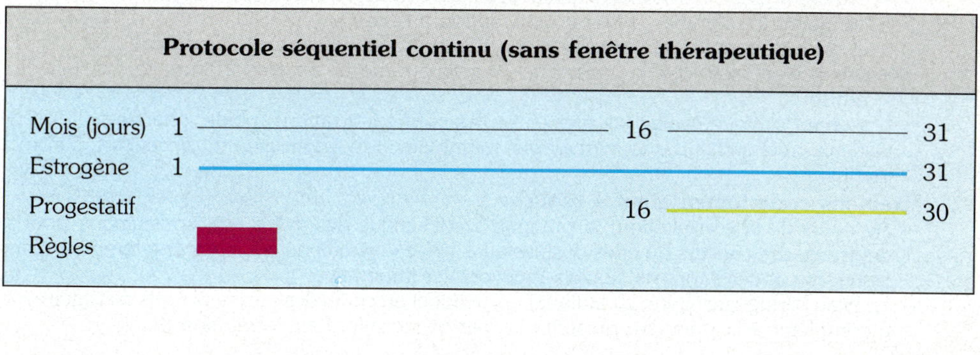

Comment prescrire une contraception orale ?

Dr M.N. LAVEISSIERE-DELETRAZ

— La prescription d'une contraception orale, de loin méthode contraceptive la plus utilisée en France, est un acte courant et banalisé. Toutefois, la recrudescence des MST et l'apparition du SIDA au cours de la dernière décennie ont conduit chacun à reconsidérer la contraception dans un cadre plus large et ont ainsi donné au médecin un rôle primordial, dans l'éducation et la prévention dans ce domaine.
— Il ne s'agit pas en effet d'un acte anodin. Il est médical puisqu'il s'agit d'un traitement hormonal, non dénué d'effets secondaires, même si les améliorations techniques des produits utilisés ont été considérables. Le rôle du médecin est donc essentiel, et faire le bon choix en sachant bien prescrire va conditionner la réussite ou l'échec de la contraception.
— Confronté à une demande qui n'est pas toujours explicite, faite en général par une patiente qui n'est pas malade, celui-ci devra écouter et mettre en confiance, puis informer de façon précise avant de proposer un choix d'une contraception personnalisée bien tolérée.
— Nous disposons d'une palette de produits suffisamment variée pour adapter à chaque femme, à chaque situation, un type de contraceptif oral.

1. Avant de prescrire

Démarche diagnostique qui conduit au choix du traitement

— C'est une consultation classique et rigoureuse dans son déroulement, au cours de laquelle il faudra savoir :
- apprécier la demande contraceptive,
- préciser l'histoire médicale, en particulier gynéco-obstétricale, mais aussi familiale,
- évaluer le statut hormonal actuel (troubles des cycles, mastodynies, hyper-androgénie...),
- connaître la tolérance à une contraception antérieure,
- la prise de médicaments particuliers (**Rifamycine**, **Gardénal**, **Tégrétol**),
- savoir également que la recherche d'un tabagisme et son importance ne doit pas être omise.

— L'examen clinique évalue les risques ou les contre-indications (poids, phanères, TA, état veineux, recherche d'une pathologie mammaire, en particulier d'un cancer, fibromes utérins).

Examens complémentaires à réaliser

— Au cours de la consultation, la pratique systématique des frottis cervico-vaginaux pour le dépistage des cancers ou états dysplasiques pré-cancéreux du col, chez une femme, même jeune, ayant des rapports sexuels réguliers est impérative.
— Le bilan biologique (lipido-glucidique) fait avant et au cours des premiers mois du traitement, à compléter à la première prescription par un dosage d'antithrombine III.

2. Les bonnes indications

L'indication répond en général à la demande d'une contraception efficace et bien tolérée

– Une mini-pilule sera prescrite en première intention chez les femmes et les adolescentes n'ayant pas de dysfonction hormonale, sachant que les produits les plus récents (c'est-à-dire les moins dosés en œstrogènes, et contenant un progestatif non androgénique) sont les plus chers et non remboursés. Chez une jeune fille, il vaut encore mieux une « ancienne » pilule au lévonorgestrel (donc remboursée) si le non remboursement est un obstacle au choix d'une minipilule.
– Une pilule plus fortement dosée (**Stédiril**) ou à dominante progestative si besoin (**Planor**) sera préférée pour un blocage plus puissant : dystrophie ovarienne avec ou sans dysménorrhée, hyperoestrogénie.
– Après 40 ans, une minidosée (20 γ : **Mercilon**, **Cycléane 20**) est autorisée si toutes les contre-indications ont été éliminées, ainsi que le tabagisme, et sous réserve d'une surveillance plus fréquente, en particulier mammaire (mammographie obligatoire).
– Dans le cas de fibromes et mastopathies :
  • minidosée à dominante progestative (**Adépal**, **Cilest**) ou associée à un progestatif léger (**Mercilon, Cycléane 20 Harmonet, Méliane + Utrogestan** 1 cp/j les 10 derniers jours),
  • ou progestatifs seul macrodosés (**Lutényl, Surgestone**) avec risque de saignements intervenant, dans le cas de fibrome, par atrophie de l'endomètre et imposant une exploration endo-cavitaire.
– Acné : l'acné peut tout à fait être améliorée par une minidosée (progestatifs de 3e génération + 30), mais si sévère et associée à des troubles de la pilosité, **Diane 35** est conseillée.

Trois circonstances de prescription plus spécifique

– Post-partum :
  • seule une micro-progestative continue est indiquée en cas d'allaitement, à démarrer avant le 20e jour,
  • une pilule minidosée ne sera reprise qu'à partir du 1er ou 2e jour de retour de couches (si pas d'allaitement ou allaitement mixte).
– Post-IVG : un mois de pilule séquentielle (**Ovanon** ou **Physiostat**) à commencer immédiatement après l'IVG (J0 ou J1), toujours remplacée par de la contraception minidosée habituelle.
– Post-coïtale ou « pilule du lendemain » : dans les 72 h suivant le rapport sexuel à risque, prescrire une pilule normodosée à deux reprises (exemple : 2 cp de **Stédiril**, à renouveler 12 h plus tard) et associer un anti-nauséeux.

La micropilule progestative, enfin, est indiquée chez les cardiaques, hypertendues ou diabétiques. Chez ces dernières, une contraception par **Lutéran 5** peut également être proposée.

3. Les grandes classes médicamenteuses

– La classique pilule est œstro-progestative (voir tableau). Le dénominateur commun est l'Ethinyl-œstradiol, minidosé (30 γ à 40 γ) et superminidosé (20 gamma), il est toujours associé à un progestatif. Ceux de 3e génération ont un fort pouvoir anti-gonadotrope et sont sans effet androgénique. Ils vont progressivement remplacer les norstéroïdes et les gonanes réduisant considérablement les effets cardio-vasculaires.
– Les progestatifs macrodosés (21 jours/28) doivent avoir un effet anti-gonatrope puissant pour bloquer l'ovulation. Actuellement, seuls sont utilisés, pour leurs effets secondaires moindres, le **Lutéran 5** (2 cp/j) et le **Lutényl** (1 cp/j) ou la **Surgestone 500** (1 cp/j).

NOM COMMERCIAL	LABORATOIRE	MISE SUR LE MARCHÉ	RÉPARTITION PAR CYCLE (EN COMPRIMÉS)	DOSAGE DU PROGESTATIF (mg)	DOSAGE EE (γ)	INDICE DE PEARL
DESOGESTREL *						
Cycléane 20	Searle	1991	21	150	20	0,05
Mercilon	Organon	1990	21	150	20	0,05
Cycléane 30	Searle	1991	21	150	30	0
Varnoline	Organon	1984	21	150	30	0
GESTODENE *						
Minulet	Wyeth	1991	21	75	30	0,06
Moneva	Schering	1991	21	75	30	0,06
Phaeva	Schering	1988	6	50	30	0,1
			5	70	40	
			10	100	30	
Méliane	Schering	1995	21	75	20	0,07
Harmonet	Wyeth	1995	21	75	20	0,07
Tri-minulet	Wyeth	1989	6	50	30	0,1
			5	70	40	
			10	100	30	
LEVONORGESTREL						
Minidril	Wyeth	1976	21	150	30	0,1
Adépal	Wyeth	1976	7	150	30	0
			14	200	40	
Trinordiol	Wyeth	1986	6	50	30	0,18
			5	75	40	
			10	125	30	
LYNESTRENOL						
Ovanon	Organon	1969	7		50	0,3
			15	52,5		
Physiostat	Organon	1976	7		50	0,3
NORETHISTERONE						
Miniphase	Schering	1977	11	1000	30	0,01
			10	2000	40	
Ortho-novum	Cilag	1981	21	1000	35	0
Triella	Cilag	1984	7	500	35	NP
			7	35		
			7	1000	35	
Millianovlar	Schering	1968	21	1000	50	0,01
NORGESTIMATE *						
Cilest	Cilag	1988	21	250	35	0,43
Effiprev	Effik	1995				
NORGESTREL						
Stédiril	Wyeth	1968	21	500	50	0
NORGESTRIENONE *						
Planor	Roussel	1967	21	2000	50	0,1

* Non remboursé par la Sécurité Sociale.

— Les micropilules progestatives sont prescrites en continu (effet anti-glaire cervicale). Elles imposent une prise quotidienne à heure fixe, le taux d'échec étant plus élevé que dans la CO anti-ovulatoire (**Microval, Exluton, Milligynon, Ogyline**).

4. Les contre-indications

Les contre-indications absolues sont bien connues. Les principales sont cardio-vasculaires (pathologie thrombo-embolique et HTA), métaboliques, (diabète, dyslipidémie), hépatiques (ictère cholestatique gravidique, cirrhose, hépatite évolutive) et les cancers génitaux hormono-dépendants (sein, endomètre).

5. Les règles de prescription

— Le schéma habituel (1 cp/j × 21 j arrêt 7 jours) est valable pour les oestro-progestatifs (pour **Ovanon** 22 j/6 j) et les macro-progestatifs (le début de la prise de ces derniers se fait le 1er mois, au 5e jour du cycle).

— Possibilité d'une prise continue :
  - pour traiter les troubles menstruels (migraine, dysménorrhée),
  - ou de façon temporaire pour décaler des règles (voyage, traitements), avec risque de spotting plus élevé dès le 2e mois qui impose le retour au schéma classique.

— L'existence de spotting, surtout dans les trois premiers mois, ne doit pas faire interrompre la plaquette en cours.

— Quelques conseils sont donnés dès la première prescription :
  - en cas d'oubli : si < 12 h, reprise du comprimé dès que possible, si > 12 h, rattrapage le soir, mais contraception locale associée jusqu'aux règles suivantes. Dans le cas d'une micro-progestative, oubli ou retard de prise > 1 h imposent une contraception locale pendant 72 h,
  - si vomissements ou diarrhées dans les 4 heures qui suivent l'absorption du comprimé, prise d'un nouveau comprimé dès que possible,
  - si décalage horaire, un retard de prise de 12 heures étant acceptable, prise à heure habituelle à poursuivre.

6. Eléments de surveillance

— Une première consultation au 3e mois après le début de la contraception permet d'apprécier la bonne tolérance (aménorrhée, spotting, mastodynie, céphalées). Le poids et la TA doivent être contrôlés à chaque fois. Elle sera couplée avec un bilan biologique.

— Par la suite, un contrôle semestriel, puis annuel est suffisant, avec un frottis/an pendant les 3 premières années, puis si normaux, plus espacés, s'il n'existe aucun facteur de risque.

— De même, un bilan biologique normal de deux années de suite sera contrôlé tous les 2 à 3 ans.

NOUVEAU

Surveillance d'une patiente porteuse d'un nodule du sein

Dr M.J. BLIN, Dr P. TOURAINE

1. Définition de la pathologie et grands principes du traitement

Le 1er diagnostic à éliminer est bien entendu le cancer du sein ; il s'agit ensuite soit d'un kyste mammaire soit d'un adénofibrome et l'attitude sera fonction de l'âge de la patiente puisqu'il faut éviter que cet adénofibrome ne se transforme en cancer.
Nous allons donc étudier chaque cas.

Il s'agit d'un cancer

- Cliniquement le nodule est irrégulier, dur, mal perçu, adhérant plus ou moins à la peau, indolore.
- La mammographie est hautement suspecte : aspect stellaire, opacité nodulaire à contours irréguliers, finement spiculés ou avec des prolongements fibreux.
- L'échographie complète la mammographie en montrant que ce nodule a des contours irréguliers et flous ; l'échostructure interne est irrégulière, et il existe une zone d'ombre postérieure.
- La cytoponction ou la microbiopsie faite par un radiologue entraîné montre qu'il existe des cellules malignes. Il faut adresser la patiente dans un centre anticancéreux afin que l'équipe médico-chirurgicale établisse le traitement le plus adapté et surtout afin que la patiente se sente psychologiquement prise en charge. C'est un critère important d'efficacité du traitement.

Il s'agit d'un kyste mammaire

- Cliniquement le nodule est mobile, régulier, plus ou moins sensible, unique ou multiple.
- A la mammographie, si ce nodule est gros, il sera vu sous forme d'une opacité de tonalité élevée homogène, à contours réguliers.
- A l'échographie, l'image apparaît arrondie, à contours nets et réguliers, anéchogène avec renforcement postérieur : ce nodule est liquide.
- Enfin, la cytoponction à l'aiguille complète l'exploration : indolore, elle évacue le nodule dont l'examen anatomopathologique confirme la bénignité.
- Le traitement, comme on le verra est hormonal.

Il s'agit d'un adénofibrome chez une femme entre 16 et 25 ans

- Cliniquement, comme pour le kyste, le nodule est mobile, régulier, plus ou moins sensible (surtout en poussée), unique ou multiple et de taille variable, parfois de plus de 10 cm c'est alors un diagnostic différentiel avec l'exceptionnelle tumeur phyllode.
- A la mammographie, on retrouve une opacité arrondie, dense, homogène aux contours réguliers.
- C'est l'échographie qui fera le diagnostic d'une tumeur solide en retrouvant un aspect de lacune plutôt superficielle aux contours réguliers homogènes, sans modification du faisceau sonore.
- La cytoponction est facultative puisque l'adénofibrome de la femme jeune est toujours bénin.
- Le traitement est hormonal là encore, l'exérèse n'étant réservée qu'aux gros adénofibromes. Beaucoup des adénofibromes traités dans l'année de leur apparition disparaissent sous traitement hormonal.

Il s'agit d'un adénofibrome chez une femme de plus de 40 ans

— La clinique, la mammographie et l'échographie sont identiques à celles décrites ci-dessus.

— Néanmoins, la crainte de passer à côté d'un cancer incite de plus en plus à pratiquer une microbiopsie, pour caractériser cette tumeur solide, et le résultat histologique va permettre de décider de la conduite à tenir :
- le traitement repose sur l'exérèse, s'il existe une hyperplasie épithéliale, surtout si elle est irrégulière, et si la patiente le demande.
- dans les autres cas, on surveillera avec un traitement hormonal : soit parce que la patiente a dans les deux seins de nombreux nodules solides non inquiétants, dont les exérèses paraissent difficiles. Soit parce que la patiente ne veut pas d'exérèse.

— Le grand principe de traitement de ces nodules est hormonal. En effet, qu'il s'agisse d'un kyste mammaire ou d'un adénofibrome, la dystrophie mammaire est d'origine hormonale, et même après cytoponction du kyste ou exérèse de l'adénofibrome, la récidive est presque obligatoire en l'absence d'hormonothérapie adaptée.

— Tout le monde s'accorde maintenant pour admettre que les traitements progestatifs ou antiœstrogéniques sont les traitements clés de la dystrophie mammaire. Il s'agit donc chez les femmes jeunes ayant un ou plusieurs adénofibromes mammaires d'arrêter leur pilule œstroprogestative (surtout minidosée) et de leur donner un traitement progestatif qui soit également contraceptif à 100 % : le plus adapté est l'**Orgamétril** (2 cp/j 21 j/mois) et le **Luténvl** (1cp/j 20 j/mois) ou dans les cas les plus difficiles un antiœstrogène comme le **Nolvadex** qui devra alors être associé à un progestatif à visée antigonadotrope.

— Chez les mastopathes plus âgées le traitement sera le même avec peut-être des doses moindres, l'**Orgamétril** (2 cp/j 15 j/mois) après 40 ans, ce traitement sera à adapter en fonction de la tolérance clinique.

2. Éléments de surveillance.

De la pathologie

— L'examen clinique est fondamental, à la recherche de la disparition du nodule mammaire ou de la survenue d'autres nodules.

— L'échographie est l'examen clé qui permet de surveiller les modifications du nodule : diminution, disparition, transformations (imposant microbiopsie et exérèse), et de suivre l'efficacité du traitement hormonal.

— La mammographie quant à elle permettra de faire la surveillance d'une pathologie associée (microcalcifications ou cancer).

De la thérapeutique.

— C'est la surveillance du traitement hormonal, c'est-à-dire des progestatifs norstéroïdes, avec leurs effets secondaires métaboliques (bilan glucido-lipidique), et leur tolérance (prise de poids possible sous **Orgamétril**), et bien entendu la surveillance gynécologique.

3. Les « coups durs »

De la pathologie

— La poussée aiguë inflammatoire cancéreuse du nodule.

— Le kyste mammaire qui s'infecte et entraîne l'apparition d'un abcès du sein.

De la thérapeutique

— Phlébite sous progestatifs.

4. La bonne attitude en cas de « coups durs »

– **L'inflammation aiguë** rapide d'un nodule solide est un cancer. Il faut adresser en urgence la patiente dans un centre anticancéreux pour une prise en charge immédiate.
– **L'abcès du sein** est une urgence médicale et non chirurgicale : traitement antibiotique immédiat (par exemple **Clamoxyl** 2 g/j pendant 8 j), associé à un anti-inflammatoire général et local (**Osmogel** 3 à 4 applications/j). Revoir impérativement la patiente jusqu'à disparition des signes fonctionnels locaux, et poursuite de l'antibiothérapie au moins 15 j. Il faut ensuite prévoir, en dehors de la phase aiguë, la ponction de ce kyste afin d'éviter la récidive et un nouvel abcès. Ce n'est pas une urgence chirurgicale : ne pas attendre que l'abcès soit collecté et surtout qu'il se fistulise, pour éviter les dommages esthétiques.

5. La prévention

– Elle est hormonale. Une femme ne doit pas avoir de mastodynies quel que soit son âge, même à la puberté, il faut donc l'équilibrer sur le plan hormonal afin de calmer ses seins. Quelquefois un simple traitement par **Progestogel** 1 à 2 fois par jour en continu suffit.
– Sous contraception orale, il ne faut pas hésiter à arrêter les pilules mini dosées, à l'origine parfois d'une hyperestrogénie, et à les remplacer par des normo dosées (**Stédiril**, **Gynovlane**) et surtout savoir passer à une contraception progestative d'autant plus s'il y a une hérédité de mastopathie familiale. Il faut enfin savoir de la même façon commencer tôt un traitement progestatif en préménopause.
– Enfin, il nous paraît important de souligner deux points :
  • tout gros kyste doit être ponctionné afin d'éviter les infections,
  • toute femme de plus de 40 ans doit avoir une surveillance clinique mammaire régulière de façon à arriver avant le nodule cancéreux mammaire. Ce n'est pas une prévention malheureusement, mais c'est au moins un dépistage précoce quand le nodule est de petite taille.

Surveillance d'un patient porteur d'un adénome prostatique

Dr J.M. HERVE

1. Définition de la pathologie et grands principes du traitement

Tumeur bénigne de type adénofibromyome réalisant une hypertrophie siégeant dans les zones centrale et intermédiaire de la glande prostatique, à l'origine, de par sa localisation péri-urétrale, d'un obstacle à la vidange vésicale et dont la symptomatologie est liée au retentissement d'amont, l'évaluation s'en fait sur l'appréciation des troubles fonctionnels d'une part, sur des critères « objectifs » morphologiques et biologiques d'autre part.

Principes de traitement

– Retentissement fonctionnel et morphologique modéré (pollakiurie peu intense, mictions impérieuses, dysurie modérée, hypertrophie de volume modéré, résidu post-mictionnel faible ou nul). Tout dépend du type d'hyperplasie prostatique :
  - hypertonie myofibroblastique prédominante (petit volume prostatique, hypertonie du col vésical) ; essai de traitement médical par alpha-1-bloquant avec évaluation au terme du premier mois de traitement,
  - hyperplasie glandulaire ou stromale prédominante (volume plus important) ; essai de traitement médical par inhibiteur de la 5-Alpha-Réductase ou par extraits naturels, avec évaluation de l'efficacité au terme de 6 mois de traitement,
  - composante mixte ; association des 2 types de traitement,
  - si amélioration, poursuite du traitement médical avec évaluation annuelle,
  - si échec, indication d'un traitement chirurgical selon l'intensité de la symptomatologie et les desiderata du patient.

– Retentissement fonctionnel et/ou morphologique marqué (pollakiurie nocturne, dysurie nette, vessie de lutte, résidu post-mictionnel supérieur à 100 cc, calcul vésical de stase) :
  - indication chirurgicale afin de préserver l'avenir fonctionnel vésical.

– Retentissement fonctionnel majeur :
  - rétention aiguë complète des urines, rétention vésicale chronique : indication chirurgicale de nécessité, sauf en cas de rétention iatrogène provoquée par les atropiniques et les neuroleptiques où l'évaluation d'un obstacle cervico-prostatique sous-jacent doit se faire après l'arrêt du médicament responsable. Dans ce cas précis, un traitement médical par alpha-1-bloquant peut être tenté sous surveillance urologique afin d'éviter la récidive rétentionniste à l'ablation de la sonde.

– Dans le cas particulier des troubles mictionnels survenant dans un contexte neurologique (accident vasculaire cérébral, maladie de Parkinson, diabète, SIDA, amputation du rectum, paraplégies traumatiques ou inflammatoires), l'évaluation de la participation cervico-prostatique et de son éventuelle thérapeutique ne peut se faire qu'en milieu urologique ou neuro-urologique.

Modalités du traitement

a) Traitement médical :

– Alpha-1-bloquant : **Xatral, Urion, Vasobral.**
  - effet de relâchement du tonus des fibres musculaires lisses du col vésical et de la prostate,
  - risque d'hypotension orthostatique à l'induction, surtout en cas de traitement antihypertenseur associé,

- effets bénéfiques évaluables dès les premières semaines de traitement.

– Inhibiteur de la 5-alpha-réductase (**Chibroproscar**) :
  - effet de blocage intra-prostatique de la transformation de la testostérone en son dérivé actif, la dihydrotestostérone (DHT) impliquée dans l'hyperplasie prostatique,
  - peu d'effets secondaires (3,7 % d'impuissance à 12 mois, s'atténuant au-delà),
  - effets bénéfiques symptomatiques nets autres que placebo après 6 mois de traitement.

– Extraits naturels : **Permixon, Tadenan**.
  - effet décongestionnant de l'hypertrophie prostatique (le **Permixon** aurait un effet inhibiteur de la 5-alpha-réductase basique, le **Tadenan** un effet inihibiteur de la prolifération fibroplastique),
  - pas d'effets secondaires,
  - effets bénéfiques à évaluer après 6 mois de traitement.

– Anti-inflammatoires non stéroïdiens :
  - peuvent être utiles, lors d'une poussée d'adénomite,
  - précautions usuelles pour ce type de médicament (pansement gastrique).

b) Traitement chirurgical :

– Adénomectomie par voie sus-pubienne :
  - réservée aux adénomes de plus de 60 g, contre-indiquée en cas de suspicion de cancer de la prostate. Durée d'hospitalisation : 7 à 10 jours.

– Techniques endoscopiques :
  - incision cervico-prostatique : indiquée dans les petits adénomes ou les hypertonies du col vésical, en cas d'échec du traitement médical ; permet la préservation de l'éjaculation antégrade, contrairement à l'adénomectomie sus-pubienne ou la résection trans-uréthrale. Pas d'analyse histologique,
  - résection trans-uréthrale : indiquée dans les adénomes obstructifs de volume inférieur à 60 g (voire plus selon l'expérience de l'opérateur). Durée d'hospitalisation 3 à 6 jours,
  - laser trans-uréthral : réalise une cavitation prostatique, soit par coagulation (faible énergie délivrée) et alors d'effet non immédiat (quelques semaines), soit par vaporisation (plus forte énergie délivrée) aboutissant à un état anatomique proche de celui obtenu par la résection trans-uréthrale classique et donc d'effet immédiat. En cours d'évaluation, ces techniques devraient encore évoluer avec les progrès concernant le matériel (qualité des fibres optiques, type de laser, balistique, prix). Indiqué dans les adénomes de petit ou moyen volume. Pas d'analyse histologique.

– Techniques non sanglantes :
  - prothèses endo-uréthrales prostatiques : soit spiralée autostatique et amovible, type Fabian, soit grillagée autostatique mais définitive, type angioplastie endo-luminale. Mise en place sous anesthésie locale. Parfois mal tolérées. Indiquées chez des patients à haut risque chirurgical, mais gardant une autonomie satisfaisante,
  - thermothérapie : soit cryothérapie, de maniement délicat et d'utilisation marginale, soit thermothérapie hyperthermique, d'efficacité diversement appréciée, équivalente au traitement médical.

c) Sonde à demeure :

Chez les patients à haut risque chirurgical et/ou ayant perdu toute autonomie (grabataires, lourdes séquelles d'accident vasculaire cérébral, déchéance physique majeure). Nécessite un changement régulier.

2. Eléments de surveillance

– La surveillance du patient porteur d'un adénome prostatique connu tient essentiellement sur les données de l'interrogatoire.

– Toute modification de ces données témoigne d'un changement d'état du retentissement de l'obstacle cervico-prostatique qui nécessite une évaluation morphologique par le toucher rectal, la débitmétrie et l'imagerie afin d'envisager un éventuel changement de stratégie thérapeutique.

— Il est certain que l'examen clinique annuel (interrogatoire et toucher rectal) permet, en outre, de faire le diagnostic précoce du cancer de la prostate, maladie souvent concomitante, quoiqu'indépendante de l'adénome prostatique.

Interrogatoire

— Intensité de la dysurie :
- attente, poussée per-mictionnelle, force du jet, gouttes retardataires, mictions en deux temps,
- la dysurie est au mieux appréciée par la débitmétrie (normale supérieure à 15 ml/s, dysurie nette en dessous de 10 ml/s).

— Intensité de la pollakiurie :
- diurne (intervalle de temps entre chaque miction, normale supérieure à deux heures), associée ou non à des impériosités mictionnelles, plus ou moins contrôlables,
- nocturne (nombre de réveils et de mictions causés par le besoin, normale au maximum une fois), notion de fuites nocturnes.

Examen clinique

— Débitmétrie : obstruction nette au-dessous de 10 ml/sec (débit maximum par seconde).
— Recherche de globe vésical, palpation des fosses lombaires.
— Toucher rectal (volume, consistance, présence de nodule).
— État général (signes en rapport avec une éventuelle insuffisance rénale d'origine obstructive).

Morphologie

— Échographie réno-vésico-prostatique par voie sus-pubienne :
- état du haut appareil (distension, calcul, parenchyme rénal), aspect de la vessie (paroi, calcul, diverticule, résidu post-mictionnel), approche du volume et de la conformation prostatique (lobe médian),
- l'échographie trans-rectale n'a d'intérêt qu'en cas de suspicion clinique de cancer prostatique pour guider la biopsie. Elle permet néanmoins une meilleure approche du volume de la glande prostatique, mais n'a pas d'utilité pratique dans la surveillance de l'adénome, car elle n'apporte pas de renseignements sur l'appareil urinaire sus-jacent, dont l'état va guider les indications thérapeutiques.

— Urographie intraveineuse avec clichés per-mictionnels : mêmes renseignements qu'à l'échographie mais avec visualisation de l'urètre sur les clichés per-mictionnels.
— Fibroscopie urétrovésicale : visualisation directe du bas appareil (urètre antérieur, prostatique et vessie). Précise au mieux l'absence de sténose uréthrale antérieure, la qualité de l'urèthre prostatique, l'état du revêtement et de la paroi vésicale.
— En pratique, seule la mesure de résidu post-mictionnel est indispensable pour le suivi d'un adénome simple, mais elle doit être complétée par l'échographie complète de l'appareil urinaire, ou par l'urographie intraveineuse, voire la fibroscospie uréthrovésicale, en cas d'antécédents infectieux urinaires, d'hématurie, de rétention aiguë, de chirurgie urinaire, de lithiase, d'insufisance rénale, ou si le traitement chirurgical est envisagé.

Biologie

— Créatininémie.
— Examen cytobactériologique des urines.
— À noter que le dosage de l'antigène spécifique prostatique (PSA) n'est pas indiqué dans la surveillance de l'adénome prostatique. Il n'a d'intérêt que comme élément de diagnostic précoce en cas de suspicion clinique de cancer de la prostate ou dans le cadre d'un dépistage personnalisé.

3. Les « coups durs »

- Rétention aiguë complète des urines :
  - impossibilité douloureuse d'uriner avec globe vésical.
- Rétention vésicale chronique :
  - fuites par regorgement, globe vésical indolore, distension vésico-rénale avec insuffisance rénale parfois sévère accompagnée d'une altération de l'état général.
- Adénomite bactérienne (poussée de prostatite sur adénome) :
  - fièvre avec brûlures mictionnelles, pyurie, majoration des troubles mictionnels pouvant aller jusqu'à la rétention aiguë des urines.

4. La bonne attitude en cas de « coups durs »

- Rétention aiguë complète des urines :
  - drainage des urines en urgence par cathétérisme urétral fait stérilement, soit au lit du patient ou au cabinet de ville si l'on est équipé et entraîné, soit plus simplement en milieu hospitalier en cas de proximité d'accès.
  - la vidange vésicale doit être fractionnée dans le temps, afin d'éviter l'hématurie a vacuo.
- Rétention vésicale chronique :
  - hospitalisation pour drainage des urines rapidement par cathétérisme sus-pubien avec surveillance de la diurèse et de la fonction rénale en raison d'un possible syndrome de levée d'obstacle exposant au risque de collapsus par hyper-diurèse brutale (jusqu'à plusieurs litres à l'heure) nécessitant une compensation hydro-électrolytique par voie parentérale. Le cathétérisme sus-pubien minimise en outre le risque septique (pyélonéphrite aiguë iatrogène par reflux en cas de distension vésico-urétéro-rénale drainée par cathétérisme uréthral).
- Adénomite bactérienne :
  - hospitalisation pour drainage des urines en urgence par cathétérisme sus-pubien en cas de rétention fébrile, la sonde urétrale étant proscrite du fait du risque important de choc septique.
  - en l'absence de rétention, le traitement rejoint celui de la prostatite bactérienne (antibiothérapie parentérale adaptée à l'antibiogramme, associée aux anti-inflammatoires, jusqu'à l'apyrexie, avec relais per os prolongé) après prélèvement des urines, voire hémocultures en hospitalisation en présence de signe d'infection sévère.

5. La surveillance de l'adénome opéré

Dans les trois premiers mois post-opératoires :

Après résection de la prostate ou adénectomie sus-pubienne, le patient sort avec des urines claires et un ECBU stérile. Peuvent néanmoins se produire :

- La chute d'escarre : la croûte de cicatrisation interne se détache vers la 3e semaine post-opératoire, ce qui se traduit par une hématurie macroscopique soudaine, pendant quelques heures, qui se tarit spontanément sous réserve d'une diurèse abondante. Cela peut cependant provoquer, du fait de son abondance, un caillotage vésical avec rétention, imposant la mise en place d'une sonde pour décaillotage et lavage continu pendant 24 heures.
- L'infection urinaire sur cicatrice, dépistée par l'ECBU systématique de contrôle, ou demandé devant des brûlures mictionnelles persistantes, voire de la fièvre.

— La persistance de la pollakiurie et des impériosités mictionnelles parfois mal contrôlables (que les patients qualifient souvent d'incontinence), avec un ECBU stérile mais leucocyturie et hématurie microscopique, qui ne sont que le reflet de la cicatrisation interne, laquelle n'est achevée qu'au terme des trois mois post-opératoires.

Au-delà des trois premiers mois post-opératoires :

— Risque de complication sténosante parfois précoce (sclérose cicatricielle du col vésical, ou de la loge prostatique, sténose de l'urèthre bulbaire, sténose rétroméatique) se traduisant par l'apparition d'une dysurie marquée, pour laquelle débitmétrie et fibroscopie uréthro-vésicale font le diagnostic.

— Risque de repousse adénomateuse ; la prostate résiduelle reste soumise au stimulus hormonal, et peut à nouveau devenir symptomatique au terme d'un délai de plusieurs années.

— Risque de cancer sur coque restante, d'où la règle du toucher rectal annuel.

Surveillance d'un patient hémodialysé chronique

Dr D. HILLION

1. Définition de la pathologie et grands principes du traitement

Le plus souvent il s'agit d'un patient âgé de plus de 55 ans, oligoanurique, anémique (hémoglobine 8 à 10 g/dl, hématocrite 25 à 30 %), porteur d'une fistule artérioveineuse. Une hypertension artérielle, une insuffisance coronarienne sont souvent rencontrées. L'insuffisance rénale est responsable d'un état d'immunodépression.

Il est vu trois fois par semaine par le médecin du Centre de dialyse où il est suivi cliniquement et biologiquement, et il va donc faire appel à son médecin de ville en deux situations :

1° Pour une pathologie banale, exemple : infection bronchique,

2° Pour un « coup dur ».

Aux trois accidents mettant la vie du patient en danger : OAP, hyperkaliémie, poussée hypertensive, il faut ajouter une complication au niveau de la fistule.

Toute prescription médicamenteuse (ex. : antibiothérapie, digitaliques) doit tenir compte du retentissement de l'insuffisance rénale et de la dialyse sur l'élimination du médicament.

2. Éléments de surveillance

L'analyse de 5 paramètres simples mais indispensables permet le suivi du patient :

- Prise de poids depuis la dernière séance de dialyse.
- Mesure de la tension artérielle en position couchée et debout.
- Auscultation cardiaque et pulmonaire.
- Examen minutieux de la fistule artérioveineuse.
- Électrocardiogramme, ionogramme si possible.

3. Les « coups durs »

Il est indispensable de connaître les symptômes qui amènent à consulter et leurs causes, afin de poser le diagnostic des complications citées ci-dessous et de démarrer immédiatement un traitement :

- Céphalées : hypertension artérielle, déséquilibre de dialyse, céphalées banales.
- Crampes : déshydratation extra-cellulaire, hypotension.
- Dyspnée : œdème aigu du poumon : surpoids, hypertension artérielle, surcharge médicamenteuse (bêta-bloquants), nécrose myocardique, pneumopathie infectieuse.
- Douleurs thoraciques : troubles du rythme (tachycardie, tachyarythmie, tachysystolie), angor, nécrose myocardique, péricardite.
- Vertiges : hypotension orthostatique, hypertension, bradycardie (hyperkaliémie).
- Douleurs abdominales : angor, angor intestinal, hypercalcémie.
- Vomissements : hypertension artérielle, hypotension, hypercalcémie, gastrite, ulcère.
- Faiblesse musculaire : hyperkaliémie, hypotension artérielle.
- Fièvre : infection banale, infection au niveau de la fistule artérioveineuse.

4. La bonne attitude en cas de « coups durs »

L'œdème aigu du poumon

– Le traitement permet le transport au centre de dialyse et le branchement pour débuter l'ultrafiltration. Sont interdits : la saignée, les digitaliques. Les diurétiques sont inutiles chez ce patient oligoanurique.
– Oxygénothérapie : si possible 5 l/min.
– **Natispray** : 2 à 3 bouffées puis **Lénitral** (amp de 3 et 15 mg) : injection IVD de 3 mg en 30 secondes à 1 minute puis perfusion de 3 mg/heure (30 mg de **Lénitral** dans 500 cc de sérum isotonique). Surveiller la TA à cause du risque d'hypotension, ou **Risordan** (amp de 10 mg dans 10 ml) : injection de 2 mg IVD en 2 minutes puis perfusion de 2 à 15 mg/heure.

Poussée hypertensive

– **Adalate** : une à deux gélules percées placées sous la langue ou machées, traitement renouvelable au bout d'une heure.

Hyperkaliémie

Avec troubles de conduction tous les protocoles sont immédiatement efficaces mais seulement passagèrement, l'épuration extrarénale s'impose d'urgence.
– **Insuline ordinaire** : 10 U IV et **sérum glucosé 50 %** : 50 ml ; traitement actif en 30 à 60 minutes, persistant plusieurs heures.
– **Bicarbonate** : 50 à 100 mmol soit 50 à 100 cc de bicarbonate molaire à 84 ‰ ; traitement actif en moins de 15 minutes, persistant 1 à 2 heures. Dans tous les cas, il faut tenir compte de la surcharge sodée entraînée par ce traitement et son danger en cas d'OAP simultané.
– **Gluconate de calcium** 10 % : injection IVD de 20 à 30 ml ou **Chlorure de calcium** 10 à 20 ml contre-indiqués chez le patient digitalisé.

L'utilisation de soluté salé hypertonique pour lutter contre les crampes ou l'hypotension orthostatique doit être réservée aux milieux spécialisés.

Complications au niveau de la fistule :

1) Saignement au point de ponction : l'aspect de la peau est sain : compression locale, jamais de garrot.
2) Thrombose de la FAV : l'urgence est celle de la prochaine dialyse, l'intervention devra traiter la thrombose et la cause de celle-ci.
3) Nécrose cutanée : elle met en jeu la vie du patient, un hématome compressif entraîne l'ischémie de la peau dont la rupture va ouvrir la FAV à l'air : l'intervention est une urgence (résection de la zone nécrosée, suture de la FAV).
4) Infection au niveau de la FAV : à distinguer d'une inflammation fréquente dans les suites de la pose d'une prothèse. En l'absence de nécrose : **Vancomycine** 1 g IV en 30 minutes à renouveler suivant les dosages après 5 à 10 jours. Si nécrose associée antibiothérapie et chirurgie.

5. La prévention

– Il faut éviter de ponctionner ou de faire une injection dans la fistule artérioveineuse. L'utilisation pour perfuser est formellement contre-indiquée.
– Le médecin de ville doit être régulièrement tenu au courant de l'état clinique et des résultats biologiques des patients jusqu'ici suivis par lui. (Exemple, pour interpréter une anémie il est indispensable de connaître le chiffre d'hémoglobine habituel). La prévention des accidents repose avant tout sur un bon suivi du régime, là aussi le médecin de famille doit jouer un rôle important.

Surveillance d'un transplanté rénal

Dr G. ROSTOKER

1. Définition de la pathologie et grands principes du traitement

Schématiquement, on peut distinguer les complications survenant :
– À court terme : durant la première année de greffe.
– À moyen terme : de la première à la cinquième année de greffe.
– À long terme : après la cinquième année de greffe.

Complications à court terme en transplantation rénale
Elles sont dominées par :

a. Le rejet de greffe
– Le plus souvent, il s'agit d'un rejet interstitiel. La créatinine plasmatique augmente rapidement de plus de 30 µmol/l à partir de son niveau de base. Il s'y associe parfois une acidose métabolique, une augmentation de l'uricémie, une anti-natriurèse, une protéinurie de faible abondance. Le greffon est ferme parfois dur. La fièvre est le plus souvent absente ou peu marquée sous ciclosporine. Il n'existe pas de dilatation des voies urinaires à l'échographie du greffon et les taux de ciclosporine ne sont pas toxiques. Le traitement repose sur un « flash » de **Solu-médrol** (après avoir réalisé le plus souvent une biopsie du greffon). En cas de non réponse au flash, le sérum anti-lymphocytaire ou l'OKT3 seront utilisés.

b. La néphrotoxicité aiguë de la ciclosporine
– Sa traduction est une ascension de la créatinine plasmatique. Elle est souvent favorisée par la prise de médicaments qui diminuent le catabolisme de la ciclosporine. Son diagnostic suspecté devant un taux sérique élevé de ciclosporine (taux résiduel (To) > 250 ng/ml de ciclosporine au dosage monoclonal en sang total) est confirmé par la baisse de la créatinine plasmatique après 24 heures d'arrêt de la ciclosporine et reprise de ce médicament à des doses plus faibles.

c. Les complications urologiques de la transplantation
Elles entraînent une ascension de la créatinine plasmatique, il peut s'agir :
– D'une sténose de l'uretère (dilatation des cavités excrétrices du greffon à l'échographie).
– D'un urinome (dilatation des cavités excrétrices + masse liquidienne pararénale à l'échographie; à l'uroscanner, il existe une fuite du produit de contraste).
– D'un lymphocèle à l'origine d'œdèmes fermes d'un ou des deux membres inférieurs (avec masse liquidienne pelvienne à l'échographie).
– Plus rarement, d'une sténose de l'artère du rein greffé avec souffle systolique entendu au niveau du greffon, HTA, ascension fréquente de la créatinine plasmatique; le diagnostic repose sur l'échographie-doppler de l'artère du greffon et l'angiographie numérisée.

d. L'infection à cytomégalovirus
– D'autant plus grave que le receveur était CMV (-) avant greffe. Elle se traduit par une fièvre souvent intense, une cytolyse et une cholestase hépatique, une leuconeutropénie, une pneumopathie interstitielle, parfois une diarrhée (atteinte colique). La suspicion diagnostique impose des prélèvements virologiques multiples (sang, urines, lavage broncho-alvéolaire,

biopsies coliques) et la mise rapide au traitement par DHPG (**Cymevan**) (test thérapeutique). Savoir que le CMV est inducteur de rejet.

e. Les autres infections

Fréquentes chez ces patients immunodéprimés :

— La pneumocystose : entraîne une atteinte pulmonaire hypoxémiante avec syndrome alvéolo-interstitiel. Sa suspicion nécessite un LBA de confirmation et la mise au **Bactrim** (12 ampoules/24 heures) si la fonction rénale est normale en attendant les résultats du LBA. Les formes sévères (jugées sur la gazométrie, l'état clinique, la radio pulmonaire) peuvent justifier un séjour en réanimation. La pneumocystose est favorisée par l'infection à CMV. La pneumocystose est une complication rare de la transplantation rénale.

— La listériose se présente le plus souvent comme un syndrome fébrile sans signe méningé initial (d'où la nécessité de faire une PL à tout transplanté fébrile). Ailleurs, on est en présence d'un syndrome méningé avec parfois une note encéphalitique. Le traitement repose sur l'antibiothérapie en urgence (**Ampicilline** + **Gentalline**) débuté après les prélèvements bactériologiques (hémocultures, ponction lombaire). C'est une complication exceptionnelle.

— Les pyélonéphrites sur reins greffés doivent être traitées à l'aide d'antibiotiques non néphrotoxiques (quinolones et/ou céphalosporines). Un obstacle sera recherché. Elles sont le plus souvent secondaires à un reflux vésico-rénal.

— La tuberculose du greffé : elle est trompeuse, prenant en règle le masque d'une fièvre au long cours au début bien supportée. Le diagnostic bactériologique et histologique est difficile. Les nouvelles techniques bactériologiques (PCR, sérologie de tuberculose) peuvent être d'un grand secours. Le traitement d'épreuve garde toute sa valeur.

f. A part, la maladie sérique aiguë induite par le sérum antilymphocytaire, justifiant le recours à des plasmaphérèses dans les formes sévères.

Complications à moyen terme en transplantation rénale. Les principales sont :

— La perte de fonction du greffon avec ascension progressive de la créatinine plasmatique. Elle est liée en règle à un rejet chronique dont le diagnostic repose sur la ponction biopsie rénale.

— La récidive de la glomérulopathie causale, ou l'apparition d'une glomérulopathie extramembraneuse de novo se traduit par une protéinurie abondante. Le diagnostic repose sur l'étude histologique et en immunofluorescence d'une biopsie du greffon.

— La sténose de l'artère du greffon avec souffle et HTA, parfois ascension de la créatinine plasmatique (cf supra).

— Les infections sévères : il peut s'agir d'infections bactériennes (pneumococcies, etc.) ou virales (varicelles profuses, zona extensif, herpès disséminé multiviscéral) à traiter d'urgence. Des tuberculoses peuvent encore s'observer. Leur risque est accru par l'utilisation des nouveaux immunosuppresseurs (OKT3, rapamycine).

— Les rejets tardifs : le plus souvent liés à un arrêt intempestif de l'immunosuppression par les patients eux-mêmes. Ils nécessitent la pratique d'une biopsie du greffon pour apprécier le degré d'infiltration lymphocytaire et de fibrose et guider la thérapeutique.

Les insuffisances rénales par toxicité de la ciclosporine (interaction médicamenteuse) peuvent s'observer.

Complications à long terme de la transplantation rénale dominées :

— Outre par le rejet chronique, les infections sévères et les interactions médicamenteuses de la ciclosporine.

— Par les complications vasculaires liées à l'athérome induit par la prise de corticoïdes au long cours (en association avec l'IRC et parfois un long passé de syndrome néphrotique). Les principales complications sont l'angor, l'infarctus du myocarde, les AVC ischémiques, les anévrysmes de l'aorte, l'artérite des membres inférieurs, les infarctus du mésentère.

— Par les cancers solides dont la fréquence est accrue chez les transplantés. Il faut insister sur la fréquence des cancers cutanés (dépistage), de traitement facile à un stade initial.

— Par les lymphomes induits par le virus EBV, le plus souvent extraganglionnaire et le sarcome de Kaposi, favorisés par un excès d'immunosuppression.

– Lymphomes et sarcomes de Kaposi peuvent s'observer dès les premiers mois post-transplantation. Il s'agit de complications exceptionnelles.

2. Eléments de surveillance

– Par le médecin praticien :
  • clinique : recherche d'une fièvre, d'une altération de l'état général, examen des grands appareils, prise de la TA,
  • biologique : dosage régulier de la créatinine plasmatique et du ionogramme sanguin (mensuel et à vie+++).
– Par le médecin hospitalier prenant en charge le transplanté : bilans cliniques et paracliniques spécialisés réguliers.

3. Les « coups durs »

Quelle que soit la complication, les patients greffés rénaux sont pris en charge au mieux dans leur centre de néphrologie ou de transplantation. Toute anomalie doit conduire le praticien à se mettre en rapport avec le centre de suivi spécialisé pour permettre l'accueil de son patient dans les meilleurs délais et dans les meilleures conditions. En cas d'HTA, il conviendra d'essayer de normaliser celle-ci avec des médicaments n'interagissant pas avec la ciclosporine (**Adalate LP**, **Alpress**). Le transport du patient sera adapté à son état (de la voiture particulière au SAMU). Le suivi initial du greffé (1ere année) est réalisé en centre spécialisé (service de néphrologie). Le rôle du médecin est de favoriser l'accueil rapide de son malade.

4. La bonne attitude en cas de « coups durs »

– Éviter de perdre du temps.
– Toutes les complications de la transplantation mettent en jeu le pronostic vital ou fonctionnel du greffon : « un greffé avec complications est un patient à transférer en urgence dans son centre de suivi habituel, centre de transplantation ou service de néphrologie ».

5. La prévention

Le rôle du médecin traitant est essentiel pour :
– Éviter l'arrêt intempestif de l'immunosupression (valeur de l'éducation et du suivi régulier++).
– Dépister précocement une complication mettant en jeu la fonction du greffon (valeur du dosage régulier de la créatinine) :
  • antibiotiques augmentant les taux sanguins de ciclosporine et majorant le risque de néphrotoxicité : macrolides (sauf **Rovamycine**), quinolones (sauf **Oflocet**),
  • médicaments diminuant les taux de ciclosporine (risque de sous-immunosuppression) : anti-épileptiques, antituberculeux, AVK.
– Éviter les interactions médicamenteuses avec la ciclosporine.
– Gagner un temps précieux en cas de complications infectieuses.

1967
Naissance
de
DEPAKINE®
valproate de sodium

1989
1er antiépileptique
à action prolongée

DEPAKINE® *CHRONO* 500 mg
valproate de sodium + acide valproïque

1993

DEPAKINE®
valproate de sodium + acide valproïque

CHRONO 500 mg

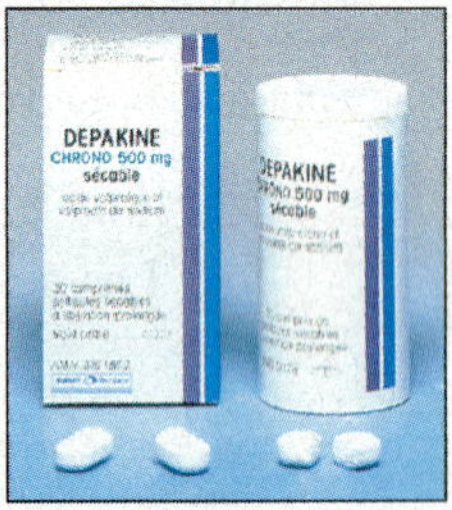

devient sécable

Adulte et enfant à partir de 17 kg : 25 mg/kg/jour

DEPAKINE CHRONO 500 MG VALPROATE DE SODIUM, ACIDE VALPROIQUE. FORME ET PRESENTATION : Comprimés pelliculés sécables à libération prolongée (oblongs,blancs) : Boîte de 30. **COMPOSITION** par comprimé : Valproate de sodium : 333 mg. Acide valproïque : 145 mg, quantité correspondant à 500 mg de valproate de sodium. Excipient q.s.p. un comprimé pelliculé sécable de 750 mg. **PROPRIETES PHARMACOLOGIQUES :** Antiépileptique. **ELEMENTS DE PHARMACOCINETIQUE :** Comparativement à la forme à délitement entérique, la forme à libération prolongée se caractérise, à dose équivalente, par : - une disparition du temps de latence à l'absorption ; - une absorption prolongée; une biodisponibilité identique ; - des concentrations maximales (Cmax) plasmatiques totales et libres moins élevées (Cmax abaissé de 25% environ mais relativement stable en plateau, entre la 4e et la 14e heure) ; cet écrêtement des pics permettant d'obtenir des concentrations d'acide valproïque plus régulières et réparties de façon plus homogène dans le nycthémère ; après administration biquotidienne d'une même dose, l'amplitude des fluctuations plasmatiques est réduite de moitié ; - une corrélation entre la dose et la concentration plasmatique (totale et libre) plus linéaire. **INDICATIONS THERAPEUTIQUES :** Epilepsies généralisées ou partielles : - généralisées primaires : petit mal ; grand mal ; épilepsies myocloniques ; - partielles : à symptomatologie simple ou complexe ; - généralisées secondaires (Lennox-Gastaut) ; - formes mixtes. - Troubles du comportement liés à l'épilepsie. **CONTRE-INDICATIONS :** Hépatite aiguë, hépatite chronique, antécédent familial d'hépatite sévère, notamment médicamenteuse, hypersensibilité au valproate. **MISES EN GARDE :** Hépatopathies. *Conditions de survenue :* des atteintes hépatiques d'évolution sévère, parfois mortelle, ont été exceptionnellement rapportées, essentiellement chez des enfants de moins de 3 ans. Dans la grande majorité des cas, ces atteintes hépatiques ont été observées pendant les 6 premiers mois de traitement, le plus souvent entre la 2e et la 12e semaine et, généralement, au cours de polythérapie antiépileptique. *Signes évocateurs :* le diagnostic précoce reste avant tout basé sur la clinique : 2 types de manifestations peuvent précéder l'ictère : - d'une part, des signes généraux non spécifiques, généralement d'apparition soudaine tels que asthénie, anorexie, abattement, somnolence, accompagnés parfois de vomissements répétés et de douleurs abdominales ; - d'autre part, une réapparition des crises épileptiques. Il est recommandé d'informer le patient, ou sa famille s'il s'agit d'un enfant, que l'apparition d'un tel tableau doit motiver aussitôt une consultation. Celle-ci comportera, outre l'examen clinique, la pratique immédiate d'un contrôle biologique des fonctions hépatiques. *Détection :* pendant les 6 premiers mois du traitement, une surveillance des fonctions hépatiques doit être périodiquement pratiquée. Parmi les examens classiques, les tests reflétant la synthèse protéique et notamment le TP (taux de prothrombine) sont les plus pertinents. La confirmation d'un taux de prothrombine anormalement bas, surtout s'il s'accompagne d'autres anomalies biologiques (diminution significative du fibrinogène et des facteurs de coagulation, augmentation de la bilirubine, élévation des transaminases (cf. aussi Précautions d'emploi), doit conduire à arrêter le traitement par Dépakine Chrono 500 mg sécable (ainsi que par prudence et s'ils sont coprescrits, les dérivés salicylés, puisqu'ils utilisent la même voie métabolique). **PRECAUTIONS D'EMPLOI :** Contrôle biologique des fonctions hépatiques avant le début du traitement et pendant les 6 premiers mois, tout spécialement chez les patients à risque. En début de traitement, augmentation possible isolée et transitoire des transaminases, en l'absence de tout signe clinique. Dans ce cas, pratiquer un bilan biologique plus complet (taux de prothrombine), reconsidérer la posologie et réitérer les contrôles. Examen hématologique (NFS incluant les plaquettes, temps de saignement et bilan de coagulation av dosage du facteur VIII) recommandé avant traitement ainsi qu'avant intervention chirurgicale et en cas d'hématomes ou de saignemen spontanés. Chez l'insuffisant rénal, tenir compte de l'augmentation des concentrations sériques libres en acide valproïque et diminuer posologie en conséquence. Chez un sujet présentant un lupus érythémateux disséminé, peser l'utilisation en fonction de la balanc bénéfice/risque. En cas de syndrome douloureux abdominal aigu, avant tout geste chirurgical, doser l'amylasémie, des cas de pancréatit exceptionnels ayant été rapportés. Chez l'enfant, éviter la prescription simultanée de dérivés salicylés (cf. Mises en garde). **Grossesse** 1) *Risque lié à l'épilepsie et aux antiépileptiques :* tous antiépileptiques confondus, le taux global de malformations dans la descendance d femmes épileptiques traitées est 2 à 3 fois supérieur (3% environ) à celui de la population générale ; la part respective des traitements et la maladie n'est pas à ce jour établie. Les malformations les plus fréquentes sont des fentes labiales et des malformations cardio-vasculaire L'interruption brutale du traitement antiépileptique peut entraîner pour la mère une aggravation de la maladie préjudiciable au fœtu 2) *Risque lié au valproate :* effet tératogène chez la souris, le rat, le lapin. Chez l'homme, le risque global de malformation au 1er trimest n'est pas supérieur à celui des autres antiépileptiques. Induction préférentielle, semble-t-il, d'anomalies de fermeture du tube neura Diagnostic anténatal possible de ces malformations. La fréquence de cet effet est de 1%. 3) *Compte tenu de ces données,* il ne semble p légitime de déconseiller une conception chez une femme épileptique traitée par le valproate de sodium. Un projet de grossesse fera peser nouveau l'indication du traitement antiépileptique. Pendant la grossesse, ne pas interrompre un traitement antiépileptique efficace par valproate. Monothérapie souhaitable. Répartir en plusieurs prises la dose journalière minimale efficace. Une surveillance anténata spécialisée sera instituée. **Allaitement :** Faible passage du valproate de sodium dans le lait maternel (1 à 10%). **INTERACTION MEDICAMENTEUSES :** Associations nécessitant des précautions d'emploi : neuroleptiques, antidépresseurs, antidépresseurs imipraminique phénobarbital, phénytoïne, primidone, carbamazépine. **EFFETS INDESIRABLES :** Hépatopathies. Risque tératogène. États confusionnels convulsifs, le plus souvent lors de polythérapies (phénobarbital en particulier) ou d'augmentation brusque des doses de valproate. Troubl digestifs (nausées, gastralgies) passagers en début de traitement. Chute de cheveux. Tremblements fins d'attitude. Hyperammoniémie isol sans modification des tests biologiques hépatiques (effets passagers et/ou doses dépendants). Diminution isolée du fibrinogène, thrombopénie, ou d'allongement du temps de saignement, surtout à dose élevée (effet inhibiteur sur la 2e phase de l'agrégati plaquettaire). Rares cas d'anémie et de leucopénie. Prises de poids, aménorrhées et irrégularités menstruelles. **MODE D'EMPLOI ET POSOLOGIE** Réservé à l'adulte et à l'enfant de plus de 17 kg, compte tenu du dosage et de la taille des comprimés. Posologie moyenne par 24 heures, administrer en 1 ou 2 prises : 20 à 30 mg/kg. Coût pour un comprimé à 500 mg : 3,37 **SURDOSAGE :** Coma calme, plus ou moins profond, avec hypotonie musculaire, hyporéflexi myosis, diminution de l'autonomie respiratoire. Pour une information plus détaillée, consult le dictionnaire des spécialistés. **Liste II AMM :** 330 180 2. **Liste II AM** 330 180.2 (1987) 30 comprimés sécables. **PRIX : 101,10 F** (30 comprimés Remb. Séc. soc. à 65 % - Collect. DATE DE RÉVISION : Janvier 1996. **SANO WINTHROP** - 9, rue du Président Allende - 94258 GENTILLY CEDEX. Tél. 01.41.24.60.00

sanofi WINTHROP

Surveillance d'un patient épileptique

Dr D. FELTEN

1. Définition de la pathologie et grands principes du traitement

- L'épilepsie est la répétition de crises épileptiques, manifestations cliniques paroxystiques (motrices, sensitives, sensorielles ou psychiques), accompagnées ou non d'une perte de connaissance.
- Les crises peuvent être partielles, simples ou complexes, et/ou généralisées, d'emblée ou secondairement.
- L'épilepsie est soit en apparence primitive, idiopatique ou crytogénique soit symptomatique d'une lésion.
- Le diagnostic d'épilepsie est essentiellement clinique :
  - il repose sur une description précise du malaise, recherchée auprès de ses témoins,
  - l'électroencéphalogramme peut être un élément diagnostique de valeur ; sa normalité en intercritique n'exclut pas le diagnostic.
- L'électro-encéphalogramme peut être un élément diagnostique de valeur ; sa normalité en intercritique n'exclut pas le diagnostic.
- Les explorations neuradiologiques sont indispensables à la recherche d'une affection causale pouvant justifier un traitement propre.
- La gravité de l'épilepsie tient :
  - au risque traumatique, parfois vital, des crises elles-mêmes,
  - à la souffrance cérébrale induite par des crises fréquentes, subintrantes ou par un état de mal épileptique.
- Le traitement anti-épileptique :
  - doit limiter les risques liés à l'épilepsie et assurer au malade une vie sociale satisfaisante,
  - durera des années, voire toute une vie, et ne doit donc pas être prescrit à la légère ; on traite une maladie, pas un doute ou un EEG,
  - n'est pas indiqué d'emblée dans les crises accidentelles ou occasionnelles (abus d'alcool, manque de sommeil, stimulation lumineuse anormale, etc.). Les mesures de prévention sont toujours à privilégier,
  - sera mal suivi et souvent inefficace chez l'alcoolique chronique.

2. Eléments de surveillance

- Le choix de l'antiépileptique (tableau 1) :
  - **Dépakine Chrono** et **Tégrétol LP** sont les médicaments de première intention, souvent efficaces quel que soit le type de crise. Les absences typiques répondent bien à la **Dépakine**. Le **Tégrétol** n'est pas conseillé dans les absences et les myoclonies. Le phénobarbital et le **Di-Hydan** sont plus volontiers utilisés en seconde intention,
  - Les benzodiazépines sont les médicaments de l'urgence (crises subintrantes, état de mal) ou sont prescrites en complément,
  - La monothérapie initiale doit être de règle, efficace dans près de 90 % des cas,

  - En bithérapie, le **Sabril** est souvent le premier associé ; entre autres associations, **Dépakine/Tégrétol** et **Tégrétol/Urbanyl** sont synergiques.
- La mise en traitement s'effectue à doses progressives pour **Dépakine** et **Tégrétol**, pour limiter les phénomènes d'intolérance initiale.
- La surveillance est :
  - clinique : elle apprécie l'efficacité du traitement, sur la diminution ou la disparition des crises et la bonne tolérance sur l'absence d'effets secondaires (cf. infra),
  - biologique : bilan hématologique et hépatique répété durant les deux premiers mois puis une à deux fois par an. Le dosage de l'antiépileptique peut être réalisé après l'état d'équilibre, pour corriger un éventuel sous-dosage. Un surdosage n'est corrigé que s'il est important ou s'il s'accompagne de signes cliniques.

Tableau 1 – Médicaments antiépileptiques

	Posologie par 24 h	**Prises par 24 h**	**Dosage sanguin mg/ml zone thérapeutique**	**Etat d'équilibre thérapeutique jours**
Gardénal et associés **(Alepsal, Orténal)**	Adulte : 0,10 à 0,15 g Enfant : 3 à 4 mg/kg/j	1 à 2	20 – 25	10 – 20
Di-Hydan	Adulte : 0,20 à 0,30 g	1 à 2	8 – 15	7 – 15
Tégrétol LP	Adulte : 600 mg à 1,2 g Enfant : 10 à 20 mg/kg/j	2 à 3	5 – 10	2 – 5
Dépakine Chrono ou 200 mg	Adulte : 20 à 30 mg/kg/j Enfant < 17 kg : 30 mg/kg/j	1 à 3	50 – 100	2 – 5
Benzodiazépines **(Valium, Rivotril, Urbanyl,...)**	Strictement individuelle			
Sabril	Adulte : 2 à 3 g Enfant : 40 à 80 mg/kg/j	2	/	
Neurontin	1 200 à 2 400 mg	3	/	7
Zarontin (médication uniquement du « petit mal »)	0,5 à 1,5 g	2	50 – 100	7

3. Les « coups durs »

Ce sont la persistance ou la récidive de crise, les effets secondaires ou complications du traitement (même à dose usuelle), un évènement intercurrent.

En cas de crises isolées

- L'hospitalisation n'est pas indiquée, ni souhaitable, chez l'épileptique traité, en dehors de crises fréquentes, subintrantes ou d'état de mal.
- Une crise isolée ne justifie pas de traitement spécifique.
- Des crises isolées répétées durant 1 à 2 jours peuvent justifier l'adjonction temporaire d'une benzodiazépine (**Rivotril** 1/2 cp 1 à 2 fois/j).
- Des crises isolées fréquentes imposent de s'assurer de la bonne observance du traitement et éventuellement de le modifier (changement de monothérapie d'abord, bithérapie uniquement si monothérapie insuffisante).

Tableau 2 – Conduite à tenir en cas d'inefficacité thérapeutique

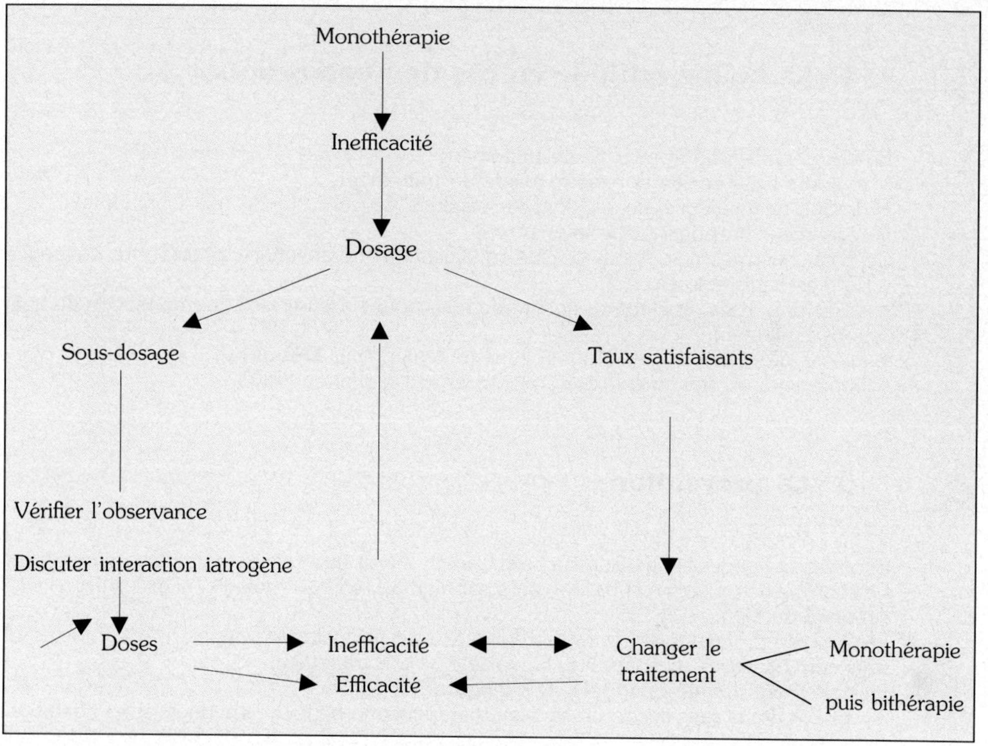

En cas de crises subintrantes ou d'état de mal

– Préservation des fonctions cardiaques et respiratoires.
– Appel du SAMU et hospitalisation.
  • au domicile, le médecin généraliste peut administrer chez l'adulte du **Rivotril** : 1 mg IV lente,
  • la **Dépakine** est utilisée en bolus de 15 à 20 mg/kg en IV lente (usage hospitalier).
– Poursuite et adaptation ultérieure du traitement à l'hôpital.

Les effets secondaires

– Fréquents au début, certains sont atténués par la mise en route progressive du traitement et s'amendent souvent avec le temps : troubles digestifs (**Dépakine**), sensations vertigineuses (**Tégrétol**), somnolence (**Gardénal**).
– Le tremblement d'attitude lié à la **Dépakine** est dose-dépendant.
– Certains peuvent justifier un changement de traitement : prise de poids et perte de cheveux (**Dépakine**), hypertrophie gingivale, acnée, syndrome cérébelleux (**Di-Hydan**), leucopénie, allergie cutanée (**Tégrétol**), rhumatisme gardénalique, anomalies hépatiques.

Les évènements intercurrents

– Maladies, accidents, chirurgie ne doivent pas faire arrêter le traitement.
– Tout traitement associé doit faire envisager des interactions médicamenteuses. En particulier **Gardénal** et **Tégrétol**, inducteurs enzymatiques, modifient l'efficacité des anticoagulants et des œstroprogestatifs ; une autre méthode de contraception doit être envisagée.

— La grossesse, chez une patiente épileptique, justifie une surveillance spécialisée en raison des risques malformatifs liés à la plupart des antiépileptiques.

4. La bonne attitude en cas de « coups durs »

— En cas d'inefficacité apparente du traitement :
- toujours s'assurer de la prise régulière du traitement,
- dosage des antiépileptiques (dont les résultats peuvent prendre plusieurs jours),
- rechercher un phénomène intercurrent.

Ce n'est qu'après ces étapes qu'une modification thérapeutique pourra être envisagée.

— L'EEG est indispensable :
- après des crises répétées ou un état de mal, pour s'assurer de la normalisation du tracé sous traitement,
- en cas de somnolence ou coma sous traitement par **Dépakine** : il peut s'agir d'une intolérance au traitement, avec ralentissement global de l'EEG.

5. La prévention

— Informer et éduquer le malade sur sa maladie : il doit être responsable de son traitement.
— Le contrôle des crises n'est pas toujours parfait mais, en épileptologie, le mieux est souvent l'ennemi du bien.
— La vie socio-professionnelle-affective doit être aussi normale que possible, en dédramatisant, sans cependant les méconnaître, la maladie et son traitement.
— Le traitement doit être contrôlé sans dirigisme ni police.
— Après 2 à 3 ans sans crises, un sevrage thérapeutique peut être envisagé, si les conditions professionnelles, familiales et sentimentales sont favorables. La décision sera prise d'un commun accord entre le malade et le spécialiste.

Surveillance d'un patient traité par les antiparkinsoniens

Pr D. BEQUET

1. Définition de la pathologie et grands principes du traitement

– La maladie de Parkinson est une affection dégénérative évolutive et le traitement par les précurseurs de la **Dopamine** est uniquement substitutif et symptomatique.

Les principes du traitement reposent sur :

– L'essentiel : la dopathérapie utilisant le **Modopar** gélules à 62,5, 125 et 250 mg, **Modopar** 125 dispersible (mieux absorbé, d'action rapide) ou à libération prolongée : **Modopar LP** à 125 mg ou le **Sinemet** cp sécables à 100 mg, 250 mg et **Sinemet LP 200**. L'efficacité d'une dose est d'environ 1 à 4 heures. Les contre-indications sont les troubles psychiatriques majeurs, l'infarctus myocardique récent et l'ulcère gastro-duodénal aigu. Il y a absence d'indication si le handicap moteur est minime. Les doses habituelles vont de 100 mg à 1 200 mg.

– L'indispensable : la kinésithérapie.

– Les adjuvants :
  - dopaminergiques : **Parlodel**, doses jusqu'à 40 mg par jour, **Trivastal LP 50 mg**, doses jusqu'à 250 mg par jour, **Dopergine** cp sécables à 0,2 et 0,5 mg, doses jusqu'à 1 à 5 mg par jour,
  - anticholinergiques : **Anafranil** cp à 10 ou 25 mg, **Artane** ou équivalent à 2 et 5 mg, **Lepticur** cp sécables à 10 mg, **Lepticur Park** cp à 5 mg,
  - autres : **Déprényl** 5 mg (IMAO-B) à la dose de 10 mg/j ; vitamine E ; **Apokinon** 1 % (associée au **Motilium**) à l'usage du spécialiste en stylo-injecteur ou par voie sublinguale.

– Afin de prolonger l'effet optimal du traitement médicamenteux qui devra rester idéalement efficace durant parfois plusieurs décennies, dans un premier temps, au début de la maladie, un dopaminergique seul sera prescrit. La dopathérapie ne sera mise en route ensuite que si elle devient nécessaire à l'amélioration motrice. Elle sera alors associée à un dopaminergique, cette pratique retardera l'apparition des fluctuations motrices.

2. Éléments de surveillance

– La surveillance est uniquement clinique.

– Le traitement initial est instauré en collaboration avec le neurologue consultant en ville ou à l'hôpital.

– Le médecin traitant en ville :
  - apprécie l'efficacité du traitement,
  - surveille la tension artérielle : accès hypertensif, hypotension orthostatique,
  - reconnaît les intolérances au traitement : troubles digestifs le plus souvent mineurs,
  - juge les insuffisances du traitement ou ses excès,
  - dépiste les complications ou « coups durs ».

– Le malade et sa famille sont les principaux observateurs de la maladie (fiche d'auto-appréciation).

— L'avis du neurologue est indispensable :
- pour toute modification de traitement,
- au cours ou au décours de toute affection intercurrente,
- avant toute intervention chirurgicale programmée nécessitant une anesthésie,
- devant tout effet secondaire majeur ou complication.

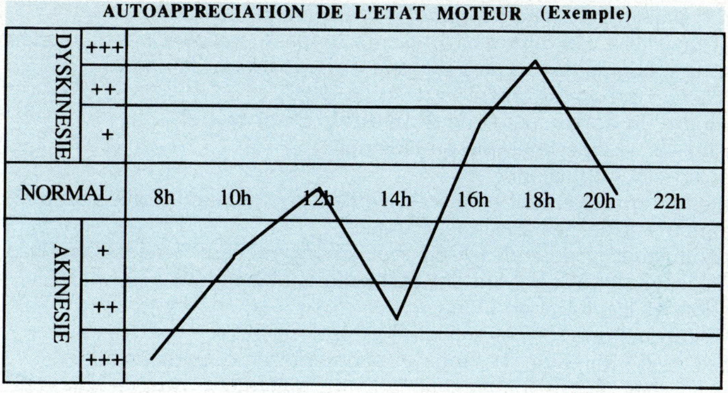

3. Les « coups durs »

Ce sont tous les incidents et toutes les complications liés au traitement devenu inadéquat ou à l'inéluctable évolution de la maladie.

— **Le syndrome anxio-dépressif** : il est endogène et lié à la maladie, il doit être traité, sinon il favorise la survenue d'autres complications.

— **L'état confusionnel** : il survient à l'occasion d'un événement intercurrent, maladie infectieuse, choc psychologique, traumatisme physique, intervention chirurgicale, hospitalisation; il est lié à la maladie elle-même ou au traitement (tous les anti-parkinsoniens peuvent être en cause).

— **La non-efficacité du traitement** ou le déclin moteur apparaît après plusieurs années de traitement (5 à 10 ans).

— **Les fluctuations akinétiques** sont circadiennes indépendamment du traitement (phase difficile du début d'après-midi) ou liées à l'insuffisance de couverture thérapeutique dans le nycthémère, elles surviennent 2 à 4 heures après la prise de **Dopamine**, elles sont responsables de l'effet dit « on-off ».

— **Les dyskinésies** alternent avec les phases d'akinésie et surviennent durant l'heure suivant la prise de **Dopamine** ; ce sont les dyskinésies bucco-linguo-faciales, les dyskinésies du tronc, les dyskinésies dystonies des membres et souvent du gros orteil gênant considérablement la marche.

— **L'aggravation du tableau clinique** après anesthésie ou maladie intercurrente.

— **Les chutes** sont liées à l'akinésie confinant parfois à une astasie-abasie souvent marquée au début par le piétinement sur place au démarrage et aux demi-tours, elles sont responsables de traumatismes parfois graves. Les troubles de la marche sont souvent majorés après ces chutes.

— **L'état démentiel** apparaît chez le parkinsonien ancien dominé par l'apragmatisme et les troubles mnésiques.

— **L'état grabataire**, aboutissement du déclin moteur et/ou psycho-intellectuel, est le stade ultime de la maladie annonçant les complications de décubitus rapidement mortelles.

4. La bonne attitude en cas de « coups durs »

— Avis d'un neurologue (téléphonique ou consultation).
— Préférer quelques dyskinésies plutôt qu'une grande akinésie.
— Devant un état anxio-dépressif, prescrire Dopa + anxiolytiques + antidépresseurs.
— Devant une augmentation de l'akinésie et l'apparition de chutes :
- augmenter progressivement la dose de Dopa,
- adjoindre un dopaminergique (**Parlodel, Dopergine**),
- insister sur la kinésithérapie quotidienne.

— Devant un état confusionnel :
- arrêter progressivement et successivement les antiparkinsoniens autres que la Dopa en commençant par les anticholinergiques,
- puis diminuer la dose de Dopa tout en augmentant si nécessaire le dopaminergique.

— Devant des dyskinésies et/ou des fluctuations akinétiques :
- fractionner les doses de Dopa,
- avoir recours aux formes à libération prolongée,
- si nécessaire, diminuer la Dopa et augmenter le dopaminergique.

— En cas d'échec de ces réaménagements de traitement, hospitalisation (10 jours environ) pour rééquilibration après éventuelle fenêtre thérapeutique prudente : prévention thromboembolique (**Fragmine** 2 500 UI/jour en SC) et surveillance clinique en cas de grande akinésie, kinésithérapie passive et respiratoire.

5. La prévention

— Il n'y a pas de traitement préventif de la maladie, la prévention est celle des complications.
— Le médecin traitant insistera sur une bonne hygiène de vie :
- physique : gymnastique, kinésithérapie, marche, voyages,
- psycho-intellectuelle : bonne prise en charge par la famille dans le milieu habituel, le parkinsonien doit être stimulé et sollicité, il ne doit pas être materné ni oublié.

— Le médecin traitant suivra des règles absolues :
- n'introduire dans le traitement qu'un seul médicament à la fois,
- augmenter les doses progressivement en commençant par les doses minimales même infra-actives,
- ne pas jouer l'apprenti sorcier en « essayant » des traitements variés,
- ne pas arrêter brutalement les anti-cholinergiques,
- être avare de traitement non indispensable (neuroleptiques, vasoprotecteurs cérébraux),
- ne pas infliger une hospitalisation inutile qui peut être préjudiciable,
- avoir recours au neurologue consultant et non à l'hospitalisation non motivée.

Enfin, il faut noter que les techniques thérapeutiques récentes : interventions stéréo-taxiques de stimulations, greffes nerveuses ne sont pas entrées dans la pratique courante et leur efficacité à long terme n'est pas prouvée.

Prise en charge d'un patient migraineux

Dr A.S. KOSKAS-SERGENT, Dr F. BOUREAU

1. Définition de la pathologie et grands principes du traitement

- La migraine atteint 10 à 20 % de la population générale, elle est plus fréquente chez la femme (3/1).
- Le diagnostic est fait à l'interrogatoire sur des critères établis en 1988 par l'International Headache Society (I.H.S).
- Il s'agit d'une céphalée survenant par crises qui durent de quelques heures à 3 jours et possédant au moins deux des caractères suivants : unilatérale, pulsatile, modérée ou intense, aggravée par l'exercice physique de routine (marche) et s'accompagnant d'au moins un des signes suivants : nausées et/ou vomissements, photophobie et/ou phonophobie.

Tableau 1 : Traitement de la crise de migraine

Nom	Posologie usuelle	Maximum autorisé
ANALGÉSIQUES		
Aspirine	1 000 mg (1-2C)	4 g/24 h
Paracétamol	1 000 mg (1-2C)	4 g/24 h
AINS		
Naproxène **(Naprosyne)**	500 mg (1-2C, 1S)	1 250 mg/24 h
Flurbiprofène **(Cebutid 100)**	100 mg (1C, 1S)	300 mg/24 h
Diclofénac **(Voltarène)**	50 mg (1-2C)	150 mg/24 h
Ibuprofène **(Advil, Nurofen)**	400 mg (1-2C)	2 400 mg/24 h
ASSOCIATIONS		
Caféine		
Antimétiques (ac acétyl salicylique + métoclopramide **Migpriv**)	1 sachet = 900 mg/10 mg	3 sachets/24 h
Tartrate d'ergotamine		
Gynergène caféiné	1-2 mg (1-2C, S)	4 mg/24 h
Migwell	2 mg (1C)	10 mg/semaine
Dihydroergotamine		
DHE	1A = 1 mg (SC, IM,IV)	2A/24 h
Diergospray	1 pulv/narine	2 pulv/narine/24 h
Sumatriptan **Imigrane**	6 mg (1A, SC)	2A/24 h
	1C = 100 mg	300 mg/24 h

(C = comprimé, S = suppositoire, A = ampoule)

– Si les symptômes sont typiques et si l'examen clinique, en particulier neurologique, est normal, il n'est pas nécessaire de pratiquer d'examen complémentaire ; en cas de doute sur l'origine neurologique des symptômes, demander un scanner cérébral et un avis neurologique spécialisé. (Cf « Céphalées aiguës » de Protocoles).
– La migraine peut être précédée d'une aura (migraine avec aura) : signes visuels (flou visuel, scotome...), sensitifs, troubles du langage ou troubles moteurs. L'aura dure en moyenne 30 mn et diminue lorsque la céphalée s'installe.
– L'aura est à distinguer des prodromes qui sont des signes généraux annonciateurs de la crise : grande fatigue, irritabilité, baillements répétés.
– La migraine de l'enfant : les signes digestifs sont au premier plan.
– Le devenir de la migraine est très variable, il peut y avoir de longues périodes sans crises comme souvent pendant la grossesse.

Le traitement de la migraine repose sur le bon usage des médicaments mais aussi sur des principes essentiels :
– Porter le diagnostic avec certitude.
– Expliquer la maladie migraineuse.
– Apprendre au malade à évaluer la fréquence et la sévérité de ses crises.
– Expliquer la différence entre traitement de la crise et traitement de fond.
– Souligner l'intérêt d'un traitement de la crise précoce.
– Contrôler les facteurs déclenchants.
– Respecter un délai suffisant pour juger l'efficacité d'un traitement de fond.
– Prévenir l'évolution vers la céphalée par abus médicamenteux.

Le traitement de la crise comporte des traitements spécifiques (dérivés ergotés) ou des antalgiques non opioïdes (aspirine, paracétamol, AINS). L'action des antalgiques peut être renforcée par des associations avec des antiémétiques qui favorisent leur absorption digestive (**Primpéran**, **Vogalène**). L'association aspirine-métoclopramide (**Migpriv**) a été spécialement conçue pour le traitement de la crise de migraine. Le sumatriptan (non remboursé par la Sécurité Sociale) a montré son efficacité en cas de migraine sévère ne pouvant être soulagée par les traitements usuels de la crise, en l'absence de traitement de fond.

2. Éléments de surveillance

Un agenda permet de suivre la réponse aux traitements de la crise et de fond.
– Signalons qu'il existe un risque d'abus médicamenteux : traitement de la crise pris tous les jours exposant à la céphalée par abus médicamenteux : antalgiques > 100 cp/mois ou aspirine > 50 g/mois ou **Gynergène** 2 cp/jour quotidiennement.

3. Les « coups durs »

– Le malade « a tout essayé ».
– Le malade présente des contre-indications.
– Complications liées au traitement :
  • fibrose rétropéritonéale avec **Désernil**,
  • ergotisme avec les dérivés ergotés,
  • prise de poids avec **Laroxyl, Sanmigran.**
– Evolution vers la céphalée chronique quotidienne par abus médicamenteux.
– Aggravation sous pilule (1/3 des cas).

4. La bonne attitude en cas de « coups durs »

– Le malade « a tout essayé » : revoir les doses et les durées des traitements.
– Le malade présente des contre-indications au traitement : toujours bien mesurer le bénéfice/risque pour une affection « bénigne », chercher les classes médicamenteuses possibles, recourir aux moyens non pharmacologiques.
– Une céphalée par abus médicamenteux s'installe : sevrage à réaliser en externe ou lors d'une hospitalisation d'une dizaine de jours. Le **Laroxyl** per os ou en perfusion (dose moyenne 75 mg/24 h) est souvent utilisé.

5. La prévention

– C'est la place du traitement de fond.
– Le traitement de fond se décide en accord avec le patient lorsque les accès sont très fréquents (> 4-5 crises/mois) et imparfaitement calmées par le traitement de la crise. Il est à prendre tous les jours pendant au moins 2 mois afin de pouvoir juger de son efficacité. Il vise la diminution de la fréquence des crises, de leur intensité, mais ne dispense pas d'un traitement de la crise occasionnelle. Plusieurs classes médicamenteuses sont possibles.
  • β-bloquants : 5 d'entre eux se sont montrés efficaces dans la migraine : **Avlocardyl** 40 (1 à 6 cp/jour) ou retard, **Timacor, Lopressor** ou **Seloken, Ténormine, Corgard,**
  • antisérotoninergiques : **Désernil** (1-3 cp/j), **Sanmigran** (2 à 3 cp/j), **Nocertone** (2 à 3 cp/j),
  • inhibiteurs calciques : **Sibélium** (1 cp/j), **Isoptine** 40 (3 à 6 cp/j),
  • dihydroergotamine (DHE) : **DHE** (3 cp), **Ikaran** (2 cp/j), **Séglor** (2 cp/j),
  • antidépresseurs : **Laroxyl** (50 à 75 mg/j),
  • **Aspirine** et AINS
  • α-bloquants : **Vidora** (2 cp/j).
– Il est difficile de considérer qu'il existe un traitement de fond de première intention généralisable à tous les cas. En effet le choix du traitement de fond est guidé par la pathologie associée : β-bloquants indiqués si HTA, **Laroxyl** si dépression.
– Antidépresseurs et **Sanmigran** à éviter si prise de poids redoutée.
– Le **Désernil** est à réserver aux cas rebelles aux autres thérapeutiques (respecter les fenêtres thérapeutiques : 1 mois tous les 6 mois).
– L'**Aspirine** serait plus efficace dans les cas de migraine avec aura alors que les β-bloquants seraient susceptibles de les aggraver.
– Les moyens non médicamenteux (thérapies comportementales, acupuncture) peuvent être utilisés comme traitement de crise et de fond. Les méthodes de relaxation et de biofeedback sont indiquées lorsque les situations de stress, les contrariétés ou un contexte d'anxiété influencent la survenue des crises. Une prise en charge éducative et psychologique est fréquemment pratiquée dans les « centres de la migraine/de la douleur » sous la forme de groupes thérapeutiques de malades.

Prise en charge des pathologies ORL inflammatoires chroniques

Pr Ph. ROMANET

1. Définition de la pathologie et grands principes du traitement

Les pathologies ORL inflammatoires chroniques concernent en ORL plusieurs organes : l'oreille, le nez, les sinus, le pharynx et le larynx.

Au niveau de l'oreille

— On distinguera les otites chroniques à tympan fermé ou otites séreuses, avec épanchement liquidien et trompe d'Eustache non fonctionnelle, les otites chroniques à tympan ouvert simples ou cholestéatomateuses.

— Les otites séreuses, maladie surtout de l'enfant, imposent, selon les cas, des traitements médicaux associant antibiotique (**Augmentin**, **Ciblor**, **Céfapéros**, **Bactrim**, **Pédiazole**...), mucolytique (**Muciclar**, **Mucothiol**, **Rhinathiol**, **Viscotiol**...) décongestionnant nasal par voie générale (**Actifed**, **Dénoral**) et des traitements chirurgicaux (adénoïdectomie et/ou drain aérateur transtympanique).

— Les otites chroniques à tympan ouvert imposeront un traitement chirurgical.

Au niveau du nez et des sinus

— Il faudra distinguer les rhinites chroniques allergiques, saisonnières, comme le rhume des foins, ou per annuelles, les rhinites polypoïdes, les rhinites non allergiques et parmi celles-ci celles avec éosinophilie.

— Parmi les sinusites chroniques, il faudra distinguer celles à germes infectieux banaux, les plus fréquentes, ou celles provoquées par les champignons ou un aspergillus, beaucoup plus rares souvent concomitantes de pâte dentaire intra-sinusienne.

— Les rhinites allergiques saisonnières imposent dans les formes mineures un traitement antihistaminique (**Zyrtec**, **Polaramine**, **Clarityne**, **Hismanal**, **Teldane**, **Primalan**) associé à un traitement local (**Atrovent**, **Lomusol**, **Béconase**) et dans les formes majeures une injection de corticoïde retard (**Kenacort 80** en intra-musculaire profonde).

— Les rhinites allergiques apériodiques nécessitent les mêmes traitements mais au long cours en évitant au maximum l'emploi des corticoïdes.

— Les rhinites non allergiques éosinophiliques pourront être traitées par des corticoïdes locaux (**Béconase**).

— Quant aux rhinites non allergiques, elles pourront relever parfois des spécialités précitées, de la DHE ou du **Pneumorel**.

— Les poussées de rhinites infectieuses pourront être jugulées par des traitements antibiotiques associés parfois à des corticoïdes et des vasoconstricteurs locaux, parfois la mise en place d'un drain intra-sinusien pendant une dizaine de jours permettra l'instillation dans les sinus maxillaires d'antibiotiques et de corticoïdes. En cas d'échec de ces deux traitements, une chirurgie de ces sinus par voie nasale s'imposera (ouverture des sinus par méatotomie moyenne ou inférieure, éthmoïdectomie, ouverture du sinus sphénoïdal...).

— Le curetage des sinus par voie externe ou opération de Caldwell Luc est réservé aux formes caséeuses ou aux aspergilloses.

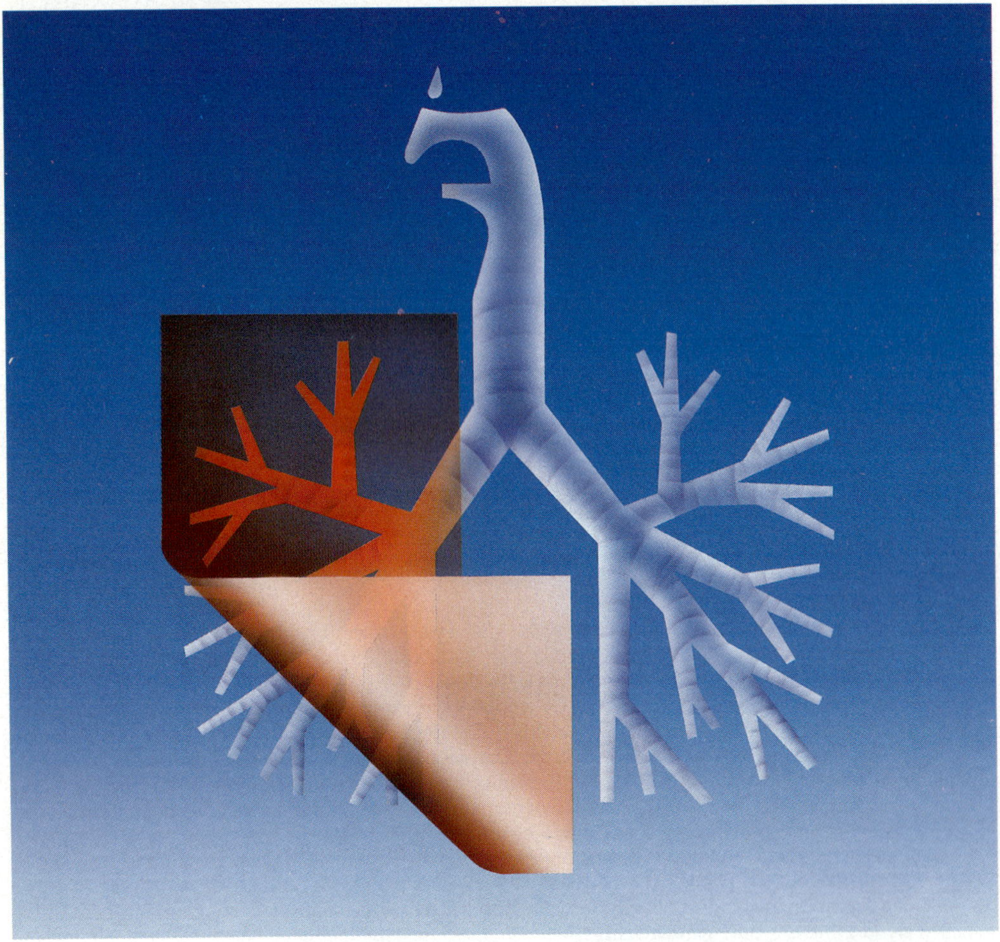

— Les rhino-sinusites polypoïdes nécessiteront, selon les cas, un simple traitement médical à base d'antibiotique, de corticoïde et d'antihistaminique ou un traitement chirurgical consistant en une polypectomie simple ou associée à une ethmoïdectomie par voie endo-nasale.

Au niveau du pharynx

— Il faut distinguer essentiellement les rhino-pharyngites infectieuses à répétition très fréquentes chez l'enfant et la pathologie amygdalienne avec ses amygdalites et ses angines vraies itératives.

— Le tableau d'une rhino-pharyngite est banal associant nez bouché, rhinorrhée antérieure muco-purulente et température. A ce stade, le traitement relève de l'antibiothérapie par voie générale associée à des lavages de nez au sérum physiologique ou par un antiseptique doux. Dans les amygdalites, la gêne pharyngée, plus que la douleur, est très fréquente, n'imposant qu'un traitement anti-inflammatoire (gargarisme à l'**Aspirine** ou l'emploi d'un antiseptique local (**Nanbacine collutoire**, **Bleu de Méthylène**...).

— Les angines réalisent un tableau de douleurs avec dysphagie, température, adénopathies cervicales et imposent un traitement antibiotique par voie générale associé, selon les cas, à un anti-inflammatoire non stéroïdien.

Enfin, au niveau du larynx

— Les laryngites inflammatoires chroniques engendrent des dysphonies, voire des aphonies à répétition.

— Elles imposeront un traitement local sous aérosol comprenant un antibiotique (**Pénicilline**, **Nétromycine**), un corticoïde (**Soludécadron**) et un mucolytique (**Mucomyst**, **Bisolvon**) parfois associé à une corticothérapie par voie générale de courte durée.

— Outre ce traitement de la crise aiguë, on imposera un traitement de la cause (arrêt du tabac et du forçage vocal).

2. Éléments de surveillance

— Le diagnostic et la surveillance d'une affection otologique inflammatoire chronique relèvent essentiellement de l'otoscopie. Cette otoscopie se fera à l'aide d'un otoscope grossissant ou mieux sous microscope. Cette otoscopie permet d'apprécier l'existence ou non d'une otorrhée, l'état du tympan, de la muqueuse de la caisse du tympan, des osselets... Cette otoscopie est capitale en cas de perforation du tympan. En cas de tympan non perforé, le tympanogramme a un grand intérêt permettant d'affirmer l'existence d'une otite séreuse ou d'un dysfonctionnement tubaire : le positionnement du pic de tympanométrie dans les pressions négatives, permet d'apprécier l'amélioration ou l'aggravation de l'obstruction tubaire.

— Au niveau des fosses nasales et des sinus, la rhinoscopie antérieure classique garde tout son intérêt permettant d'apprécier l'état de la muqueuse nasale, sa couleur, son degré d'œdème, la taille des cornets, l'existence ou non des polypes ou de pus au niveau des méats. Les sinus ne sont pas visibles à l'examen clinique, seule la radiographie de sinus en position de Blondeau ou de Hirtz pour le sinus sphénoïdal, ou mieux encore maintenant, le scanner, permettent d'apprécier l'état de la muqueuse, de ces cavités aériques et l'existence ou non d'une collection suppurée ou plus organisée.

— L'état de l'oro-pharynx s'apprécie cliniquement par l'examen direct à l'aide d'une source lumineuse et d'un abaisse langue. On appréciera la taille des amygdales, l'aspect de la muqueuse de revêtement, rouge, rouge à points blancs, ulcérée, l'existence de la paroi postérieure du pharynx qui peut être le siège de petits amas lymphoïdes hypertrophiés et inflammatoires donnant un aspect « granuleux », ainsi que l'aspect des amygdales linguales. On n'oubliera pas la palpation cervicale en particulier des aires sous digastriques, la présence de ganglions à ce niveau étant le reflet de l'inflammation chronique du pharynx.

Les pollens sont là,

Sortez vos cromoglycates.

Lomusol®
CROMOGLYCATE DE SODIUM
4%

OPTICRON®
cromoglycate de sodium

RHINITE ALLERGIQUE

LOMUSOL. DÉNOMINATION DE LA SPÉCIALITÉ : LOMUSOL 4 %, cromoglycate de sodium. **FORME ET PRÉSENTATION :** Solution pour pulvérisation nasale : Flacon pulvérisateur (PE) de 15 ml avec valve doseuse. **COMPOSITION :** Cromoglycate de sodium, 4 g/100 ml, 600 mg/ flacon. Soit en acide cromoglicique (DCI) : 3,66 g/100 ml. **INDICATIONS :** Traitement de la rhinite allergique saisonnière et apériodique. **POSOLOGIE ET MODE D'ADMINISTRATION : Adulte et enfant :** 1 pulvérisation dans chaque narine 2 à 4 fois par jour. La durée du traitement sera fonction de la durée d'exposition à l'allergène. **CONTRE-INDICATIONS :** Antécédent d'allergie au cromoglycate ou à l'un des autres constituants du produit. **EFFETS INDÉSIRABLES :** Possibilité de survenue de réactions d'hypersensibilité au cromoglycate de sodium. Une brève irritation nasale peut survenir en début de traitement après pulvérisation. Les symptômes sont habituellement transitoires. Rarement, peut apparaître un épistaxis. **CONDITIONS PARTICULIÈRES DE CONSERVATION :** A conserver à une température inférieure à 25°C et à l'abri de la lumière. **LISTE II :** AMM 337 537.3 (1994) - Mis sur le marché en 1995 (a remplacé Lomusol 2 %). **Prix : 47,50 F** (flacon de 15 ml). Remb. Séc. soc. à 35 % - Collect. Pour tout renseignement complémentaire, consulter le Vidal. SPECIA Groupe RHÔNE POULENC RORER - 16 rue Clisson - 75636 Paris Cedex 13 - Tél : (1) 40 77 37 37 - Pharmacovigilance : Tél. : (1) 40 77 39 17.

CONJONCTIVITE ALLERGIQU

OPTICRON Collyre. **DÉNOMINATION DE LA SPÉCIALITÉ :** OPTICRON Collyre, cromoglycate de sodium. **FORME ET PRÉSENTATION :** Collyre à 2 % : Flacon de 5 ml. **COMPOSITION :** Cromoglycate de sodium, 2 g/100 ml, 100 mg/flacon. Soit en acide cromoglicique (DCI) : 1,83 g/100 ml. Excipients : édétate de sodium (10 mg/100 ml), chlorure de benzalkonium (10 mg/100 ml), eau distillée. **INDICATION :** Affections ophtalmiques d'origine allergique. **POSOLOGIE ET MODE D'ADMINISTRATION : Adulte et enfant :** 1 goutte dans chaque œil 2 à 6 fois par jour. **Coût du traitement journalier :** 2,86 F en moyenne. **MISES EN GARDE ET PRÉCAUTIONS D'EMPLOI :** Lentilles souples : comme pour toute préparation ophtalmique contenant du chlorure de benzalkonium, le port de lentilles souples est déconseillé durant l'utilisation d'Opticron. **LISTE II :** AMM 320 298.0 (1983) - Mis sur le marché en 1983. **Prix : 28,60 F** (flacon de 5 ml). Remb. Séc. soc. à 65 % - Collect. Pour tout renseignement complémentaire, consulter le Vidal. SPECIA Groupe RHÔNE POULENC RORER - 16 rue Clisson - 75636 Paris Cedex 13 - Tél : (1) 40 77 37 37 - Pharmacovigilance : Tél. : (1) 40 77 39 17.

SPECIA Département FISONS
RHÔNE - POULENC RORER

— Le larynx est parfaitement visualisé en laryngoscopie directe à l'aide d'un miroir laryngé. Dans les services plus spécialisés, on pourra se servir de naso-fibroscope ou d'un épi-pharyngoscope grossissant.

3. Les « coups durs »

— Ils sont essentiellement représentés en matière d'otologie par les otites aiguës, surinfection des otites séreuses : ces otites aiguës entraînent otalgies, pic fébrile, parfois otorrhée. En cas d'otite chronique à tympan ouvert, on peut être confronté à une paralysie faciale ou une labyrinthite donnant en cas d'atteinte du labyrinthe postérieur, par fistule par exemple, des vertiges ou une surdité en cas d'atteinte de la cochlée. La thérapeutique par certaines gouttes auriculaires peut entraîner, en cas d'otite chronique à tympan ouvert, des atteintes de la cochlée avec surdité et vertiges.
— Au niveau du nez et des sinus, le « coup dur » est la poussée de sinusite aiguë, non pas tant au niveau du sinus maxillaire, où il y aura association de température et douleurs de la région jugale et sous orbitaire, qu'au niveau du sinus frontal où la céphalée frontale unilatérale sera majeure, lancinante, intenable.
— Au niveau du pharynx, il faudra savoir faire face à un phlegmon de l'amygdale dont le tableau clinique associera douleur pharyngée majeure avec otalgie, dysphagie plus ou moins totale, hypersialorrhée et trismus.
— Le patient porteur d'une laryngite chronique pourra présenter subitement une aphonie complète.

4. La bonne attitude en cas de « coups durs »

— Le diagnostic d'otite aiguë se fait par l'otoscopie, et l'aspect otoscopique détermine le traitement. Un tympan bombé impose une paracentèse qui chez l'enfant sera pratiquée sous anesthésie générale et sous microscope. En cas de tympan blanc crayeux, ne bombant pas, une antibiothérapie à large spectre sera préconisée associée à une désinfection rhinopharyngée. En cas d'otite perforée, avec otorrhée dans le conduit, le traitement nécessitera, outre celui proposé précédemment, des soins locaux du conduit auditif externe par des lavages du conduit auditif externe à la poire avec de l'eau bouillie tiède additionnée d'un antiseptique. Les complications d'otite chronique à tympan ouvert (paralysie faciale, fistule labyrinthique, méningite ou abcès du cerveau) imposent un traitement chirurgical d'urgence.
— Les poussées de sinusite aiguë nécessitent généralement un traitement ambulatoire fait d'une antibiothérapie per os associée à un corticoïde per os et d'un décongestionnant nasal par voie locale (**Déturgylone**), par voie générale (**Actifed**, **Denoral**). Ce n'est que devant la non sédation des symptômes, surtout au niveau frontal, après une radio ou un scanner affirmant le niveau liquide, qu'une ponction évacuatrice sera faite, par les voies naturelles au niveau du sinus maxillaire et sous anesthésie locale par trépanation du sinus frontal par voie externe avec mise en place d'un clou de Lemoyne sous anesthésie générale.
— Le phlegmon de l'amygdale dont le diagnostic est fait cliniquement par constatation d'un bombement de la loge amygdalienne avec œdème remontant sur le voile du palais, impose une hospitalisation. On pourra, dans un premier temps, en cas d'accès collecté, évacuer celui-ci à l'aide d'une ponction par une grosse aiguille montée sur une seringue dont on fait le vide. Dans tous les cas, que la ponction soit blanche ou non, une perfusion sera mise en route contenant de très grosses doses de corticoïdes comme par exemple 120 mg de

Solu-Médrol associés à une antibiothérapie importante à large spectre (**Pénicilline G :** 5 à 10 millions d'UI + **Flagyl :** 1,50 g par jour).
– L'aphonie, qui est le résultat d'un œdème laryngé constaté au miroir, impose une corticothérapie par voie générale, une ampoule de **Soludécadron** IM par exemple, associée à des aérosols contenant corticoïde et antibiotique.

5. La prévention

– Au niveau de l'oreille, les otites séreuses sévères ou évolutives imposeront en cas d'échec de l'adénoïdectomie et du traitement médical (antibiothérapie à large spectre, décongestionnant nasal, mucolytique) qui doit toujours être fait en première intention, la mise en place d'un aérateur trans-tympanique. Les otites chroniques cholestéatomateuses doivent impérativement, en l'absence de contre-indication, être opérées. On s'abstiendra de mettre en place des gouttes auriculaires contenant des ototoxiques en cas de perforation du tympan.
– Les sinusites polypoïdes ou non très évolutives imposeront en cas d'échec des traitements médicaux (antihistaminique, corticoïdes locaux, généraux, antibiothérapie), un traitement chirurgical qui rétablira la perméabilité nasale, un bon drainage des sinus.
– Tout phlegmon de l'amygdale imposera à distance de celui-ci une amygdalectomie.
– Toute laryngite chronique imposera l'éviction du tabac et la prévention de forçage vocal.

Alimentation normale du nourrisson

Pr C. DUPONT *

1. Les grands principes

- Jusqu'à l'âge de quatre mois, l'enfant doit essentiellement téter. Au-delà de quatre mois, l'enfant atteint un stade de maturation qui lui permet d'accepter des aliments en purée et de les avaler.
- Après six mois, les premières poussées dentaires accompagnent l'apparition d'une mastication qui deviendra progressivement efficace, permettant à l'enfant de recevoir des aliments dont la texture se rapproche peu à peu de celle de l'adulte.

2. De 0 à 4 mois : l'allaitement

L'allaitement au sein est le mode d'alimentation idéal du nourrisson de 0 à 4 mois. Chez le nouveau-né eutrophique à terme, mise au sein précoce et allaitement à la demande.

Allaitement artificiel : dispositions légales

- Lorsque l'enfant est nourri artificiellement, l'allaitement doit être réalisé avec une « préparation pour nourrisson » ou « lait pour nourrisson », dont la composition est définie par l'arrêté du 11 janvier 1994 modifiant les anciens « aliments diététiques et de régime de l'enfant ».
- Les « préparations pour nourrissons » sont destinées à l'alimentation particulière des nourrissons pendant les quatre à six premiers mois de leur vie et doivent « répondre à elles seules aux besoins nutritionnels de cette catégorie ». Elles contiennent de la vitamine D à la dose moyenne de 400 à 500 UI/l, qui justifie actuellement pour la plupart des auteurs une supplémentation complémentaire de 400 à 800 UI/l.

Quels laits pour quels enfants ?

- La teneur en caséine est considérée, en raison de la capacité de cette protéine de floculer dans l'estomac, comme fortement liée au ralentissement de la vidange gastrique ainsi qu'à la sensation de satiété. Ce taux de caséine peut varier du simple au triple, de 0,58 à 1,72 g/100 ml, offrant au prescripteur la possibilité d'en réduire ou d'en augmenter l'apport.
- La teneur en lactose est partiellement responsable de la rapidité du transit et de la survenue éventuelle de ballonnements et de coliques, qu'entraîne la malabsorption physiologique du lactose, chez le petit nourrisson. Cette teneur varie de 7,76 à 4,8 g/100 ml, le complément glucidique étant assuré en général par des dextrines, représentant là encore un choix important.

* avec la participation du service de diététique de l'hôpital Saint Vincent de Paul

– Les laits acidifiés sont comparables aux laits pour nourrissons mais ont été soumis à un processus de fermentation induisant une acidification du lait et une floculation de la caséine dont le but est d'en améliorer la digestibilité.
– Les « laits hypoallergéniques », dont l'hydrolyse enzymatique et le traitement thermique permettent de réduire l'allergénicité des protéines et dont le but est la prévention des manifestations précoces ou plus tardives de l'allergie, sont prescrits en complément de l'allaitement maternel.

Rythme et volume des biberons

– De la naissance à 8 jours, l'augmentation est progressive, de 100 ml à 600 ml par jour en 8, 7 ou 6 repas.
– De 8 jours à 1 mois, 600 ml en 6 à 7 repas.
– De 1 mois à 2 mois, 700 ml en 6 à 5 repas.
– A 3 mois, 700 à 800 ml en 5 repas.
– A 4 mois, 800 ml en 4 repas.
– La quantités sont théoriques : les besoins individuels sont variables, de même que l'âge de l'acceptation de la cuillère ou des aliments solides.

3. Vers 4 mois : la diversification alimentaire

La diversification alimentaire est une transformation radicale de l'alimentation de l'enfant. Elle accompagne le premier ralentissement de la croissance staturo-pondérale de l'enfant, qui survient vers l'âge de 5 mois et entraîne un fléchissement des besoins caloriques, lui-même contemporain d'une diminution de la consommation de lait.

Les premiers déséquilibres nutritionnels

– La période se situant entre 6 mois et 1 an est celle des premiers déséquilibres alimentaires. Selon les enquêtes diététiques, les apports protéiques sont toujours supérieurs aux apports recommandés et les apports en fer, ne dépassant pas 7 mg/j vers 6/7 mois, restent inférieurs aux 8 mg recommandés par le Centre National d'Etudes et de Recherche sur la Nutrition et l'Alimentation (CNERNA).
– La consommation lactée subit une baisse importante et ne représente à 6/7 mois que 18 % de la ration énergétique totale. Pour couvrir les besoins en calcium qui sont estimés à environ 600 mg/j, le calcul indique la nécessité d'un apport en lait ou en produits laitiers de 500 à 750 ml/j jusqu'à l'âge de 1 an.
– Le lait de vache et les produits lactés remplacent très rapidement les aliments lactés destinés à l'enfant, qui ne représentent à 7 mois que la moitié des apports lactés. Or le lait de vache est très pauvre en fer, sa teneur ne dépassant pas 0,25 mg/500 ml et le fer du lait de vache est très peu biodisponible.

Le lait de suite : des dispositions légales contre carences et excès

– Les laits de suite, définis par l'arrêté du 11 janvier 1994, relatif aux « préparations de suite », complément de la diversification alimentaire doivent donc être envisagés comme un élément « régulateur » des apports nutritionnels des enfants de 5 à 12 mois.
– Ils apportent du fer (en moyenne 1,03 mg/100 ml) que n'apporte pas une alimentation même correctement diversifiée et des acides gras insaturés comme l'acide linoléique (en moyenne 352 mg/100 ml contre 140 mg/100 ml dans le lait de vache). Ils ont un taux en protéines environ égal aux 2/3 de celui du lait de vache.

Les modalités de la diversification

– Vers 4 mois :
  • introduction des légumes et des fruits. Ils sont donnés mixés, à la cuillère ou dans le biberon. Ils permettent à l'enfant l'apprentissage du goût : proposer sans imposer. Ils apportent glucides, sels minéraux, vitamines et fibres. Ils modifient le transit de l'enfant. Les jus de fruits, acides, facilitant le reflux sont inutiles.

Nestlé
NIDAL
1
Lait en poudre pour nourrissons
Jusqu'à 4 mois

– Vers 6 mois :
  • introduction de la viande, du poisson et du jaune d'œuf. Mixés dans la purée de légumes, ils apportent protides et fer, dont l'enfant est souvent carencé. Le blanc d'oeuf, fait d'ovalbumine, l'une des protéines les plus allergisantes, sera proposé après un an,
  • les farines, quelquefois proposées sans sucre et sans gluten dès le deuxième mois aux nourrissons voraces, sont volontiers introduites plus vers le 6e mois et peuvent alors contenir du gluten. Elles contiennent les vitamines du groupe B.
– Vers 7/8 mois :
  • introduction des produits laitiers. Les laitages pourront remplacer le biberon du soir et les fromages mis dans la purée,
  • à cet âge, également, introduction des petites pâtes et de la semoule, du pain et des biscuits pour habituer l'enfant aux petits morceaux.

Surveillance

La période de diversification se caractérise par une modification du comportement du tube digestif de l'enfant : modification de l'allure des selles, disparition (fréquente) d'une éventuelle constipation, des coliques du nourrisson, du reflux gastro-œsophagien quasi « physiologique » des premiers mois de la vie.

Les laits pour nourrissons

Pr C. DUPONT

Les laits artificiels destinés aux enfants de moins de 4 mois peuvent être séparés en trois groupes :
- Les laits pour nourrissons qui remplacent les anciens aliments lactés diététiques 1er âge, eux-mêmes répartis en deux catégories, « maternisée » et « adaptée ».
- Les laits acidifiés (trois formules de ce type actuellement).
- Les laits hypoallergéniques dont le but est de réduire le risque de sensibilisation aux protéines du lait de vache.

Les autres laits, ou laits de régime, sont à réserver au traitement diététique de certaines maladies : laits sans lactose, laits semi-élémentaires à base d'hydrolysat de protéines et les aliments pour nouveau-nés de faible poids de naissance.

1. Dispositions légales

- Selon l'arrêté du 11 janvier 1994, modifiant celui du 1er juillet 1976 relatif aux aliments diététiques et de régime de l'enfant et celui du 30 mars 1978 relatif aux aliments lactés diététiques, les mots « aliments diététiques et de régime de l'enfance » sont remplacés par les mots « aliments destinés aux nourrissons et aux enfants en bas âge ». Selon cet arrêté, les « nourrissons » sont les enfants âgés de moins de douze mois et les « enfants en bas âge » sont les enfants âgés de un à trois ans. Les termes « humanisé » et « maternisé » sont interdits pour ne pas décourager l'allaitement au sein.
- Les « préparations pour nourrissons » sont des denrées alimentaires destinées à l'alimentation particulière des nourrissons pendant les quatre à six premiers mois de leur vie et répondant à elles seules aux besoins nutritionnels de cette catégorie de personnes et les « préparations de suite » sont les denrées alimentaires destinées à l'alimentation particulière des nourrissons de plus de quatre mois et constituant le principal élément liquide d'une alimentation progressivement diversifiée de cette catégorie de personnes.
- La dénomination de vente des « préparations pour nourrissons » peut être « lait pour nourrissons » lorsque le produit est entièrement à base de protéines de lait de vache. La dénomination de vente « lait de suite » pour les « préparations de suite » est soumise aux mêmes conditions.

2. Normes légales

La composition des préparations pour nourrissons doit respecter les fourchettes suivantes :
- **Energie :** 60-75 kcal/100 ml.
- **Protéines :** 2,25-3 g/100 kcal (à base de lait de vache non modifié) 1,8-3 g/100 kcal (rapport caséine/protéines solubles $\leqslant$ 1).
- **Lipides :** 3,3 g-6,5 g/100 kcal.
- **Acide linoléique :** 300 mg-1 200 mg/100 kcal (sous forme de glycérides).

- **Glucides :** 7 g-14 g/100 kcal. Les seuls glucides qui peuvent être utilisés sont lactose, maltose, saccharose, malto-dextrines, sirop de glucose ou sirop de glucose déshydraté, amidon (naturellement exempt de gluten).
- **Lactose :** taux minimum, 3,5 g/100 kcal, **Saccharose**, taux maximum : 20 %.
- **Amidon**, maximum : 2 g/100 ml et 30% des glucides totaux.

3. Nécessité de regarder les étiquettes

- D'une manière générale, les laits pour nourrissons ont une teneur en protéines et en sels minéraux limitée, inférieure à celle du lait de vache, en moyenne 2 g/100 ml de protides et 400 mg/ml de sels minéraux. Toutefois, les limites théoriques fixées par l'arrêté sont des fourchettes au sein desquelles les fabriquants peuvent sélectionner des taux variables de sucres, protides et sels minéraux et des compositions notamment protidiques et glucidiques variables.
- La teneur en caséine est considérée, en raison de la capacité de cette protéine de floculer dans l'estomac, comme fortement liée au ralentissement de la vidange gastrique ainsi qu'à la sensation de satiété. Ce taux de caséine peut varier du simple au triple, de 0,6 à 1,72 g/100 ml. La gamme des teneurs en caséine s'avère donc large dans les laits pour nourrissons disponibles en France. Elle offre au prescripteur les possibilités d'en réduire ou d'en augmenter l'apport, en se guidant selon les besoins sur l'échelle que propose le tableau 1.
- La teneur en lactose est partiellement responsable de la rapidité du transit et de la survenue éventuelle de ballonnements et de coliques, qu'entraîne la malabsorption du lactose, physiologique chez le petit nourrisson, mais plus marquée chez certains enfants. Cette teneur en lactose varie de 7,62 à 4,65 g/100 ml, comme l'indique le tableau 2, représentant là encore une distribution continue. Dans ce domaine également, le choix du lait peut se guider sur l'analyse des formules.
- L'addition de nucléotides dans certaines formules (**Modilac**) pourrait représenter un élément supplémentaire de défense anti-infectieuse.

4. Les laits acidifiés

Une mention spéciale doit être consacrée aux laits acidifiés, dont la formule est comparable à celle des laits adaptés, mais qui ont été soumis à un processus de fermentation, **Pélargon**, **Gallialactofidus** et **Bioguigoz**. La fermentation induit une acidification du lait et une floculation de la caséine dont le but est d'améliorer la digestibilité.

5. Les laits hypoallergéniques

- Certaines préparations pour nourrissons ont la qualification de « laits hypoallergéniques » : **Gallia H.**, **Guigoz H.A.**, **Nidal H.A.**, **Aptamil H.A.**, **Alma H.**, **Enfamil H.A.**, **Milumel H.**
- L'originalité de ces laits réside dans la qualité de leurs protéines, dont l'hydrolyse enzymatique et le traitement thermique permet de réduire le poids moléculaire (PM) en peptides dont la majorité ont un poids moléculaire inférieur à 5 000 daltons, dans le but de réduire leur allergénicité. L'enjeu scientifique de ces formules concerne en effet leur rôle potentiel dans la prévention des manifestations précoces ou plus tardives de l'allergie, alimentaire ou non. Les travaux récents montrent qu'un certain degré de protection contre les manifestations de l'allergie alimentaire est observé avec ce type de lait.

6. Quels laits ? Pour quels enfants ?

– Il est actuellement classique de proposer un lait riche en lactose aux enfants souffrant de constipation, cependant que la présence de selles liquides justifierait plus l'utilisation d'un lait riche en dextrines. La grande variété de concentrations en caséine ou en lactose et les corollaires cliniques qui s'attachent à ces variations devraient désormais, plus que par le passé, guider le choix du lait par les médecins. Il est cependant essentiel de rappeler les grandes variations physiologiques observées selon les enfants dans le nombre des selles et la fréquence des repas.
– Il semble raisonnable de réserver l'utilisation des laits « hypoallergéniques » à certaines situations particulières :
  • lorsqu'il existe un antécédent d'intolérance aux protéines du lait de vache dans la fratrie, en remplacement d'un allaitement maternel impossible ou refusé par la mère, afin de retarder le contact avec les protéines du lait de vache au 4e, 5e mois, lors du passage au lait de suite,
  • en complément transitoire d'un allaitement maternel à son début, si cela est nécessaire ou lors d'une interruption momentanée de cet allaitement maternel.
– Un lait épaissi destiné aux nourrissons présentant des régurgitations a été récement proposé (**Enfamil AR1 et AR2, Nutrilon** AR1 ou AR2).

7. Le lait de mère encore et toujours

Dans la recherche d'un lait idéal, il ne faut pas oublier que celui-ci existe déjà « sur le marché ». C'est le lait de mère, qui répond parfaitement aux exigences nutritionnelles, digestives et d'hypoallergénicité qui dominent la recherche en nutrition infantile.

Tableau 1 : Teneur en lactose des laits pour nourrissons g/100 ml		
MATERNA 1er âge	4,65	
GUIGOZ	4,8	
MODILAC	4,8	
ENFAMIL	4,9	
SMA confort	5,1	
NUTRICIA	5,33	
NIDAL	5,5	
MILUMEL	5,7	
GALLIA	5,95	
LEMIEL	6,29	
ALMA	6,4	
ENFALAC	7	
NURSIE	7,11	
APTAMIL 1 plus	7,2	
SMA	7,2	
APTAMIL MILUPAN	7,2	
MATERNA spécial	7,62	

Tableau 2 : Teneur en caséine des laits pour nourrissons g/100 ml		
SMA confort	0,3	
MATERNA spécial	0,6	
ENFALAC	0,6	
SMA	0,6	
APTAMIL 1 plus	0,85	
NURSIE	0,88	
APTAMIL 1 MILUPAN	0,6	
MODILAC	1	
MILUMEL	1,2	
ENFAMIL	1,44	
NUTRICIA	1,44	
GUIGOZ	1,5	
LEMIEL	1,52	
MATERNA	1,57	
NIDAL	1,6	
GALLIA	1,68	
ALMA	1,72	

Alimentation du nourrisson en cas de diarrhée chronique

Dr A. MUNCK

On parle de diarrhée chronique lors de l'émission quotidienne de selles anormales et en quantité excessive durant une période de plus de 4 semaines.

Intolérance aux protéines du lait de vache

1. Définition de la pathologie et grands principes du traitement

L'intolérance aux protéines du lait de vache s'exprime par des signes cliniques aigus (allergiques, pouvant aller jusqu'au choc, digestifs, à type de diarrhée et/ou vomissement et/ou rectorragie), ou par des signes cliniques chroniques (mauvaise prise pondérale, anorexie, diarrhée), survenant lors de l'introduction des protéines du lait de vache (sevrage) et cédant dès la soustraction des allergènes. Le diagnostic repose sur la confrontation de données cliniques et biologiques (IgE totaux, IgE spécifiques aux PLV, test de transformation lymphoblastique à la caséine, β -lactoglobuline et α -lactalbumine), voire histologiques (biopsie du grêle).

Traitement :

- Allaitement au sein.
- Lait composé d'hydrolysats de caséine ou de protéines du lactosérum : **Galliagène**, **Alfare**, **Pregestimil**, **Peptijunior**, **Nutramigen**.
- Exclusion de tous les produits lactés, du veau, du bœuf, du soja (antigénicité croisée).
- Supplémentation en calcium jusqu'à la diversification.
- Régime d'exclusion à poursuivre jusqu'à 15/18 mois (il s'agit d'une intolérance alimentaire transitoire).

N.B. Les laits hypoallergéniques ne doivent pas être utilisés. Ils contiennent encore des protéines lactées partiellement hydrolysées et potentiellement allergisantes pour ces enfants.

2. Éléments de surveillance

- La croissance staturopondérale.
- Le transit.

3. Les « coups durs »

- La stagnation pondérale.
- Une réaction allergique lors d'apport intempestif de protéines lactées.

LA GAMME NUTRITIONNELLE THÉRAPEUTIQUE DE

Nestlé

MAINTENANT DISPONIBLE EN PHARMACIE

alfaré

Hydrolysat de protéines pour la réalimentation du nourrisson dans les situations à risque.

- Diarrhées prolongées du nourrisson.
- Diarrhées aiguës du très jeune nourrisson.
- Allergie du nouveau-né aux protéines du lait de vache.
- Malabsorptions.
- Coliques persistantes.

Nestlé

Nutrition Pédiatrique

4. La bonne attitude en cas de « coups durs »

- La stagnation pondérale : s'assurer du bon suivi du régime, chercher une autre cause.
- Une réaction allergique à l'apport intempestif de protéines lactées : corticoïdes, voire hospitalisation en cas de réaction sévère, reprise stricte du régime.

5. La prévention

- Régime d'exclusion à poursuivre jusqu'à 12/15 mois.
- **Réintroduction impérative** des protéines lactées **en milieu hospitalier**, selon un protocole de réintroduction croissante, sous couvert d'une perfusion et de corticoïdes injectables à portée de main.

Intolérance au gluten

Dr A. MUNCK

1. Définition de la pathologie et grands principes du traitement

– L'intolérance au gluten est une entéropathie liée à l'ingestion du gluten dont le mécanisme n'est pas encore connu. Elle touche l'intestin grêle et se traduit cliniquement par un syndrome de malabsorption de type généralisé qui rétrocède sous régime strict d'exclusion du gluten.
– Le diagnostic est porté sur la biopsie du grêle identifiant une atrophie villositaire totale. Les anticorps IgG et IgA antigliadine, antiréticuline et antiendomysium sont sensibles à 90-95 % et spécifiques à 95-100 %. Ils se négativent sous régime d'exclusion du gluten, lorsque celui-ci est bien suivi ; on a également une normalisation du relief villositaire.

Traitement :

– Régime strict sans gliadine (blé, seigle, orge, avoine), se méfier des excipients (médicaments) et des additifs. Il existe des magasins diététiques vendant une large gamme de produits sans gluten (marques Schär, Valpiform, Taranis).
– Donner aux parents une liste très détaillée des aliments autorisés et interdits avec l'aide d'une diététicienne.
– La poursuite du régime d'exclusion du gluten à l'âge adulte reste un point non résolu. Il existe des guérisons cliniques et histologiques après retour au régime normal suggérant des phénomènes d'immuno-tolérance. Cela justifie un suivi tardif à la recherche d'éventuels signes de rechute clinique ou sérologique.

2. Éléments de surveillance

– Le transit.
– La croissance staturopondérale.
– Les anticorps IgG, IgA antigliadine, antiréticuline et anti-endomysium.

3. Les « coups durs »

– La stagnation pondérale.
– La persistance de la diarrhée.
– La posivité des anticorps.

4. La bonne attitude en cas de « coups durs »

– S'assurer du respect du régime dont on sait la difficulté et qui justifie la nécessité de consultations répétées.
– Chercher une autre cause de stagnation pondérale.
– Traitement symptomatique des douleurs abdominales : modificateur de la motricité intestinale (**Débridat**).
– Lors de cassure pondérale : chercher une autre étiologie.

Régime sans gluten

ALIMENTS	PERMIS	DÉFENDUS
LAITS	Entier, écrémé, demi-écrémé liquide, en poudre, concentré, frais, pasteurisé, UHT.	
DÉRIVÉS DU LAIT	Fromages (pâte molle, dure, cuits, non cuits, fondus). Fromages blancs, yaourts, suisses	
VIANDE	Fraîche. Surgelée au naturel.	Cuisinée. Quenelles.
CHARCUTERIE	Jambon blanc, cru, bacon. Rillettes. Confits. Saucisses : Strasbourg, Montbéliard, Francfort. Mortadelle, fromage de tête, museau de porc.	Jambonneau pané. Pâtés et galantines. Saucissons. Salami. Pâté en croûte. Pizza.
PRODUITS DE LA MER	Poissons frais, salés, fumés. Poissons surgelés au maturel. Poissons en conserve. Crustacés et mollusques : tous	Poissons farinés ou panés. Bouchées, crêpes, quiches aux fruits de mer.
ŒUFS	Jaune et blanc.	
MATIÈRES GRASSES	Beurre, margarine, végétaline, huile, crème, lard, saindoux, suif, graisse d'oie.	
FÉCULENTS ET FARINEUX	*Pommes de terre :* à l'état frais ou précuites sous vide. Chips. *Légumes secs :* frais, en conserve au naturel. *Soja* et farine de soja. Châtaignes. *Maïs et ses dérivés :* farine, maïzena, semoule, germes, grains. *Riz et ses dérivés :* farine. *Sarrazin et ses dérivés :* farine. *Céréales soufflées :* de riz ou de maïs.	Pomme de terre cuisinées du commerce sous forme de ragoût, de pommes dauphines, de gratin. Cuisinés : du traiteur, en conserve, surgelés. *Blé et ses dérivés :* farine, semoule, pâtes, couscous, pain blanc, complet, au son, pains fantaisies. Pain d'épices, pain de mie, biscottes. Gâteaux secs. Pâtisserie. *Seigle et ses dérivés :* farine, pain, pain d'épices. *Avoine :* flocons.
LÉGUMES	Légumes verts : frais, surgelés au naturel, en conserve au naturel.	Légumes verts cuisinés. Potages et soupes en sachets ou en boîte.
FRUITS	Frais, oléagineux, secs, au sirop, en conserve.	
SUCRE ET PRODUITS SUCRÉS	Sucre de betteraves, de canne, crème de marron pur fruit, pur sucre. Pâtes de fruit, bonbons et sucettes non fourrés. Sorbets. Crèmes glacées.	Nougats, dragées. Bonbons fourrés. Pâtes surgelées ou en boîte pour tarte.
BOISSONS	Eau du robinet. Toutes les eaux embouteillées. Sodas, sirop, limonade, bitter.	Bière, panaché.

d'après : M. Cuny, J. Navarro, et C. Cronier, J. Schmitz

Côlon irritable

1. Définition de la pathologie et grands principes du traitement

Le syndrome du côlon irritable se manifeste par des troubles fonctionnels digestifs, sans retentissement nutritionnel et sans atteinte inflammatoire de la muqueuse colique; c'est avant tout un diagnostic d'exclusion.

Traitement :
- Régime ne comportant pas trop d'hydrates de carbone, ni de protides, ni de produits lactés ou de fruits frais.
- Conseiller des légumes verts à fibres tendres très cuites et mixées, un enrichissement en huile et graisse végétale, des viandes, du poisson, des œufs, des fromages cuits.

2. Éléments de surveillance

- Le transit.
- La courbe staturo-pondérale reste excellente en cas de colon irritable.

3. Les « coups durs »

- Persistance de la diarrhée.
- Cassure de la courbe staturo-pondérale.
- Douleurs abdominales répétées.

4. La bonne attitude en cas de « coups durs »

- Rassurer la famille, c'est l'essentiel.
- Réserver le riz et la carotte pour les journées à poussées aiguës. Tout cela évoluera vers la guérison vers l'âge de 3/4 ans.

NOUVEAU

Prise en charge d'une anémie chez l'enfant

Dr P. MATARAZZO

1. Définition de la pathologie et grands principes du traitement

– L'anémie se définit comme une diminution de la concentration de l'hémoglobine par volume de sang. En pédiatrie, il faut tenir compte des variations physiologiques de l'hémoglobine en fonction de l'âge. La limite inférieure étant de 11 g/dl chez le nourrisson et l'enfant de moins de 4 ans, de 11,5 g/dl chez l'enfant de 5 à 11 ans, de 12 g/dl chez la fille de plus de 12 ans et de 12,5 g/dl chez le garçon de plus de 12 ans. L'enquête étiologique doit d'abord s'attacher à retrouver le mécanisme responsable de l'anémie : une insuffisance de production médullaire, une spoliation sanguine, une hémolyse. Certaines données biologiques comme le VGM, l'examen des globules rouges sur lame, la numération formule sanguine et les réticulocytes apportent des éléments permettant d'orienter l'enquête étiologique. L'examen clinique évalue la tolérance de l'anémie et recherche des signes associés comme la présence d'un ictère, d'une hépato-splénomégalie, d'adénopathies.
– La prise en charge thérapeutique dépendra de la cause de l'anémie, et aussi de la tolérance, une transfusion pouvant être parfois nécessaire en urgence.

2. Éléments de surveillance

– La cause la plus fréquente d'anémie chez l'enfant est la carence martiale. Cliniquement l'anémie ferriprive se caractérise par une pâleur des conjonctives, une fatigabilité physique, une stagnation pondérale, une altération des phanères, des troubles du comportement (apathie, anorexie, irritabilité).
– Les enfants porteurs d'une anémie hémolytique congénitale (drépanocytose, thalassémie, sphérocytose...) doivent bénéficier d'une surveillance clinique et biologique régulière et nécessitent souvent des transfusions répétées voire une splénectomie.

3. Les « coups durs »

– L'anémie chronique par carence en fer augmente la sensibilité aux infections notamment ORL et pulmonaires.
– L'anémie aiguë peut avoir des conséquences graves (choc hypovolémique). Elle peut être due notamment à une hémorragie aiguë, une leucose. Chez l'enfant drépanocytaire il peut s'agir d'une crise vaso-occlusive, d'une erythroblastopénie aiguë, d'une séquestration splénique.

4. La bonne attitude en cas de « coups durs »

- L'administration pendant une durée de deux mois d'une thérapeutique martiale permet d'éviter les conséquences d'une anémie ferriprive.
- Une hospitalisation en urgence est nécessaire en cas d'anémie aiguë pour effectuer un bilan étiologique et une transfusion si besoin.

5. Prévention

- Prevenir la carence en fer, c'est s'efforcer de privilégier les aliments dont la teneur en fer est élevée, dans ce but l'utilisation systématique d'un lait deuxième âge est justifiée jusqu'à l'âge de 12 mois, et l'utilisation d'un lait supplémenté en fer peut être recommandé jusqu'à l'âge de 3 ans.
- Les complications des anémies hémolytiques congénitales peuvent être prévenues par une surveillance régulière et une bonne information des parents sur la prise en charge de la maladie de leur enfant.

NOUVEAU

Prise en charge d'un enfant atteint de mucoviscidose

Dr B. FAUROUX

1. Définition de la pathologie et grands principes du traitement

– La mucoviscidose ou fibrose kystique du pancréas est la plus fréquente des maladies génétiques autosomiques récessives graves dans la race blanche. Les manifestations pulmonaires réalisent une bronchopathie chronique obstructive qui domine le pronostic vital, et sont associées à des manifestations digestives notamment une insuffisance pancréatique externe. Les progrès récents de la recherche fondamentale, la découverte du gène de la maladie situé sur le chromosome 7 et de la protéine responsable (protéine transmembranaire site "CFTR") permettent d'améliorer la compréhension de la physiopathologie de la maladie et ouvrent l'espoir d'une thérapeutique curative.
– Actuellement, le traitement de la maladie est **symptomatique** et repose sur la kinésithérapie respiratoire et l'antibiothérapie adaptée, ainsi que sur le maintien d'un état nutritionnel optimal. La prise en charge se fait en milieu hospitalier spécialisé, en étroite collaboration avec le médecin de famille, le kinésithérapeute et le personnel infirmier.

a) Prise en charge de l'atteinte respiratoire
– Stérile à la naissance, le poumon d'un sujet atteint de mucoviscidose va être colonisé rapidement et de façon inéluctable par trois bactéries : le staphylocoque auréus, l'haemophilus influenzae, et le pseudomonas.
– Le diagnostic d'une surinfection bactérienne repose sur l'étude quantitative et qualitative de l'expectoration profonde recueillie au cours d'une séance de kinésithérapie respiratoire.
– L'étude de la sensibilité des germes isolés aux antibiotiques avec détermination des CMI est systématique. On considère qu'au-delà de 10^6 CFU/ml, une bactérie est pathogène.
– Les ECBC sont faits systématiquement, tous les 1 à 3 mois, après un traitement antibiotique et selon l'état clinique.

La kinésithérapie respiratoire :
– Elle constitue la clé de voûte de la prise en charge de l'atteinte respiratoire en évacuant les sécrétions bronchiques anormalement visqueuses. Elle est faite par un kinésithérapeute spécialisé dans la pathologie respiratoire et doit être faite de manière (bi) quotidienne même si l'enfant ne crache pas. La technique principale est l'accélération du flux expiratoire. L'autonomisation doit être progressive.

L'antibiothérapie des surinfections bronchiques :
– Le staphylocoque aureus a été le premier germe incriminé dans la gravité de l'atteinte respiratoire. Rencontré au début de la maladie, classiquement réputé comme peu pathogène, il peut à lui seul être responsable d'une bronchopathie majeure. Habituellement, une bithérapie par voie orale (**Fucidine**, **Bactrim**, **Bristopen**, **Pyostacine**, **Rifadine**) pendant 15 jours permet la stérilisation des sécrétions. Le recours à une antibiothérapie intraveineuse (**Fosfocine**, **Vancocine**) est rarement nécessaire : exacerbation sévère, germe résistant.
– L'haemophilus est rencontré au début de la maladie et est responsable de 14 % des

LA GAMME NUTRITIONNELLE THÉRAPEUTIQUE DE

Nestlé

MAINTENANT DISPONIBLE EN PHARMACIE

alfaré

Hydrolysat de protéines pour la réalimentation du nourrisson dans les situations à risque.

- Diarrhées prolongées du nourrisson.
- Diarrhées aiguës du très jeune nourrisson.
- Allergie du nouveau-né aux protéines du lait de vache.
- Malabsorptions.
- Coliques persistantes.

Nestlé

Nutrition Pédiatrique

exacerbations aiguës. Son éradication est habituelle et associée à une amélioration clinique. Sa fréquence peut être sous-estimée surtout en présence d'une infection concomitante à pyocyanique. Le portage chronique est de 5 %. Son traitement repose sur **Clamoxyl**, **A-gram** (50 à 100 mg/kg) pendant 15 jours ou **Augmentin**, **Ciblor** en cas de sécrétion d'une bêta-lactamase (5 à 15 % des cas).

– Le pseudomonas aeruginosa non muqueux est tellement spécifique de la maladie que son isolement dans les sécrétions bronchiques doit faire pratiquer un test de la sueur. Son apparition est quasi inéluctable au cours de l'évolution de la maladie (en moyenne 10 ans) et signe un tournant évolutif. Il est isolé chez 70 à 80 % des patients et hautement contagieux imposant des règles d'hygiène strictes (en milieu hospitalier surtout).
– L'antibiothérapie dirigée contre le pyocyanique associe la voie générale à la voie locale. Le bénéfice clinique est habituel mais de durée limitée. L'antibiothérapie antipyocyanique repose sur 3 classes d'antibiotiques plus ou moins associées : les céphalosporines de 2e ou 3e génération, les aminosides et les fluoroquinolones. On conseille l'emploi de **Ticarpen**, **Securopen** , **Claventin**, **Pipérilline**, **Tazocilline**, **Baypen** en 1ere intention pour garder les céphalosporines de 3e génération (**Pyocéfal**, **Axépim**, **Fortum**) pour les pyocyaniques résistants ou en cas d'infection particulièrement sévère.
– Le **Fortum** est un antibiotique remarquablement efficace, le **Tiénam** est réservé aux souches résistantes à cet antibiotique. Les bêta-lactamines sont toujours associées à un aminoside, administré à forte dose en contrôlant les taux sériques, pour diminuer le risque de résistances. Ils peuvent être utilisés en intraveineux ou par aérosolthérapie (**Nebcine**). Les fluoroquinolones représentent la seule classe d'antibiotiques à visée anti-pyocyanique utilisable per os. Leur excellente pénétration bronchique explique leur efficacité mais leurs effets secondaires sont nombreux et le risque élevé de résistances justifie leur association avec un autre antibiotique (par aérosolthérapie par exemple). Ils sont réservés au grand enfant avec une surveillance clinique et bactériologique rigoureuse. Chez l'enfant, seuls **l'Oflocet** et le **Ciflox** sont employés à la dose de 20 à 40 mg/kg en 2 prises.
– Le **Pulmozyme**
Cette DNase recombinante humaine permet de réduire la viscosité du mucus de ces patients liée à une quantité très importante de DNA provenant des cellules inflammatoires et des bactéries. Employée à la dose d'une ampoule de 2,5 mg par jour chez les enfants de plus de 5 ans et ayant une Capacité Vitale (CV) > 40 %, elle réduit la fréquence des surinfections bactériennes et améliore modestement la fonction pulmonaire.

Les autres traitements :

– Traitement d'une hyperréactivité bronchique (lésionnelle, postvirale ou asthme associé) : les bronchodilatateurs doivent être évaluées sur les EFR.
– Reflux gastro-œsophagien à traiter.
– Calendrier vaccinal à respecter avec la vaccination anti-grippale.
– Tout tabagisme actif et passif sera proscrit.
– Une vie scolaire normale doit être préservée en organisant au mieux les soins à domicile.

b) Prise en charge de l'atteinte digestive

– Le déficit pancréatique externe touche 90 % des patients. Il se traduit par une malabsorption avec stéatorrhée, déficit en sels biliaires. Cette malabsorption-maldigestion entraîne un déficit énergétique qui peut être majeur, ainsi que des carences spécifiques : vitamines A (5.000 à 10.000 UI/j) et E (10 mg/kg/j) surtout, acides gras (acide linoléique). Actuellement, l'apparition d'extraits pancréatiques en microsphères gastroprotégés **Alipase**, **Créon**, **Eurobiol** 25.000 (2.500 à 10.000 U de lipase/kg/j) permet un régime libre hypercalorique, hyperprotidique, normo voire hyperlipidique. Les besoins énergétiques doivent être de l'ordre de 130 à 140 % des apports recommandés pour l'âge. On doit s'efforcer à privilégier avant tout l'alimentation orale avec l'aide de la diététicienne. Des supplémentations hypercaloriques orales (**Fortimel**) sont intéressantes chez les enfants en déficit nutritionnel.

2. Éléments de surveillance

a) De la pathologie

– De l'état respiratoire :
  - une exacerbation respiratoire se manifeste souvent par des signes discrets : accentuation de la toux, de l'importance et de la purulence de l'expectoration, diminution de l'appétit, stagnation pondérale ou perte de poids, dégradation des gaz du sang (GDS), qu'il faut savoir dépister par un ECBC afin de débuter rapidement une antibiothérapie adaptée. La fièvre est habituellement absente, sa présence fait rechercher une infection virale (à virus respiratoire syncytial, adénovirus, virus parainfluenzae), dont le rôle délétère sur cette bronchopathie est bien documenté,
  - il faut vérifier la bonne compliance au traitement, le bon usage des aérosols et des thérapeutiques inhalés. Les EFR sont faits au minimum une fois par an et systématiquement pour évaluer les effets des bronchodilatateurs et du **Pulmozyme**. Les GDS sont faits à chaque consultation (au moins trimestrielle). La présence d'une chambre implantable pour les perfusions intraveineuses nécessite des héparinisations régulières et une surveillance échocardiographique.

– De l'état digestif : le transit, la croissance staturo-pondérale, la fonction hépatique et la recherche régulière d'un diabète par l'hémoglobine glycosylée et l'HGPO à partir de l'âge de 10 ans font partie du suivi.

b) De la thérapeutique

– Des antibiotiques : les réactions allergiques aux antibiotiques sont fréquentes et posent des problèmes thérapeutiques. Il faut contrôler les taux sanguins des aminosides. Attention à l'hyperréactivité induite par les traitements inhalés.

– Des extraits pancréatiques : il faut ajuster les extraits pancréatiques à l'alimentation et au transit. Le débit fécal des graisses mesuré sur des selles recueillies 3 jours de suite doit être $< 3,5$ g/j chez le nourrisson et < 5 g/j chez le grand enfant.

3. Les « coups durs »

– De la pathologie respiratoire :
  - l'infection à Burkholderia cepacia, particulièrement résistant,
  - l'infection à Xanthomonas maltophilia, Alcaligenes xylosoxidans,
  - l'infection à Aspergillus, l'aspergillose bronchopulmonaire est une complication possible,
  - l'hémoptysie,
  - le pneumothorax se voit dans les formes évoluées.

– De la pathologie digestive :
  - la stagnation pondérale,
  - l'iléus stercoral est l'équivalent de l'iléus méconial chez le nourrisson et l'enfant,
  - le prolapsus rectal,
  - la cirrhose qui peut se compliquer d'hypertension portale, recherchée par une échographie abdominale annuelle,
  - le diabète par insuffisance pancréatique endocrine se voit après l'âge de 10 ans.

– De la thérapeutique :
  - allergie aux antibiotiques,
  - la thrombose ou l'infection au niveau de la chambre implantable permettant les perfusions d'antibiotiques à domicile : surveillance échocardiographique régulière.

4. La bonne attitude en cas de « coups durs »

- L'infection à des germes résistants nécessite l'adaptation des antibiotiques en fonction de l'antibiogramme.
- L'infection à Aspergillus (ABPA) est traitée par le **Sporanox** 10 mg/kg/j et corticoïdes per os.
- L'hémoptysie doit faire pratiquer une fibroscopie en urgence pour déterminer le côté du saignement et guider l'éventuelle embolisation.
- Le pneumothorax nécessite une hospitalisation pour exsuflation ou drainage en fonction de la tolérance clinique et de la gravité de l'atteinte respiratoire.
- Insuffisance respiratoire : oxygénothérapie 15 h/jour, voire ventilation assistée nocturne par masque en cas d'hypercapnie et/ou en attente de transplantation pulmonaire.
- La stagnation pondérale impose d'augmenter les apports caloriques (suppléments caloriques oraux, si nécessaire nutrition entérale à débit constant), vérifier l'absence de stéatorrhée (adapter les extraits pancréatiques sans dépasser 10.000 UI/kg/j et s'assurer de l'absorption de gélules en début de repas), rechercher une autre cause de diarrhée.
- L'iléus stercoral : lavement par des solutés hyper-osmolaires ou N-acéthylcystéine.
- Cirrhose : acide ursodésoxycholique (**Delursan**) dès les signes de cholestase.
- Diabète : prise en charge comme un diabète classique avec de l'insuline.

5. La prévention

- Prise en charge globale de la maladie, en centre spécialisé, en étroite collaboration avec le médecin traitant, le kinésithérapeute et le personnel infirmier.
- La surveillance régulière, au moins trimestrielle.
- La prise en charge rapide des complications (disponibilité du centre référent 24h/24).
- Dépistage anténatal.

NOUVEAU

Surveillance de la croissance d'un enfant

Pr J.P.GALLET

1. L'importance de la surveillance de la croissance

De nombreuses pathologies ont un retentissement sur la croissance. Il est essentiel à l'examen de la courbe de croissance :
- De déterminer ce qui est pathologique et ce qui ne l'est pas.
- De dépister très rapidement les situations pathologiques.
- D'orienter les examens complémentaires en fonction de la clinique.

2. Éléments de surveillance

La surveillance est clinique et repose sur deux impératifs : les mensurations régulières, l'analyse de la courbe.

Les mensurations régulières
- Tout enfant doit être mesuré tous les 3 mois jusqu'à un an, tous les 6 mois ultérieurement et ce jusqu'à la fin de la croissance.
- Les mensurations doivent être notées sur le carnet de santé. La courbe de croissance doit être construite. Les diagnostics tardifs ont tous pour origine le non respect de ces régles.

L'analyse de la courbe de croissance
- Si pendant les deux ou trois premières années de la vie sa courbe de croissance est parfois irrégulière, et hésitante, au-delà *l'enfant normal* a une courbe parallèle aux normes de reference. Il grandit dans un couloir dont les limites sont étroites (1 DS au maximum). A partir de 3 ans la vitesse de croissance est de 6 cm par an jusqu'au début de la puberté, le gain en poids est de 2 kg par an.
- La détermination du couloir de croissance est l'élément clé de l'analyse de la courbe.

La distinction entre le normal et le pathologique
- La notion même de normal et de pathologique n'est pas précise, tant sont grandes les variations individuelles.
- Mieux vaut définir les situations à surveiller cliniquement des situations à explorer d'emblée.
  - toute croissance régulière (dans son couloir) entre +2 DS et -2 DS est à surveiller cliniquement,
  - toute croissance régulière au-delà de +2 DS ou en-deçà de -2 DS est possiblement pathologique et mérite une analyse approfondie,
  - tout changement de couloir vers le haut (par accélération) ou vers le bas (par ralentissement) est a priori toujours pathologique.

Toute situation possiblement pathologique légitime un seul examen de première intention : l'âge osseux. Celui-ci doit être évalué à l'Atlas de Greulich et interprété par un médecin qui en a l'expérience (les erreurs d'interprétation sont courantes).

3. Les anomalies à prendre en compte

Les grandes tailles

– La grande taille (au-delà de + 2 DS) avec croissance régulière dans le même couloir est constitutionnelle et souvent familiale.
– Elle pose le problème d'une grande taille définitive mal supportée chez la fille. Il faut en prévenir très tôt les parents et proposer d'anticiper la puberté par cycles artificiels (à commencer avant que la taille n'atteigne 1 m 50).
– La grande taille par accélération de la croissance (changement de couloir vers le haut) se voit dans 2 circonstances :
  • au démarrage d'une obésité mais le décalage de taille n'excède pas 1 DS, la surcharge pondérale est évidente et l'âge osseux est en rapport avec l'âge,
  • précocité sexuelle : l'âge osseux est très en avance par rapport à l'âge réel,
  ⇒ chez la fille : pratiquement toujours précocité sexuelle essentielle,
  ⇒ chez le garçon, 2 étiologies dominent : l'hyperplasie des surrénales à révélation tardive, les tumeurs cérébrales responsables de puberté précoce complète.

Les petites tailles

– La petite taille avec croissance régulière,
  • chez la fille penser au Turner même en l'absence de dysmorphie,
  • dans les deux sexes : petite taille constitutionnelle ou petite taille secondaire à un RCIU.
– La petite taille par ralentissement ou arrêt de croissance (changement de couloir vers le bas) :
  ⇒ Généralement endocrinienne :
  • rare : hypercorticisme, hypothyroïdie,
  • fréquent : insuffisance en GH.
  ⇒ Parfois révélatrice d'une maladie digestive chronique (malabsorption, maladie de Crohn).

4. Les attitudes à adopter

– Grandes tailles
  • constitutionnelle : aucun examen autre que l'âge osseux,
  • précocité sexuelle : explorations approfondies différentes selon les sexes à faire en hospitalisation de jour.
– Petites tailles
  • régulières : à explorer car certaines peuvent bénéficier d'un traitement par GH (Turner – RCIU),
  • par ralentissement : rechercher l'anomalie hormonale et préciser sa cause.

5. Le rôle du praticien est essentiel

– Car de sa rigueur d'analyse dépend un diagnostic précoce.
– Car par une analyse claire, il peut classer les anomalies afin d'orienter les explorations.

NOUVEAU

Comment surveiller un enfant porteur d'une otite séro-muqueuse ?

Dr C. LE PAJOLEC

1. Définition de la pathologie et grands principes du traitement

- L'otite séro-muqueuse se caractérise par la présence de liquide plus ou moins épais dans la caisse du tympan, sécrété par la muqueuse de l'oreille moyenne, derrière un tympan fermé. Elle touche l'enfant entre 1 et 7 ans environ, âge vers lequel elle tend à s'améliorer puis à disparaître.
- Normalement aérées par la trompe d'Eustache lors de chaque mouvement de déglutition, les cavités de l'oreille moyenne (caisse du tympan, mastoïde) peuvent se remplir de sécrétions épaisses ou visqueuses à la suite de processus variés et intriqués : présence de volumineuses végétations adénoïdes dans le rhinopharynx, dysfonctionnement tubaire, pressions négatives dans l'oreille moyenne, métaplasie de la muqueuse qui devient sécrétante...
- L'otite séro-muqueuse s'accompagne fréquemment de surdité de transmission, de poussées de surinfection (otites moyennes aiguës à répétition) et de modifications tympaniques qui nécessitent une surveillance régulière et prolongée, qui sera assurée en consultation.
- Il s'agit d'une affection très variable dans le temps, pour laquelle les décisions thérapeutiques ne doivent pas être hâtives : les traitements médicaux et surtout chirurgicaux (adénoïdectomie, pose de drains trans-tympaniques) seront envisagés en fonction du suivi de l'enfant et du retentissement sur l'aspect des tympans et sur l'audition.

2. Éléments de surveillance

- Il s'agit le plus souvent d'un enfant amené en consultation pour un problème d'hypoacousie, constatée à la maison ou à l'école ; parfois c'est la fréquente répétition des otites aiguës qui est le motif de consultation, il faut alors revoir l'enfant à distance d'un épisode aigu.
- C'est l'otoscopie qui, d'emblée fait évoquer le diagnostic : le tympan est mat, dépoli, grisâtre ou bleuté, parfois légèrement inflammatoire, le triangle lumineux n'est pas visible. Il est parfois possible de voir un niveau liquide ou des bulles à travers le tympan, objectivant la présence de liquide dans la caisse. Dans les cas plus anciens, le tympan est rétracté autour du manche du marteau, dont le relief semble accentué.
- L'examen clinique vérifie par ailleurs la perméabilité nasale (souvent altérée) et l'aspect des amygdales.
- Le recours à l'ORL est alors indispensable, pour pratiquer un examen audiométrique complet (audiogramme, tympanogramme, recherche des réflexes stapédiens). Celui-ci recherche, avec des tests adaptés à l'âge, un déficit auditif. Dans la forme typique, surdité de transmission de 20 à 50 dB, avec tympanogrammes plats ou décalés vers les pressions négatives, possible absence des réflexes stapédiens. Il faut noter que l'aspect des tympanogrammes n'est pas corrélé à l'importance de la perte auditive.

Célestène

gouttes

CELESTENE 0,05 % solution buvable, gouttes
bétaméthasone
Forme et composition : GOUTTES : flacon de 30 ml (1 ml = 40 gouttes
0,5 mg de bétaméthasone) contenant **bétaméthasone** (DCI) : 0,
mg/ml, excipient q.s., dont : édétate de sodium, benzoate d
sodium, acide citrique. **Indications thérapeutiques**
Affections ou maladies **allergiques :** états allergique
sévères, certaines urticaires géantes, oedème de Quincke
collagénoses et connectivites - dermatologiques
pemphigus, lichen plan, hématodermies et certains eczémas
digestives : poussées évolutives de la rectocolie hémorragique et de l
maladie de Crohn ; hépatite chronique active auto-immune, avec ou san
cirrhose - **endocriniennes :** thyroïdite non suppurée : thyroïdite subaigu
de De Quervain; hypercalcémie paranéoplasique
hyperplasie surrénale congénitale - **hématologiques**
purpuras thrombopéniques idiopathiques (auto
immuns); anémies hémolytiques auto-immunes
érythroblastopénies chroniques de l'adulte et d
l'enfant; en association avec diverses chimio
thérapies dans de nombreux protocoles d
traitement d'hémopathies malignes essentiellemen
lymphoïdes - **infectieuses :** essentiellement certain
cas de thrombophlébite septique, de fièvre typhoïde
forme viscérale grave, en complément du traitemen
étiologique spécifique (antibiothérapie)
néoplasiques : comme traitement palliatif de
leucémies et des lymphomes, du myélom
multiple, et de nombreux cancers et comm
traitement antiémétique au cours de
traitements immunodépresseurs
métastases osseuses avec hypercalcémie
néphrologiques : certains syndrome
néphrotiques - **neurologiques :** myasthénie
oedème cérébral, en particulier de caus
tumorale ou traumatique ; traitemen
palliatif des tumeurs cérébrales inopérables
paralysie faciale a frigore; certaine
polyradiculonévrites - **ophtalmologiques**
uvéite antérieure et postérieure dans les ca
graves ; certaines névrites et papillites optiques
exophtalmies endocriniennes oedémateuses - **ORL**
certaines otites séreuses, surdités brusques, certaine
rhinites allergiques, polypose naso-sinusienne et certaine
sinusites aiguës ou chroniques - **respiratoires :** sarcoïdose
certaines broncho-pneumopathies chroniques obstructives et certaine
formes d'asthme **rhumatologiques :** certaines arthrites et polyarthrites
maladie de Horton, radiculalgies et certaines hypercalcémies no
tumorales. **Posologie et mode d'administration :** 1 mg de bétaméthason
correspond à 6 à 7 mg de prednisone. En pratique, il est commode d'utilise
une équivalence de 1 à 10 à moduler. Traitement d'attaque : 8 à 1
gouttes/kg/24 heures chez le nourrisson et le jeune enfant. Traitemen
d'entretien : ce doit être la dose efficace la plus faible possible :
gouttes/kg/24 heures chez le nourrisson et le jeune enfant. L'arrêt d'u
traitement par les corticoïdes doit toujours se faire progressivemen
Contre-indications : Ce sont celles de la corticothérapie générale :
particulier, tout état infectieux ou mycosique non contrôlé par u
traitement spécifique; certaines viroses en évolution notamment herpès
zona à manifestations oculaires; goutte; ulcère gastrique ou duodén
évolutif; états psychotiques; cirrhose alcoolique avec ascite; hépatite aigu
à virus A, B ou non A, non B. **Mises en garde,** précautions particulièr
d'emploi, **interactions médicamenteuses et surdosage :** Consulter
dictionnaire Vidal. **Effets indésirables :** consulter le dictionnaire Vidal I
sont surtout à craindre lors d'un traitement prolongé : désordre
hydroélectrolytiques, troubles endocriniens et métaboliques, trouble
musculosquelettiques, troubles digestifs, troubles cutanés, trouble
neuropsychiques, troubles oculaires. **Propriétés pharmacodynamiques**
pharmacocinétiques : Consulter le dictionnaire Vidal. Anti-inflammatoi
stéroïdien. **Liste I.** Visa NL 2320 - Mis sur le marché en 1965. Rembour
par la Sécurité sociale à 65%. Prix 34,30 F. Agréé à l'usage des collectivité
Pour une information plus complète, consulter le dictionnaire Vidal.

Schering-Plough 92, rue Baudin - 92300 Levallois-Perret - Tél.: (1) 41.06.35.0

– C'est la présence trop prolongée d'un déficit auditif d'au moins 30 à 40 dB, gênant l'acquisition du langage ou de la lecture, ou la constatation répétée d'un aspect tympanique anormal voire inquiétant (rétraction), ou la conjonction de ces 2 phénomènes, alors que les périodes de retour à la normale se font de plus en plus rares, qui va nécessiter une prise en charge plus active :
  - d'abord association antibiotiques-corticoïdes pour 10 jours environ, puis si le traitement est inactif ou si l'OSM récidive rapidement,
  - adénoïdectomie associée à la pose de drains trans-tympaniques.

3. Les « coups durs »

– La survenue d'otites aiguës à répétition chez un enfant porteur d'otite séreuse : malgré un traitement adapté (antibiothérapie probabiliste), il arrive parfois que les épisodes aigus se succèdent presque sans interruption, nécessitant la pose de drains trans-tympaniques pour interrompre ce cycle en aérant l'oreille. Ce geste est alors couplé à une adénoïdectomie, si celle-ci n'a pas déjà eu lieu.

– La survenue d'une importante rétraction tympanique impose également surveillance et traitement, afin d'éviter la formation d'une poche de rétraction, qui peut ensuite se compliquer d'un cholestéatome.

4. La bonne attitude en cas de « coups durs »

Quand les otites se répètent de façon trop fréquente ou que l'aspect tympanique évolue vers la rétraction, adresser l'enfant à l'ORL afin de reprendre le bilan auditif et d'envisager un geste chirurgical : adénoïdectomie, pose de drains trans-tympaniques ou les deux.

5. La prévention

Seule la surveillance régulière de l'enfant par l'otoscopie et des tests cliniques simples (voix chuchotée) peut permettre d'apprécier les fluctuations de l'audition et d'intervenir à bon escient si celle-ci est notablement et durablement perturbée.

NOUVEAU

Surveillance d'un enfant asthmatique

Dr B. FAUROUX

1. Définition de la pathologie et grands principes du traitement

— L'asthme de l'enfant se caractérise par la survenue d'au moins 3 épisodes de dyspnée obstructive expiratoire résolutifs spontanément ou sous l'effet d'un traitement bronchodilatateur. L'asthme du nourrisson (NRS) peut se voir dès la première année de vie.

— Les crises sont surtout déclenchées par les infections virales (bronchiolites). Il importe d'éliminer les diagnostics différentiels : mucoviscidose (test de la sueur), reflux gastro-œsophagien, troubles de la déglutition, malformation, corps étranger (endoscopie bronchique à faire devant une symptomatologie clinique traînante, atypique et/ou sans intervalle libre). L'asthme de l'enfant s'associe à une allergie dans 90 % des cas.

— L'asthme se traduit par :
- une contraction du muscle lisse bronchique, sur laquelle agissent les médicaments bronchodilatateurs,
- une inflammation responsable de l'hyperréactivité bronchique, sur laquelle agissent les médicaments anti-inflammatoires (cromones et corticoïdes).

— Le but du traitement est double :
- l'enfant doit mener une vie normale (activité, sommeil, scolarité) sans gêne fonctionnelle,
- sa fonction pulmonaire (EFR **avec débits distaux**) doit être normale.

Le traitement de la crise

— Il repose sur les bêta 2 mimétiques : **Bricanyl**, **Ventoline**, **Berotec**, en spray avec une chambre d'inhalation adaptée à l'âge de l'enfant. Chez l'enfant de moins de 2 ans : chambre avec masque facial (**Babyhaler** sur laquelle s'adapte la **Ventoline**, l'**Aéroscopic** sur laquelle s'adaptent tous les sprays). Chez l'enfant de plus de 2 ans, chambre d'inhalation avec embout buccal : **Volumatic** pour la **Ventoline**, **Nébuhaler** pour le **Bricanyl**. Chez le grand enfant, les inhalateurs de poudre (**Ventodisk**, **Bricanyl**, **Turbuhaler**) sont intéressants mais leur emploi est parfois difficile en cas de crise (il faut un débit inspiratoire d'au moins 30 l/minute). Les bêta 2 mimétiques sont efficaces en 5 minutes pendant 3 à 6 heures.

— Il faut y associer des corticoïdes (2 mg/kg/j de **Cortancyl** ou **Solupred** sans dépasser 40 mg/j pendant 5 jours avec un arrêt brutal) en cas de crise sévère ou persistante (> 24 heures). Ils sont efficaces 3 à 4 heures après leur administration.

Le traitement de fond dépend de l'état clinique et fonctionnel respiratoire :

— Crises peu fréquentes (< 1 par mois), peu sévères, sans symptômes intercritiques et une fonction pulmonaire normale (DEM_{50} et DEM_{25} normales), traitement au coup par coup des crises et traitement du terrain (allergie).

— Crises plus fréquentes (> 1 par mois) et/ou sévères et/ou symptômes fonctionnels intercritiques et/ou EFR anormales : traitement de fond anti-inflammatoire :
- cromones : **Lomudal** (spray ou inhalateur de poudre ou nébulisation chez le NRS), ou **Tilade** (spray) deux bouffées deux fois par jour,
- ou corticoïdes inhalés à faible dose : **Bécotide** spray 250 microgrammes (+/- chambre), **Pulmicort** 100 ou 200 microgrammes spray ou **Pulmicort** 100 ou 200 microgrammes turbuhaler (inhalateur de poudre),

AIR FORCE
pour lui aussi.
Pulmicort® pour
budesonide
nébulisation
PULMICORT® SUSPENSION POUR INHALATION BUCCALE
FORME ET PRÉSENTATIONS : Suspension pour inhalation buccale en récipient unidose, de 1 mg/2 ml et 0,5 mg/2 ml en boite de 20 (4x5). COMPOSITION : Budesonide micronisé (D.C.I.) : 1 milligramme ou 0,5 milligrammes par dose, 20 milligrammes ou 10 milligrammes par boite. DONNÉES CLINIQUES : INDICATIONS THÉRAPEUTIQUES : Chez l'enfant : - Traitement de l'asthme sévère, - Sevrage de la corticothérapie orale. NB : L'administration de budésonide à l'aide d'un générateur d'aérosol doit être réservé à l'enfant et en particulier au nourrisson en cas d'inaptitude à utiliser les autres modes d'administration par voie inhalée tels que Turbuhaler® ou flacon pressurisé avec chambre d'inhalation et masque adapté. En l'absence de données définitives sur les conséquences sur la croissance et le métabolisme osseux, le traitement par corticostéroïdes inhalés doit être envisagé chez l'enfant en cas d'échec des anti-inflammatoires non stéroïdiens type cromones. NON INDICATIONS : - Traitement de la crise d'asthme, - Traitement de l'état de mal asthmatique. POSOLOGIE ET MODE D'ADMINISTRATION : Posologie : Chez l'enfant, la posologie est en moyenne de 2 séances d'aérosolthérapie par jour avec 0,25 à 1 mg de budésonide. Une dose unitaire entamée doit être utilisée dans les 12 heures. En cas d'asthme stable, une réduction progressive de la dose quotidienne est possible en recherchant la dose minimale efficace (cf VIDAL). Mode d'administration : NE PAS INJECTER. Pulmicort® Nébulisation pour inhalation buccale doit être administré à l'aide d'un générateur d'aérosol à air comprimé (ou pneumatique). Un débit d'air de 6-8 l/mn traversant l'appareil doit être utilisé. Pulmicort® Suspension est prêt à l'emploi. Si une dilution est nécessaire elle se fera dans du sérum physiologique stérile. CONTRE-INDICATIONS : Allergie au budésonide. MISES EN GARDE ET PRÉCAUTIONS D'EMPLOI : Mises en garde : Tuberculose pulmonaire, infection mycosique pulmonaire, ulcère digestif. Précautions d'emploi : - Prévenir les patients que le budésonide n'est pas un traitement de la crise d'asthme. Les résultats du traitement ne se feront sentir qu'au bout de quelques jours ; - Hypersécrétion bronchique ; - Asthmatiques corticodépendants et malades en cours de sevrage ; - En l'absence d'étude chez le nourrisson de moins de 6 mois, les données de sécurité du produit dans cette tranche d'âge ne sont pas établies (Cf. VIDAL). EFFETS INDÉSIRABLES : Essentiellement locaux et réversibles à l'arrêt du traitement, - Candidoses oropharyngées, gêne pharyngée avec dysphonie ou toux, - Rarement possibilité de bronchospasme comme pour tout produit administré à l'aide d'un générateur d'aérosol (Cf. VIDAL). SURDOSAGE : Freination hypohyso-surrénalienne et hypercorticisme qui disparaissent après arrêt progressif du traitement. PROPRIÉTÉS PHARMACOLOGIQUES : PHARMACODYNAMIE : CORTICOSTEROIDE D'ACTION LOCALE (Cf. VIDAL). PHARMACOCINÉTIQUE : 10 à 15 % chez l'adulte et 5 à 7 % chez l'enfant de la dose introduite dans la cuve parviennent au poumon. Le budésonide, après résorption pulmonaire ou digestive se métabolise dans le foie et s'élimine par voie fécale (cf. VIDAL). DONNÉES PHARMACEUTIQUES : DURÉE DE CONSERVATION : 2 ans. Une fois le sachet protecteur ouvert, les doses doivent être maintenues dans le sachet et utilisées dans les 3 mois. PRÉCAUTIONS PARTICULIÈRES DE CONSERVATION : À conserver à une température inférieure à 30 °C. CONDITIONS DE DÉLIVRANCE : LISTE I. PRÉSENTATION ET NUMÉRO D'IDENTIFICATION ADMINISTRATIVE : AMM 337 271.3 (1994) 0,5 mg/2 ml. AMM 337 356.9 (1994) 1 mg/2 ml en récipient unidose. PRIX : 276,60 F (0,5 mg/2 ml), 387,60 F (1 mg/2 ml). Remb. Séc. Soc. à 65 % - Collect. TITULAIRE DE L'AUTORISATION DE MISE SUR LE MARCHÉ : Laboratoires ASTRA FRANCE Groupe Pharmaceutique Astra Suède « Avenir Ouest » – 64, rue du 8-Mai-1945 92025 NANTERRE Cedex. Tél. : (1) 46 14 10 10. Pour une information plus complète Cf. Dictionnaire des spécialités.
ASTRA
Astra France

- les bêta 2 mimétiques sont pris au coup par coup lors des symptômes,
- si malgré la prise de corticoïdes inhalés à doses suffisantes, les bêta 2 mimétiques sont nécessaires plusieurs fois par semaine et/ou les EFR sont anormales : rajouter des bêta 2 mimétiques en traitement de fond. A ce stade, les bêta 2 mimétiques de longue durée d'action sont intéressants chez l'enfant de plus de 5 ans : **Sérévent** (spray), **Foradil** (inhalateur de poudre).

2. Éléments de surveillance

Il est nécessaire de se baser sur des critères objectifs car les sujets asthmatiques ont une très mauvaise perception de leur dyspnée. La surveillance est clinique et fonctionnelle respiratoire.

Surveillance du traitement de fond

– **Clinique** :
  - crises d'asthme ou équivalents : quintes de toux, épisodes de dyspnée, minimes épisodes de sibilance, déclenchés par l'effort, le rire, les pleurs, les contacts allergéniques, le tabagisme passif, les infections virales, les changements de température, l'émotion... L'activité physique, le sommeil, la fréquentation scolaire doivent être strictement normales,
  - surveillance régulière du débit de pointe (DEP) chez l'enfant à partir de l'âge de 6 ans environ (abaques selon la taille et le sexe), au décours d'une crise, en période instable, et même dans l'asthme "stable" une semaine par mois, à noter sur une feuille,
  - prise de bêta 2 mimétiques (nombre de bouffées ou de sprays par unité de temps : sous-estimation habituelle ++),
  - connaissance et prévention des facteurs déclenchants.

– **Fonctionnelle** : EFR régulières, au moins une fois par an, avant la prise des bêta 2 mimétiques. Elles doivent être strictement normales, y compris les débits distaux (DEM_{50} et DEM_{25}). Le VEMS est pratiquement toujours normal chez l'enfant en dehors des crises +++.

Surveillance lors d'une crise

– L'amélioration lors d'une crise doit être rapide, dans les 10 à 15 minutes qui suivent avec une diminution de la dyspnée, de la fréquence respiratoire et cardiaque, de l'agitation et de l'angoisse, avec une amélioration de l'élocution et de la fatigue et une nette amélioration du DEP chez l'enfant d'âge scolaire.

– A l'hôpital, la surveillance se fait sur les mêmes paramètres avec la SaO2 et des GDS : gravité d'une normocapnie et a fortiori d'une hypercapnie témoignant d'un épuisement respiratoire.

3. Les « coups durs »

– La crise :
  - grave d'emblée, se voit préférentiellement chez le nourrisson ou le grand enfant, nécessitant le transfert à l'hôpital par le SAMU ou les pompiers,
  - s'aggravant progressivement : souvent liée à un traitement de fond insuffisant ou mal suivi (adolescent, problème de compliance, déni de l'asthme), retard à la mise en route d'une corticothérapie,
  - 2 terrains à risque : le nourrisson en raison d'un épuisement rapide, l'adolescent à cause de la difficulté de l'adhérence au traitement de fond.

NOUVEAU
Dès 2 ans
TILADE. 2 mg/dose. Forme et présentation : Suspension pour inhalation buccale : Flacon pressurisé à valve doseuse contenant 112 bouffées + système inhalateur Syncroner® ou 56 bouffées + embout buccal. Composition : Nédocromil sodique: 2 mg par bouffée. Indications : Traitement anti inflammatoire continu dans les asthmes légers à modérés nécessitant un traitement symptomatique quotidien. Posologie et mode d'administration : Adulte et enfant de plus de 2 ans : la posologie habituelle est de deux bouffées 2 fois par jour, ou dans les cas les plus sévères, deux bouffées 4 fois par jour. Tilade étant un médicament préconisé dans le traitement continu de l'asthme, il est important que le patient soit informé de la nécessité d'une utilisation régulière et de longue durée, contrairement au traitement symptomatique de la maladie asthmatique destiné uniquement à juguler les crises d'asthme. Contre-indications : En l'absence d'etudes spécifiques, l'usage de Tilade est déconseillé chez l'enfant de moins de 2 ans. Tilade est contre-indiqué chez les patients présentant une allergie connue à l'un des constituants. Mises en garde et précautions d'emploi : Le nédocromil sodique n'étant pas un bronchodilatateur, il n'est pas destiné à juguler une crise déclarée. Effets indésirables : Quelques effets secondaires habituellement mineurs et transitoires ont été rapportés : céphalées, nausées, vomissements, dyspepsie, douleurs abdominales, éruptions cutanées, prurit, sensation de bouffée de chaleur, irritation pharyngée, sensation de goût amer. - Dans certains cas rares, il est possible que survienne un bronchospasme, il faut interrompre le traitement. LISTE II. Flacon de 56 bouffées AMM 330 441.0 (1988) - Mise sur le marché en 1988. Prix : 84,40 F Flacon de 112 bouffées AMM 330 442 7 (1988) - Mise sur le marché en 1993. Prix : 144,70 F Remb. Séc. soc. à 65 % - Collect. Pour tout renseignement complémentaire, consulter le Vidal. SPECIA-GROUPE RHONE-POULENC RORER. Pharmacovigilance : 40 77 39 17.
Aujourd'hui,
TILADE®
nédocromil sodique
entre dans l'AIR
des enfants !...
2 bouffées 2 à 4 fois par jour
SPECIA Département FISONS
RHÔNE-POULENC RORER
16 RUE CLISSON 75636 PARIS CEDEX 13 TEL (1) 40 77 37 37

– Asthme instable : se manifeste par des symptômes persistants malgré un traitement de fond bien suivi et correctement pris, variations de DEP > 20 %, consommation excessive de bêta 2 mimétiques qui doit alerter.
– Enfant et/ou parents non compliants : fréquent chez l'adolescent, déni de la maladie, prise excessive de bêta 2 mimétiques sans traitement anti-inflammatoire.

4. La bonne attitude en cas de « coups durs »

– La crise au domicile : si absence d'amélioration, hospitalisation immédiate, en attendant le transfert, bêta 2 mimétiques en sous-cutané, **Ventoline** ou **Bricanyl** 10 à 20 gamma/kg et corticoïdes **Cortancyl** per os ou **Solu-Médrol** IVD ou IM 2 mg/kg.
– Asthme instable : ajuster le traitement de fond (cf. paragraphe 1), donner des corticoïdes à doses suffisantes, vérifier la prise correcte des médicaments, vérifier l'état clinique et fonctionnel (EFR) après 10 à 15 jours d'une corticothérapie orale (2 mg/kg/j sans dépasser 40 mg/j).
– Enfant et/ou parents non-observants :
  - expliquer en prenant son temps,
  - rassurer sur l'efficacité des traitements (il n'y a pas d'effets secondaires des corticoïdes inhalés < 500 microgrammes/j, et de toute façon, la corticothérapie inhalée est moins délétère qu'un asthme mal contrôlé).

5. La prévention

– Faire le diagnostic de l'asthme.
– Faire le bilan des facteurs de risque associés et des facteurs déclenchants : allergie, reflux gastro-œsophagien, tabac, environnement (crèche), animaux.
– Expliquer le traitement, les médicaments, leur nécessité et leur mode d'administration, à contrôler à chaque consultation, surveillance du DEP.
– Faire toujours un interrogatoire policier et contrôler la fonction respiratoire.

Surveillance du reflux gastro-œsophagien du nourrisson et de l'enfant

Pr C. DUPONT

- Le reflux gastro-œsophagien (RGO) de l'enfant est une affection extrêmement fréquente.
- L'analyse des bilans de santé des enfants suivis par la Caisse Primaire d'Assurance Maladie de Paris permet de constater que presque 20 % des enfants ont, dans leur première année, un RGO symptomatique. Beaucoup plus rares sont les reflux chroniques de l'enfant plus âgé.

1. Définition de la pathologie et grands principes du traitement

La relation obligatoire RGO-hernie hiatale, largement remise en cause chez l'adulte, l'est également chez l'enfant : l'incompétence sphinctérienne cardiale, souvent patente en fibroscopie, semble dominer le reflux du petit nourrisson, de même que les épisodes de relaxation inappropriée du sphincter inférieur de l'œsophage.

En pratique, il semble exister plusieurs profils évolutifs :

- Dans le groupe de nourrissons le plus nombreux, le reflux est précoce, mais le plus souvent peu sévère, il s'améliore spontanément vers l'âge de six mois et disparaît totalement avant deux ans.
- Chez certains de ces nourrissons dont le reflux disparaîtra avant la deuxième année de la vie, le RGO est responsable de complications respiratoires ou O.R.L. chroniques voire de malaises sévères dès les premiers mois de vie.
- Dans un groupe de nourrissons plus restreint, le reflux persistera sans amélioration au-delà de deux ans, s'accompagnant volontiers de manifestations respiratoires au long cours.
- Il n'y a pas de moyen de discerner pendant les premiers mois de la vie quels enfants feront partie de ces trois groupes et seule l'observation permettra de détecter les formes sévères ou prolongées. Dans la plupart des cas, l'affection régresse, rythmée par l'évolution physiologique de l'enfant et notamment par l'épaississement de l'alimentation, puis l'apparition de la station assise et de la station debout. Chez d'autres enfants, la persistance de symptômes au-delà de la première année ou leur apparition dès l'arrêt du traitement est l'indication d'une prise charge qui sera longue.

2. Eléments de surveillance

- Les examens complémentaires sont nombreux et sujets à constante évolution. Le transit œso-gastroduodénal (TOGD) est le plus classique. La fibroscopie et la pH-métrie sont de loin les plus contributifs, permettant pour le premier d'analyser la morphologie œsophagienne et de détecter une œsophagite et pour le second de chiffrer le temps de reflux.

– La défiance vis-à-vis de l'endoscopie chez certains médecins, peu au fait de la technique de cet examen chez le nourrisson, doit être levée. L'examen est simple, globalement moins invasif qu'une pH-métrie qui, rappelons-le, dure 24 heures ou qu'un TOGD chez le nourrisson : dans la plupart des cas, celui-ci refuse de boire la baryte et doit de toute façon subir le passage d'une sonde dans le pharynx.
– Quels que soient les examens choisis, leur emploi doit être soigneusement mesuré.
– Une fibroscopie n'est utile que dans les cas apparaissant cliniquement graves d'emblée, lorsque le reflux persiste au-delà de l'âge habituellement reconnu comme ayant permis la maturation du système anti-reflux, ou encore lorsque le reflux résiste au traitement. La pH-métrie a pour indication essentielle les reflux occultes, responsables de manifestations non digestives comme les bronchopathies ou les otites à répétition ou les malaises au coucher.

3. Les « coups durs »

Le RGO est susceptible de donner deux types de complications, digestives et extra-digestives.
– La complication digestive essentielle est l'œsophagite peptique qui présente rarement les divers stades de gravité croissante, d'érythème ou d'ulcérations plus ou moins circonférentielles, disséminées ou confluantes, que l'on décrit chez l'adulte. L'œsophagite, quand elle existe, se limite très souvent au stade de macules érythémateuses même si sa symptomatologie en est très douloureuse. Les œsophagites endoscopiquement sévères sont le fait des syndromes malformatifs ou des encéphalopathies.
– La sténose peptique de l'œsophage, évolution ultime de l'œsophagite peptique, a quasiment disparu en France. Cette disparition est sans conteste liée à la meilleure prise en charge thérapeutique du RGO.
– Le RGO est également susceptible de conséquences nutritionnelles, à type de saignement chronique, se manifestant par une anémie ou un retard pondéral, traduisant l'insuffisance d'apport calorique.
– Des études autopsiques de nourrissons décédés de mort subite inexpliquée (MSN) ont permis de montrer que dans 40 % des cas une suspicion de reflux était retrouvée et dans 20 % des cas la mort subite était directement imputable au reflux. En amont de cette complication majeure et dramatique, le RGO est indiscutablement responsable d'un grand nombre de malaises et d'apnées du petit nourrisson.
– Le RGO joue également un rôle certain dans les manifestations pulmonaires, à type de bronchopathies chroniques ou pneumopathies à répétition. L'incidence du RGO dans les affections à type d'asthme ou de bronchospasme est difficile à préciser, la découverte de l'association de ces pathologies digestives et pulmonaires, n'est pas un argument suffisant pour affirmer une relation de cause à effet.
– Beaucoup plus évident apparaît le rôle que joue le RGO dans les manifestations O.R.L. type rhinites, pharyngites et otites à répétition.

4. La bonne attitude en cas de « coups durs »

– La pratique des examens complémentaires est inutile dans la plupart des cas en première intention. Tous les reflux cliniquement patents, c'est-à-dire se manifestant par des vomissements ou des régurgitations exagérées, doivent être traités, les investigations n'étant pas nécessaires dans un certain nombre d'indications (cf. § 2).
– En revanche, la recherche du reflux lors des infections respiratoires hautes et basses

méritérait une place analogue à la pratique d'un bilan immunitaire ou à la recherche d'une carence martiale.

- Les traitements modernes du reflux sont efficaces. Ils associent l'épaississement des repas par l'utilisation d'un lait riche en caséine associé à des épaississants (**Gélopectose**, **Gumilk**) ou par l'utilisation directe de laits pré-épaissis (**Enfamil AR**, **Nutrilon AR**), un prokinétique (**Prépulsid**, **Primpéran**) et un alginate (**Gaviscon**) ou une argile (**Smecta**). La position orthostatique ventrale n'est plus recommandée qu'en 3e intention, si le reflux est caractérisé et s'il résiste au traitement par épaississants et prokinétiques. Dans tous les autres cas, la position de sommeil recommandée est dorsale ou latérale. En cas d'échec, l'association d'un anti-H2 est à envisager. La qualité des thérapeutiques proposées actuellement permet une réponse graduée qui, dans la majorité des cas, permet de supprimer les symptômes.
- Toute résistance au traitement doit faire rechercher une cause au reflux, comme une sténose du pylore chez le petit nourrisson ou une allergie aux protéines du lait de vache chez le nourrisson plus âgé, ou encore toute pathologie dont la symptomatologie peut s'accompagner de vomissements (méningite, hypertension intracrânienne, infection urinaire, etc.).
- La chirurgie n'a plus désormais qu'un nombre limité d'indications.

5. La prévention

- Le RGO dont l'évolution se fait vers la guérison avant un an est un processus de maturation, plus physiologique que pathologique et qu'il convient de prendre en charge sans lourdeur diagnostique.
- Le traitement en est toutefois indispensable pour deux raisons :
  - pour la mère, le vécu d'un nourrisson qui régurgite ses biberons ou refuse de s'alimenter est anxiogène et les soins à apporter dans la vie quotidienne, lessive ou repas fréquents, sont prenants,
  - il semble que le traitement du RGO du petit nourrisson accélère la guérison spontanée de l'affection.
- Chez les enfants dont le reflux persiste au-delà de deux ans et se complique de manifestations digestives ou respiratoires chroniques, s'imposent une évaluation régulière et un traitement de longue durée, comme le justifie cette véritable pathologie, dont l'organicité devient alors comparable à celle du RGO de l'adulte.

NOUVEAU

Surveillance d'un enfant diabétique

Dr A. CHOUCHANA

1. Définition de la pathologie et grands principes du traitement

- Le diabète de l'enfant est quasiment toujours insulino-dépendant. Le traitement est l'insulinothérapie sous-cutanée à vie, le plus souvent en deux injections quotidiennes (selon les cas) d'un mélange d'insuline rapide et semi-lente, déjà préparé (stylo) ou préparé par les parents ou l'enfant lui-même selon son âge.
- La prise en charge inclut une intervention de diététiciens, psychologues, diabétologues et infirmières, d'éducation auprès des parents et de leur enfant, ce qui impose une hospitalisation initiale pour tout mettre en route, ceci indépendamment du traitement des premières manifestations (acidocétose).
- Les buts du traitement d'un enfant insulino-dépendant sont d'obtenir un taux d'hémoglobine glycosylée inférieur à 8 %, une glycosurie négative, des développements staturo-pondéral, mental, psychoaffectif normaux, la prévention d'accidents hypoglycémiques et acidocétosiques, de complications chroniques et l'accompagnement de la famille dans ce qui est un traitement à vie, avec ses moments inévitables de doute, de désespoir.
- Traitement : insuline + glucose $\Rightarrow$ donc pas de jeûne, pas de suppression de l'insuline.

2. Éléments de surveillance

Moyens à disposition de la famille

- Lecteur de glycémie capillaire, bandelettes réactives correspondantes et à lecture visuelle, bandelettes urinaires, stylo ou seringues à insuline, aiguilles adaptées, insuline rapide quel que soit le mode d'insulinothérapie utilisé, auto piqueur (pour glycémie capillaire), numéros de téléphone du médecin traitant, du diabétologue et du service hospitalier référent.
- Le carnet est l'élément clé de surveillance des glycémies capillaires (3/jour), de la glycosurie et de la cétonurie (2/jour).

Surveillance

Prévoir une consultation spécialisée tous les 2 à 3 mois, si possible en alternance avec votre consultation. On surveille :

- Le carnet : sa tenue, les accidents (hypoglycémie, hyperglycémie, cétonurie) et les réactions déclenchées (laxisme ou au contraire réactions brutales).
- Le taux d'hémoglobine glycosylée, la glycémie à jeun.
- Le bien être du début de traitement, les courbes de croissance, l'adhésion au traitement, les difficultés psychologiques rencontrées.
- Les techniques : préparation et injection de l'insuline, dextros, adaptation des doses. Sauf urgence, ne pas modifier de plus de 10 % une dose d'insuline et le faire après raisonnement sur 48 heures.

- Les complications chroniques : œil, rein, système nerveux et système vasculaire, équilibre psychologique et associations à d'autres pathologies auto-immunes. Pour cela, un bilan annuel en milieu hospitalier est souhaitable, de quelques jours pendant une période de vacances scolaires. On y réalisera un bilan clinique et paraclinique et une évaluation des connaissances (voir tableau).
- L'intégration éventuelle dans un groupe de jeunes diabétiques (AJD : Association de Jeunes Diabétiques).

3. Les « coups durs »

- Traitement urgent :
  - hypoglycémie : y penser devant tout signe anormal, surtout neurologique,
  - hyperglycémie : polyurie, soif, perte de poids et malaise. Vérifier s'il existe une cétonurie et des signes d'acidose.
- Traitement non urgent :
  - lipodystrophies : hypertrophiques ou atrophiques, varier les sites d'injection et ne pas piquer dans ces zones jusqu'à leur disparition,
  - mauvais équilibre : hémoglobine glycosylée élevée, carnet mal tenu, mauvaise croissance, défaut d'adhésion, absence aux consultations... Signes sérieux imposant une réaction dont l'hospitalisation peut être une solution.

4. La bonne attitude en cas de « coups durs »

Hypoglycémie : urgence thérapeutique

- Sans trouble de conscience : prendre un jus de fruit, deux morceaux de sucre sans délai, même si l'on n'a pas de matériel pour confirmer l'hypoglycémie.
- Avec trouble de conscience (coma) : injecter du **Glucagon** en IM ou SC (0,5 mg avant 5 ans et 1 mg après), puis la conscience retrouvée, resucrer comme ci-dessus. Quand c'est techniquement possible, on peut comme alternative injecter 0,5 g/kg de glucosé à 30 %. Puis hospitaliser (transport en SAMU).
- Dans tous les cas, comprendre la raison de l'hypoglycémie afin de la prévenir : erreur technique, doses trop élevées, affection intercurrente avec anorexie ou vomissements, défaut d'adhésion. Faire surveiller la glycémie capillaire toutes les 4 heures au décours, ne jamais arrêter l'insuline, diminuer de 5 à 10 % la dose correspondante du lendemain si la cause est un surdosage évident.

Hyperglycémie et hyperglycosurie : ne jamais faire jeûner l'enfant

- Sans cétonurie : chercher une cause (erreur diététique, sous-dosage, erreur technique, affection intercurrente, défaut d'adhésion...). La traiter sans qu'il faille forcément augmenter l'insuline correspondante du lendemain. En cas de forte hyperglycémie, on peut faire une injection d'insuline rapide (5 % de la dose quotidienne) ou l'augmenter de 5 % en fonction de l'heure à laquelle on la constate.
- Avec cétonurie :
  - 2 croix et plus : hospitalisation en urgence, SAMU si signes d'acidocétose,
  - 1 croix chez un enfant asymptomatique : faire une injection supplémentaire d'insuline rapide (10 % de la dose quotidienne) sans oublier de donner une collation 20 minutes après. Si la cétonurie est constatée au moment habituel de l'injection, on augmente l'insuline rapide de 10 % de la dose quotidienne et on attend 30 minutes avant de servir le repas.

– Dans tous les cas, on surveille glycémie, cétonurie, glycosurie toutes les 4 heures. En cas de persistance, hospitaliser. Enquête étiologique indispensable.

5. La prévention

Elle est essentielle.

La prévention des hypoglycémies

En temps normal, il faut insister sur les règles diététiques et la prise des repas à heure fixe. L'éducation sur l'insulinothérapie doit être acquise. Veiller à ce que l'enfant ait toujours du sucre sur lui et qu'il y ait du **Glucagon** à disposition.

– Lune de miel : au début du traitement, il s'agit d'une période pendant laquelle il existe une sécrétion résiduelle pancréatique d'insuline. On doit alors parfois baisser progressivement profondément les doses ce qui est souvent déroutant.
– Sport : on conseille le repas 1 à 3 heures avant l'effort, un supplément alimentaire avant l'exercice puis toutes les 30 minutes s'il est intense ou prolongé, et au décours une alimentation plus riche pendant 24 heures. L'idéal est de faire l'injection d'insuline au minimum 1 heure avant l'effort, sur un site non concerné par celui-ci. Ne réduire la dose que si l'effort est prolongé ou intense. Aller au sport avec le matériel de surveillance et avec du sucre en poche.
– Affection intercurrente : ne jamais arrêter ni l'insuline, ni l'alimentation. Si l'une des deux fait défaut, l'enfant doit être hospitalisé. La surveillance capillaire et urinaire doit être réalisée toutes les 4 heures. Si manger est impossible, essayer de donner à intervalles réguliers des jus de fruit sucrés. Contrôler la fièvre et traiter sa cause est fondamental. Hospitaliser si tout apport est impossible, si vomissements, si complications (hypoglycémie).

La prévention de l'acidocétose

– Sa prévention, essentielle, est le fondement de toute l'éducation initiale, de sa remise en question au moins annuelle, de la surveillance trimestrielle. Outre les situations à risque (affection intercurrente), il faut guetter les périodes à risque telles que l'adolescence.

Visite trimestrielle	Bilan annuel
Contrôle du carnet Contrôle des techniques Examen clinique complet Courbes de taille/poids Points d'injection Glycémie à jeun, Hb glycosylée Ecoute +++	Même bilan que ci-contre et, on revoit : – l'éducation – la diététique – les problèmes de façon personnalisée. Bilan paraclinique (selon l'ancienneté du diabète) : – angiographie rétinienne – microalbuminurie – auto-immunité – T3, T4, TSH, bilan lipidique – créatininémie.

Surveillance d'un patient trachéotomisé et ventilé à domicile

Dr F. LOFASO, Pr L. BROCHARD

1. Définition de la pathologie et grands principes du traitement

Les indications de la ventilation à domicile peuvent être :
– Les bronchopneumopathies chroniques obstructives.
– Les insuffisances respiratoires restrictives :
  • gibbosité,
  • maladie neuromusculaire.

L'autonomie ventilatoire des patients n'est généralement pas nulle, mais peut être très réduite en cas d'aggravation temporaire. L'éducation la plus complète du patient est indispensable.
– Les ventilateurs sont régulièrement surveillés et révisés par des services spécialisés.

Il existe des canules de trachéotomie :
– Parlantes, permettant au patient de parler.
– Sans ballonnet, permettant une ventilation à fuite.
– Avec ballonnet, permettant une ventilation contrôlée.

Les réglages du ventilateur sont :
– Fréquence respiratoire entre 10 et 20/minute.
– Volume courant entre 8 et 12 ml/kg ou ventilation minute : produit de la fréquence respiratoire et du volume courant, il peut varier de 6 à 14 l/minute. Cette ventilation est souvent en air (FiO2 = 0,21) ; dans certains cas, l'O2 peut être apporté grâce à un extracteur pour augmenter la FiO2 (1 à 5 l/minute). Le calcul de la FiO2 se fait alors de la manière suivante :
  FiO2 = Quantité d'O2 en l/min + 0,21 X (Q. d'air en l/min) / Q d'O2 + Q d'air en l/min.

Enfin, la ventilation à domicile par voie externe tend à se répandre. Elle peut se faire :
– À l'embout buccal.
– Plutôt au masque nasal, éventuellement moulé sur le visage du patient.

A part, la ventilation au masque nasal par pression positive continue : les indications électives sont les syndromes d'apnée du sommeil. L'association d'apnée du sommeil et de syndrome obstructif motive souvent une ventilation en pression positive intermittente nasale.
– Enfin, des ventilateurs délivrant deux niveaux de pression positive (aide inspiratoire et pression expiratoire positive) apparaissent actuellement, essentiellement par voie nasale. Les réglages sont les niveaux de pression (ex : 12 cm H_2O inspiratoire, 4 cm H_2O expiratoire).

2. Éléments de surveillance

On doit surveiller :
– L'état clinique et l'évolution de la maladie : signes de décompensation cardiaque droite, encéphalopathie, bronchorrhée purulente, abondance des aspirations trachéales, signes de pneumothorax.

– La trachéotomie :
  - canule : propreté, perméabilité,
  - granulome trachéal.
– La ventilation artificielle :
  - augmentation suffisante de la pression lorsqu'on bouche le tuyau d'insufflation du respirateur avec la paume de la main (30 à 40 cm d'H_2O),
  - montée de la pression lors des insufflations mécaniques,
  - abondance des aspirations trachéales.
– La qualité du sommeil et surtout l'acceptation du traitement par le patient doivent être évaluées périodiquement.
– Enfin, il faut savoir que la plupart des ventilateurs employés à domicile ne peuvent pas « contrer » des résistances bronchiques très élevées. En cas de surinfection importante, ils deviennent souvent « inopérants ».

3. Les « coups durs »

Coup dur lié à la canule
– Canule bouchée rendant la ventilation inefficace (cyanose, signes d'hypercapnie).
– Granulome trachéal rendant les changements de canule difficiles (difficultés respiratoires, mauvaise remise en place de la canule).

Coup dur lié au ventilateur
– Une très faible montée en pression (inférieure à 15 cm H_20) signifie :
  - soit que la valve « d'échappement » est réglée trop bas,
  - soit qu'il existe une fuite importante,
  - soit que le ventilateur ne fonctionne pas correctement.
– Une trop forte montée en pression (éventuelle alarme) signifie :
  - soit qu'il existe un obstacle : bouchon, sécrétions très abondantes...
  - soit qu'il existe un pneumothorax ou une pneumopathie grave,
  - soit que le volume courant est trop grand.

Coup dur lié au malade
– Outre les causes d'hyperpression, c'est l'aggravation de la maladie de fond, les surinfections....

4. La bonne attitude en cas de « coups durs »

La canule
– Canule bouchée : la remplacer (toujours avoir une canule de remplacement).
– Granulome : consultation spécialisée.
– Pour remplacer une canule dans des conditions difficiles : allonger le malade à plat, tête en extension, avec un bon éclairage; utiliser éventuellement un guide.
– Utilité d'une pince à trois branches dans la trousse (pour insérer la canule en cas de difficultés).

Le ventilateur
Pression faible lorsque le malade est branché. Avec la main, la montée en pression reste faible :
– Vérifier et augmenter le niveau d'échappement.

— Vérifier le volume courant qui peut être réglé trop bas.
— Appeler le service spécialisé, voire hospitaliser le malade s'il s'agit d'un dysfonctionnement.

Avec la main, la montée en pression est élevée : chercher une fuite (ballonnet de la sonde de trachéotomie).

Pression forte
— Bouchon muqueux : humidification (injection intratrachéale de 2 à 3 cc de sérum physiologique) et aspiration, à répéter.
— Hospitalisation du malade si pneumothorax (suspicion), pneumopathie, surinfection importante.

Le malade
En cas d'aggravation transitoire modérée, une ventilation 24 heures sur 24 peut suffire. Mais au moindre doute hospitaliser.
Au besoin, transport et prise en charge par le SAMU.

5. La prévention

— Il faut disposer de canules de rechange.
— Pratiquer des soins de canule biquotidiens (nettoyage de l'orifice de trachéotomie au **Dakin** ou à l'eau). Changer la canule tous les 2 ou 3 jours. La nettoyer à l'eau savonneuse et la rincer à l'eau stérile.
— Des permanences (assistance technique) existent 24 h/24 pour la plupart des associations régionales de l'Association Nationale de Traitement À Domicile des Insuffisants Respiratoires (ANTADIR). Pour connaître les coordonnées de ces permanences, contacter :

ANTADIR
66, bd Saint-Michel
75006 – PARIS
Tél. : 44 41 49 00.

ADULTE : • SINUSITES • OTITES MOYENNES AIGUËS • ANGINES RÉCIDIVANTES • SURINFECTIONS DE BPCO • SURINFECTIONS DE BRONCHITES AIGUËS • PNEUMOPATHIES BACTÉRIENNES - ENFANT ET NOURRISSON : • OTITES MOYENNES AIGUËS • ANGINES RÉCIDIVANTES

Zinnat® Céfuroxime. Comprimés pelliculés 125 mg et 250 mg. Granulés pour suspension buvable en sachets 125 mg. Granulés pour suspension buvable en flacon 125 mg/5 ml. **Formes et présentations :** comprimés pelliculés (blancs) : boîte de 8, granulés pour suspension buvable en sachet : boîte de 8, granulés pour suspension buvable en flacon : flacon de 8 ou 16 cuillères-mesures. **Composition :** céfuroxime (s.f. de céfuroxime axetil) : 125 mg ou 250 mg par comprimé, soit 1 g ou 2 g par boîte, 125 mg par sachet, soit 1 g par boîte, 125 mg par cuillère-mesure de 5 ml, soit 1 g ou 2 g par flacon - Excipient. **Indications :** Elles procèdent de l'activité antibactérienne et des caractéristiques pharmacocinétiques de la céfuroxime. Elles tiennent compte à la fois des études cliniques auxquelles a donné lieu le médicament et de sa place dans l'éventail des produits antibactériens actuellement disponibles. Elles sont limitées aux infections mono ou poly-microbiennes dues aux germes sensibles lorsque ces infections autorisent une antibiothérapie orale (à l'exclusion des localisations méningées). **Indications des comprimés :** Infections de la sphère O.R.L. : - angines et pharyngites : compte-tenu de ses caractéristiques, ZINNAT devrait être réservé aux angines récidivantes et/ou amygdalites chroniques. La pénicilline, prescrite pendant 10 jours, reste le traitement de référence des angines aiguës streptococciques. Sinusites de l'adulte. - Otites aiguës de l'oreille moyenne. - Infections respiratoires basses : - bronchites aiguës et chroniques de l'adulte, - pneumopathies bactériennes de l'adulte. **Indications des granulés :** Elles sont limitées chez l'enfant et le nourrisson au traitement des infections dues aux germes sensibles et notamment : angines et pharyngites : compte-tenu de ses caractéristiques, ZINNAT devrait être réservé aux angines récidivantes et/ou amygdalites chroniques. La pénicilline, prescrite pendant 10 jours, reste le traitement de référence des angines aiguës streptococciques. - Otites moyennes aiguës. **Posologie et mode d'administration :** Posologie : Infections de la sphère O.R.L. : Angines et pharyngites : Adultes : 500 mg/jour en 2 prises. Enfants et nourrissons : 20 mg/kg/jour en 2 prises, sans dépasser la posologie adulte, soit 500 mg/jour en 2 prises. Sinusites : Adultes : 500 mg/jour en 2 prises. Otites : Adultes : 500 mg/jour en 2 prises. Enfants et nourrissons : 30 mg/kg/jour en 2 prises , sans dépasser la posologie adulte, soit 500 mg/jour en 2 prises. Infections respiratoires basses : Bronchites aiguës ou chroniques. Adultes : 500 mg/jour en 2 prises. Pneumopathies bactériennes : Adultes : 1000 mg/jour en 2 prises. **CTJ :** Comprimés : Adultes : **17,18 F à 34,35 F** - Enfants : **10,88 F à 21,75 F**. Granulés : sachets à 125 mg et flacon à 125 mg/5 ml de 8 cuillères-mesures : **11,37 F à 22,75 F** - flacon à 125 mg/5ml de 16 cuillères-mesures : **9,30 F à 18,60 F**. Chez les insuffisants rénaux, adapter la posologie (Cf. Vidal). **Mode d'administration :** prendre les 2 prises espacées de 12 heures, environ 15 à 30 minutes après les repas du matin et du soir. Reconstitution de la suspension buvable : cf. Vidal. La suspension reconstituée à partir des sachets doit être absorbée immédiatement. La suspension reconstituée en flacon se conserve au maximum 10 jours à une température inférieure à 25° C. **Contre-indication** : allergie aux céphalosporines. **Mise en garde et précautions d'emploi : Mise en garde :** la survenue de toute manifestation allergique impose l'arrêt du traitement. La prescription de céphalosporines nécessite un interrogatoire préalable. En raison de l'allergie croisée aux pénicillines, utilisation extrêmement prudente chez les patients pénicillino-sensibles ; surveillance médicale stricte nécessaire dès la première administration. **Précautions d'emploi** : en cas d'insuffisance rénale, adapter la posologie. Prudence en cas d'association avec des drogues potentiellement néphrotoxiques (aminosides ou diurétiques), d'utilisation prolongée comme avec d'autres antibiotiques. Risque exceptionnel de colite pseudomembraneuse : arrêter le traitement en cas de diarrhée grave et persistante. Apport en saccharose de la forme granulé : 3 g par sachet ou par cuillère-mesure. La forme comprimé n'est pas adaptée au traitement des enfants de moins de 5 ans. **Examens paracliniques :** une positivité du test de Coombs a été observée au cours du traitement par les céphalosporines. Glycosurie : possibilité de réaction faussement positive avec les méthodes de dosage biochimique utilisant des substances réductrices. **Interactions médicamenteuses :** précautions d'emploi en cas d'association avec des médicaments réduisant l'acidité gastrique, à prendre à distance du céfuroxime axetil. **Grossesse et allaitement :** Grossesse : n'utiliser le céfuroxime axetil durant le premier trimestre de la grossesse qu'en cas de réelle nécessité. Allaitement : la céfuroxime passant dans le lait maternel, l'allaitement est déconseillé. **Effets indésirables :** troubles digestifs, manifestations allergiques, manifestations hématologiques, hépatiques et rénales transitoires. Rares cas de céphalées. **Pharmacodynamie** : le céfuroxime axetil est un antibiotique de la famille des bêtalactamines, du groupe des céphalosporines de 2ème génération. Le spectre antibactérien naturel du céfuroxime axetil correspond à celui de la céfuroxime dont il est la prodrogue. **Liste I. A.M.M. 331 215.4 (1987) - Prix : 43,50 F - (8 comprimés à 125 mg). AMM 331 214.8 (1987) - Prix : 68,70 F - (8 comprimés à 250 mg). Mis sur le marché en 1988.** Remboursé Sécurité Sociale à 65 % - Collectivités. **AMM 334 038.6 (1991) - Prix : 45,50 F** - (8 sachets à 125 mg). **A.M.M. 334 032.8 (1991) - Prix : 45,50 F** - (flacon de 40 ml, 8 cuillères-mesures à 125 mg/5 ml). **A.M.M. 334 035.7 (1991) - Prix : 74,40 F** - (flacon de 80 ml, 16 cuillères-mesures à 125 mg/5 ml). Mis sur le marché en 1994. Remboursé Sécurité Sociale à 65 % - Collectivités. **Pour de plus amples informations, se reporter au dictionnaire Vidal. Laboratoire Glaxo Wellcome** 43, rue Vineuse - 75764 Paris Cedex 16 - Tél. : (1) 47.55.33.00.

GlaxoWellcome

Surveillance d'un patient bronchitique chronique

Pr P. LEOPHONTE

1. Définition de la pathologie et grands principes du traitement

La bronchite chronique est une maladie respiratoire caractérisée par un syndrome clinique associant de la toux et une expectoration muqueuse ou muco-purulente, évoluant pendant trois mois par an, durant au moins deux années consécutives. On distingue trois stades de gravité :

- La bronchite chronique simple (non obstructive).
- La bronchite chronique obstructive : elle est caractérisée par une limitation des débits expiratoires associée aux symptômes précédents : diminution des débits effort-indépendants d'abord (DEM 25/75) puis du VEMS à la spirométrie.
- L'insuffisance respiratoire chronique obstructive : elle traduit l'évolution de la forme précédente vers des perturbations des gaz du sang artériel à l'effort puis au repos (hypoxémie +/– hypercapnie), le développement d'une hypertension artérielle pulmonaire et la constitution à terme d'un cœur pulmonaire chronique.

A ces trois stades de gravité de la maladie peuvent être associés :

- Un syndrome asthmatique, caractérisé par des crises de dyspnée expiratoire sibilante et/ou un trouble ventilatoire obstructif, réversible sous bêta-2-stimulant en spray.
- Un emphysème qui aggrave la dyspnée d'effort.
- Des accès de désaturation nocturne en oxygène au cours du sommeil.

Les principes de traitement reposent sur :

- Des mesures d'hygiène : arrêt du tabac, éviction de la pollution professionnelle et domestique, salubrité du logement, changement climatique éventuel (brouillards), correction d'une intempérance (alcoolisme) ou d'un surpoids, traitement d'un foyer infectieux chronique (ORL ou dentaire).
- La kinésithérapie respiratoire : toilette matinale des bronches (drainage), rééducation diaphragmatique, réentraînement à l'effort.
- En cas de poussée d'exacerbation : antibiotiques (macrolide ou pénicilline A ou cycline ou céphalosporine orale) et corticothérapie (**Cortancyl**) pendant 8 jours. Dans les formes avec insuffisance respiratoire chronique, on élargira le spectre de l'antibiothérapie probabiliste : (**Augmentin**), céphalosporine de 2e ou 3e génération (Céfuroxime Axetil, Cefpodoxime proxétil).
- Dans les formes graves : oxygénothérapie, ventilation à domicile.
- Traitements adjuvants : bronchodilatateurs (bêta-2-stimulant, **Théophylline**, anticholinergiques), mucomodificateur, analeptique respiratoire, **Vectarion, Pneumorel**, immunomodulateur, vaccin anti-grippal, vaccin anti-pneumococcique.

2. Éléments de surveillance

La surveillance clinique doit être complétée par des examens paracliniques selon le stade de gravité de la maladie.

– La surveillance clinique est basée sur l'évaluation :
  • à l'interrogatoire, de la toux, de l'expectoration (aspect : muqueuse, muco-purulente, abondance), de la dyspnée, et de signes neuropsychiques éventuels (insomnie, somnolence, hyperexcitabilité, céphalées),
  • à l'examen, d'une cyanose, d'un encombrement, d'un bronchospasme, de signes cardiaques droits et de signes neuro-psychiques (confusion, flapping),
  • la surveillance para-clinique repose sur les examens suivants : spirométrie, gazométrie artérielle, radiographie pulmonaire, hémogramme, cathétérisme cardiaque droit, SaO2 nocturne, selon le schéma suivant :

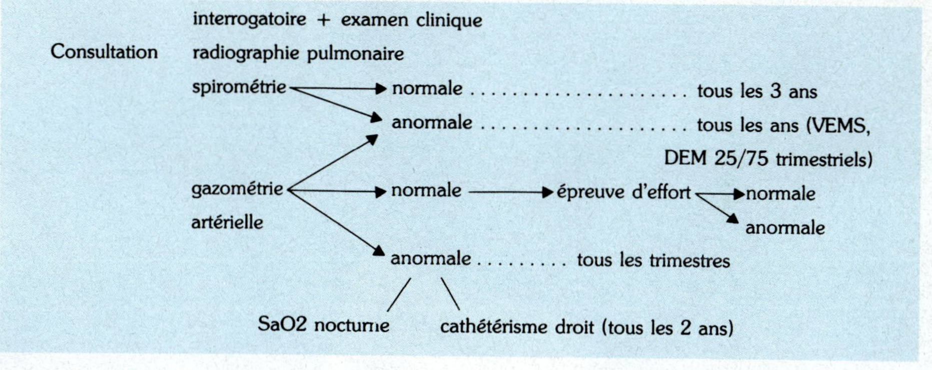

3. Les « coups durs »

Ils sont représentés par une complication évolutive :
– Poussée de surinfection bronchique.
– Pneumopathie aiguë infectieuse.
– Crise d'asthme intriqué.
– Décompensation respiratoire aiguë : infection respiratoire, erreur thérapeutique (prise de sédatifs de la toux, hypnotiques), pneumothorax, maladie thrombo-embolique, traumatisme thoracique.

4. La bonne attitude en cas de « coups durs »

Si le malade ne présente pas de signe de décompensation respiratoire aiguë, traitement au domicile :
– Surinfection bronchique :
  • antibiothérapie : **Pénicilline A** ou macrolide en première intention,
  • corticothérapie : **Cortancyl** 0,5 à 1 mg/kg.
– Asthme intriqué : même schéma + bêta-2-stimulant (**Bérotec**, **Bricanyl**, **Ventoline**, **Eolène**), éventuellement associé à un anticholinergique (**Atrovent**).
– Pneumopathie infectieuse : **Pénicilline A** ou macrolide en première intention, en cas d'échec : **Augmentin** ou céphalosporine en association avec macrolide ou fluoroquinolone.

Si le malade présente une décompensation respiratoire aiguë, hospitalisation en urgence :
– Premiers soins : faire tousser, cracher, oxygénothérapie (1 à 2 litres) + analeptique (caféine) + corticothérapie injectable.

MUCOMYST sachets acétylcystéine - **FORMES et PRESENTATIONS** : *Poudre orale* : Sachets, boîte de 30. **COMPOSITION** : *Poudre orale* : p. sachet 200 mg N-acétylcystéine, p. boîte 6 g N-acétylcystéine. ***Excipient*** : glycine, citrate de sodium, pulvessence de mandarine, arôme orange, saccharine sodique, bêta-carotène, éthylmaltol, saccharose.Teneur en saccharose 1,28 g, en sodium 55 mg, par sachet. **DONNEES CLINIQUES** : **Indications thérapeutiques** : Traitement des troubles de la secrétion bronchique, notamment au cours des affections bronchiques aiguës : bronchite aiguë et épisode aigu des bronchopneumopathies chroniques. **Posologie et mode d'administration** : **Mode d'administration** : Dissoudre le contenu du sachet dans un peu d'eau. **Posologie** : ***Adultes et enfants de plus de 7 ans*** : 600 mg par jour, répartis en 3 prises de 200 mg, soit :1 sachet 3 fois par jour. Coût du traitement journalier : 3,60 F. ***Enfants de 2 à 7 ans*** : 400 mg par jour, répartis en 2 prises de 200 mg, soit :1 sachet 2 fois par jour. Coût du traitement journalier : 2,40 F. **Mise en garde et précautions particulières d'emploi** : **Mise en garde** : Les toux productives, qui représentent un élément fondamental de la défense broncho-pulmonaire, sont à respecter. L'association d'un mucolytique avec un antitussif et/ou avec une substance asséchant les sécrétions (atropiniques) est irrationnelle. **Précautions d'emploi** : La prudence est recommandée chez les sujets atteints d'ulcères gastro-duodénaux. En cas de diabète, de régime hypoglucidique, prendre en compte l'apport de 1,28g de saccharose par sachet.

Grossesse et allaitement : **Grossesse** : Les études chez l'animal n'ont pas mis en évidence d'effet tératogène. En l'absence de données cliniques disponibles, par précaution, on évitera l'administration de ce produit pendant la grossesse. **Allaitement** : En cas d'allaitement, l'utilisation de ce produit n'est pas recommandée. **Effets indésirables** : Possibilité de phénomènes d'intolérance digestive (gastralgies, nausées, diarrhées). Il est alors conseillé de réduire la dose. **PROPRIETES PHARMACOLOGIQUES** : **Propriétés pharmacodynamiques** : MUCOLYTIQUE (R : Système respiratoire). L'acétylcystéine est un mucomodificateur de type mucolytique. Elle exerce son action sur la phase gel du mucus, vraissemblablement en rompant les ponts disulfures des glycoprotéines, et favorise ainsi l'expectoration. **Propriétés pharmacocinétiques** : L'acétylcystéine est rapidement résorbée ; le pic de concentration plasmatique est atteint en une heure, après administration orale de 200 à 600 mg. La biodisponibilité est de l'ordre de 4 à 10 % de la dose administrée, vraisemblablement par métabolisme intraluminal et effet de premier passage hépatique important. Elle est métabolisée en plusieurs dérivés oxydés. Sa demi-vie est de 2 heures. La clairance rénale intervient pour 30 % environ dans la clairance totale. AMM 326 883.2 (1983) poudre en sachets. Mis sur le marché en 1985. **PRIX** : 36,00 F (boîte de 30). Remb. Séc. soc. à 35 % - Collect. **Bristol-Myers Squibb.** Information médicale : Laboratoires Allard. Les Collines de l'Arche. 92057 - Paris-La-Défense Cedex. Tél : (1) 40.90.60.00

MUCOMYST

N-acétylcystéine

starter de la dynamique mucociliaire

Bristol-Myers Squibb
Infectiologie

– À l'hôpital : antibiothérapie + corticothérapie + analeptique par voie parentérale + oxygénothérapie + héparinothérapie curative ou prophylactive + prophylaxie anti-ulcéreuse.
– Examens complémentaires : radio de thorax, gaz du sang artériels, ECG, bilan électrolytique sanguin.

Dans les formes très graves : intubation + ventilation artificielle.

5. La prévention

– **Dépister** un trouble fonctionnel ventilatoire par spirométrie et mesure de la boucle débit/volume (DEM 25/75) chez les fumeurs et les tousseurs-cracheurs chroniques.
– **Prévenir les poussées d'exacerbation :**
  • mesures hygiéno-diététiques et kinésithérapiques déjà mentionnées,
  • vaccin anti-grippal (au mois de septembre tous les ans),
  • vaccin pneumo 23 (tous les 5 ans),
  • prescription d'un immunomodulateur (au début de la période hivernale) : **Biostim**, **Ribomunyl**, **Imocur**,
  • en cas de difficulté à expectorer (expectoration hypervisqueuse) : mucomodificateur, **Rhinathiol**, **Surbronc**, **Mucomyst**,
  • traiter un bronchospasme latent (diminution du VEMS $\geqslant$ 20 % réversible, sous bêta-2-stimulant en spray) : bêta-2-stimulant (**Bérotec**, **Bricanyl**, **Ventoline**, **Eolène**) ou anticholinergique (**Atrovent**, **Tersigat**), ou association (**Bronchodual**),
  • antibiothérapie séquentielle 8 jours par mois les mois d'hiver (**Pénicilline A** ou macrolide ou cycline ou céphalosporine orale) en cas d'infection fréquente ($>$ 3/an) rapidement évolutive (absentéisme professionnel, hospitalisation), au cours de la bronchite obstructive,
  • dans les formes graves avec hypoxémie : **Vectarion** en cure discontinue, Oxygénothérapie à domicile (1 à 3 litres, 12 à 15 heures par jour), ventilation assistée.

Asthme

Quand on aime construire

l'avenir

TORRENT PB 3521 - 96 02

BÉCOTIDE® 250

béclométasone

Préserver le capital respiratoire dès l'asthme léger à modéré*

PRESENTATION ET COMPOSITION : Boîte de 1 cartouche avec embout buccal. Béclométasone dipropionate (s.f. de solvate) : 250 µg par inhalation (80 inhalations minimum). Excipient. **INDICATIONS :** Traitement continu anti-inflammatoire de l'asthme dans les formes suivantes : • asthmes légers à modérés, nécessitant un traitement symptomatique quotidien ; • asthmes sévères, en particulier cortico-dépendants. Chez l'enfant en l'absence de données définitives sur les conséquences sur la croissance et le métabolisme osseux, le traitement par corticostéroïdes inhalés doit être envisagé en cas d'échec des anti-inflammatoires non stéroïdiens type cromones. Non-indications : – traitement de la crise d'asthme, – traitement de l'état de mal asthmatique. **POSOLOGIE ET MODE D'ADMINISTRATION :** La posologie est strictement individuelle. La posologie habituellement efficace se situe : **Chez l'adulte : a/** en cas d'asthme léger à modéré : de 500 à 1000 µg/jour. **b/** en cas d'asthme sévère : jusqu'à 2 mg/jour. **C.T.J. :** 2,42 à 9,66 F. **Chez l'enfant : a/** en cas d'asthme léger à modéré : de 250 à 500 µg/jour. **b/** en cas d'asthme sévère : jusqu'à 1 mg/jour. **C.T.J. :** 1,21 à 4,83 F. La dose quotidienne sera répartie en 2 à 4 prises par jour. **CONTRE-INDICATIONS :** Allergie à l'un des composants. Tuberculose pulmonaire évolutive ou latente non traitée. Ulcère digestif en évolution non traité et non surveillé. **MISES EN GARDE ET PRECAUTIONS D'EMPLOI : Mises en garde :** L'attention des sportifs sera attirée sur la possibilité de tests positifs lors de contrôles anti-dopage. **Précautions :** Ce n'est pas un traitement de la crise, ses effets ne se feront sentir qu'au bout de quelques jours. S'assurer du maniement correct de l'aérosol. Brève corticothérapie générale préalable pour les malades hypersécrétants. Chez les asthmatiques corticodépendants, diminution progressive des corticostéroïdes par voie générale et sevrage sous surveillance médicale. En cas d'infection bronchopulmonaire concomitante ou d'agression (infection...) en cours de sevrage, se reporter au Dictionnaire VIDAL. Ne pas arrêter le traitement brusquement. **GROSSESSE ET ALLAITEMENT : Grossesse :** Prudence en cas de grossesse. Observer une période de surveillance clinique et biologique du nouveau-né. **Allaitement :** Il est préférable de ne pas administrer au cours de l'allaitement. **EFFETS INDESIRABLES :** Candidoses oropharyngées, gêne pharyngée, raucité de la voix ou toux. RIsque de freination hypophyso-surrénalienne. **PHARMACODYNAMIE :** Anti-inflammatoire stéroïdien. **Liste I** A.M.M. 329 026.3 (1986) - Mis sur le marché en 1986. **Prix :** 96,60 F (Fl. pour 80 doses). Remb. Séc. Soc. à 65 % - Collect. **Pour de plus amples informations, se reporter au dictionnaire VIDAL.** Laboratoire Glaxo Wellcome 43, rue Vineuse - 75764 PARIS Cedex 16 Tél. : (1) 47 55 33 00.

GlaxoWellcome

*** Asthme léger à modéré nécessitant un traitement symptomatique quotidien.**

Surveillance d'un patient asthmatique

Dr S. SALMERON

1. Définition de la pathologie et grands principes du traitement

– L'asthme se caractérise par des épisodes de bronchoconstriction réversibles spontanément ou sous traitement bronchodilatateur.
– Bien qu'il s'agisse d'une maladie réputée bénigne, elle peut être grave :
  • par la sévérité d'une crise pouvant entraîner la mort (2 000 cas par an en France),
  • par l'aggravation progressive de l'obstruction bronchique de base pouvant conduire à une insuffisance respiratoire chronique.
– Deux mécanismes intriqués sont en cause dans l'obstruction bronchique :
  • la contraction du muscle lisse bronchique,
  • l'inflammation responsable de l'hyperréactivité bronchique.

Les grands principes du traitement

– Le traitement de la crise :
  • il repose sur les Bêta 2-mimétiques, seule famille thérapeutique à posséder un effet immédiat (net dans les 5 minutes, quasi maximum après 20 minutes par voie SC ou aérosol),
  • les corticoïdes sont indiqués en cas de crise sévère, mais ils n'ont pas d'effet immédiat (effet maximum 3 à 4 heures après administration IV).
– Le traitement de fond :
  • il doit en permanence être reconsidéré en fonction de l'état clinique et fonctionnel respiratoire du patient.
  • il repose sur les anti-inflammatoires inhalés dont la posologie est adaptée à la sévérité de l'asthme : cromones (**Tilade**), corticoïdes inhalés (**Pulmicort Turbuhaler 200, Bécotide 250, Prolair, Bronilide 250**).

Les étapes du traitement de fond

– Le premier pallier du traitement de fond (EFR normale, 1 à 2 crises par semaine) fait appel aux cromones ou aux corticoïdes inhalés à faibles doses ($<$ 1 000 μg/24 h).
– Le deuxième pallier du traitement de fond (VEMS ou débit expiratoire de pointe (DEP) $<$ 80 % de la théorique, crises fréquentes) fait appel aux corticoïdes inhalés à fortes doses (1 000 à 2 000 μg/24 h).
– Les bêta 2-agonistes de longue durée d'action (**Serevent, Foradil**) sont les bronchodilatateurs prioritaires à associer aux corticoïdes inhalés. La théophylline et les anticholinergiques sont associés dans les cas les plus sévères.
– La corticothérapie par voie générale est indiquée en cas d'asthme non contrôlé par les corticoïdes inhalés à fortes doses associés aux bronchodilatateurs.

Remarques

– Le développement de Bêta 2-mimétiques et de corticoïdes inhalés sous forme de poudre pour inhalation buccale permet une meilleure prise effective chez de nombreux patients (**Ventodisks** = salbutamol, **Bricanyl Turbuhaler** = terbutaline, **Pulmicort Turbuhaler** = budésonide).
– Les aérosols doseurs autodéclenchés (**Maxair, Prolair**) permettent également une meilleure prise notamment chez les mauvais coordinateurs.

– En cas de facteur allergique associé les antihistaminiques peuvent être associés (**Zaditen, Zyrtec, Hismanal...**).
– L'utilisation de chambres d'inhalation avec les aérosols doseurs (**Volumatic, Nébuhaler**) permet d'optimiser la prise et de réduire l'incidence des effets locaux (dysphonie, candidose) pouvant être observés en cas d'utilisation prolongée d'une corticothérapie inhalée. Elles présentent également l'intérêt de l'administration de doses répétées en cas d'asthme aigu grave.

2. Éléments de surveillance

– Les patients asthmatiques ne perçoivent pas toujours l'importance de leur obstruction bronchique. Ainsi, une mesure objective des débits expiratoires lorsqu'elle est possible, par le VEMS ou le débit expiratoire de pointe (DEP = Peak Flow) est souvent très utile pour quantifier l'obstruction.
– La valeur du DEP normal chez l'adulte est d'environ 500-600 l/min chez l'homme et 400-500 l/min chez la femme.
– Pour les petits enfants des débimètres spéciaux sont disponibles, les valeurs figurent sur des abaques en fonction du sexe et de l'âge.
– Au cours d'une crise, l'amélioration doit être rapide : après administration SC ou inhalée de bêta-mimétiques, l'amélioration doit être nette après 15/20 minutes, jugée sur les données cliniques (diminution de la dyspnée, patient plus calme, possibilité de parler, diminution de la fréquence respiratoire et de la fréquence cardiaque), et sur l'augmentation franche de la valeur du DEP (d'au moins 60 litres/minute).

A l'hôpital

– La surveillance portera sur les mêmes éléments cliniques, le DEP, et les gaz du sang (en cas de crise grave normo voire hypercapnique, la diminution de la PCO2 témoigne de l'évolution favorable).

Surveillance entre les crises

– Elle tient compte de la fréquence et de la gravité des crises ainsi que du degré d'obstruction de base apprécié par la valeur du DEP ou du VEMS.
– Tout patient instable (crise grave récente, crises quotidiennes, augmentation de la consommation de bêta-mimétiques, surinfection bronchique...) doit posséder un débimètre de pointe et savoir mener une auto-surveillance quotidienne en notant les valeurs de DEP sur une feuille. Une diminution progressive du DEP doit faire consulter.
– Outre le contrôle des symptômes, il faut souhaiter maintenir une fonction pulmonaire la plus proche possible de la normale, sans corticothérapie orale.
– Il faut s'assurer de l'absence de facteurs aggravants ou déclenchants persistant : foyer ORL (sinus+++), surinfection bronchique, médicament contre-indiqué, antibiotique allergisant, bêta-bloquants même en collyre (**Timoptol**), reflux gastro-œsophagien.

3. Les « coups durs »

Crise explosive grave d'emblée, DEP $<$ 150 l/min :
Elle se manifeste par une asphyxie aiguë et motive souvent l'appel du SAMU directement par le patient.

Aggravation d'une crise simple :
Elle est souvent due à un traitement insuffisant mais parfois à l'impossibilité de prendre le traitement inhalé de manière efficace (mauvaise coordination).

Instabilité de l'asthme :
Elle se traduit par des crises fréquentes, parfois pluriquotidiennes, ainsi que de grandes variations du DEP. Son meilleur reflet reste cependant l'augmentation progressive de la consommation de Bêta 2-mimétiques.
Non-observance du patient au traitement :
Elle est habituellement engendrée par la volonté d'interrompre le traitement de fond après disparition des crises, ou par crainte d'effets indésirables des Bêta 2-mimétiques ou des corticoïdes (y compris par voie inhalée).
Il faut rappeler qu'il n'existe pas de « coup dur » lié au traitement.

4. La bonne attitude en cas de « coups durs »

Crise explosive, grave d'emblée :
Traiter d'emblée par une administration de Bêta 2-mimétiques nébulisés (5 mg de **Ventoline** solution pour aéroliseur ou **Bricanyl** 10 mg) en association à un anticholinergique nébulisé (**Atrovent** 0,5 mg) ou SC (1 ampoule de **Bricanyl** ou **Ventoline**).
Aggravation d'une crise simple :
En cas d'insuffisance après 6 bouffées de Bêta 2-mimétiques, aérosol-doseur éventuellement délivrées avec une chambre d'inhalation (**Volumatic**, **Nébuhaler** ou poudre pour inhalation, passer à 1 ampoule SC de bêta 2-mimétique) et corticothérapie (60 mg de **Solupred** ou **Cortancyl** per os ou 60 mg de **Solu-Médrol** IM ou IV).
Instabilité de l'asthme :
C'est l'indication d'une corticothérapie orale de courte durée (0,5 mg/kg/jour de **Solupred** ou **Cortancyl** pendant deux semaines).
Les bêta 2-mimétiques doivent toujours être associés (2 bouffées × 4/jour).
Non-observance du traitement par le patient :
Difficile ! Expliquer qu'un traitement de fond doit être poursuivi pour prévenir la récidive des crises. Les bêta 2-mimétiques inhalés par aérosol-doseur n'ont aucun effet indésirable. Les corticoïdes inhalés aux doses recommandées peuvent être responsables d'effets indésirables locaux (mycose buccale, raucité de la voix).

5. La prévention

— Elle repose sur l'éducation de l'asthmatique et des médecins, notamment :
- la connaissance de la maladie (rôle de l'inflammation bronchique, mécanisme de l'obstruction, facteurs déclenchants, facteurs aggravants),
- le mécanisme et le délai d'action des différents médicaments (priorité des bêta-mimétiques en cas de crise),
- la nécessité d'un traitement de fond malgré l'absence de symptômes dans la majorité des cas, (la cible du traitement de fond étant l'inflammation bronchique),
- auto-surveillance de DEP chez tout patient grave ou instable,
- consignes d'automédication en cas d'instabilité (corticothérapie orale) et de crise grave,
- le médecin doit enseigner au patient sa valeur optimale de DEP (normale : environ 500-600 l/min chez l'homme, 400-500 l/min chez la femme) et proposer le traitement bêta+ sous cutané et corticothérapie orale en cas de valeur du DEP < 50 % de la valeur optimale.

Surveillance d'un patient allergique aux pneumallergènes

Pr F. LEYNADIER

1. Définition de la pathologie et grands principes du traitement

L'allergie aux pneumallergènes (pollens, acariens, phanères) se manifeste par une conjonctivite, une rhinite, une trachéite et/ou un asthme et, plus rarement par des signes cutanés (urticaire de contact). Elle résulte de la synthèse en quantité anormale d'immunoglobulines E spécifiques. Le traitement est basé sur :

– L'éviction de l'allergène si elle est possible. Elle peut empêcher l'apparition d'une sensibilisation (acariens, phanères, etc.) chez les sujets génétiquement prédisposés. Chez les malades déjà sensibilisés, elle diminue la réaction immédiate (crise d'asthme) et tardive (inflammation des voies aériennes).
– Des médicaments symptomatiques comme les antihistaminiques (**Zyrtec**, **Teldane**, **Clarityne**), les « antidégranulants mastocytaires » d'usage local (**Lomudal**, **Opticron**, **Lomusol**), les bronchodilatateurs inhalés (**Ventoline**, **Bricanyl**, **Eolène**, etc.), les anticholinergiques (**Atrovent**), les théophyllines et les corticoïdes par voie inhalée ou locale (**Becotide**, **Pulmicort**, etc.) ou par voie générale (**Solupred**, **Cortancyl**).
– La désensibilisation ou immunothérapie spécifique qui comporte des injections sous-cutanées profondes (face externe du bras) répétées de doses croissantes d'allergènes jusqu'à atteindre une dose fixe d'entretien, poursuivie, en cas d'efficacité, durant 3 à 5 ans à un rythme variable. On distingue les extraits aqueux des extraits « retard », ces derniers étant considérés comme mieux tolérés et permettant des injections plus espacées : en fait, l'expérience montre que pour être efficaces, ces extraits retard comportent presque autant de risque que les extraits aqueux.

2. Éléments de surveillance

– En cas de désensibilisation :
  • s'assurer de l'absence de traitement par bêta-bloquants (per os mais aussi collyres) qui aggravent le choc anaphylactique et compliquent son traitement. De même, le rôle aggravant d'un traitement par un inhibiteur de l'enzyme de conversion apparaît aujourd'hui probable,
  • vérifier le carnet de désensibilisation qui doit être systématiquement remis au malade (effets secondaires de l'injection précédente),
  • si une grossesse est en cours, ne pas augmenter les doses.
– S'assurer de la compliance au traitement et surtout de l'utilisation correcte des médicaments inhalés, de préférence à l'aide d'une chambre de diffusion (démonstration à faire par le malade lui-même devant le médecin).
– Vérifier que les mesures d'éviction des allergènes sont bien suivies.
– Surveiller le débit-mètre de pointe (peak-flow) lorsqu'il s'agit d'un asthme à crises fréquentes (par exemple dyspnée même modérée, 2 à 3 fois par semaine).
– Toujours se rendre immédiatement au chevet d'un asthmatique qui appelle en urgence.

– Ne pas sous-estimer la gravité d'une crise qui ne cède pas complètement en 2 heures.

3. Les « coups durs »

– Le choc anaphylactique provoqué par une injection de désensibilisation : une surveillance de 30 minutes dans le cabinet médical est obligatoire après chaque injection. L'**Adrénaline** est le seul traitement efficace : par exemple seringue auto-injectable (**Anahelp** ou **Anakit**). Son utilisation ne doit pas être retardée par l'injection de **Polaramine** ou de **Soludécadron**, sans efficacité démontrée sur l'évolution d'un choc anaphylactique. Ces deux médicaments ne se justifient que dans une urticaire aiguë sans signe d'évolution vers le choc.

– Si la dyspnée laryngée est le symptôme principal du choc, le **Dyspné-Inhal** (4 à 6 bouffées renouvelables) est utile.

– Un abord veineux avec perfusion de **Plasmion** ou à défaut de G 5 est indispensable. Tout choc, même guéri, doit être surveillé 8 à 12 h en milieu spécialisé pour traiter une éventuelle récidive (voir « Choc anaphylactique » dans Protocoles).

– La crise d'asthme est traitée par **Bricanyl** injectable ou mieux en ambulatoire par **Ventoline** ou **Bricanyl** en spray (4 à 6 bouffées à l'aide d'une chambre de diffusion). Cette technique est aussi efficace qu'une nébulisation (2 ml de **Salbutamol** à 5 mg/ml pour 3 ml de serum salé) pratiquée en milieu hospitalier en 10 à 15 min (voir « Asthme aigu grave de l'adulte » dans Protocoles).
La voie veineuse est réservée au bronchospasme très sévère résistant au traitement précédent. On y associe l'oxygénothérapie, la corticothérapie injectable et, le plus souvent, un antibiotique injectable.

4. La prévention

Le choc anaphylactique ou la crise d'asthme aiguë grave, résulte le plus souvent d'une erreur :

– Espacement anormal des injections, erreur de volume ou de concentration, première injection avec un nouveau flacon, injection malencontreuse par voie veineuse ou pratiquée malgré un débit de pointe inférieur à 300 l/min chez un adulte (ou la présence d'une sibilance à l'auscultation), traitement par bêta-bloquants (comprimé ou collyre).

– Sa gravité est d'autant plus prévisible que les premiers symptômes (anxiété, prurit des mains, douleur épigastrique, tachycardie, etc.) surviennent précocément après l'injection déclenchante.

– Tout retard à l'injection d'adrénaline favorise l'évolution vers la phase vasoplégique plus difficile à traiter.

L'asthme aigu grave est le plus souvent prévisible :

– Chez un malade ayant un asthme instable avec baisse brutale du débit-mètre de pointe au petit matin.

– Au terme d'une aggravation progressive sur 2 à 3 jours à l'occasion d'une surinfection bronchique, notamment virale.

– Lorsqu'une crise n'a pas cédé complètement en deux heures au traitement habituel, surtout si le débit-mètre de pointe demeure inférieur à 200 l/min.

Dans tous ces cas, après appel du SAMU, une hospitalisation est indispensable pour surveillance et traitement : l'évolution vers l'asthme aigu grave est d'autant plus facile à juguler que le traitement, corticoïdes en particulier, a été mis en œuvre tôt.

La gravité de l'asthme est toujours sous-estimée par le malade : seule la mesure du débit de pointe ou l'exploration fonctionnelle respiratoire permet d'apprécier objectivement l'importance du bronchospasme.

Surveillance d'un patient dépressif

Dr S. JAMAIN, Dr D. CREMNITER

1. Définition de la pathologie et grands principes du traitement

Les différents états dépressifs

On distingue différents troubles de l'humeur, selon leur intensité, le mode de début, la personnalité sous-jacente et les caractéristiques cliniques.

– **L'accès mélancolique endogène :** survenant au cours d'une PMD uni ou bipolaire, est caractérisée par une profonde douleur morale, une inhibition psychomotrice, une aboulie, des perturbations des fonctions biologiques (anorexie, insomnie). Le risque suicidaire est important, sans élément déclenchant le plus souvent.

– **Dépression dite « psychogène » :**
- dépression survenant sur une personnalité névrotique, de moindre intensité, déclenchée par un événement causal minime,
- la dépression réactionnelle apparaît immédiatement secondaire à un événement traumatique.

– **Trouble de l'humeur symptomatique :**
- d'une affection psychiatrique caractérisée (schizophrénie, alcoolisme),
- d'une affection cérébrale organique (épilepsie, tumeur, état prédémentiel).

– **Dépression masquée** à expression somatique avec plaintes multiples (céphalées, troubles digestifs...).

Grands principes de traitement

– **Accès mélancolique :**
- le déprimé mélancolique doit être hospitalisé en milieu spécialisé (avec hospitalisation sans consentement si besoin) s'il existe un risque suicidaire ou des signes psychotiques (auto-accusation délirante),
- faire un bilan pré-thérapeutique (ECG, recherche d'un glaucome, d'un adénome prostatique),
- utiliser **Anafranil** en cas d'inhibition prédominante, **Laroxyl** en cas d'anxiété,
- l'association d'un traitement sédatif est nécessaire :
  - soit benzodiazépine (**Tranxène** 50 à 150 mg),
  - soit neuroleptique :
    - si angoisse ou risque suicidaire important : préférer un neuroleptique sédatif (**Largactil** ou **Nozinan** 50 à 150 mg),
    - s'il existe des idées délirantes (ruines, auto-accusation), l'**Haldol** sera préférable,
- un hypnotique non barbiturique est utile au début,
- durée du traitement parentéral de 10 à 15 jours,
- relais par voie orale avec posologie de 1 à 1,5 fois la dose IV et pendant 6 à 8 semaines à cette dose,
- si le risque suicidaire est majeur, et en cas de contre-indication de la chimiothérapie, on peut envisager une sismothérapie,
- cas particuliers du schizophrène qui présente un retrait affectif, une inhibition : ce tableau est plus justifiable d'une molécule déshinibitrice (**Solian** 50 à 150 mg, **Prazinil** 50 à 150 mg).

– **Dépression psychogène**
  - bien qu'habituellement traitée en ambulatoire, une hospitalisation peut être utile s'il existe un risque suicidaire ou pour dédramatiser une situation, mettre à distance un conflit,
  - même s'il existe une amélioration immédiate avec un traitement anxiolytique, il ne faut pas méconnaître le risque de masquer un syndrome dépressif par ce seul traitement d'où la nécessité d'une chimiothérapie antidépressive,
  - on préférera un traitement antidépresseur maniable en ville et ayant chez ces patients peu d'effets secondaires (**Vivalan**, **Survector**, **Prozac**, **Stablon**, **Humoryl**, **Clédial**, **Athymil**) et éventuellement associé à un anxiolytique type **Lysanxia** ou **Urbanyl**,
  - un somnifère peut être rajouté s'il existe des troubles du sommeil (**Havlane**),
  - les dépressions névrotiques sont l'indication d'une psychothérapie.

2. Éléments de surveillance

– **Critères d'efficacité et de surveillance clinique**
  - réduction de l'anxiété,
  - régularisation du sommeil et de l'appétit,
  - normalisation de l'humeur,
  - reprise de l'initiative et de l'activité,
  - disparition des thèmes de culpabilité et de la douleur morale.

– **Effets secondaires des tricycliques** (majeurs au début, ils sont à l'origine d'abandon précoce du traitement) :
  - effets anticholinergiques périphériques (sécheresse de la bouche, troubles de l'accomodation) nécessitant parfois la prescription d'un correcteur (**Sulfarlem S 25** : 3 à 6 cp/j),
  - hypotension artérielle corrigeable par **Hept-A-Myl** : 3 à 6 cp/j,
  - dysurie ou rétention urinaire nécessitant parfois la diminution ou l'arrêt du traitement,
  - syndrome de tremblement dysarthrie pouvant être corrigé par **Atrium** ou **Avlocardyl**.

– **Les accidents toxiques des tricycliques** sont :
  - cardiaques (troubles de la conduction et de la repolarisation, même à des doses thérapeutiques),
  - neurologiques (épilepsie, polynévrite et névrite optique).

– **La résistance à un traitement antidépresseur** ne peut être appréciée qu'après 3 à 6 semaines de traitement. En cas d'échec d'un traitement bien conduit, un avis psychiatrique peut être nécessaire.

– **La durée du traitement** est de 6 à 12 mois, avec baisse très progressive des posologies par paliers de 25 mg sur plusieurs semaines à plusieurs mois.

3. Les « coups durs »

– **La rechute dépressive** évoquée devant l'apparition d'une asthénie, d'insomnie, d'une réactivation anxieuse et de plaintes somatiques.

– **Un virage de l'humeur** évoqué devant l'apparition d'une euphorie maniaque avec hyperactivité, agitation, insomnie.

– **Une levée d'inhibition** avec risque suicidaire est toujours à craindre chez un patient mélancolique.

4. La bonne attitude en cas de « coups durs »

– **La rechute dépressive** : évaluer le risque suicidaire avec hospitalisation si nécessaire, ajustement ou modification du traitement qui ne doit pas être arrêté trop tôt.
– **Le virage de l'humeur** :
  • hospitalisation selon la gravité,
  • diminution ou arrêt des antidépresseurs,
  • augmentation au adjonction d'un neuroleptique sédatif (**Nozinan** ou **Largactil**) à doses efficaces,
  • une mesure de sauvegarde peut être demandée dans certains cas.
– **Une levée de l'inhibition** (avec risque suicidaire) doit être avant tout prévenue par l'association d'un traitement sédatif au traitement antidépresseur. Ceci se justifie particulièrement s'il existe des idées suicidaires avec angoisse et en cas d'utilisation d'un traitement désinhibiteur.
– **Tentative d'autolyse** : hospitalisation en urgence avec mesures de réanimation si besoin.

5. La prévention

– Les dépressions mélancoliques nécessitent une surveillance prolongée car il existe un risque important de virage de l'humeur.
– Dans les PMD bipolaires ou unipolaires récidivant fréquemment un traitement par **Lithium** ou **Tégrétol** (si le **Lithium** est contre-indiqué) permet d'espacer et d'atténuer la gravité des rechutes).
– Les dépressions névrotiques volontiers récidivantes relèvent d'une psychothérapie psychanalytique ou autre.

Surveillance du traitement d'un patient maniaco-dépressif

Dr M. THENAULT, Dr D. CREMNITER

1. Définition de la pathologie et grands principes du traitement

La psychose maniaco-dépressive (PMD)

– Maladie caractérisée par la survenue d'épisodes dépressifs et maniaques pour la forme bipolaire et d'épisodes dépressifs pour la forme unipolaire, le malade retrouvant son état normal entre les accès.
– La durée des crises et des intervalles libres est variable.
– Cette maladie, qui débute en général entre 30 et 45 ans, a une durée d'évolution qui impose une surveillance prolongée de ces patients d'où l'importance d'une relation thérapeutique continue et de qualité.

Le traitement repose sur deux bases

– **Traitement des poussées**
  - l'hospitalisation sera le plus souvent indiquée devant le risque suicidaire d'une rechute mélancolique, pour réduire l'agitation et protéger le patient des conséquences de ses actes (sur l'entourage, le travail) lors d'une rechute maniaque,
  - il s'agira de corriger le trouble de l'humeur, de restaurer le sommeil, de réduire l'anxiété associée. On pourra utiliser des antidépresseurs, des neuroleptiques, la sismothérapie. Les anxiolytiques et les hypnotiques peuvent être utiles,
  - le traitement ambulatoire d'une rechute dépressive sans idée suicidaire, d'une hypomanie, devra être confié au spécialiste.

– **Traitement préventif :** le principal régulateur de l'humeur utilisé est le **Lithium**. Ce traitement s'adresse aux malades qui présentent des accès assez fréquents et invalidants. Son action préventive espace les rechutes et atténue leur gravité dans les cas favorables. Le **Tégrétol** a été proposé comme régulateur de l'humeur mais les résultats sont inconstants. Il sera proposé en cas d'échec du traitement au **Lithium** (résistance) ou de contre-indication. Il en est de même pour le **Dépamide**.

2. Éléments de surveillance

Les anti-dépresseurs

– Utilisés lors des épisodes dépressifs (**Laroxyl, Anafranil** jusqu'à 150 mg/j) le plus souvent à l'hôpital, ils seront très progressivement diminués, en ville, de 25 en 25 mg pendant les mois qui suivent en ne craignant pas d'effectuer des paliers de plusieurs semaines ou mois si l'état thymique du patient le nécessite et en prenant garde au virage maniaque de l'humeur.
– Pour certains, le maintien de doses filées d'anti-dépresseurs est parfois nécessaire (**Anafranil, Laroxyl**).

Les neuroleptiques

– Passée la période aiguë, le traitement sera lentement dégressif, en prenant garde au virage dépressif.
– Des neuroleptiques sédatifs peuvent être prescrits au long cours (**Tercian, Melleril**) en ambulatoire.

Le Lithium

– Ce traitement est le plus souvent institué à l'hôpital, après contrôle de la fonction rénale (urée, créatinine, clairance, protéinurie), un bilan cardiaque, un examen gynécologique, un bilan sanguin (numération, ionogramme) et thyroïdien, un ECG.
– On débute avec 1 cp de **Téralithe** matin et soir, un premier dosage avant la prise du matin 3 jours après le début permet d'ajuster les posologies en répartissant les prises sur le nycthémère afin d'atteindre un taux sérique compris entre 0,6 et 1 mEq/litre en préférant des valeurs basses chez les personnes âgées. Après les premiers contrôles hebdomadaires, les dosages seront poursuivis, en ville, tous les mois puis tous les 2 ou 3 mois lorsque les taux sont stables, avec un contrôle annuel de la fonction rénale.
– Effets indésirables :
  • troubles digestifs : gastralgies, vomissements, diarrhée en début de traitement,
  • polyuro-polydypsie qui disparaît en quelques semaines,
  • prise de poids qui peut faire arrêter un traitement mal toléré surtout chez les femmes,
  • tremblement digital fin au repos qui disparaît à l'arrêt du **Lithium**, peut être amélioré par **Atrium 100** (3 cp ou plus) ou **Sectral**,
  • un goitre hypo ou euthyroïdien peut apparaître et nécessite l'avis d'un endocrinologue.
– Contre-indications :
  • insuffisance cardiaque, insuffisance rénale,
  • régime désodé, hyponatrémie, traitement par salidiurétiques, anomalie kaliémique, grossesse.
– Le traitement par **Lithium** doit être régulièrement suivi. En cas d'arrêt, il est nécessaire de refaire un dosage de la lithiémie et de réajuster la posologie selon les résultats avec les mêmes précautions que lors de l'instauration de ce traitement.

3. Les « coups durs »

– Rechute thymique qui peut être liée à une résistance au traitement par le **Lithium** :
  • mélancolie : la rechute dépressive sera évoquée devant une asthénie, une insomnie, il faut y penser devant des plaintes somatiques, et évaluer le risque suicidaire,
  • manie : une hyperactivité, une insomnie doivent attirer l'attention, c'est souvent la famille qui donne l'alerte.
– Intoxication au **Lithium** : les signes d'alerte sont :
  • les vomissements,
  • un tremblement croissant des membres supérieurs,
  • une dysarthrie, des troubles de l'équilibre,
  • une obnubilation, une somnolence, un coma vigile.

4. La bonne attitude en cas de « coups durs »

– Mélancolie : c'est une urgence, le risque suicidaire impose l'hospitalisation en milieu spécialisé.
– Manie : nécessite l'hospitalisation en urgence, parfois en placement volontaire, une sauvegarde peut être demandée par un médecin hospitalier.
– Intoxication au **Lithium** :
  • arrêt immédiat du traitement,
  • dosage de la lithiémie, ionogramme,
  • une surveillance hospitalière s'impose avec si besoin une épuration extra-rénale (si lithiémie $>$ 3 mEq/l).

5. La prévention

– L'information du patient est capitale. Il doit connaître son traitement au **Lithium** et ses contre-indications (régime sans sel), les risques en cas de grossesse. La contraception est toujours à prévoir.
– Les patients qui connaissent bien leur maladie peuvent parfois reconnaître eux-mêmes les signes avant-coureurs d'une rechute, surtout dépressive, et consulter pour adapter leur traitement, ce qui peut permettre une bonne relation médecin/malade.

Surveillance d'un patient traité par les neuroleptiques

Dr B. LACHAUX

1. Définition de la pathologie et grands principes du traitement

Nouvelles molécules

En matière de neuroleptiques, les molécules sont relativement anciennes. Ces dernières années, les enjeux ont été modifiés par de nouvelles molécules qualifiées de neuroleptiques atypiques : l'amisulpride (**Solian**) et la clozapine (**Leponex**). Si la première a permis de développer le concept de bipolarité (efficacité sur les symptômes négatifs à faible dose et sur les symptômes productifs à plus forte dose), la seconde a surtout été éprouvée dans le traitement de la schizophrénie résistante (selon Lieberman - 1991 - 14 % des cas lors du premier accès et 25 % des cas lors des rechutes) mais elle comporte une toxicité (sanguine notamment) qui en limite l'usage.

Dans les prochaines années, l'apparition de nouvelles molécules risque de modifier ces enjeux en améliorant, en faveur des patients, le rapport efficacité/effet secondaire. C'est le cas avec l'antagoniste sélectif des récepteurs D2 (récepteur à la dopamine)/5HT2 (récepteur à la sérotonine) qu'est la rispéridone (**Risperdal**) récemment commercialisée en France (avec plus de deux ans de retard sur le Canada) dont la posologie est de 4 à 8 mg/jour permet d'espérer une action thérapeutique favorable sur la symptomatologie psychotique positive et négative (posologie à atteindre en 3 jours minimum et switch progressif sur 8 à 15 jours en cas de remplacement d'un autre neuroleptique classique).

Classification clinique

Caractéristiques d'action	Types de molécules
Neuroleptiques sédatifs : Anti-anxieux, anti-excitatoires, actif dans les formes paranoïdes et les états délirants	lévomépromazine : Nozinan® chlorpromazine : Largactil® thiopropérazine : Majeptil®
Neuroleptiques polyvalents : Les effets varient en fonction de la posologie action désinhibitrice à faible posologie action sédative à forte posologie Effets sur les symptômes positifs et négatifs	pipotiazine : Piportil® fluphénazine : Moditen® halopéridol : Haldol® sulpiride : Dogmatil® amisulpride : Solian® rispéridone : Risperdal®
Neuroleptiques désinhibiteurs : Actifs sur les formes déficitaires de psychose (forme hébéphrénique et catatonique de la schizophrénie)	carpipramine : Prazinil® perphénazine : Trilifan®

Un delai de plusieurs jours, voire de plusieurs semaines, est nécessaire pour juger de l'efficacité d'un traitement neuroleptique dans une pathologie psychotique.

Les indications principales

Traitement au long cours des pathologies psychiatriques graves : les psychoses délirantes chroniques, psychoses dissociatives (schizophrénies), troubles de l'humeur (états maniaques). Bien entendu, dans tous ces cas, il est nécessaire qu'une prise en charge psychiatrique conjointe soit rapidement mise en route.

En effet, l'initiation d'un traitement neuroleptique chez un patient psychotique n'est qu'un des aspects de l'abord complexe et multifocal, dont la coordination soigneuse des différentes composantes (chimiothérapie à visée antipsychotique, psychologique, institutionnelle et sociale) est seule garante d'une efficacité thérapeutique et d'une qualité de vie satisfaisante pour le patient.

Autres indications

– Les pathologies psychiatriques débutantes, les situations d'urgence avec agitation, les insomnies rebelles aux benzodiazépines, les troubles du caractère dans les névroses et la psychopathie, l'agitation au cours d'un syndrome confusionnel ou d'un état démentiel chez les personnes âgées, certaines algies rebelles (potentialisation de l'action antalgique des antalgiques majeurs plus qu'une action antalgique propre), les affections dermatologiques prurigineuses, les troubles psychosomatiques, le sevrage des toxicomanies, certaines formes graves de névrose obsessionnelle et les états anxieux invalidants.
– Dans les nausées et les vomissements, tous les neuroleptiques ont une action anti-émétique même si certains ont été spécifiquement indiqués comme le **Primpéran**, le **Vogalène**, le **Plitican**, le **Motilium**. Ces derniers constituent des neuroleptiques cachés quand ils ne sont pas considérés comme tels et ils possèdent parfois (utilisation à hautes posologies et durables) le même potentiel d'effets secondaires. Il en est de même pour le **Théralène** et le **Phénergan**.
– En neurologie, la chorée et les manifestations cliniques associées de type caractériel ou psychotique de l'épilepsie peuvent amener à prescrire des neuroleptiques. Certains anti-épileptiques (**Gardénal**, **Di-Hydan**, **Tégrétol**, **Mysoline**) réduisent le taux sanguin des neuroleptiques par induction enzymatique. A l'opposé certains neuroleptiques (**Largactil**, **Haldol**, **Loxapac**) augmentent le taux plasmatique du **Di-Hydan** en inhibant son métabolisme.
– Les neuroleptiques retard ou neuroleptiques d'action prolongée (**Modécate**, **Piportil L4**, **Fluanxol Retard**, **Haldol Décanoas**, **Sémap**, **Moditen Retard**, et **Trilifan**) permettent une meilleure observance et une diminution de la posologie. Ils ne doivent pas être prescrits d'emblée mais seulement après vérification préalable de la tolérance et de l'efficacité par voie orale.

Les contre-indications

– Les contre-indications absolues au traitement neuroleptique sont les maladies neurologiques évolutives (poussées évolutives lors d'une sclérose en plaque, maladie de Parkinson), le glaucome à angle fermé, l'hypertrophie prostatique, les antécédents de porphyrie, un syndrome fébrile (augmentation du risque de syndrome malin) (rare) et les trois premiers mois de la grossesse.

2. Eléments de surveillance

La surveillance d'un patient traité par les neuroleptiques repose essentiellement sur la clinique. Il faut surveiller l'absence des manifestations pathologiques et l'apparition éventuelle d'effets secondaires comme :

– Les effets extra-pyramidaux précoces (dans 50 % des cas lors des 2 premiers jours et dans 90 % des cas lors des 5 premiers jours). Ils peuvent être de deux types :
  - les dyskinésies aiguës (crises dystoniques touchant : globes oculaires, région bucco-linguale, musculature axiale). Elles sont corrigées rapidement (30 minutes environ) par les antiparkinsoniens de synthèse comme le **Lepticur** ou l'**Artane** administrés par voie parentérale dont l'efficacité est un véritable test diagnostique,
  - le syndrome parkinsonien (syndrome akinéto-hypertonique ou syndrome hyperkinétique).

Son traitement est représenté par les antiparkinsoniens de synthèse per os : **Lepticur**, **Artane**, **Akineton**, **Parkinane**, **Disipal** dont la prescription doit être limitée dans le temps (3 mois).

– Les effets cardio-vasculaires comme l'hypotension artérielle due à l'effet adrénolytique des neuroleptiques qui peut être corrigée par les analeptiques comme l'**Hept-A-Myl**.
– Les effets digestifs comme l'hyposialorrhée (corrigée par les cholérétiques comme le **Sulfarlem S25**) ou la constipation.
– Les effets métaboliques et endocriniens (prise de poids, oligo-spanioménorrhée, syndrome aménorrhée-galactorrhée, troubles sexuels) à l'origine d'une mauvaise observance.
– Les effets secondaires psychiques : indifférence, état dépressif, état anxieux (avec les neuroleptiques désinhibiteurs) qui amènent à revoir la posologie et même parfois le type de neuroleptique. Les états confusionnels, exceptionnels même chez le vieillard, sont le plus souvent imputables au traitement correcteur (antiparkinsonien de synthèse).

3. Les « coups durs »

– La rechute ou la récidive : la pathologie psychotique schizophrénique ou délirante sera marquée par la réapparition d'un syndrome dissociatif ou délirant ou pour la pathologie maniaque par une hyperactivité ou une insomnie souvent décelée précocement par l'entourage.
– Les dyskinésies tardives (prévalence de 15 à 20 % des sujets traités par les neuroleptiques) qui apparaissent après un traitement prolongé (au moins 3 mois de traitement et un délai de 6 mois est nécessaire avant de parler d'irréversibilité car elles peuvent disparaître après plusieurs semaines ou plusieurs mois d'arrêt des neuroleptiques). Elles sont localisées dans la région bucco-linguo-masticatrice (le plus souvent) mais aussi au niveau de la musculature axiale, des membres, des muscles respiratoires et laryngés.
– Les facteurs favorisants sont l'âge (prévalence accrue chez le sujet âgé), le sexe (plus fréquentes chez la femme), la durée d'exposition (risque croissant de 2 à 5 % par année d'exposition) et le traitement anticholinergique (ce qui contre-indique son usage systématique ou prolongé).
– Le syndrome malin qui associe : une hyperthermie supérieure à 40 °C, une tachycardie, une polypnée, des sueurs, une instabilité tensionnelle et des troubles de conscience.
– Les accidents allergiques et toxiques (cutanés : photosensibilisation, oculaires : rétinites, hépatiques : ictères avec le **Largactil**).
– Et exceptionnellement les accidents thrombo-emboliques et sanguins (leucopénie).

4. La bonne attitude en cas de « coups durs »

– La rechute ou la récidive : la réponse la plus adaptée est l'augmentation du traitement. Si les troubles rendent impossible le consentement du patient et que l'état impose des soins immédiats assortis d'une surveillance constante en milieu hospitalier, il faut prévoir une hospitalisation (loi du 27 juin 1990 : hospitalisation sur demande d'un tiers/art. L. 333).
– Les dyskinésies tardives : leur apparition doit entraîner la réévaluation de l'indication et si possible l'arrêt du traitement. L'adjonction d'un traitement symptomatique à base de benzodiazépine peut permettre une atténuation.
– Le syndrome malin doit faire procéder au transfert d'urgence en service de réanimation compte tenu de la gravité de l'évolution.
– Les accidents allergiques et toxiques (cutanés : photosensibilisation, oculaires : rétinites,

hépatiques : ictères avec le **Largactil**) et les accidents thrombo-emboliques et sanguins : en plus d'un traitement symptomatique, éventuellement en milieu hospitalier spécialisé, ils doivent conduire à un arrêt du traitement pour les manifestations les plus graves ou faire réévaluer la pertinence de l'indication si les manifestations sont moins importantes.

5. La prévention

– Il faut savoir que, excepté pour les neuroleptiques sédatifs utilisés par voie parentérale, un délai de plusieurs jours, voire de plusieurs semaines, est nécessaire pour juger de l'efficacité du traitement.
– L'observance du traitement neuroleptique est une des composantes majeures de l'équilibre du patient psychotique. Mais une articulation harmonieuse des différentes composantes bio-psycho-sociales, nécessaire à une insertion de qualité, peut se faire avec l'aide des équipes de secteur psychiatrique.
– Une fois l'équilibre obtenu, la prévention repose sur quelques règles simples comme l'utilisation d'une dose minimale efficace, la recherche du composé le mieux adapté au patient, l'usage de correcteur pour corriger l'apparition d'effets indésirables (en évitant les prescriptions à titre préventif non justifiées) et une stratégie de réduction et d'arrêt du traitement toujours conçue de façon progressive.

NOUVEAU

Prise en charge d'un patient inhibé

Dr.P. MORAND, Pr M. FERRERI

1. Définition de la pathologie et grands principes du traitement

Définition

- L'inhibition peut être définie comme un "empêchement" de s'exprimer, concernant toutes les fonctions psychiques, comportementales ou instinctuelles. Cette dimension n'est pas en relation spécifique avec une anomalie de l'examen clinique ou paraclinique et peut s'intégrer à un tableau clinique normal ou pathologique. Il n'y a pas de "marqueur" biologique ou radiologique de l'inhibition.
- L'inhibition fonctionnelle, physique ou psychique, est réversible.
- **L'inhibition psychique** concerne les registres intellectuels ou émotifs : l'inhibition intellectuelle concerne une diminution de l'attention, de la concentration, de la mémoire, de l'efficience intellectuelle et des centres d'intérêt, de la capacité à soutenir une tâche, de la mémoire des faits anciens ou récents, de la volonté, de la motivation, et de l'imagination ; l'inhibition des émotions concerne les difficultés à ressentir ou à s'exprimer.
- **L'inhibition physique** s'exprime par une baisse d'énergie, une fatigue, une lenteur motrice, et des perturbations instinctuelles : sommeil difficile ou non réparateur ; manque d'appétit, voire anorexie ; réduction de l'activité sexuelle avec absence de désir ou de plaisir.
- L'inhibition peut être symptomatique :
  - d'un trouble psychique fonctionnel : anxiété – notamment les phobies -, dépression, névroses, psychoses,
  - d'un trouble organique : démence, maladie de Parkinson, affections circulatoires cérébrales sans déficit moteur ni sensitif, hydrocéphalie à pression normale, syndrome fonctionnel ou organique post-traumatique, hématome sous-dural chronique. S'il existe des points communs entre l'inhibition et la démence, en particulier la diminution de l'attention, de la mémoire, de l'initiative et des centres d'intérêt, on ne retrouve pas dans l'inhibition "pure" de désorientation temporo-spatiale, de troubles du jugement ou de la critique ; pas de fabulations, ni de fausses reconnaissances ; pas de troubles du langage, ni des praxies.

Principes du traitement

- Hygiène de vie dans les formes modérées.
- Si inhibition fonctionnelle, médicaments anti-asthéniques (tableau 1) prescrits en ambulatoire. Psychothérapie éventuelle.
- Si inhibition d'origine organique, traitement étiologique de la pathologie sous-jacente.

2. Éléments de surveillance

Face à une inhibition persistante :

- Éliminer une pathologie infectieuse, inflammatoire ou tumorale (bilan biologique, VS, marqueurs), une hypothyroïdie.

Dans certains états d'inhibition physique ou psychique avec baisse d'activité et apathie

ARCALION® 200 mg

SULBUTIAMINE

Libère l'énergie physique et mentale

Sulbutiamine en modélisation moléculaire

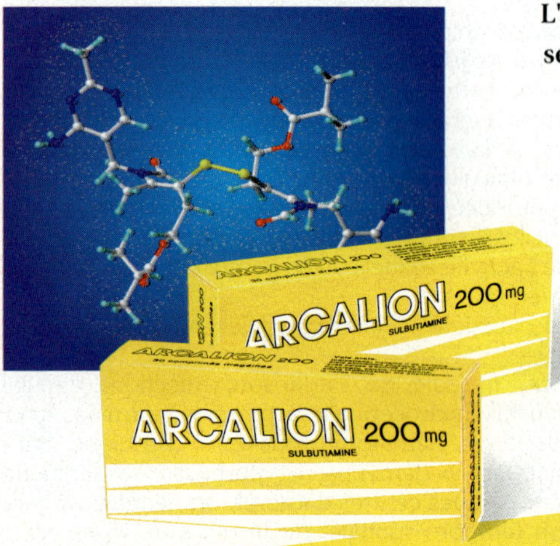

L'inhibition physique et psychique peut se manifester par trois types de symptômes (1) :

- **une baisse d'activité et une tendance à l'apathie,**
- **un épuisement de l'élan vital et de la motivation,**
- **une baisse de l'efficience intellectuelle : difficulté à maintenir l'attention et la concentration.**

2 comprimés le matin

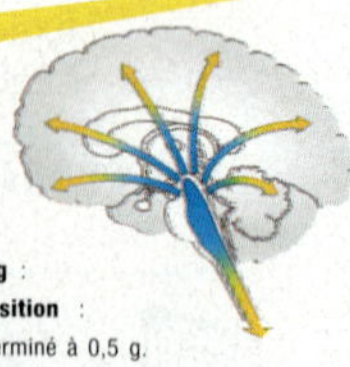

ARCALION 200 mg : Boîte de 30 comprimés dragéifiés. **Composition** : Sulbutiamine (DCI) 200 mg. Excipient : q.s.p. un comprimé dragéifié terminé à 0,5 g. **Propriétés** : Arcalion 200 mg est une molécule originale, résultant d'importantes modifications structurales apportées au noyau thiaminique. Ces différentes modifications expliquent : sa liposolubilité, son neurotropisme spécifique, ses propriétés pharmacologiques. **Indications** : Traitement de certains états d'inhibition physique ou psychique avec baisse d'activité et apathie. En cas d'épisode dépressif avéré, ce médicament ne dispense pas d'un traitement spécifique par antidépresseur. Contre-indications : Antécédent d'hypersensibilité à ce médicament. **Effets indésirables** : Chez le sujet âgé, une discrète agitation a parfois pu être observée. Signalons la possibilité d'allergie cutanée. **Mode d'emploi et posologie** : 1 à 3 comprimés par jour. Durée de conservation : 3 ans. A.M.M. n° 314.088.8. (1973, révisée en 1994). Non remb. Séc. soc. Information Médicale: **Therval Médical**, 29, rue du Pont, 92200 Neuilly-sur-Seine - Tél. (1) 46 41 60 00. Les Laboratoires Servier, 22, rue Garnier, 92200 Neuilly-sur-Seine.

(1) D'après l'Encyclopédie Médicochirurgicale : Feline A. et Lepine J.P, Sémiologie des conduites d'inhibition. Encyc. Med. Chir., Paris, Psychiatrie, 37 114 A 10, 9 - 1982.

96 AR 06 P

– Rechercher un trouble anxieux ou dépressif.
– Rechercher une consommation d'excitants (café, vitamines), une dépendance médicamenteuse aux tranquillisants, une mauvaise hygiène de vie si troubles du sommeil.
– Éliminer un régime amaigrissant, une prise de coupe-faim, une pathologie digestive (fibroscopie gastrique, lavement baryté) si troubles de l'alimentation.
– Rechercher la prise de certains médicaments (certains anti-hypertenseurs, neuroleptiques, antidépresseurs, cimétidine) si troubles sexuels ; biologie à la recherche d'un diabète, d'une dyslipidémie, d'un alcoolisme ; dosages hormonaux (dihydrotestostérone, LH, prolactine) ; doppler des artères péniennes, pléthysmographie pelvienne nocturne, artériographie et cavernographie, voire injection intracaverneuse de papavérine ; échographie de la prostate, maladies neurologiques.

3. La bonne attitude en cas de « coups durs »

– L'aggravation de l'inhibition avec altération des relations sociales, familiales et professionnelles doit être prise en charge médicalement en ambulatoire. Un ralentissement psychomoteur marqué, voire une stupeur, impose l'hospitalisation.
– La "levée" de l'inhibition peut être secondaire à la prise de certains médicaments (psychostimulants, antidépresseurs en début du traitement, ou aux neuroleptiques incisifs au long cours). Se méfier d'un éventuel risque suicidaire, et de l'effet d'agitation paradoxale des tranquillisants benzodiazépiniques.

4. La prévention

– Hygiène de vie.
– Traitement des pathologies dont l'inhibition est symptomatique.
– Antidépresseurs et/ou thymorégulateurs dans les troubles dépressifs récurrents.
– Psychothérapie.

Tableau 1 (d'après le Vidal)

Dérivés du Déanol	Acides aminés	Autres
Actébral 2 à 6 cp/j **Astyl** 4 capsules/j **Cérébrol** 3 amp/j **Clérégyl** 3 amp/j **Débrumyl** 2 amp/j **Tonibral** 3 amp/j	**Cétoglutaran** 2 sachets/j **Cogitum** 2 à 3 amp/j **Cortexyl** 2 sachets/j **Glutamag** trivit B 2 à 4 amp/j **Glutaminol** B6 3 à 6 amp/j	**Arcalion** 2 à 3 cp/j **Olmifon** 2 à 4 cp/j **Stivane** 4 cp/j

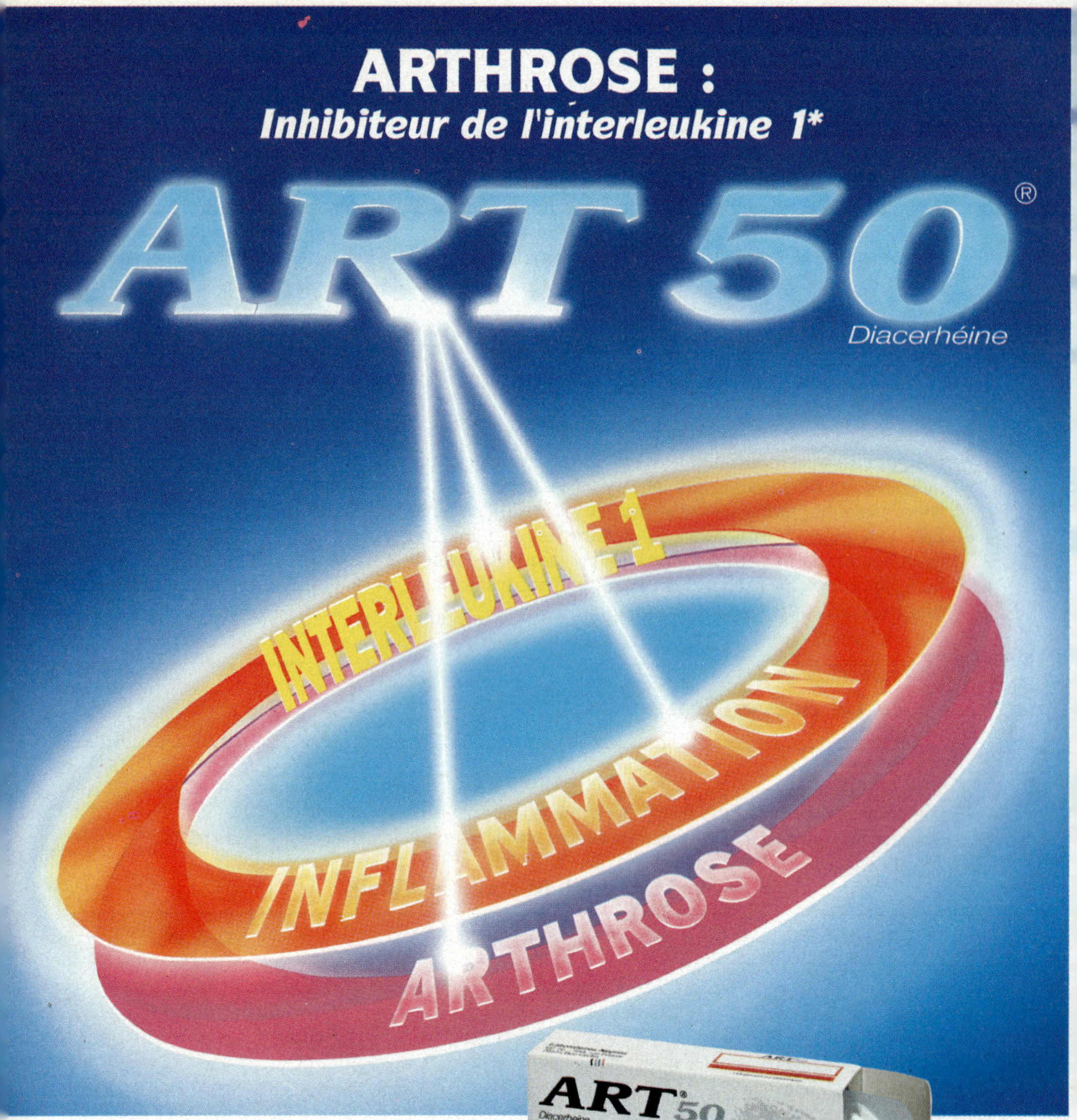

ARTHROSE :
Inhibiteur de l'interleukine 1*
ART 50 ®
Diacerhéine
INTERLEUKINE 1
INFLAMMATION
ARTHROSE

ART® 50
Diacerhéine
Laboratoires Negma
30 gélules

NOUVEAU

Surveillance d'une arthrose symptomatique

Dr J.M. ZIZA

1. Définition de la pathologie et grands principes du traitement

— La maladie arthrosique est une affection dégénérative définie par un vieillissement pathologique du cartilage entraînant douleurs, déformations et impotence fonctionnelle. Elle n'est pas, contrairement à l'idée généralement reçue, uniquement liée à l'âge.
— L'évolution de la maladie arthrosique est capricieuse. De longues périodes de rémission souvent spontanée peuvent succéder à des épisodes douloureux inflammatoires invalidants. Il n'y a pas de parallélisme entre la gêne fonctionnelle et les altérations cartilagineuses radiologiquement constatées.
— Le traitement médical de la maladie arthrosique reste pour l'instant purement symptomatique, aucun produit n'ayant fait chez l'homme la preuve de son efficacité sur la réparation du cartilage. Ce traitement repose sur des produits anti-arthrosiques à action immédiate ou à action retardée.
— Les grandes classes thérapeutiques sont les antalgiques, les anti-inflammatoires non stéroïdiens, les médicaments réputés chondroprotecteurs.
— Il ne faut pas négliger pour les articulations portantes (hanches, genoux, chevilles) l'effet bénéfique de la mise en décharge.
— Les infiltrations, en général d'un produit cortisonique, sont très fréquemment employées.
— Une solution chirurgicale doit enfin être fréquemment envisagée. Le problème étant de déterminer la date de l'intervention : trop précocement on risque d'opérer un sujet qui pourrait s'améliorer médicalement ; trop tardivement on prive le malade d'un traitement souvent remarquablement efficace.

2. Éléments de surveillance

Surveillance de la pathologie :
— On doit à chaque consultation apprécier le handicap fonctionnel du patient, le retentissement de la pathologie en cause sur sa qualité de vie.
— On juge de l'évolutivité de l'arthrose sur des critères essentiellement cliniques (par exemple indice algofonctionnel de Lequesne, tableau 1).
— L'examen clinique recherche tuméfaction, épanchement articulaire, raideur de l'articulation concernée avec limitation des mouvements actifs et passifs.
— Aucun examen biologique n'est utile pour surveiller une arthrose. De même, une surveillance radiologique est inutile sauf dans quelques cas bien particuliers et spécialisés (scoliose évolutive, dysplasie de hanche, déformation axiale du genou).

Surveillance de la thérapeutique :
— Les antalgiques peuvent engendrer une hépatotoxicité qu'il faut savoir dépister (biologie).
— L'utilisation des anti-inflammatoires non stéroïdiens doit être surveillée à la recherche d'une toxicité gastro-intestinale mais également rénale, hépatique ou hématologique.
— Un patient que l'on a infiltré doit être surveillé, il est par exemple déconseillé de réaliser un tel geste avant le départ en vacances du médecin ou de son malade...

3. Les « coups durs »

Les complications de la pathologie sont essentiellement constituées par des poussées inflammatoires volontiers hyperalgiques, entraînant un important handicap fonctionnel, nécessitant selon les cas anti-inflammatoires non stéroïdiens, mise en décharge, parfois chirurgie.

Les complications des thérapeutiques :

- Les accidents digestifs : hémorragie, perforation mais parfois simple ulcère ou poussée de sigmoïdite diverticulaire sous anti-inflammatoires non stéroïdiens. Une hospitalisation est alors très fréquemment nécessaire.
- Une insuffisance rénale parfois grave peut se démasquer sous AINS.
- Certains chondroprotecteurs peuvent entraîner une mauvaise tolérance digestive.
- Enfin et surtout on craindra des arthrites septiques après infiltration.

4. La bonne attitude en cas de « coups durs »

- Devant des troubles digestifs sous anti-inflammatoires, des examens endoscopiques seront réalisés (fibroscopie gastrique, côlonoscopie ou lavement aux hydrosolubles).
- En cas d'hémorragie, il faut impérativement hospitaliser le malade. Il en est de même en cas de suspicion de perforation digestive.
- Devant une insuffisance rénale, tout médicament néphrotoxique doit être cessé ; une surveillance rapprochée instituée et une hospitalisation réalisée en l'absence d'amélioration nette des paramètres biologiques.
- Après une infiltration, en cas de fièvre, de frissons, d'épanchement douloureux, une ponction sera réalisée en urgence pour examen bactériologique et une hospitalisation rapidement débutée en cas d'arthrite septique. Il ne faut jamais débuter une antibiothérapie avant une ponction exploratrice, la limiter à une durée brève, ou l'instituer à l'aveugle lorsque le germe n'est pas identifié sans avoir demandé l'avis d'un spécialiste en général hospitalier.
- Dans certains cas, devant une évolution rapidement destructrice et très invalidante de l'arthrose avec des douleurs nocturnes, une solution chirurgicale doit être envisagée dans des délais rapprochés.

5. La prévention

- Le patient doit être informé du caractère chronique de son affection et donc de la nécessité d'utiliser des médicaments pendant des durées prolongées. Il doit savoir quelles sont les principales complications des thérapeutiques et prévenir son médecin en cas de problème.
- Les durées de prescription doivent être les plus brèves possibles en expliquant au malade qu'il faut de lui-même cesser tout traitement en période de rémission.
- La plus grande prudence doit être gardée chez le sujet âgé dont la fonction rénale est altérée.
- Les contre-indications des traitements doivent être connues ainsi que les risques d'interaction médicamenteuse, surtout chez le sujet âgé.
- L'automédication doit être évitée.
- Deux anti-inflammatoires ne doivent pas être prescrits ensemble.
- Le même anti-inflammatoire sera utilisé par voie parentérale (en pratique rarement utile) puis per os pour éviter des « chevauchements ».
- La prescription des anti-inflammatoires à jours alternés ou 3 fois par semaine permet parfois de diminuer les effets secondaires.

- Les accidents gastro-intestinaux sont prévenus par l'utilisation d'un chondroprotecteur gastrique **Misoprostol** : chez le sujet âgé en cas d'antécédent de complications gastro-duodénales ou de mauvaise tolérance au médicament.
- Il faut se méfier de l'utilisation conjointe de drogues potentiellement néphrotoxiques.
- En cas d'infiltration : il ne faut utiliser cette thérapeutique que si on en a une grande habitude.
- Il faut respecter de strictes règles d'asepsie ; ne pas faire plus de trois infiltrations par an sur la même articulation et respecter un délai d'une dizaine de jours entre deux infiltrations.
- Il convient de prévenir le malade de la possibilité d'une réaction douloureuse le soir même ou le lendemain de l'injection ; de l'absolue nécessité de reconsulter en cas de signe suspect d'infection.

Tableau 1 – Indice algofonctionnel des coxopathies de Lequesne

DOULEUR OU GÊNE	POINTS
– **La nuit au lit**	
. aux mouvements ou selon posture	1
. même immobile	2
– **Le matin lors du dérouillage**	
. pendant 1 à 15 minutes	1
. pendant plus de 15 minutes	2
– **Lors de la station debout ou au piétinement pendant 1/2 h**	
– **Lors de la marche**	
. seulement après quelques distances	1
. ou très rapidement et de façon croissante	2
– **Lors de la station assise prolongée (2 h) sans se lever**	1
PÉRIMÉTRE DE MARCHE MAXIMAL (y compris en consentant à souffrir)	
. limité mais supérieur à 1 km	1
. environ 1 km (environ 15 minutes)	2
. 500 à 900 m (8 à 15 minutes)	3
. 300 à 500 m	4
. 100 à 300 m	5
. moins de 100 m	6
. une canne ou une canne-béquille	+ 1
. deux cannes ou deux cannes-béquilles nécessaires	+ 2
DIFFICULTÉS DE LA VIE QUOTIDIENNE	
. mettre ses chaussettes par devant	0 à 2
. ramasser un objet à terre	0 à 2
. monter et descendre un étage	0 à 2
. sortir d'une voiture, d'un fauteuil profond	0 à 2
RETENTISSEMENT SUR L'ACTIVITÉ SEXUELLE	
(Seulement pour l'indication opératoire chez les femmes en activité génitale)	0 à 2

0 : Pas de difficulté
1 : (ou 0,5 ou 1,5 suivant le degré) : possible avec difficulté
2 : Impossible

Score algofonctionel

Handicap :

Extrême	total > 14 points
Très important	13 > total > 11
Important	10 > total > 8
Moyen	7 > total > 5
Minime	4 > total > 1

LO289181

Surveillance d'un patient lombalgique

Dr J.M. ZIZA

1. Définition de la pathologie et grands principes du traitement

- Les lombalgies constituent un syndrome fréquent et un motif de consultation souvent rencontré.
- Elles peuvent relever de multiples causes et doivent être interprétées en fonction de nombreuses données :
  - le mode aigu ou progressif de début,
  - le caractère mécanique en liaison avec les efforts rachidiens, ou inflammatoire, volontiers nocturne et en début de journée, la notion d'un facteur déclenchant, l'âge et le sexe,
  - les signes d'accompagnement : fièvre, altération de l'état général, signes urinaires ou digestifs,
  - le retentissement fonctionnel, l'effet des thérapeutiques antérieures,
  - les irradiations sciatiques ou crurales,
  - l'examen rachidien et général qui doit inclure les touchers pelviens chez le sujet âgé,
  - l'aspect radiologique et les éléments d'un court bilan inflammatoire.
- On pourra ainsi apprécier le caractère isolé des lombalgies ou leur intégration au sein d'une pathologie :
  - mécanique : discale ou ostéoporotique et dégénérative,
  - inflammatoire : polyarthrite, affections néoplasique ou infectieuse,
  - fonctionnelle chez un patient manifestement déprimé.
- On aura éliminé les « pseudo lombalgies » d'origine digestive, rénale, ou aortique.
- Les patients lombalgiques sont habituellement suivis en consultation; il est rare de devoir recourir à l'hospitalisation sauf : en cas de tassement hyperalgique, de suspicion de pathologie néoplasique ou infectieuse, de rares complications neurologiques.
- Le traitement des lombalgies mécaniques fait appel aux anti-inflammatoires non stéroïdiens, aux antalgiques et au repos au lit pendant les périodes de crises douloureuses; aux antalgiques et à la kinésithéraphie en période intercritique. Le traitement des lombalgies secondaires relève du traitement de l'affection primitive.

2. Eléments de surveillance

- Il faut réexaminer à chaque consultation le patient à la recherche d'une donnée clinique ayant pu passer inaperçue ou pouvant se démasquer en cours d'évolution.
- Il faut apprécier les effets des thérapeutiques mises en œuvre, l'observance du traitement, la qualité de la rééducation fonctionnelle et sa régularité.
- On mesurera les conséquences socio-professionnelles des lombalgies.
- Chez un patient sous anti-inflammatoires on recherchera cliniquement des signes de mauvaise tolérance digestive ou cutanée et on pratiquera en moyenne tous les trois mois : NFS, Plaquettes, créatininémie, transaminases, phosphatases alcalines.

3. Les « coups durs »

- En cas de cause discale, la lombalgie précède une lombosciatique de traitement plus difficile. Il est fréquent de voir des malades s'aggraver à la suite de manipulations intempestives ou d'efforts soutenus sans avoir observé de repos. Les manipulations effectuées par un non-médecin sont contre-indiquées ainsi qu'en cas de hernie discale.
- En cas de tassement vertébral chez un sujet âgé, l'immobilisation entraîne parfois des complications thrombo-emboliques.
- En cas de causes néoplasique ou infectieuse, il existe un risque de complications neurologiques.
- En cas de lombalgies fonctionnelles surtout dans un contexte d'accident de travail, la durée d'évolution, les arrêts de travail répétés entraînent d'importantes difficultés socio-professionnelles (licenciements) qui aggravent la perception de la lombalgie.
- Les thérapeutiques peuvent entraîner :
  - anti-inflammatoires non stéroïdiens : éruptions cutanées, voir syndrome de Lyell, complications digestives (ulcères, perforations ou hémorragies, poussée de diverticulose, saignements rectaux), insuffisance hépatique ou rénale (insuffisance rénale tubulo-interstitielle),
  - antalgiques : complications hématologiques, rénales ou hépatiques,
  - infiltrations : réactions allergiques, sepsis,
  - manipulations : aggravation, sciatiques, déficits neurologiques.

4. La bonne attitude en cas de « coups durs »

- La sciatique nécessite une intensification des moyens thérapeutiques avec utilisation d'infiltrations.
- Une phlébite doit être éventuellement hospitalisée pour confirmation du diagnostic et mise en œuvre du traitement anticoagulant (héparine).
- Tout déficit neurologique récent doit être hospitalisé, éventuellement en milieu orthopédique ou neuro-chirurgical.
- Un traitement anti dépresseur est souvent prescrit, en particulier dans les cas d'importantes discordances entre la pauvreté de l'examen clinique et les plaintes alléguées.
- Les complications iatrogéniques seront traitées précocement, parfois en milieu hospitalier, il faut les dépister le plus vite possible en ville.

5. La prévention

- Information du malade, examen clinique et interrogatoire fréquemment répétés, recherche d'une **auto-médication,** dépistage clinique et biologique des complications iatrogéniques permettent d'éviter les « coups durs » dans une pathologie fréquente, trop souvent considérée comme banale, chronique et bénigne.
- Il faut garder à l'esprit que sous anti-inflammatoires non stéroïdiens de nombreuses complications ont des signes cliniques abâtardis et revêtent une présentation clinique atypique, faussement rassurante (ulcères, perforation d'ulcères).
- Il faut s'assurer qu'une kinésithérapie de posture et de tonification lombo-abdominale est régulièrement suivie, initialement avec un kinésithérapeute, puis ensuite à domicile.
- Le kinésithérapeute prodiguera les conseils de posture (apprendre à se baisser, à sortir de sa voiture...) et enseignera les rudiments d'une gymnastique individuelle quotidienne.

Surveillance d'une ostéoporose

Dr J.M. ZIZA

1. Définition de la pathologie et grands principes du traitement

Définitions :

Une récente conférence de concensus a proposé un certain nombre de définitions pour l'ostéoporose :

— Ostéoporose avérée, densité minérale osseuse (DMO) au-dessous de 2,5 déviations standard de la valeur du pic de masse osseuse (T score) de jeune femme normale et présence de fracture. On définit l'ostéoporose par une DMO au-dessous de 2,5 déviations standard T score. L'ostéopénie ou simple diminution de la masse de la masse osseuse est définie par une DMO comprise en -1 et -2,5 déviations standard (T score). L'os est dit normal lorsque la DMO n'est pas inférieure à 1 déviation standard de la valeur moyenne du pic de masse osseuse de la jeune femme normale.
Doivent cependant entrer dans la définition de l'ostéoporose à côté de la densité minérale osseuse des notions anamnestiques, un examen clinique complet et quelques examens biologiques.

— Le traitement de l'ostéoporose vise 3 objectifs : il consiste à traiter les conséquences des fractures, qu'il s'agisse de fractures des membres (surtout fracture du col) ou de tassements vertébraux, tout en tentant de restituer la masse osseuse au-dessus d'une zone critique appelée seuil fracturaire. Parallèlement, on tachera d'éviter la survenue de nouvelles fractures par la prévention des chutes.

Principes du traitement :

Traiter les fractures et leurs conséquences

— A court terme au moment de la fracture :
- repos au lit,
- antalgiques (les AINS sont inutiles et potentiellement dangereux),
- calcitonine (**Cibacalcine** 0,50, **Calcyn** 100) dans un tassement vertébral,
- ou chirurgie orthopédique dans une fracture du col fémoral.

— A moyen terme après l'évènement fracturaire :
- rééducation,
- lombostat en coutil.

Restaurer la masse osseuse à long terme : trois attitudes peuvent être envisagées

— Fluorothérapie associée au calcium : **Fluocalcic** (2 cp/j) au florure de sodium associé à du calcium pendant 2 ans :
- chez le sujet de moins de 70 ans,
- en cas de tassement vertébral,
- en l'absence de contre-indication (insuffisance rénale, douleurs osseuses, fracture du col).

— Bisphosphonate associé au **calcium** et à la vitamine D :
- en traitement séquentiel : **Didronel** 2 cp pendant 15 j, alterné avec Ca et vitamine D pendant 2 mois 1/2,
- traitement dont l'efficacité n'est pas encore totalement évaluée à très long terme,
- et qui a l'avantage d'une innocuité.

— Calcium et vitamine D chez le sujet âgé surtout efficaces dans la prévention des fractures du col :
- 1 g de calcium (**Orocal**, **Sandocal**, **Calperos**),

  - **Stérogyl**, **Dédrogyl**, à doses physiologiques (trois ou quatre gouttes par jour),
  - on dispose également de médicaments associant calcium et vitamine D3 (**Orocal Vitamine D3**, **Cacit Vitamine D3**, **Ideos**).
- Alors que l'institution d'une **hormonothérapie substitutive** chez la femme ménopausée, même après la ménopause, permet de gagner quelques pourcentages de la masse osseuse.

Eviter les fractures en prévenant les chutes.

- Apprentissage des chutes, protections (vêtements). Kinésithérapie. Prévention des accidents iatrogéniques chez le sujet âgé (diurétiques, hypotenseurs, anti-arythmiques).

2. Eléments de surveillance

- Cliniques, il faut :
  - mesurer (et peser) le patient deux fois par an, dépister de nouvelles douleurs, rechercher une hypotension orthostatique, une arythmie..., dépister une phlébite chez le sujet âgé.
- Paracliniques :
  - éliminer une ostéomalacie surajoutée à l'ostéoporose et qui justifierait un traitement adapté,
  - éliminer une cause à l'ostéoporose (dysglobulinémie, hyperparathyroïdie, hyperthyroïdie, cushing, métastase osseuse),
  - pratiquer une absorptiométrie biphotonique au début du traitement puis tous les dix-huit ou vingt-quatre mois pour apprécier l'efficacité des thérapeutiques,
  - prévoir tous les six mois un bilan biologique pour surveiller le traitement par un bilan phosphocalcique (phosphore, calcium, phosphatases alcalines, calciurie des 24 heures), appréciation des fonctions hépatique et rénale.

3. Les « coups durs »

- La fracture du col :
  - soit fracture franche, le patient ne peut plus soulever le pied du plan du lit,
  - soit fracture de contrainte (de fatigue) : douleur inguinale mécanique avec boiterie. Les radiographies sont parfois normales au début, le diagnostic précoce n'étant posé que grâce à une scintigraphie,
  - une mise en décharge peut éviter la survenue d'une fracture complète.
- Le tassement vertébral : douleur lombaire ou dorsale, brutale, mécanique avec parfois impotence fonctionnelle majeure.

4. La bonne attitude en cas de « coups durs »

- En cas de fracture du col : hospitalisation en milieu orthopédique.
- En cas de tassement vertébral :
  - tentative de maintien à domicile,
  - hospitalisation parfois nécessaire en cas de syndrome douloureux majeur, chez une personne qui ne peut pas rester seule alitée chez elle.

5. La prévention

- Elle est fondamentale : 25 % des sujets âgés ayant une fracture du col décèdent dans les douze premiers mois (dépister, traiter, rééduquer les troubles de la marche, de la vue, de l'équilibre).
- Pendant l'épisode de fracture ou de tassement, il faut lutter contre les conséquences de l'alitement, prévenir les phlébites (**Héparine** de bas poids moléculaire), les escarres, assurer une alimentation équilibrée, hyperprotidique, lutter contre les surinfections, détecter des surdosages thérapeutiques (antalgiques morphiniques) et des mauvaises tolérances aux traitements (**Calsyn, Calcitar**).
- Il faut ensuite assurer une reprise rapide de l'autonomie et prévenir les chutes ultérieures.

NOUVEAU

Surveillance d'un rhumatisme inflammatoire chronique

Dr J.M. ZIZA

1. Définition de la pathologie et grands principes du traitement

- Un rhumatisme inflammatoire chronique est une affection de longue durée, d'étiologie en général inconnue même si on arrive à classer le type de pathologie rhumatismale en cause (ce qui n'est pas toujours le cas). Les rhumatismes inflammatoires chroniques peuvent toucher l'homme comme la femme à tout âge de la vie.
- Les grands rhumatismes inflammatoires sont la polyarthrite rhumatoïde (PR), la spondylarthrite ankylosante (SPA) et les spondylarthropathies dont le rhumatisme psoriasique. On distingue également la pseudopolyarthrite rhumatismale (PPR) et la maladie de Horton ; les maladies systémiques au premier rang desquelles le lupus érythémateux disséminé (LEAD) et la périartérite noueuse (PAN).
- Ces affections posent aux cliniciens de nombreux problèmes : celui de leur identification qui n'est pas toujours facile, de leur traitement qui est en général long, de leur retentissement sur la qualité de vie des malades en raison des déformations que ces rhumatismes peuvent engendrer et du retentissement psychologique, fonctionnel ou socioprofessionnel qu'ils entraînent.
- Les méthodes thérapeutiques sont multiples et dépendent de l'affection en cause. Globalement elles font appel à un traitement symptomatique général (anti-inflammatoires non stéroïdiens, aspirine, corticoïdes), local (infiltrations), à un traitement de fond (Sels d'or, Salazopyrine, Dépinicillamine, Méthotrexate), à un traitement immunosuppresseur (Ciclosporine, gammaglobulines, Cyclophosphamide).
- Des hospitalisations itératives sont souvent nécessaires en cas de complication ou pour instituer le traitement de fond. Les rhumatismes inflammatoires chroniques sont en général des affections prises en charge à 100 %.

2. Éléments de surveillance

Mensuellement doivent être dépistées des complications liées à la maladie ou liées au traitement de l'affection en cause :

Complications liées à la maladie :
- Par définition « maladie générale » un rhumatisme inflammatoire chronique peut avoir des complications extrarhumatismales témoignant d'une dissémination de la maladie : atteinte valvulaire cardiaque dans la SPA, atteinte artérielle périphérique dans la maladie de Horton, pneumopathie de la PR.
- Les examens cliniques et biologiques doivent donc être à chaque consultation complets, systématiques, appareil par appareil, en axant la recherche des complications sur les

atteintes cliniques ou paracliniques les plus fréquentes dans chaque affection. Par exemple atteinte rénale dans le LEAD, atteinte rhumatismale destructrice dans la PR.

Complications liées au traitement :
- On utilise en général des traitements immunosuppresseurs. Ceux-ci, doivent être parfaitement connus, ainsi que leurs complications, qui doivent être ni sous-estimées ni surestimées.
- La surveillance sera donc clinique mais aussi biologique en demandant mensuellement des examens sanguins et urinaires dont certains seront fonction du traitement de fond utilisé : NFS, VS, plaquettes, C-réactive protéine, transaminases, phosphatases alcalines, bilirubine, créatinine, protéinurie des 24 heures, ECBU.
- L'examen clinique comme les examens biologiques sont mensuellement réalisés « en ville ». Une à deux fois par an un bilan plus complet devra être réalisé dans le centre de référence spécialisé qui prend en charge le malade. La décision d'hospitalisation est fonction de chaque cas d'espèce dans chaque maladie. Celle-ci se fera en centre spécialisé après accord avec le médecin correspondant référent.
- Au cours de la surveillance, une complication infectieuse ou digestive grave, une atteinte systémique mettant en jeu le pronostic vital sont les raisons les plus fréquentes d'hospitalisation.

3. Les « coups durs »

Les complications évolutives prévisibles ou non sont fonction de la pathologie en cause. Il est difficile de toutes les détailler, seules les plus fréquentes seront envisagées :
- Dans la PR, on craindra une compression médullaire par dislocation atloïdo-axoïdienne, une rupture tendineuse, une arthropathie rapidement érosive et destructrice (hanche, genou), une vascularite nécrosante avec multinévrite, une poussée invalidante de la maladie.
- Dans la SPA, on craindra un syndrome de la queue de cheval, une insuffisance respiratoire, une uvéite grave, une valvulopathie ou un trouble du rythme, une coxite invalidante.
- Dans le Horton, on devra rechercher un trouble visuel (cécité, diplopie), une pathologie anévrismale ou disséquante aortique, une artériopathie périphérique occlusive, un AVC ou une coronaropathie.
- Au cours d'un lupus (LEAD), il faudra craindre une vascularite, un accident vasculaire cérébral, mais surtout une insuffisance rénale. La grossesse est toujours un cap difficile.
- Au cours d'une périartérite noueuse, doivent être redoutés un asthme, une insuffisance rénale, un accident vasculaire cérébral, une vascularite digestive : facteurs de mauvais pronostic.

Les « coups durs » de la thérapeutique :
- Une pathologie infectieuse évoluant à bas bruit car masquée par une corticothérapie doit toujours être suspectée. Il en est ainsi surtout de la tuberculose ou de l'aspergillose (sujet africain ou originaire des DOM-TOM).
- Une pathologie digestive souvent abâtardie peut évoluer sur un mode gravissime sous anti-inflammatoires non stéroïdiens ou sous corticoïdes. Il faut cependant savoir qu'une faible corticothérapie est moins gastrotoxique qu'un traitement par anti-inflammatoires non stéroïdiens.
- Une insuffisance rénale sous anti-inflammatoires non stéroïdiens doit être dépistée de même qu'une neutropénie sous Méthotrexate. L'atteinte hépatique médicamenteuse n'est pas exceptionnelle. Les immunosuppresseurs peuvent être médullo-toxiques. Les corticoïdes induire ou aggraver un diabète.
- Enfin les corticoïdes entraînent en général une ostéopénie et fréquemment tassements vertébraux et fractures du col du fémur.

4. La bonne attitude en cas de « coups durs »

Chaque situation nécessite une attitude spécifique :

- En cas de complications liées à la maladie : une adaptation thérapeutique doit être envisagée en accord avec le spécialiste de la maladie en cause. Soit traitement local soit escalade thérapeutique en majorant le traitement de fond immunosuppresseur.
- Il n'y a en général pas de grande urgence en dehors des troubles visuels dans la maladie de Horton avec menace de cécité qui nécessite une corticothérapie forte immédiate (le jour même).
- En cas de complications liées à la thérapeutique : celle-ci doit être en général arrêtée par le généraliste. Sa réintroduction ou son remplacement sera décidée par le spécialiste. Une hospitalisation peut être nécessaire.

5. La prévention

- Les rhumatismes inflammatoires chroniques doivent être pris en charge par un binôme : médecin généraliste et spécialiste : soit rhumatologue soit interniste, parfois spécialiste d'organes (neurologue, néphrologue, pneumologue ou cardiologue). En période d'institution du traitement ou d'évolutivité de la maladie, le spécialiste doit prendre en charge le malade en le voyant fréquemment, parfois en l'hospitalisant.
- En période de contrôle ou de rémission de la maladie, le patient doit à notre sens être suivi systématiquement même s'il va bien mensuellement par son médecin généraliste et tous les 4 à 6 mois par le spécialiste.
- Une bonne connaissance de la maladie en cause par le médecin est nécessaire afin d'aller au-devant des complications, de les prévenir plutôt que de les subir.

Surveillance d'un patient traité par les anti-inflammatoires non stéroïdiens

Dr P. DUCRET

1. Définition de la pathologie et grands principes du traitement

- Les anti-inflammatoires non stéroïdiens (AINS) constituent un groupe hétérogène destiné à contrôler les effets de la réaction inflammatoire (rougeur, œdème, chaleur, douleur). Ils ont en commun des effets secondaires liés soit à leur action sur les médiateurs de l'inflammation : prostaglandines (gastrite, bronchospasme, insuffisance rénale fonctionnelle), soit à leur toxicité souvent immuno-allergique imposant l'arrêt et l'absence de réintroduction (peau, mœlle, rein, foie).
- Il n'y a pas d'AINS meilleur qu'un autre, les différences tiennent à la tolérance individuelle et à la pharmacocinétique (demi-vie).
- Par extension, on évoquera la **Colchicine** et la surveillance spécifique des anti-inflammatoires lents utilisés surtout dans le traitement de la polyarthrite rhumatoïde (PR) : antipaludéens de synthèse (APS), sels d'or, D pénicillamine (DP) **Salazopyrine** (S) **Méthotrexate** (M).
- Le principe essentiel est qu'un traitement symptomatique ne doit pas nuire.

2. Éléments de surveillance

Surveillance de l'efficacité

- Elle est clinique et se fait sur l'évolution :
  - de la symptomatologie fonctionnelle : douleur, raideur, durée du dérouillage, limitation fonctionnelle (amplitudes articulaires, périmètre de marche...),
  - des signes objectifs (rougeur, chaleur, œdème, épanchement articulaire...
- L'efficacité des AINS n'a pas de traduction biologique.
- On attend des AI lents une amélioration progressive clinique mais aussi biologique (VS), voire une stabilisation radiologique du rhumatisme inflammatoire.

Surveillance de la tolérance

C'est une surveillance de ville dont les éléments sont regroupés aux tableaux n° 1 et n° 2 :

- En pathologie aiguë et traitement court (traumatologie, tendinite), la surveillance est clinique.
- En pathologie chronique
  - les AINS en traitement prolongé ou répété (rhumatismes inflammatoires, arthrose) nécessitent une surveillance clinique et biologique surtout chez les sujets âgés,
  - les AI lents imposent toujours une surveillance biologique étroite (tableau n° 3).

Prévention des accidents digestifs dus aux AINS*

EXTENSION D'INDICATION

CYTOTEC

misoprostol

Le seul à pouvoir le faire

* *Chez les patients à risque*

DENOMINATION : CYTOTEC 200 microgrammes, comprimé
sécable. **COMPOSITION QUALITATIVE ET QUANTITATIVE :**
Dispersion de misoprostol/HPMC à 1% : 20,2 mg, correspon-
dant en misoprostol : 200 µg Excipients : Cellulose microcristal-
line, carboxyméthylamidon sodique, huile de ricin hydrogénée,
pour un comprimé de 200 mg. **FORME PHARMACEUTIQUE :**
Boîte de 60 comprimés sécables. **DONNEES CLINIQUES :**
Indications thérapeutiques : - traitement de l'ulcère gastrique
ou duodénal évolutif ; - traitement des lésions gastro-duodé-
nales induites par les AINS, en se limitant aux sujets chez qui la
poursuite des anti-inflammatoires est indispensable ; - traitement
préventif des lésions gastriques et duodénales et des complica-
tions gastro-duodénales graves induites par les AINS chez les
sujets à risque (notamment âge > 65 ans, antécédents d'ulcère
gastro-duodénal ou d'intolérance aux AINS) pour lesquels un
traitement anti-inflammatoire est indispensable. **Posologie et
mode d'administration :** • Posologie : - traitement de l'ulcère
évolutif et des lésions gastro-duodénales : 1 comprimé à 200 µg
4 fois par jour, soit 800 µg par jour. La durée du traitement est
limitée à 4 à 8 semaines (C.T.J. : 7,96 F). - traitement préventif
des lésions et complications gastro-duodénales : 1/2 comprimé
à 200 µg 4 fois par jour ou 1 comprimé à 200 µg 2 fois par
jour, soit 400 µg par jour pendant 10 jours ; puis si cette dose
est bien tolérée, 1 comprimé à 200 µg 4 fois par jour, soit 800 µg
par jour; en cas d'intolérance (diarrhée) à la dose élevée,
la dose de 400 µg par jour doit être poursuivie (C.T.J. : 3,98 F
à 7,96 F). • Fréquence d'administration : En fonction de l'indi-
cation, la posologie est à répartir en 2 ou 4 prises par jour. Les
comprimés sont à prendre, après un repas et, si nécessaire au
coucher. • Mode d'administration : Voie orale. Les comprimés
sont à avaler tels quels avec un grand verre d'eau. **Contre-indi-
cations :** Ce médicament est contre-indiqué dans les situations
suivantes : - grossesse (cf. chapitre Grossesse et allaitement)
- chez la femme en âge de procréer en l'absence de contracep
tion efficace (cf. chapitre Grossesse et allaitement) - allergie aux
prostaglandines. **Mise en garde et précautions particulières
d'emploi :** • Mise en garde : Sous AINS, il convient de surveille
particulièrement l'apparition d'une symptomatologie digestive
en raison de la gravité possible des manifestations gastro-intes
tinales. Le misoprostol ne permet pas de s'en protéger totale
ment. En cas d'effets gastro-duodénaux, la règle doit être d'in
terrompre, si cela est possible, le traitement anti-inflammatoire
Dans une étude contrôlée versus placebo portant sur plus de
8800 patients suivis 6 mois, le misoprostol à 800 µg entraîne
une diminution significative des complications gastro-duodé
nales graves liées aux AINS (25 complications chez 440
patients traités par misoprostol et 42 complications chez 443
patients sous placebo). • Précautions d'emploi : Contrairemen
aux autres prostaglandines du type E, le misoprostol n'entraîn
pas d'hypotension aux doses thérapeutiques. Le misoprosto
devra cependant être prescrit avec précaution dans les affec
tions où l'apparition d'une hypotension peut provoquer de
complications. En cas d'ulcère gastrique, il est recommandé d
vérifier la bénignité de la lésion avant traitement. **Grossesse e
allaitement :** - Ce médicament ayant une puissante activité su
la contractilité du muscle utérin, il peut entraîner une interrup
tion de grossesse. Il ne doit donc JAMAIS ETRE PRESCRIT CHE
LA FEMME ENCEINTE. - Ce médicament NE DOIT PAS ETR
UTILISE CHEZ LA FEMME EN AGE DE PROCREER en l'absenc
d'une contraception efficace, hormis en cas de prescriptio
dans le cadre d'établissements hospitaliers (visés aux article
L 162-2 et L 176 du Code de Santé Publique). **Effets sur l'apt
tude à conduire des véhicules et à utiliser des machines**
Prévenir les patients de l'apparition possible de vertiges. **Effe
indésirables :** L'effet indésirable le plus fréquemment signalé a
cours des essais cliniques a été une diarrhée modérée, céda
même en cas de poursuite du traitement. L'incidence de la dia
rhée augmente lors de l'administration en deux prises quo
diennes, il convient alors de réduire temporairement la posolog
ou de fractionner la dose administrée en 4 prises. Autres effe
indésirables : nausées (transitoires et modérées), céphalées, ve
tiges, gêne abdominale. **Surdosage :** - Transfert immédiat e
milieu hospitalier. - Evacuation rapide du produit ingér
Traitement symptomatique. **PROPRIETES PHARMACOLOGIQUES**
ANTI-ULCEREUX. PROSTAGLANDINE (A : Métabolism
Propriétés pharmacodynamiques : Le misoprostol est un an
logue synthétique de la prostaglandine E1. L'activité antisécr
toire et cytoprotectrice du misoprostol a été mise en évidence s
des modèles animaux et lors d'études de pharmacolog
clinique chez l'homme. Chez ce dernier, l'action antisécréto
s'exerce sur la sécrétion spontanée diurne ou nocturne et sur
sécrétion stimulée par l'histamine, la pentagastrine, le rep
protéique ou le café. L'action cytoprotectrice a été évaluée ch
l'animal et chez l'homme montrant une protection vis-à-vis
l'aspirine, de l'alcool et d'un anti-inflammatoire non stéroïdie
Propriétés pharmacocinétiques : Le misoprostol marqué
rapidement absorbé après administration par voie orale (t m
: 30 minutes). La demi-vie est de 1 heure 30. 73% du prod
radioactif sont excrétés dans les urines et 15% dans les fèc
Environ 56% sont éliminés dans les urines dans les 8 heures s
vant l'administration. **DONNEES PHARMACEUTIQUES : Du
de conservation :** 3 ans. **PRESENTATION ET NUMERO D'IDE
TIFICATION ADMINISTRATIVE :** 328 786-4 : 60 comprim
sous plaquette thermoformée. **PRIX :** 119,50 F (60 comprimé
Remb. Séc. Soc. à 65% - Collect. **CONDITION DE DELIVRANC**
Liste I. Le fichier utilisé pour vous communiquer le présent do
ment est déclaré auprès de la CNIL. En application des disp
tions des articles 34 et suivants de la loi "Informatique
Libertés" du 6 janvier 1978, vous disposez d'un droit d'accè
de rectification auprès du pharmacien responsable de no
laboratoire. **TITULAIRE DE L'AUTORISATION DE MISE SUR
MARCHE :** Monsanto France
S.A. - 52, rue Marcel-Dassault
92514 Boulogne-Billancourt
Cedex. Tél. : (1) 47 61 78 00.

SEARLE
Division Santé de Monsant

3. Les « coups durs »

– Les complications des AINS sont peu fréquentes en regard de l'importance de leur prescription (tableau 1) :
  - elles sont dominées par les manifestations digestives (25 %), le risque d'insuffisance rénale fonctionnelle et d'hépatite toxique,
  - les autres complications (cutanées, hématologiques, rénales et hépatiques, immunoallergiques) sont beaucoup plus rares, mais souvent graves,
  - il existe un risque de décompensation d'un traitement anticoagulant, antidiabétique oral, ou d'une hypertension (rétention hydrosodée ou interaction thérapeutique),
  - enfin, en cas de stérilet, il faudra tenir compte de la diminution, discutée mais logique, d'efficacité anticonceptionnelle sous traitement AINS.

– Les complications des AI lents (tableau 3) sont rares pour les antipaludéens de synthèse, fréquentes et sérieuses pour l'or, la D Pénicillamine et, dans une moindre mesure, pour la **Salazopyrine** et le **Méthotrexate**.

Tableau 1 : Complications et surveillance des AINS

Produit (demi-vie)	Incidences particulières	Surveillance
Salicylés – Aspirine (4 h) (2 à 4 g)	– Estomac – Hémostase (↗ TS) – Allergie, asthme – Enfant : vertiges, hépatite (40 à 60 mg/kg et dosage à une semaine : compris entre 150 et 250 µg/ml)	– Digestive +++ – Rénale – Hématologique – Hépatique – Cutanée et allergique – Rétention hydrosodée **Clinique :** – Gastralgies, vomissements hoquet : (fibroscopie) – Oligurie – Poids, TA **Biologique :** Par mois les premiers mois puis par 3 mois : – NFS, plaquettes – Créatinine, iono K – Protéinurie – Transaminases < 3 N – Phosphatases alcalines **Pharmacologique :** – Potentialisation des anticoagulants, des antidiabétiques et du lithium : . Contrôle du taux de prothrombine, lithémie et glycémie – Potentialisation du méthotrexate : . Pas d'association – Antagonisme avec les antihypertenseur (Bêtabloquants, inhibiteurs de l'enzyme de conversion)
Arylkanoïques – Indolés . Indocid (6 h) . Arthrocine (16 h) . Lodine (7 h) – Propioniques . Profénid (2 h) . Brufen (2 h) . Surgam (2 h) . Cébutid (4 h) . Minalfène (3 h) . Naprosyne (14 h) – Phénylacétiques . Voltarène (3 h)	– Estomac, foie, rein – Vertiges (Indocid) (Brufen) (Naproxène)	
Oxicams – Feldène Brexin (40 h) – Tilcotil (72 h)	– Estomac, foie, rein – Syndrome de Lyell (Feldène)	
Anthraniliques – Nifluril (4 h)	– Estomac, foie, rein	
Pyrazolés (phénylbutazone) – Butazolidine (72 h) à ne réserver qu'à des indications exceptionnelles	– Estomac, foie, rein – Agranulocytose (NFS, plaquettes tous les 15 j.) doses ⩽ 600 mg/j pdt 15 j ⩽ 200 mg/j en entretien – Syndrome de Lyell – Rétention : HTA, OAP, œdèmes	

4. La bonne attitude en cas de « coups durs »

Vis-à-vis du traitement anti-inflammatoire

– En cas d'ulcère gastroduodénal :
  - le traitement AINS est arrêté, l'ulcère est traité en première intention par les inhibiteurs de la pompe à protons (**Mopral :** 1 à 2 cp le soir), voire les anti-H2 (**Azantac 300** : 1 cp le soir),
  - si les anti-inflammatoires restent nécessaires, après avis rhumatologique, on préfère souvent une corticothérapie (mieux tolérée que les AINS sur le plan digestif),
  - si les AINS doivent être exceptionnellement poursuivis, le traitement digestif sera limité aux prostaglandines : **Cytotec** (4 cp répartis), seul anti-ulcéreux à avoir cette AMM,
  - la protection digestive par **Cytotec** (2 cp/j) prendra le relais après constatation fibroscopique de la cicatrisation avec reprise éventuelle du traitement AINS s'il est indispensable.

– En cas de complications toxiques des AINS ou des AI lents, leur arrêt et leur absence de réintroduction sont impératifs et seuls garants d'une évolution favorable.

Vis-à-vis des complications

Le traitement est spécifique à chacune d'elle, seules les complications sévères ou négligées justifient l'hospitalisation :

– Hémorragie, perforation d'ulcère.
– Syndrome de Lyell, hypoplasie médullaire grave, hépatite toxique grave, insuffisance rénale justifiant une épuration extra-rénale.
– OAP, HTA sévère.

5. La prévention

Le respect des contre-indications

AINS	AI lents
- Ulcère récent ou ancien - Maladies hémorragiques et anticoagulants - Association : Asthme-Polypose nasale	- Lupus (or, DP, T) - Allergie pénicilline (DP) - Psoriasis (APS)
- Grossesse - Antécédents d'accidents toxiques (moelle, rein, foie)	

Précautions

– La protection digestive :
  - par antiacides (**Maalox, Smecta**) à titre symptomatique et à la demande, dont on peut penser qu'ils restent utiles, au moins sur des périodes courtes, puisqu'ils soulagent les patients et que les gastralgies ne sont pas systématiquement associées à des lésions fibroscopiques objectives,
  - par prostaglandines à visée cytoprotectrice (**Cytotec** :1 cp matin et soir aux repas) chez les sujets à risques : patients âgés, antécédents d'intolérance aux AINS, traitements prolongés.

– Le choix de l'AINS :
  - prudence chez les sujets âgés et à risque (déshydratation, insuffisance rénale, diurétiques, polymédicamentation),
  - on préfère les dérivés à demi-vie brève (tableau 1), les traitements courts, les posologies

minimales adaptées au mieux : une dose vespérale peut suffire à couvrir la nuit et le dérouillage matinal,

- en première intention, on évite les dérivés les moins bien tolérés, les salicylés à dose anti-inflammatoire (3 g), **Indocid** et bien évidemment en premier lieu la **Butazolidine** qui ne peut être qu'un recours exceptionel.

— En cas de stérilet et de risque de baisse d'efficacité contraceptive, il est indispensable d'en prévenir la patiente et de conseiller des précautions transitoires (préservatifs, spermicides).

— Les anti-inflammatoires d'action lente :

- en cas d'intolérance aux sels d'or, il est préférable de renoncer à la D Pénicillamine ou tout au moins de respecter un délai d'au moins deux mois et une surveillance rigoureuse,
- sous **Méthotrexate**, il ne faut négliger aucun épisode infectieux bronchopulmonaire et vérifier le poumon en cas de toux ou de dyspnée.

Tableau 2 : Complications et surveillance des AI d'action lente

Produit	Incidences particulières	Surveillance
Anti-paludéens de synthèse (APS) . **Plaquenil** . **Nivaquine**	– Oculaire : dépôts cornéens, vision des couleurs	– NFS, plaquettes – Bilan ophtalmologique : . lampe à fente . vision des couleurs . électrorétinogramme Tous les six mois
Sels d'or : . **Allochrysine** 0,05 à 0,10 cg/semaine jusqu'à 1,20 g puis 0,10 cg/mois . **Ridauran 3 mg** (2 Cp/j) D Pénicillamine (DP) : . **Trolovol** 300 à 900 mg/j Tiopronine (T) . **Acadione** 1 à 1,5 g/j Pirithioxine (P) . **Encéphabol** 600 mg/j	– Cutanée : prurit, érythrodermie, stomatite – Agueusie (DP, T) – Hématologique – Rénale – Troubles digestifs, hépatite – Dysimmunitaire (DP, T) : myasthénie, polymyosite...	– Protéinurie par Albustix . avant injection (or) . tous les 15 jours (DP, T) . tous les mois (P) – NFS, plaquettes (GB > 3000, pl > 100 000) . tous les 15 j (or, DP, T) . tous les mois (P) – Facteurs antinucléaires . tous les six mois (DP, T)
– **Salazopyrine**	– Troubles digestifs – Cutanée : allergie, Lyell – Hématologique	– Hémogramme/mois
Immunodépresseurs : . **Imurel** (1 à 3 mg/kg) . **Endoxan** (100 à 150 mg/j) . **Méthotrexate** (7 à 10 mg/semaine)	– Hématologique – Carcinogène – Hépatique et surtout pulmonaire **(Methotrexate)** – Cystite **(Endoxan)**	– Hémogramme/semaine puis 15 j (I, E) – **Méthotrexate :** . Hémogramme/mois . Transa, Créat./mois . Rx Poumons si toux – HLM **(Endoxan)**/mois
Colchicine : . attaque ⩽ 4 mg/j . entretien 1 à 1,5 mg/j	– Diarrhée – Tératogène	– Hémogramme/6 mois – Arrêt si grossesse

Surveillance d'un patient traité par les corticoïdes

Dr P. DUCRET

1. Définition de la pathologie et grands principes du traitement

— Dérivés de la **Cortisone**, les corticoïdes ont une action anti-allergique, anti-œdémateuse et anti-inflammatoire plus puissante et plus complète que les AINS.
— Leur utilisation s'accompagne nécessairement d'effets indésirables liés à la surcharge endocrinienne et à ses effets catabolisants :
- en injection locale ou en cure courte, ces effets sont réduits,
- on utilisera per os de préférence les dérivés non fluorés, moins catabolisants, dont la référence est le **Cortancyl** (prednisone),
- en situation d'urgence, on peut utiliser la voie intra-veineuse : (**Soludécadron, Célestène** ou **Solu-Médrol**) en se référant au tableau d'équivalence des corticoïdes.

— Il s'agit d'un traitement symptomatique qui se doit d'être prudent :
- lorsque l'indication implique le pronostic vital ou fonctionnel, elle ne se discute pas : 1 à 2 mg/kg (œdème de Quincke, laryngite sous glottique, œdème cérébral, pemphigus, connectivites, vascularites : Horton, PAN),
- lorsqu'elle implique le seul confort, il faut savoir :
  — l'utiliser à court terme en cas d'affection aiguë : 0,5 mg/kg (névralgie cervicobrachiale ou épaule hyperalgique, sinusite ou otite séreuse...).
  — retarder son utilisation à long terme en cas d'affection chronique : 5 à 15 mg/jour (polyarthrite rhumatoïde, asthme évolué...).

Tableau 1 : Équivalences

Dérivés	Molécules	Spécialité	Par unité	IA	Equivalence
Non fluorés	hydrocortisone	**Hydrocortisone**	10 mg	1	20 mg
	prednisone	**Cortancyl**	1, 5, 20 mg	4	5 mg
	prednisolone	**Solupred**	5, 20 mg	4	5 mg
	méthylprednisolone	**Solu-Médrol**	20, 40, 120 mg	5	4 mg
Fluorés	triamcinolone	**Kenacort**	40 mg (1 amp)	5	4 mg
	dexaméthasone	**Soludécadron**	4 mg (1 amp)	25	0,75 mg
	bêtaméthasone	**Célestène**	4 mg (1 amp)	30	0,60 mg

IA : activité anti-inflammatoire
(1 amp **Célestène**, **Soludécadron** ou **Solu-Médrol** 20 mg = 25 mg de **Cortancyl**)

2. Eléments de surveillance

Surveillance de l'efficacité

– Elle est à la fois clinique : signes objectifs et indices fonctionnels (Ritchie, Lee, Steinbrocker...) et biologique : l'efficacité est souvent associée à une diminution de la vitesse de sédimentation et des marqueurs de l'inflammation (C réactive protéine, haptoglogine...).

Surveillance de la tolérance

C'est une surveillance de ville (voir tableau 2).

3. Les « coups durs »

Corticothérapie générale

Les complications sont d'autant plus fréquentes que la posologie est élevée et le traitement long (voir tableau 2). Elles sont dominées par :

Tableau 2 : Complications et surveillance de la corticothérapie

Complications	Doses/24 heures			Surveillance
	< 15 mg	> 15 mg		
	long	long	bref	
1. Infectieuses		+	+	**Clinique :** **1.** Température, peau, muqueuses, (mycoses, herpès, abcès), poumons, urines **2.** Diurèse et Clinistix (urine), Dextrostix (sang) – Poids, œdèmes, HTA, ECG, crampes (K+) – Asthénie, hypotension **3.** Gastralgies, vomissements, hoquet : fibroscopie **4.** Bilan ophtalmologique tous les trois mois **Biologique :** Tous les 15 jours, puis tous les mois : – NFS, VS, iono sang, créat., ECBU à la demande – Glycémie, glycosurie Tous les trois mois : – Bilan phosphocalcique S + U – Bilan lipidique **Radiologique :** – Pulmonaire (tuberculose) – Bassin, rachis et éventuellement : – Scintigraphie osseuse – Densité osseuse : absorptiométrie **Pharmacologique :** – Baisse de l'action des anti-coagulants : TP – Baisse d'efficacité par les barbituriques, la rifampicine
2. Endocriniennes – **métaboliques :** Cushing, diabète		+		
– **hydroélectrolytiques :** rétention sodée, hypokaliémie		+	+	
– **Insuffisance surrénale**	+	+		
3. Digestives ulcère, hémorragie, perforation		+	+	
4. Oculaires glaucome, cataracte		+		
5. Osseuses . ostéonécrose (tête fémorale)		+	+	
. ostéoporose	++	++		
6. Cutanées atrophie, purpura	+	+		
7. Musculaires myopathie, amyotrophie		+		
8. Neuropsychiques anxiété, délire		+	+	

– Les manifestations digestives, infectieuses et de surcharge endocrinienne à dose élevée (> 15 mg),

– L'ostéoporose et l'insuffisance surrénalienne en traitement prolongé.

Corticothérapie locale
- Réaction inflammatoire microcristalline dans les 24 h (suspensions).
- Arthrite septique avec recrudescence douloureuse et fébrile plus tardive, à partir de 48 heures.
- Atrophie des parties molles, rupture tendineuse.
- Exceptionnelle « allergie » aux corticoïdes : souvent plutôt à la **Xylocaïne**, au solvant et plus rarement au produit lui-même (dérivés fluorés).

4. La bonne attitude en cas de « coups durs »

Vis à vis de la corticothérapie
- Les complications de la corticothérapie ne doivent pas faire interrompre celle-ci sous peine de rebond de la maladie inflammatoire et surtout du risque d'insuffisance surrénale aiguë (troubles digestifs, hypoglycémie, hypotension puis déshydratation, voire état de choc) nécessitant en urgence une réhydratation glucosée et salée et **Hémisuccinate d'hydrocortisone** (100 mg IV) avec hospitalisation sans retard pour réanimation.
- En cas de complication de la corticothérapie :
  - à forte dose, elle est réduite par paliers à la dose permise par l'indication (si possible < 30 mg),
  - à faible dose prolongée, elle est maintenue, voire augmentée ou remplacée par l'**Hydrocortisone** (20 à 100 mg) pour faire face au stress.

Vis à vis des complications
Le traitement est spécifique à chacune d'elle (ulcère gastroduodénal, candidose, HTA, crampes...), seules les complications sévères ou négligées justifient l'hospitalisation :
- Hémorragie ou perforation d'ulcère, infection grave, OAP, HTA sévère, myopathie aiguë...
- Instauration d'une insulinothérapie sous corticoïdes.
- Accident de sevrage (insuffisance surrénale aiguë).
- Toute poussée congestive articulaire faisant suite à une infiltration doit être suspecte d'arthrite septique et ponctionnée.

5. La prévention

Le respect des contre-indications
- Ulcère gastroduodénal en poussée.
- Infections, tuberculose.
- HTA et diabète grave.
- Glaucome à angle fermé, psoriaris, psychopathie.

Précaution par voie générale
- Protection digestive à la demande par anti-acides (**Maalox**, **Smecta** : 1 sachet à distance des repas), voire en cas d'antécédents digestifs par prostaglandines (**Cytotec** : 1 cp matin et soir aux repas) ou sucralfate (**Ulcar** : 1 sachet matin et soir au coucher).
- Précautions diététiques, surtout pour les doses supérieures à 10 mg :
  - régime sans sel, hyperprotidique et évitant les sucres rapides,
  - complémentation potassique : **Gluconate de Potassium Egic** 3 c à soupe, **Kaléorid LP 1000** 1 cp ou **Diffu K** (chlorure) 2 gél à midi.
- Traitements adjuvants à la demande : anxiolytiques, diurétiques antialdostérone (**Aldactone**) ou épargneurs (**Modurétic**), régime et traitement anti-diabétique : biguanides (**Glucophage retard, Daonil**), voire antibiotiques si nécessaire.

– Prévention de l'ostéoporose si traitement prolongé :
  • complémentation calcique et vitaminique : **Cacit 1000** 1 cp ou **Ostram** 1 sachet à 1,2 g et **Dédrogyl** 5 gouttes/j,
  • chez le sujet à risque, femmes ménopausées, antécédents d'endocrinopathies (hyperthyroïdie, opothérapie thyroïdienne, hyperparathyroïdie...), de corticothérapie prolongée, notion d'ostéopénie connue ou constatation d'une déminéralisation radiologique, on conseillera en premier lieu un traitement hormonal substitutif de la ménopause (en l'absence de contre-indications) et une surveillance densitométrique osseuse ; en second lieu, outre la complémentation vitamino-calcique on peut discuter après avis spécialisé un traitement par biphosphonate (**Didronel**), voire par le fluor (**Fluoralcic, Ostéofluor**).
– Prévention de l'insuffisance surrénale, après des doses supérieures à 20 mg pendant plus de deux semaines ou entre 7 et 20 mg pendant plus d'un mois :
  • prise matinale respectant mieux le cycle physiologique, toutefois en traitement au long cours (PR), une dose vespérale moindre est préférable pour une efficacité comparable,
  • chez l'enfant, certains préfèrent un traitement alterné un jour sur deux pour réduire le risque de retard de croissance,
  • sevrage progressif par paliers de 3 à 8 jours : 10 à 20 mg jusqu'à 30 mg/jour, puis 5 mg jusqu'à 20 mg, puis 2,5 mg jusqu'à 10 mg, puis diminution par 1 mg,
  • chez le vieillard, après un long traitement, on maintient 5 mg/jour,
  • si on suspecte une insuffisance surrénale latente :
    on remplace au dessous de 5 mg/jour la prednisone par l'**Hydrocortisone** 20 mg (1 cp à 10 mg matin et midi) et on explore la corticosurrénale par un test au **Synacthène** plus de 12 h après la dernière prise : dosage de la cortisolémie à 8 h (N > 200 nmol/l) et après 30 minutes d'une injection IV de 1 ml (0,25 mg) de **Synacthène immédiat** (N > 500 nmol/l) ; on poursuit l'**Hydrocortisone** en cas de valeurs basses,
  • en cas d'insuffisance surrénale latente au cours d'une corticothérapie prolongée à petite dose ou dans l'année qui suit son interruption, il faut prévoir une supplémentation hormonale en cas de stress (infection, intervention) : 50 à 100 mg d'**Hydrocortisone** per os ou 100 mg d'**Hémisuccinate d'hydrocortisone** IV le jour d'une intervention éventuellement répetés toutes les 8 à 12 heures, puis 50 % de la dose pendant quelques jours.

Précaution par voie locale

– Pas d'infiltration sans radiographie ou s'il persiste un doute diagnostique (sepsis, tuberculose).
– Asepsie stricte : alcool iodé à 1%, matériel à usage unique et les flacons utilisés une fois sont jetés.
– En péri-articulaire on préfère les dérivés hydrosolubles (**Célestène**) ou non fluorés (**Hydrocortancyl**) moins atrophiants et on réserve les suspensions cristallines à la voie articulaire.
– On restera parcimonieux dans les indications en cas d'antécédents « d'allergie » à une infiltration ; si la nature de celle-ci n'est pas claire et seulement en cas de nécessité :
  • on aura recours plutôt à un dérivé non fluoré,
  • on s'entourera de précautions : hypohistaminémiant avant (**Hypostamine**) et antihistaminique (**Clarityne**) de couverture,
  • on aura à disposition en cas de besoin **Adrénaline** et **Hémisuccinate d'hydrocortisone** en IV.

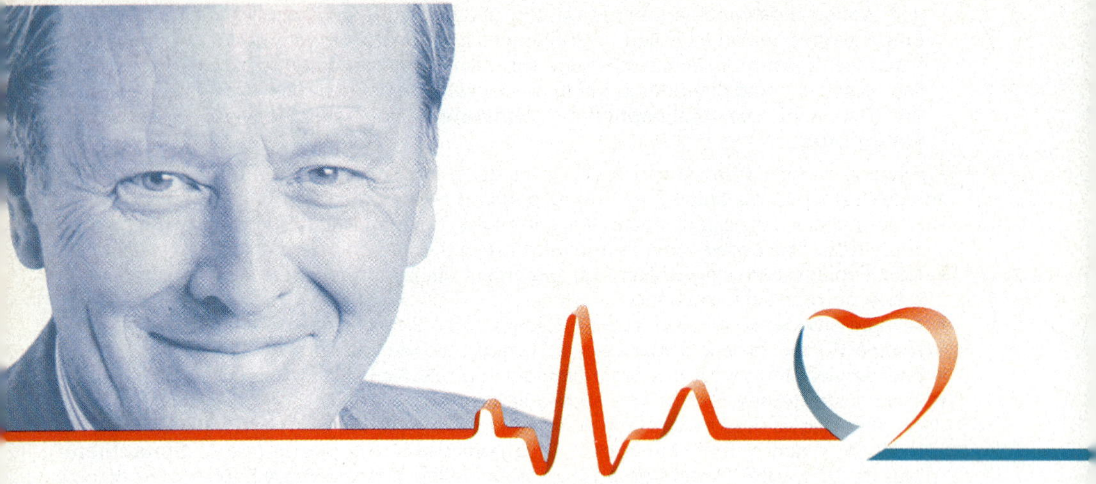

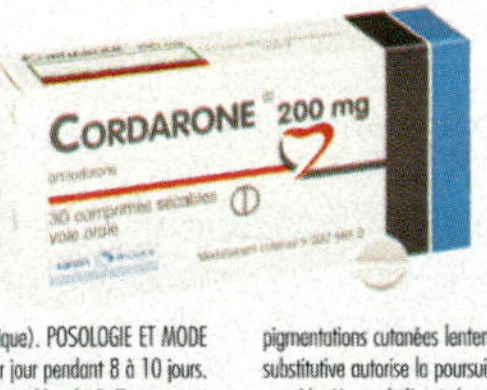
CORDARONE 200 mg

Comment prescrire les anti-arythmiques ?

Dr O. THOMAS

1. Avant de prescrire

La décision de prescrire un médicament anti-arythmique doit prendre en compte un certain nombre d'éléments.

- Le type d'arythmie (supra-ventriculaire ou ventriculaire), son caractère permanent ou paroxystique, la gène fonctionnelle engendrée, le risque vital.
- L'existence éventuelle d'une cardiopathie sous jacente (séquelle d'infarctus du myocarde, cardiopathie non ischémique, insuffisance cardiaque) et la fonction ventriculaire gauche évaluée par échographie ou ventriculographie conventionnelle ou isotopique.
- Les données de l'ECG notamment la présence de troubles conductifs (dysfonction sinusale, bloc auriculo-ventriculaire, bloc de branche).
- Les antécédents extra-cardiaques : pathologie thyroïdienne, glaucome, adénome prostatique.

2. Les bonnes indications

Arythmie auriculaire : fibrillation auriculaire, flutter auriculaire

- Ralentir la fréquence cardiaque : digitaliques ou bêtabloquants ou inhibiteurs calciques bradycardisants (diltiazem, vérapanil) **Isoptine**.
- Réduction médicamenteuse d'une arythmie auriculaire, en milieu hospitalier : **Cordarone** en dose de charge (30 mg/kg de poids) orale en une fois ou répartie sur 3 jours, sous couvert d'anticoagulation et après avoir vérifié l'absence de thrombus intra-auriculaire gauche par échographie trans-œsophagienne (protocole réalisé en service de cardiologie, non validé par l'A.M.M.).
- Le traitement préventif des récidives est inutile après un premier épisode d'arythmie non compliquée et en l'absence de cardiopathie. Un traitement préventif est indiqué s'il y a des complications (OAP, embolie systémique) ou si cardiopathie documentée, ou répétition des épisodes. Les drogues utilisées sont :
  - anti-arythmiques de classe Ic,
  - anti-arythmiques de classe Ia,
  - **Sotalex, Cordarone** en cas de dysfonction ventriculaire gauche ou d'antécédent d'IDM.
- Pour prévenir les récidives de flutter, on associera volontiers un anti-arythmique de classe Ic à un bêtabloquant (risque de flutter à conduction 1/1 sous classe Ic seule).

Tachycardie jonctionnelle (TJ)

- Arrêt d'une crise de TJ insensible aux manœuvres vagales : **Striadyne** (20 mg IVD) ou **Tildiem** IV (0,25 mg/kg de poids IVD) ou **Isoptine** (5 mg IVL) en milieu hospitalier sous scope.
- Traitement d'entretien uniquement en cas de crises fréquentes ou invalidantes, résistantes aux manœuvres vagales (classe Ic, **Sotalex**, classe Ia, classe II).

– L'alternative au traitement médicamenteux est représentée par l'ablation endocavitaire, efficace et sûre. Elle est indiquée lors de récidives fréquentes sous traitement anti-arythmique ou même comme alternative au traitement médicamenteux.

Tachycardie ventriculaire (TV)

– TV de la phase primaire de l'infarctus : **Xylocaïne** injectable.
– TV des cardiopathies ischémiques ou dilatées avec altération de la fonction VG : les anti-arythmiques sont peu efficaces, inotropes négatifs et possiblement pro-arythmogènes.
  • réduction par choc électrique externe sous anesthésie générale,
  • traitement préventif des récidives : **Cordarone**, bêtabloquants, **Sotalex**.
– TV sur cœur sain :
  • TV fasciculaire : **Isoptine,**
  • TV infundibulaire : anti-arythmique de classe Ic, **Sotalex.**

3. Les grandes classes médicamenteuses

La classification de Vaughan-Williams repose sur les propriétés électrophysiologiques des anti-arythmiques (voir tableau dans « Surveillance d'un patient traité par les anti-arythmiques »).
– Classe I : inhibiteurs des canaux sodiques :
  • Ia : **Sérécor, Longacor, Quinidurule, Rythmodan, Isorythm,**
  • Ib : **Xylocard, Mexitil,**
  • Ic : **Flécaïne, Rythmol** (classe Ic + II), **Cipralan.**
– Classe II : bêtabloquants .
– Classe III : inhibiteurs des canaux potassiques : **Cordarone, Sotalex** (action classe II + III).
– Classe IV : inhibiteurs des canaux calciques : **Isoptine, Tildiem**.
– Non classés : digitaliques (**Cédilanide, Digoxine, Digitaline**), **Striadyne** (ATP).

4. Les contre-indications

– **Sérécor, Longacor, Quinidurule,** hydroquinidine : hypersensibilité connue aux quinidiniques, antécédent de torsades de pointes, espace QT allongé, BAV de haut degré, bloc sino-auriculaire.
– **Rythmodan, Isorythm** : en plus des précédents, antécédents de glaucome et d'adénome prostatique.
– **Xylocard, Mexitil** : comitialité, atteinte hépatique sévère.
– **Flécaïne, Rythmol, Cipralan** : antécédent d'infarctus du myocarde, insuffisance cardiaque, altération de la fonction ventriculaire gauche, bloc auriculo-ventriculaire de haut degré non appareillé, bloc bifasciculaire.
– Bêta-bloquants : insuffisance cardiaque non contrôlée, asthme, bradycardie, troubles conductifs.
– Inhibiteurs calciques : troubles conductifs auriculo-ventriculaires, dysfonction sinusale, insuffisance cardiaque (**Isoptine**, **Tildiem**).
– Digitaliques : **Digoxine** : insuffisance rénale ; **Digitaline** : insuffisance hépatique.
– **Striadyne** : asthme.
– **Cordarone** : antécédents d'hyperthyroïdie.

5. Les règles de prescription et les interférences

- Ne jamais associer deux anti-arythmiques de la même classe.
- Eviter d'associer :
  - deux anti-arythmiques bradycardisants,
  - un anti-arythmique allongeant l'espace QT (classe Ia, **Sotalex**) avec un médicament bradycardisant (classe II ou IV) ou un médicament pouvant donner des torsades de pointes (**Cordium, Teldane,** phénothiazines antidépresseurs tricycliques, **Bactrim, Nizoral**).
- Classe Ia : comprimé test avec ECG une heure après la prise pour recherche une idiosyncrasie (allongement excessif de QT, fièvre, éruption cutanée). Surveillance régulière de l'espace QT.
- Classe Ic : vérifier l'absence d'insuffisance cardiaque ou de séquelle d'IDM.
- Associations possibles sous surveillance ECG : **Cordarone-Flécaïne, Cordarone**-bêtabloquants.
- Il faut connaître la voie d'élimination du produit (foie, reins) de façon à adapter la posologie, et connaître les interférences médicamenteuses.

6. Les éléments de surveillance

- L'ECG est la base de la surveillance.
- Classe Ia : durée de l'espace QT et de l'espace QT corrigé (Qtc = QT $/\sqrt{60/FC}$. Qtc > 440 msec : risque de torsades de pointes. Recherche d'effets indésirables : diarrhée, thrombopénie.
- Classe Ic : conduction auriculaire-ventriculaire et intraventriculaire. L'élargissement des complexes QRS témoigne de l'imprégnation médicamenteuse mais au-dessus de 25 % de la valeur initiale il faut évoquer un surdosage avec risque d'effet pro-arythmique.
- Classe II : fréquence cardiaque, conduction auriculo-ventriculaire, tolérance.
- Classe III : conduction auriculo-ventriculaire, fonction sinusale :
  - **Cordarone** : rechercher les effets indésirables dysthyroïdie (dosage de la TSH ultrasensible 6 mois), pneumopathie interstitielle (radio pulmonaire), neuropathie périphérique,
  - **Sotalex** : surveillance de la durée de QT car risque de torsades de pointes.
- Classe IV : ECG : fréquence cardiaque, fonction sinusale, conduction auriculo-ventriculaire.

HTA - Angor - Troubles du rythme - Post-infarctus

SECTRAL 200 mg, 400 mg et LP 500 mg. Acébutolol. **FORMES ET PRÉSENTATIONS : *SECTRAL 200 mg*,** comprimés pelliculés (blanc) dosés à 200 mg d'acébutolol : boîte de 20. ***SECTRAL 400 mg***, comprimés pelliculés (oblong blanc) dosés à 400 mg d'acébutolol : boîte de 30. ***SECTRAL LP 500 mg***, comprimés pelliculés à libération prolongée (oblong blanc) dosés à 500 mg d'acébutolol : boîte de 28. **INDICATIONS : *SECTRAL 200 mg et 400 mg* :** - Hypertension artérielle. - Prophylaxie des crises d'angor d'effort. - Traitement de certains troubles du rythme : supraventriculaires (tachycardies, flutters et fibrillations auriculaires, tachycardies jonctionnelles) ou ventriculaires (extrasystolie ventriculaire, tachycardies ventriculaires). ***SECTRAL 200 mg* :** Traitement au long cours après infarctus du myocarde (l'acébutolol diminue le risque de récidive d'infarctus du myocarde et la mortalité, particulièrement la mort subite). ***SECTRAL LP 500 mg* :** Prophylaxie des crises d'angor stable. **POSOLOGIE ET MODE D'ADMINISTRATION : *- Hypertension artérielle* :** *Comprimés 200 mg et 400 mg :* 400 mg en une ou deux prises par jour. Cette posologie pourra être majorée en cas d'HTA sévère. *Coût de traitement journalier :* 3,21 à 3,84 F. ***- Prophylaxie des crises d'angor d'effort, troubles du rythme* :** *Comprimés 200 mg et 400 mg :* 400 à 800 mg (600 mg en moyenne) par jour. *Coût de traitement journalier :* 3,21 à 6,43 F. ***- Traitement au long cours après infarctus du myocarde* :** *Comprimés 200 mg :* Traitement institué de préférence entre le 3e et le 21e jour après l'épisode aigu de l'infarctus : 200 mg matin et soir. *Coût de traitement journalier :* 3,84 F. ***- Prophylaxie des crises d'angor stable* :** *Comprimés LP 500 mg :* Dans la prophylaxie des crises d'angor stable, chez les malades préalablement équilibrés avec 3 comprimés par jour de SECTRAL 200 mg, le relais sera pris par un comprimé LP 500 mg par jour le matin. Ne pas croquer ni broyer le comprimé. En cas de réponse thérapeutique non satisfaisante, réévaluer le traitement. ***Coût de traitement journalier* :** 4,34 F. **CONTRE-INDICATIONS :** - Asthme et bronchopneumopathies chroniques obstructives dans leurs formes sévères, • Insuffisance cardiaque non contrôlée par le traitement, • Choc cardiogénique, • Blocs auriculoventriculaires des 2e et 3e degrés non appareillés, • Angor de Prinzmetal (dans les formes pures et en monothérapie), • Maladie du sinus (y compris bloc sino-auriculaire), • Bradycardies (< 45-50 batt/min), • Phénomène de Raynaud et troubles artériels périphériques, dans leurs formes sévères, • Phéochromocytome non traité, • Hypotension, • Hypersensibilité à l'acébutolol, • Antécédent de réaction anaphylactique, • Association à la floctafénine (cf. Interactions médicamenteuses), • Allaitement, • Contre-indication relative : association avec l'amiodarone (cf. Interactions médicamenteuses). **MISE EN GARDE ET PRÉCAUTIONS D'EMPLOI : *- Mise en garde : Ne jamais interrompre brutalement le traitement chez les angineux : l'arrêt brusque peut entraîner des troubles du rythme graves, un infarctus du myocarde ou une mort subite.* • *Précautions d'emploi* :** *Arrêt du traitement :* Le traitement ne doit pas être interrompu brutalement. La posologie doit être diminuée progressivement, c'est-à-dire idéalement sur une à deux semaines, en commençant en même temps, si nécessaire, le traitement substitutif, pour éviter une aggravation de l'angor. *Asthme et bronchopneumopathies chroniques obstructives :* Les bêta-bloquants ne peuvent être administrés qu'en cas de formes légères en choisissant un bêta-1 sélectif à posologie initiale faible (c'est à dire en utilisant une forme conventionnelle plus faiblement dosée). En cas de crise survenant sous traitement, on pourra utiliser des bronchodilatateurs bêtamimétiques. *Insuffisance cardiaque contrôlée par le traitement :* Administrer SECTRAL à très faibles doses progressivement croissantes et sous surveillance médicale stricte. *Bradycardie :* Diminuer la posologie si la fréquence s'abaisse au-dessous de 50-55 batt/min au repos et si le patient présente des symptômes liés à la bradycardie. *Bloc auriculo-ventriculaire du premier degré :* Administrer avec prudence. *Angor de Prinzmetal :* Utilisation possible, dans les formes mineures et associées, à condition d'administrer conjointement un vasodilatateur. *Troubles artériels périphériques :* Privilégier un bêta-bloquant cardiosélectif et doté d'un pouvoir agoniste partiel administré avec prudence. *Phéochromocytome :* Surveillance étroite de la pression artérielle. *Sujet âgé :* Respect absolu des contre-indications. *Insuffisant rénal :* Adapter la posologie à l'état de la fonction rénale. *Sujet diabétique :* Prévenir le malade et renforcer en début de traitement l'autosurveillance glycémique. *Psoriasis :* Aggravation possible sous bêta-bloquants. *Réactions allergiques :* Chez les patients susceptibles de faire une réaction anaphylactique sévère, le traitement bêta-bloquant peut entraîner une aggravation de la réaction et une résistance à son traitement par l'adrénaline aux posologies habituelles. *Anesthésie générale :* Prévenir l'anesthésiste du traitement par un bêta-bloquant. Si nécessaire, l'arrêt du traitement 48 heures avant une anesthésie générale est suffisant. Chez les malades atteints d'insuffisance coronarienne, poursuivre le traitement jusqu'à l'intervention. En cas d'urgence ou d'impossibilité d'arrêt, protéger le patient par une prémédication suffisante d'atropine renouvelée selon les besoins. Le risque anaphylactique devra être pris en compte. *Thyrotoxicose :* Les bêta-bloquants sont susceptibles d'en masquer les signes cardiovasculaires. *Sportifs :* L'acébutolol peut induire une réaction positive des tests pratiqués lors des contrôles antidopage. **INTERACTIONS MÉDICAMENTEUSES ET AUTRES FORMES D'INTERACTIONS : *Association contre-indiquée* :** - Floctafénine. ***Association déconseillée* :** - Amiodarone. ***Associations nécessitant des précautions d'emploi* :** - Anesthésiques volatils halogénés. - Antagonistes du calcium (bépridil, diltiazem et vérapamil). - Antiarythmiques (propafénone et classe Ia : quinidine, hydroquinidine, disopyramide). - Baclofène. - Insuline, sulfamides hypoglycémiants. - Lidocaïne. - Produits de contraste iodés. ***Associations à prendre en compte* :** - AINS. - Dihydropyridines (amlodipine, félodipine, lacidipine, nifédipine, nicardipine, nimodipine, nitrendipine). - Antidépresseurs imipraminiques (tricycliques), neuroleptiques. - Corticoïdes, tétracosactide (voie générale). - Méfloquine. **GROSSESSE ET ALLAITEMENT :** *Grossesse :* Chez le nouveau-né de mère traitée, l'action bêta-bloquante persiste plusieurs jours après la naissance ; surveillance attentive du nouveau-né (fréquence cardiaque et glycémie pendant les 3 à 5 premiers jours de vie) en milieu spécialisé. *Allaitement :* L'acébutolol est contre-indiqué chez la femme qui allaite. **EFFETS INDÉSIRABLES : *Au plan clinique* :** *Les plus fréquemment rapportés :* - Asthénie, - Refroidissement des extrémités, - Bradycardie, sévère le cas échéant, - Troubles digestifs (gastralgies, nausées, vomissements), - Impuissance. *Beaucoup plus rarement :* - Ralentissement de la conduction auriculo-ventriculaire ou intensification d'un bloc auriculo-ventriculaire existant, - Insuffisance cardiaque, - Chute tensionnelle, - Bronchospasme, - Hypoglycémie, - Syndrome de Raynaud, - Aggravation d'une claudication intermittente existante, - Diverses manifestations cutanées y compris éruptions psoriasiformes ou exacerbation d'un psoriasis (cf. Précautions d'emploi), - Exceptionnellement, pneumopathies d'origine immuno-allergique. ***Au plan biologique* :** Rarement, apparition d'anticorps antinucléaires ne s'accompagnant qu'exceptionnellement de manifestations cliniques à type de syndrome lupique et cédant à l'arrêt du traitement. **SURDOSAGE :** Cf. VIDAL. **PHARMACODYNAMIE :** Bêta-bloquant β_1 sélectif (C : système cardio-vasculaire). **PHARMACOCINÉTIQUE :** Cf. Vidal. **LISTE I.** AMM 319 347.1 (1975, validée en 1987). 20 comp. à 200 mg, 38,40 F. AMM 322 077.1 (1978, validée en 1987). 30 comp. à 400 mg, 96,40 F. AMM 331 731.2 (1989). 28 comp. LP à 500 mg, 121,40 F. AMM révisées en 1995. Remb. Séc. Soc. à 65 %. Collect. Pour une information complète, consulter le dictionnaire **Vidal**.

SPECIA
RHÔNE-POULENC RORER

16, rue Clisson - 75 636 PARIS Cedex 13
Tél : (1) 40 77 37 37
Pharmacovigilance - Tél : (1) 40 77 39 17

Comment prescrire un bêta-bloquant ?

Dr J.M. MONTELY

– Les bêta-bloquants sont des agonistes compétitifs spécifiques des effets bêta-adrénergiques des catécholamines. Leurs effets cliniques sont d'autant plus marqués que le tonus adrénergique de base est élevé, comme dans l'exercice musculaire, le stress et, en pathologie, dans l'hyperthyroïdie ou dans l'insuffisance cardiaque.
– Les bêta-bloquants occupent une place prédominante en pathologie cardio-vasculaire car ils sont les seuls médicaments à avoir prouvé une prolongation de l'espérance de vie des patients atteints de cardiopathies ischémiques.

1. Avant de prescrire

– Dans les cardiopathies ischémiques sévères : infarctus aigu du myocarde, angor instable, le traitement bêta-bloquant est institué au cours d'un séjour hospitalier comportant un bilan approfondi : ECG itératifs, échocardiographie et, selon les cas, après stabilisation par le traitement, ECG d'effort couplé ou non à une scintigraphie au Thallium, coronarographie pouvant déboucher sur une indication d'angioplastie ou de pontage aorto-coronaire.
– Le diagnostic d'angor d'effort repose sur l'interrogatoire, complété par l'ECG de repos à la recherche de signes ischémiques ou de séquelles d'infarctus, complété par une échocardiographie et très souvent la réalisation d'un ECG d'effort couplé ou non à une scintigraphie myocardique au Thallium. Le traitement bêta-bloquant est le traitement de choix puisqu'il s'oppose à l'élévation de la fréquence cardiaque et de la tension artérielle à l'effort qui sont deux déterminants principaux de la consommation d'oxygène.
– Dans l'hypertension artérielle, l'essentiel est de documenter la nécessité d'un traitement anti-hypertenseur par trois prises tensionnelles espacées sur deux mois avec, en cas de doute sur un effet « blouse blanche », l'enregistrement ambulatoire de la pression artérielle. La prescription d'un bêta-bloquant est l'une des quatre possibilités de traitement de première intention une fois l'hypertension affirmée avec une indication préférentielle pour cette classe de médicaments si l'on soupçonne une cardiopathie ischémique associée, si la fréquence cardiaque de base est élevée, s'il y a des symptômes fonctionnels à type de palpitations.
– Dans les troubles du rythme, ce sont plus les circonstances de déclenchement des accès et la nature de la cardiopathie associée qui font décider d'un traitement bêta-bloquant :
  • troubles du rythme auriculaire ou ventriculaire dits catécholergiques, c'est-à-dire déclenchés à l'effort, au stress, par opposition aux troubles du rythme notamment auriculaire d'origine vagale apparaissant la nuit au repos qui seraient constamment aggravés par le traitement bêta-bloquant,
  • cardiopathie ischémique, prolapsus valvaire mitral, cardiomyopathie hypertrophique obstructive, syndrome du QT long.
– Le bilan pré-thérapeutique comporte ECG, ECG d'effort, échocardiographie et Holter.
– Les bêta-bloquants sont également prescrits dans des pathologies fonctionnelles et dans diverses pathologies extra-cardiaques qui seront énumérées au paragraphe suivant.
– Quelle que soit l'indication envisagée, le bilan préalable associe celui de la maladie ou du symptôme à traiter et un bilan minimal à la recherche d'une des grandes contre-indications du traitement bêta-bloquant :

Soprol* : Bloquer les récepteurs ß1 pas l'hypertendu.

HTA **Soprol*** BISOPROLOL

hypersélectif ß1 sans ASI

FORME ET PRESENTATION : Comprimé pelliculé sécable (gris orangé) : Boîte de 28, sous plaquettes thermoformées (PVC/ALU) en semainier. **COMPOSITION :** Bisoprolol (DCI) hémifumarate : p. comp. 10 mg, par boîte : 280 mg. Excipient : QS pour un comprimé. **INDICATIONS :** Hypertension artérielle. Prophylaxie des crises d'angor d'effort. **POSOLOGIE et MODE D'ADMINISTRATION :** - Hypertension artérielle : Posologie usuelle : 1 comprimé de 10 mg par jour, de préférence le matin. Cependant dans quelques cas sévères, une posologie de 20 mg pourra être nécessaire. En outre, un effet additif peut être obtenu par l'association avec les diurétiques. - Prophylaxie des crises d'angor d'effort : Posologie usuelle : 1 comprimé à 10 mg par jour en une seule prise : elle pourra être portée à 2 comprimés par jour si nécessaire. - Insuffisance rénale : - en cas d'insuffisance rénale légère ou modérée (clairance de la créatinine supérieure à 20 ml/min), il n'est pas nécessaire d'adapter la posologie ; - en cas d'insuffisance rénale sévère (clairance de la créatinine inférieure à 20 ml/min), le temps de demi-vie d'élimination n'est que modérément allongé. Dans ces conditions, il est recommandé de ne pas dépasser la posologie quotidienne de 10 mg de bisoprolol et éventuellement de la diviser par 2. - Insuffisance hépatique : aucune modification de la posologie n'est nécessaire. La prise d'aliments n'affecte pas la biodisponibilité du bisoprolol. Coût du traitement journalier : 2,49 F. **CONTRE-INDICATIONS :** - asthme et bronchopneumopathies chroniques obstructives, dans leurs formes sévères, - insuffisance cardiaque non contrôlée par le traitement, - choc cardiogénique, - blocs auriculo-ventriculaires des second et troisième degrés non appareillés, - angor de Prinzmetal (dans les formes pures et en monothérapie), - maladie du sinus (y compris sino-auriculaire), - bradycardie (< 45-50 battements par minute), - phénomène de Raynaud et troubles artériels périphériques, dans leurs formes sévères, - phéochromocytome non traité, - hypotension, - hypersensibilité au bisoprolol, - antécédent de réaction anaphylactique, - association à la floctafénine. - contre-indication relative : association avec l'amiodarone. **MISES EN GARDE ET PRECAUTIONS D'EMPLOI : Mises en garde :** - Ne jamais interrompre brutalement le traitement chez les angineux : l'arrêt brusque peut entraîner des troubles du rythme graves, un infarctus du myocarde ou une mort subite. **Précautions d'emploi :** *Arrêt du traitement :* Le traitement ne doit pas être interrompu brutalement, en particulier chez les patients présentant une cardiopathie ischémique. La posologie doit être diminuée progressivement, c'est-à-dire idéalement sur une à deux semaines, en commençant en même temps, si nécessaire, le traitement substitutif, pour éviter une aggravation de l'angor. *Asthme et bronchopneumopathies chroniques obstructives :* Les bêta-bloquants ne peuvent être administrés qu'en cas de formes légères en choisissant un bêta-1 sélectif à posologie initiale faible. Il est recommandé de faire pratiquer des épreuves fonctionnelles respiratoires avant la mise en route du traitement. En cas de crise survenant sous traitement, on pourra utiliser des bronchodilatateurs bêta-mimétiques. *Insuffisance cardiaque :* Chez l'insuffisant cardiaque contrôlé par le traitement et en cas de nécessité, le bisoprolol sera administré à très faibles doses progressivement croissantes et sous surveillance médicale stricte. *Bradycardie :* Si la fréquence s'abaisse au-dessous de 50-55 pulsations par minute au repos et que le patient présente des symptômes liés à la bradycardie, la posologie doit être diminuée. *Bloc auriculo-ventriculaire du premier degré :* Etant donné leur effet dromotrope négatif, les bêta-bloquants doivent être administrés avec prudence aux patients présentant un bloc auriculo-ventriculaire du premier degré. *Angor de Prinzmetal :* Les bêta-bloquants peuvent augmenter le nombre et la durée des crises chez les patients souffrant d'un angor de Prinzmetal. L'utilisation d'un bêta-bloquant bêta-1 cardiosélectif est possible, dans les formes mineures et associées, à condition d'administrer conjointement un vasodilatateur. *Troubles artériels périphériques :* Chez les patients souffrant de troubles artériels périphériques (maladie ou syndrome de Raynaud, artérites ou artériopathies chroniques oblitérantes des membres inférieurs), les bêta-bloquants peuvent entraîner une aggravation de ces troubles. Dans ces situations, il convient de privilégier un bêta-bloquant cardiosélectif et doté d'un pouvoir agoniste partiel, que l'on administrera avec prudence. *Phéochromocytome :* L'utilisation des bêta-bloquants dans le traitement de l'hypertension due au phéochromocytome traité nécessite une surveillance étroite de la pression artérielle. *Sujet âgé :* Chez le sujet âgé, le respect absolu des contre-indications est impératif. On veillera à initier le traitement par une posologie faible et à assurer une surveillance étroite. *Insuffisance rénale sévère (clairance de la créatinine < 20 ml/min) :* Elle nécessite éventuellement un ajustement posologique (cf. Posologie et mode d'administration). *Sujet diabétique :* Prévenir le malade et renforcer en début de traitement l'autosurveillance glycémique. Les signes annonciateurs d'une hypoglycémie peuvent être masqués, en particulier tachycardie, palpitations et sueurs. *Psoriasis :* Des aggravations de la maladie ayant été rapportées sous bêta-bloquants, l'indication mérite d'être pesée. *Réactions allergiques :* Chez les patients susceptibles de faire une réaction anaphylactique sévère, quelle qu'en soit l'origine, en particulier avec des produits de contraste iodés ou la floctafénine ou au cours de traitements désensibilisants, le traitement bêta-bloquant peut entraîner une aggravation de la réaction et une résistance à son traitement par l'adrénaline aux posologies habituelles. *Anesthésie générale :* Les bêta-bloquants vont entraîner une atténuation de la tachycardie réflexe et une augmentation d'un risque d'hypotension. La poursuite du traitement par bêta-bloquant diminue le risque d'arythmie, d'ischémie myocardique et de poussées hypertensives. Il convient de prévenir l'anesthésiste que le patient est traité par un bêta-bloquant. • Si l'arrêt du traitement est jugé nécessaire, une suspension de 48 heures peut être considérée comme suffisante pour permettre la réapparition de la sensibilité aux catécholamines. • Dans certains cas, le traitement bêta-bloquant ne peut être interror - Chez les malades atteints d'insuffisance coronarienne, il est souhaitable de pour le traitement jusqu'à l'intervention, étant donné le risque lié à l'arrêt brutal des -bloquants. - En cas d'urgence ou d'impossibilité d'arrêt, le patient doit être protégé d'une prédominance vagale par une prémédication suff d'atropine renouvelée selon les besoins. L'anesthésie devra faire appel à des produits aussi peu dépresseurs myocardiques que possible pertes sanguines devront être compensées. • Le risque anaphylactique devra être pris en compte. *Thyrotoxicose :* Les bêta-bloquants son ceptibles d'en masquer les signes cardiovasculaires. *Sportifs :* L'attention des sportifs est attirée sur le fait que cette spécialité contient un pr actif pouvant induire une réaction positive des tests pratiqués lors des contrôles antidopage. **INTERACTIONS MEDICAMENTEUSES :** *Ass tion contre-indiquée :* - Floctafénine : En cas de choc ou d'hypotension à la floctafénine, réduction des réactions cardiovasculaires de comp tion par les bêta-bloquants. *Association déconseillée :* - Amiodarone : Troubles de la contractilité, de l'automatisme et de la conduction (sup sion des mécanismes sympathiques compensateurs). *Associations faisant l'objet de précautions d'emploi :* - Anesthésiques volatils halogé Réduction des réactions cardiovasculaires de compensation par les bêta-bloquants. En règle générale, ne pas arrêter le traitement bêta-blo et, de toute façon, éviter l'arrêt brutal. Informer l'anesthésiste de ce traitement. - Antagonistes du calcium (bépridil, diltiazem et vérapa Troubles de l'automatisme (bradycardie excessive, arrêt sinusal), troubles de la conduction auriculoventriculaire et défaillance cardiaque. - arythmiques (propafénone et classe Ia : quinidine, hydroquinidine, disopyramide) : Troubles de la contractilité, de l'automatisme et de la co tion. Surveillance attentive clinique et électrocardiographique. - Baclofène : Majoration de l'effet antihypertenseur. Surveillance de la pression rielle et adaptation posologique de l'antihypertenseur si nécessaire. - Insuline, sulfamides hypoglycémiants : Tous les bêta-bloquants pe masquer certains symptômes de l'hypoglycémie : les palpitations et la tachycardie. Prévenir le malade et renforcer, surtout au début du ment, l'autosurveillance sanguine. - Lidocaïne : *Décrit pour le propranolol, le métoprolol, le nadolol.* Augmentation des taux plasmatiques de caïne avec majoration possible des effets indésirables neurologiques et cardiaques. Adapter la posologie de la lidocaïne. Surveillance cli électrocardiographique et, éventuellement, des concentrations plasmatiques de lidocaïne pendant le traitement bêta-bloquant et après son - Produits de contrastes iodés : En cas de choc ou d'hypotension dus aux produits de contraste iodés, réduction par les bêta-bloquant réactions cardiovasculaires de compensation. Le traitement par le bêta-bloquant doit être arrêté chaque fois que cela est possible avant l'ex tion radiologique. En cas de poursuite indispensable du traitement, le médecin doit disposer des moyens de réanimation adaptés. *Associati prendre en compte :* - AINS : Réduction de l'effet antihypertenseur. - Antagonistes du calcium : dihydropyridines : Hypotension, défaillance diaque chez les malades en insuffisance cardiaque latente ou non contrôlée. La présence d'un traitement bêta-bloquant peut par ailleurs m ser la réaction sympathique réflexe mise en jeu en cas de répercussion hémodynamique excessive. - Antidépresseurs imipraminiques cliques), neuroleptiques : Effet antihypertenseur et risque d'hypotension orthostatique majorés. - Corticoïdes, tétracosactide : Diminution de antihypertenseur. - Méfloquine : Risque de bradycardie. **GROSSESSE et ALLAITEMENT : Grossesse :** - *Aspect tératogène :* Chez l'a aucune action tératogène n'a été mise en évidence. Dans l'espèce humaine, aucun effet tératogène n'a été rapporté à ce jour et les rés d'études prospectives contrôlées avec quelques bêta-bloquants n'ont pas fait état de malformations à la naissance. - *Aspect néonatal :* C nouveau-né de mère traitée, l'action bêta-bloquante persiste plusieurs jours après la naissance : si cette rémanence peut être sans conséq clinique, il est néanmoins possible que survienne une défaillance cardiaque nécessitant une hospitalisation en soins intensifs (cf. Surdosag évitant les solutés de remplissage (risque d'OAP) ; par ailleurs bradycardie, détresse respiratoire, hypoglycémie ont été signalées. C'est po une surveillance attentive du nouveau-né (fréquence cardiaque et glycémie pendant les 3 à 5 premiers jours de vie) est recommandée en spécialisé. **Allaitement :** Les bêta-bloquants sont excrétés dans le lait. Le risque de survenue d'hypoglycémie et de bradycardie n'a pas été lué : en conséquence et par précaution, l'allaitement est déconseillé pendant la durée du traitement. **EFFETS INDESIRABLES :** *Au plan clir* Les plus fréquemment rapportés : - asthénie, - refroidissement des extrémités, - bradycardie, sévère le cas échéant, - troubles digestifs (gastralgies, sées, vomissements), - impuissance, - insomnie, cauchemars. Beaucoup plus rarement : - ralentissement de la conduction auriculo-ventricula intensification d'un bloc auriculo-ventriculaire existant, - insuffisance cardiaque, - chute tensionnelle, - bronchospasme, - hypoglycémie, - syndror Raynaud, - aggravation d'une claudication intermittente existante, - diverses manifestations cutanées y compris éruptions psoriasiformes. *Au plan gique :* On a pu observer, dans de rares cas, l'apparition d'anticorps antinucléaires ne s'accompagnant qu'exceptionnellement de manifestatio niques à type de syndrome lupique et cédant à l'arrêt du traitement. **SURDOSAGE :** cf. VIDAL. **PHARMACODYNAMIE :** BETA-BLOQ (cf. VIDAL). **PHARMACOCINETIQUE :** cf. VIDAL. **LISTE I :** AMM 329 550.4 (1987). **PRIX :** 69,80 F (28 comprimés). Remb. Séc. Soc. à 65 % - C Sous licence E. Merck (Allemagne). Titulaire de l'AMM : Laboratoires NOVALIS - Information médicale : Laboratoires Lederle - 80, avenue du Prés Wilson - Puteaux - 92031 Paris la Défense Cedex.

— Les antécédents et l'interrogatoire suffisent en général à écarter les malades asthmatiques, mais en cas de bronchopathie chronique obstructive, une exploration fonctionnelle respiratoire à la recherche d'un facteur spasmodique bronchique peut être nécessaire.
— Les antécédents et l'examen clinique éliminent les patients ayant une insuffisance cardiaque congestive, mais à chaque fois qu'existe une cardiopathie pouvant exposer à l'insuffisance cardiaque, le bilan doit être affiné par :
  • radiographie thoracique : volume cardiaque, signes pulmonaires,
  • échocardiographie avec étude précise de la fontion ventriculaire gauche.
— L'électrocardiogramme est indispensable pour préciser le rythme cardiaque, la fréquence cardiaque, mesurer l'espace P-R et dépister les contre-indications liées aux bradycardies par dysfonction sino-auriculaire ou par bloc auriculo-ventriculaire du deuxième ou troisième degré.

2. Les bonnes indications

Les indications les plus fréquentes sont cardiologiques :
— Traitement de référence de pratiquement toutes les formes cliniques de cardiopathies ischémiques :
  • angine de poitrine d'effort,
  • angor instable (syndrome de menace),
  • infarctus du myocarde, dès que possible souvent par voie IV en phase aiguë en l'absence de contre-indication (insuffisance cardiaque avérée, bradycardie), dans les semaines et les années suivant un infarctus,
  • seul l'angor de Prinzmetal est en première intention une contre-indication, le spasme coronaire pouvant être aggravé par les bêta-bloquants.
— Hypertension artérielle.
— Cardiomyopathie hypertrophique obstructive.
— Troubles du rythme auriculaires ou ventriculaires, catécholergiques (effort, stress, émotion) ou associés à une cardiopathie ischémique ou hypertensive (association d'un anti-arythmique autre souvent nécessaire).
— Troubles du rythme et symptomatologie fonctionnelle du prolapsus valvulaire mitral.
— Traitement initial des hyperthyroïdies.
— Prévention des syncopes par torsades de pointes du syndrome de QT long congénital.
— Pathologie fonctionnelle à symptomatologie pseudo-cardiaque : palpitations, « asthénie neuro-circulatoire » ; prévention des syncopes vagales (efficacité discutée).
— Les bêta-bloquants sont également indiqués dans d'autres domaines :
  • en neurologie : traitement de fond des migraines, plus inconstamment des algies vasculaires de la face, tremblement essentiel,
  • en hépatologie : prévention des ruptures de varices œsophagiennes de l'hypertension portale,
  • en psychiatrie : traitement adjuvant de l'anxiété, des attaques de panique,
  • en ophtalmologie : traitement par collyre (**Timoptol**) du glaucome à angle ouvert.

3. Les grandes classes médicamenteuses

Deux propriétés permettent de classer les bêta-bloquants : la cardiosélectivité et l'activité sympathomimétique intrinsèque :

— Les produits non cardiosélectifs inhibent indifféremment les récepteurs bêta 1 cardiaques et bêta 2 vasculaires et bronchiques avec donc risque de vasocontriction périphérique et de bronchoconstriction.

Au niveau cardiaque, l'antagonisme compétitif des récepteurs bêta 1 produit une baisse de la fréquence cardiaque (activité chronotrope négative) d'autant plus que le tonus sympathique de base est élevé. La dépression de l'inotropisme est au second plan et la baisse du débit cardiaque est due à la baisse de la fréquence cardiaque.

— Les produits dits « cardiosélectifs » (CS) inhibent plus particulièrement les récepteurs bêta 1 cardiaques et respectent relativement les récepteurs bêta 2 vasculaires vasodilatateurs et bronchiques bronchodilatateurs ; mais la sélectivité n'est que partielle, notamment à fortes doses.
— Certains produits sont dits à « activité sympathomimétique intrinsèque » (ASI) : ils exercent simultanément une activité agoniste partielle ; au repos, la fréquence cardiaque n'est que peu abaissée, tandis qu'à l'effort, l'effet est analogue à celui des autres bêta-bloquants sur le blocage de la fréquence cardiaque et de l'élévation tensionnelle.
— Deux produits ont des propriétés particulières : le **Sotalex** est aussi un anti-arythmique de Classe III et le **Trandate** est également un alpha-bloquant.
— En pratique, l'intérêt de ces différentes considérations reste la plupart du temps limité, les produits ayant une efficacité analogue, le choix d'une des classes étant dicté par le contexte clinique (voir plus loin le problème de contre-indications relatives).
— Le tableau suivant classe les principaux produits commercialisés selon ces différentes propriétés et mentionne présentations et posologies habituelles.
— Les produits récents ont, soit une longue demi-vie, soit une présentation galénique adaptée (forme retard, LP) pour permettre la prescription en prise unique journalière.

⚠ 4. Les contre-indications

Certaines sont formelles :
— L'asthme, même pour les cardiosélectifs.
— L'insuffisance cardiaque congestive reste la principale, mais un traitement bêta-bloquant à faible dose peut être administré dans l'espoir de réduire l'incidence de la mort subite ou des troubles du rythme ventriculaire, si l'IC est compensée (traitement diurétique et vasodilatateur).
— Par contre, si la fonction systolique est conservée, des accès d'œdème pulmonaire ne sont pas une contre-indication lorsque leur déclenchement est secondaire à une HTA, une crise d'angor ou un trouble du rythme, qui peuvent bénéficier du traitement bêta-bloquant.
— Les bradycardies, sinusale profonde (< 50/min), par bloc auriculo-ventriculaire du 2e ou 3e degré, bloc sino-auriculaire, maladie de l'oreillette ne sont une contre-indication qu'en l'absence de stimulateur cardiaque.
— Le syndrome de Raynaud.

D'autres sont relatives :
— Artériopathie des membres inférieurs : autorise en général un produit cardiosélectif ou le **Trandate**, dans les formes stables, avec contre-indication seulement aux stades III ou IV.
— Diabète insulino-dépendant car suppression d'une partie des symptômes de l'hypoglycémie (sauf les sueurs) avec de préférence produit CS ou avec ASI.
— Suspicion de phéochromocytome, avant alpha-bloquage : indication du **Trandate**.
— Possibilité de prescription chez la femme enceinte pour **Ténormine**, **Trandate**, **Trasicor**, le risque d'hypoglycémie ou de dépression respiratoire chez le nouveau-né étant mineur, mais l'allaitement est contre-indiqué.
— Prudence dans les bronchopathies obstructives avec facteur spasmodique bronchique : utilisation d'un cardiosélectif.

5. Les règles de prescription et les interférences

– Pour un même produit, la posologie efficace varie d'un patient à l'autre et on a intérêt, pour les patients ambulatoires, pour éviter tout effet indésirable, de débuter par la moitié de la dose usuelle pendant quelques jours ou semaines ; l'évolution de la fréquence cardiaque, de la pression artérielle couché et debout permet d'adapter la dose lors des consultations ultérieures.
– A l'hôpital, dans les insuffisances coronaires aiguës, le monitorage permet de surveiller l'effet des premières prises sur la fréquence cardiaque.
– Le bêta-blocage est obtenu lorsque la fréquence cardiaque de repos chez le sujet jeune ou d'âge moyen est de 50 à 60 par minute, 60 à 70 chez le sujet plus âgé, mais c'est éventuellement l'épreuve d'effort qui évalue, dans les cardiopathies ischémiques, le degré de protection obtenu.
– Lorsque la fréquence cardiaque est élevée avant traitement, on peut choisir un des produits habituellement nettement bradycardisants : **Ténormine**, **Kerlone**, **Corgard**...
– Au contraire, si la fréquence de base est inférieure à 70 par minute, et particulièrement après 65 ans, il faut préférer des produits peu bradycardisants au repos, habituellement avec ASI : **Sectral**, **Célectol**, **Visken**...
– Si la fréquence de base est inférieure à 60 par minute, il est indispensable de débuter par de petites doses d'un produit avec ASI, une bradycardie excessive conduisant à interrompre le traitement bêta-bloquant ou proposer la dose d'un stimulateur cardiaque s'il est jugé indispensable.
– Le terrain joue aussi un rôle dans le choix de la classe thérapeutique : CS pour les bronchopathies chroniques, CS ou **Trandate** dans les artériopathies.
– En première intention, l'association d'autres produits bradycardisants et agissant sur la conduction auriculo-ventriculaire est contre-indiquée :
  • **Tildiem**, **Isoptine**, **Cordium** (inhibiteurs calciques bradycardisants),
  • **Cordarone,**
  • **Catapressan.**
– En milieu spécialisé, les associations bêta-bloquant + inhibiteur calcique bradycardisant et bêta-bloquant + **Cordarone** sont parfois indispensables, mais sous surveillance monitorée puis Holter ou après pose d'un stimulateur cardiaque. Ils présentent en effet un risque important de dysfonction sinusale ou de BAV nodal.

6. Les éléments de surveillance

(On consultera pour plus de détails le texte « Surveillance d'un patient traité par les bêta-bloquants »)
La surveillance est principalement clinique :
– Par l'interrogatoire : évolution de la symptomatologie qui a motivé le traitement, recherche d'effets secondaires : malaises, syncopes, asthénie, essoufflement, crises dyspnéiques nocturnes (révélation d'un asthme ou d'une insuffisance cardiaque).
– Par l'examen : fréquence cardiaque, pression artérielle debout et couché, recherche de signes d'insuffisance cardiaque, de râles sibilants...
– L'ECG n'est réellement indispensable qu'en cas de bradycardie excessive ou de symptomatologie pouvant l'évoquer.
– Les examens complémentaires dépendent de l'indication initiale : holter-ECG en cas de troubles du rythme, épreuve d'effort pour les cardiopathies ischémiques en début de traitement et une fois par an.

— Les effets indésirables à redouter sont l'apparition d'une insuffisance cardiaque, l'extériorisation d'un asthme ou d'une bronchite asthmatiforme, les bradycardies sévères par dysfonction sinusale plus souvent que bloc auriculo-ventriculaire, l'apparition d'un phénomène de Raynaud, la sensation d'asthénie en début de traitement.
— Le malade doit être averti particulièrement dans les cardiopathies ischémiques du risque encouru en cas d'arrêt brutal du traitement.

	Nom commercial	Nom chimique	Nombre de comprimés par 24 heures
Bêta-bloquant sans ASI sans CS	**Artex**	Tertalolol	1
	Avlocardyl 40	Propranolol	3 – 4
	Avlocardyl LP 160	Propranolol	1
	Corgard	Nadolol	1
	Timacor	Timolol	2 – 4
Bêta-bloquant avec ASI sans CS	**Bétapressine**	Levo-penbutolol	1
	Mikelan	Carteolol	1
	Trasicor 80	Oxprenolol	2 – 4
	Trasicor Retard	Oxprenolol	1
	Visken 5 mg	Pindolol	3
	Visken 15	Pindolol	1
Bêta-bloquant sans ASI avec CS	**Détensiel**	Bisoprolol	1
	Soprol	Bisoprolol	1
	Kerlone 20 mg	Betaxolol	1
	Lopressor 200	Métoprolol	1
	Seloken LP 200	Métoprolol	1
	Ténormine	Aténolol	1
Bêta-bloquant avec ASI et CS	**Célectol**	Céliprolol	1
	Sectral 200	Acébutolol	2
	Sectral 400	Acébutolol	1
	Sectral LP 500 mg	Acébutolol	1
Alpha-bloquant	**Trandate**	Labetolol	2
Anti-arythmique Classe III	**Sotalex 80 mg**	Sotalol	3 – 4
	Sotalex 160 mg	Sotalol	1 – 2

Comment prescrire un inhibiteur calcique ?

Dr BOUJON

1. Avant de prescrire

– Aucun examen complémentaire n'est indispensable avant la prescription d'un inhibiteur calcique à action vasculaire prédominante (dihydropyridines).
– En revanche, un ECG et une radiographie thoracique sont nécessaires avant la prescription d'un inhibiteur calcique ayant une action cardiaque (**Isoptine, Tildiem, Cordium**) à la recherche de troubles de conduction, d'une cardiomégalie.
– Il ne faut pas négliger le bilan initial d'un hypertendu (retentissement, étiologie, facteurs de risque associés) ou d'un coronarien (facteurs de risque, gravité de l'insuffisance coronaire, autres localisations de la maladie athéromateuse).
– Il faut connaître les limites de cette classe médicamenteuse :
  • dans l'HTA : effets secondaires bénins mais plus fréquents qu'avec les autres classes (inhibiteurs de l'enzyme de conversion...),
  • dans l'insuffisance coronaire, ils ont une bonne action anti-angineuse, mais contrairement aux bêta-bloquants, ils n'ont pour la plupart pas d'action cardio-protectrice prouvée.

2. Les bonnes indications

– Les deux grandes indications des inhibiteurs calciques sont l'HTA et l'angor.
– Dans l'HTA :
  • ils peuvent être prescrits en première intention dans l'HTA essentielle en monothérapie après en avoir établi le diagnostic avec certitude sur une période d'au moins deux mois,
  • ils sont particulièrement indiqués chez le sujet âgé (dihydropyridines) ou coronarien,
  • les dihydropyridines peuvent être associées à toutes les autres classes d'anti-hypertenseurs.
– Dans l'insuffisance coronaire :
  • leur indication préférentielle est l'angor spastique,
  • ils sont également efficaces dans l'angor d'effort ; en monothérapie, on préfère habituellement les drogues ayant un effet cardiaque (**Tildiem**, **Isoptine**, **Cordium**) ; les dihydropyridines (**Adalate**, **Chronadalate**, **Amlor**) seront préférées en cas d'association aux bêta-bloquants.
– Les autres indications sont plus accessoires :
  • maladie de Bouveret : **Isoptine**,
  • cardiomyopathie hypertrophique et obstructive : **Isoptine** quand les bêta-bloquants ne peuvent être utilisés.

3. Les grandes classes médicamenteuses

– Les inhibiteurs calciques constituent une classe thérapeutique à part entière au sein de laquelle règne une certaine hétérogénéité essentiellement liée à leur action sur les organes cible ; on distingue :
– Les dihydropyridines à action vasculaire prédominante :
- vasodilatatrice périphérique expliquant leur effet anti-hypertenseur,
- vasodilatatrice coronaire.

– Les inhibiteurs calciques à action cardiaque prédominante :
- ont une action vasodilatatrice périphérique moins marquée,
- dépriment l'activité du nœud sinusal entraînant une bradycardie,
- ralentissent la vitesse de conduction au niveau du nœud auriculo-ventriculaire,
- dépriment la contractilité du myocarde,
- ces effets cardiaques sont plus importants avec l'**Isoptine** qu'avec le **Tildiem**,
- le **Cordium** a, outre ses effets anti-calciques, une action freinatrice sur les courants sodiques rapides et allonge l'espace QT (propriétés anti-arythmiques de classe I (quinidine-like).

	HTA	Insuffisance coronaire
Dihydropyridines	**Adalate 20 mg LP** **Amlor 5 mg** **Baypress 10 et 20 mg** **Caldine** **Chronadalate LP 30 mg** **Flodil LP 5 mg** **Icaz LP 2,5 mg et 5 mg** **Loxen 20 mg et 50 mg LP** **Nidrel 10 et 20 mg** **Nifélate LP 20 mg**	**Adalate** **Amlor 5 mg** **Nifélate 10 mg**
Action cardiaque	**Arpamyl LP 240 mg** **Deltazen 300 mg LP** **Dilrène 300 mg LP** **Monotildiem 200 ou 300 mg LP** **Isoptine 240 mg LP**	**Bitildiem 90 et 120 mg** **Cordium** **Isoptine 120 mg** **Monotildiem 200 ou 300 mg LP** **Tildiem**

4. Les contre-indications

– Tous les inhibiteurs calciques sont contre-indiqués en cas de grossesse ou allaitement.
– Les dihydropyridines n'ont pas d'autres contre-indications, si ce n'est l'hypotension orthostatique symptomatique.
– Les inhibiteurs calciques ayant une action cardiaque (**Tildiem**, **Isoptine**, **Cordium**) ont des contre-indications liées à leurs propriétés sur le myocarde :
- bloc auriculo-ventriculaire du 2e ou 3e degré non appareillé,
- dysfonction sinusale,
- insuffisance cardiaque non contrôlée.

– Le **Cordium** a en outre des contre-indications liées à ses propriétés électrophysiologiques :
- allongement de l'espace QT, congénital ou non,
- hypokaliémie,
- association à des médicaments allongeant l'espace QT.

5. Les règles de prescription et les interférences

	Dihydropyridines	**Tildiem, Isoptine**	**Cordium**
Précautions d'emploi	Prudence en cas d'association à d'autres anti-hypertenseurs ou vaso-dilatateurs (potentialisation)	Surveiller fréquence cardiaque et conduction à l'ECG	ECG initial puis après 15 jours de traitement : arrêt si QT allongé (de 20 % ou 480 msec). Vérifier l'absence d'hypokaliémie. Prudence ++ chez le sujet de plus de 70 ans.
Associations contre-indiquées		Anti-arythmiques de classe I et de classe III : **Sérécor**, **Longacor**, **Rythmodan**, **Sotalex**, **Cordarone**, **Cipralan**.	
Association déconseillée		Prudence avec : bêta-bloquants, amiodarone, digitaliques	Bêta-bloquants, Diurétiques hypokaliémiants, Laxatifs, Corticoïdes.

6. Les éléments de surveillance

(Voir chapitre « Surveillance d'un patient traité par les inhibiteurs calciques »).

– Inhibiteur calcique à action vasculaire prédominante : TA, recherche d'œdèmes des membres inférieurs.

– Inhibiteur calcique ayant une action cardiaque : recherche de signes d'insuffisance cardiaque, troubles de conduction à l'ECG.

DÉNOMINATIONS RENITEC * 5 mg RENITEC * 20 mg **COMPOSITION QUALITATIVE ET QUANTITATIVE** : Maléate d'énalapril (DCI) 5 mg par comprimé : excipient : lactose, bicarbonate de sodium, amidon de maïs, stéarate de magnési
Maléate d'énalapril (DCI) 20 mg par comprimé : excipient : lactose, bicarbonate de sodium, amidon de maïs, oxyde de fer rouge, oxyde de fer jaune, stéarate de magnésium. **FORME PHARMACEUTIQUE** : comprimé sécable. **DONNÉ**
CLINIQUES : Indications thérapeutiques - Hypertension artérielle - Insuffisance cardiaque *chez les patients ayant une insuffisance cardiaque symptomatique, RENITEC*, comparativement à un placebo, permet : • de retarder la progress
de l'insuffisance cardiaque • de diminuer le nombre d'hospitalisations pour insuffisance cardiaque • d'augmenter la survie *chez les patients asymptomatiques ayant une dysfonction ventriculaire gauche démontrée, RENITE
comparativement à un placebo, permet : • de retarder le développement de l'insuffisance cardiaque symptomatique • de diminuer le nombre des hospitalisations pour insuffisance cardiaque. Posologie et mode d'administration. L'énalap
sous forme de comprimés, peut être pris avant, pendant, ou après les repas, la prise d'aliments ne modifiant pas sa biodisponibilité. L'énalapril est administré en une ou deux prises quotidiennes. HYPERTENSION ARTÉRIELLE : -
l'absence de déplétion hydrosodée préalable ou d'insuffisance rénale : *(soit en pratique courante)* la posologie habituelle est de 20 mg une fois par jour. La posologie doit être adaptée en fonction de la réponse au traitement, en respect
des paliers de 3 à 4 semaines, jusqu'à 40 mg par jour en 1 prise. - **Dans l'hypertension artérielle préalablement traitée par un diurétique** : * soit arrêter le diurétique 3 jours auparavant pour le réintroduire par la suite si nécessaire, *s
administrer des doses initiales de 5 mg ou moins, et les ajuster en fonction de la réponse tensionnelle obtenue et de la tolérance. Il est également recommandé de doser la créatinine plasmatique et la kaliémie avant le traitement et dans les
jours qui suivent sa mise en route. - **Chez le sujet âgé**, instaurer le traitement par une posologie plus faible adaptée à la fonction rénale du patient, appréciée avant le début du traitement (cf. Précautions d'emploi). - **Dans l'hypertens**
rénovasculaire, la dose initiale est de 5 mg ou moins. La posologie doit ensuite être ajustée selon la réponse tensionnelle (cf. Précautions d'emploi). La plupart des malades répondent à une posologie de 10 à 20 mg en une ou deux prises
jour. - **En cas d'insuffisance rénale**, la posologie de l'énalapril sera ajustée au degré de cette insuffisance. Les posologies initiales suivantes sont recommandées : Clairance de la créatinine (Clcr) : Clcr > 30 et < 80 ml/mn : 5-10 mg/j. Clcr > 1(
< 30 ml/mn : 2.5 - 5 mg/j. Les diurétiques à associer dans ce cas sont les diurétiques de l'anse. Un contrôle périodique du potassium et de la créatinine doit être effectué par exemple tous les deux mois (cf. Précautions d'emploi). - **C**
l'hypertendu hémodialysé : L'énalapril est dialysable (cf. Mises en garde). La posologie est de 2.5 mg le jour de la dialyse. Les jours où les malades ne sont pas dialysés, la posologie doit être adaptée en fonction de la pression artérie
INSUFFISANCE CARDIAQUE : Il est recommandé d'initier le traitement à la dose de 2.5 mg sous surveillance tensionnelle en particulier en cas de pression artérielle normale ou basse au départ, insuffisance rénale, hyponatrémie iatrogéni
(diurétique) ou non, et de l'accroître progressivement (en 2 à 4 semaines) jusqu'à la dose habituelle d'entretien de 20 mg par jour répartie en 1 ou 2 prises. La dose retenue ne devrait pas abaisser la pression artérielle systolique
orthostatisme au-dessous de 90 mmHg. **Traitement diurétique à forte dose associé** : La dose initiale doit être diminuée de moitié : risque d'hypotension (cf. Précautions d'emploi). Des dosages périodiques de la créatinine et de la kalién
devront être faits à chaque augmentation de la posologie puis tous les 3 à 6 mois en fonction du stade de l'insuffisance cardiaque. Contre-indications - Hypersensibilité à l'énalapril. - Antécédent d'angio-œdème (œdème de Quincke) lié
prise d'un inhibiteur de l'enzyme de conversion. - Grossesse. - Allaitement. - Contre-indications relatives : • associations avec les diurétiques hyperkaliémiants, les sels de potassium et le lithium (cf. Interactions médicamenteuses) : • stén
bilatérale de l'artère rénale ou sur rein fonctionnellement unique ; • hyperkaliémie. Mises en garde et précautions particulières d'emploi. **Mises en garde** : *Risque de neutropénie/agranulocytose sur terrain immunodéprimé* : - à doses élevé
- chez des patients insuffisants rénaux associant des maladies de système (collagénoses telles que lupus érythémateux disséminé ou sclérodermie) avec un traitement immunosuppresseur et/ou potentiellement leucopéniant. En
d'association médicamenteuse multiple, surveiller étroitement la tolérance hématologique et rénale. *Hypersensibilité/œdème de Quincke* : des œdèmes de Quincke, dont certains avec œdème laryngé pouvant être fatals, ont été rapportés d
de rares cas lors de traitement par les I.E.C. Les patients ayant un antécédent d'œdème de Quincke non lié à la prise d'un I.E.C. ont un risque accru d'œdème de Quincke sous I.E.C. *Patients hémodialysés* : des réactions anaphylactiques
été observées au cours d'hémodialyses utilisant des membranes de haute perméabilité chez des patients traités par inhibiteurs de l'enzyme de conversion. Il est prudent d'éviter cette association. *Réactions anaphylactoïdes lors*
désensibilisation aux piqûres d'hyménoptères : Des patients recevant des inhibiteurs de l'enzyme de conversion lors de désensibilisation avec du venin d'hyménoptère ont rarement présenté des réactions anaphylactoïdes potentiellem
fatales. Ces réactions furent évitées en arrêtant provisoirement le traitement par inhibiteurs de l'enzyme de conversion avant chaque désensibilisation. *Réactions anaphylactoïdes lors d'aphérèses des LDL* : Des patients recevant
inhibiteurs de l'enzyme de conversion lors d'aphérèses des lipoprotéines de basse densité (LDL) ont rarement présenté des réactions anaphylactoïdes potentiellement fatales. Ces réactions furent évitées en arrêtant provisoiremen
traitement par inhibiteurs de l'enzyme de conversion avant chaque aphérèse. **Précautions d'emploi** : *Toux* : La toux induite par les I.E.C. doit être envisagée en présence d'une toux. *Enfant* : La tolérance et l'efficacité de l'énalapril chez l'enf
n'ont pas été démontrées par des études contrôlées. Cependant, l'énalapril a été utilisé en cardiologie pédiatrique. Le traitement est initié en milieu hospitalier. *Risque d'hypotension artérielle brutale et/ou d'insuffisance rénale (en*
d'insuffisance cardiaque, de déplétion hydrosodée, etc.). En particulier au cours des déplétions hydrosodées importantes (régime désodé strict ou traitement diurétique prolongé) chez des patients à tension artérielle initialement basse,
cas de sténose artérielle rénale, d'insuffisance cardiaque congestive ou de cirrhose œdémato-ascitique : la mise en route du traitement doit être progressive. *Sujet âgé* : Evaluation de la créatininémie et de la kaliémie avant le début
traitement (cf. Posologie et mode d'administration). La dose de départ sera ajustée ultérieurement en fonction de la réponse tensionnelle, a fortiori en cas de déplétion hydrosodée, afin d'éviter toute survenue d'hypotension brut
Insuffisance rénale : Clairance de la créatinine < 80 ml/min : la posologie initiale est réduite, puis ajustée en fonction de la réponse thérapeutique (cf. Posologie et mode d'administration). Chez ces patients et chez ceux atteints
néphropathie glomérulaire : contrôle périodique de la kaliémie et de la créatinine plasmatique. *Sujet ayant une athérosclérose connue*. Risque d'hypotension en cas de cardiopathie ischémique ou d'insuffisance circulatoire cérébrale : déb
le traitement à faible posologie. *Anémie* : Une anémie avec baisse du taux d'hémoglobine a été mise en évidence chez des patients transplantés rénaux ou hémodialysés : pratiquer un contrôle hématologique régulier. *Hypertens*
rénovasculaire : **Le traitement est la revascularisation. Néanmoins**, l'énalapril peut être utile dans l'attente de l'intervention ou lorsque celle-ci n'est pas possible. Débuter le traitement avec une dose faible et surveiller la fonction rénale e
kaliémie, certains patients ayant développé une insuffisance rénale fonctionnelle, réversible à l'arrêt du traitement (cf. Posologie et mode d'administration). *Autres populations à risque* : Chez les patients en insuffisance cardiaque sév
(stade IV), et chez les patients diabétiques insulino-dépendants (tendance spontanée à l'hyperkaliémie), l'instauration du traitement se fera sous surveillance médicale avec une posologie initiale réduite. Surveillance accrue de la kaliémie c
les diabétiques anciens et notamment avec néphropathie et neuropathie du fait d'un hypoaldostéronisme fréquent. Ne pas interrompre un traitement par bêta-bloquant chez un hypertendu atteint d'insuffisance coronarienne : l'I.E.C. s
ajouté au bêta-bloquant. *Intervention chirurgicale* : En cas d'anesthésie et plus encore lorsque l'anesthésie est pratiquée avec des agents à fort potentiel hypotenseur, les I.E.C. sont à l'origine d'une hypotension. Interrompre le traitemen
possible l'avant-veille de l'intervention. Interactions avec d'autres médicaments et autres formes d'interactions. *Associations déconseillées* : + **Diurétiques hyperkaliémants (spironolactone, triamtérène, seuls ou associés...), potass**
(sels de) Hyperkaliémie (potentiellement létale), surtout lors d'une insuffisance rénale (addition des effets hyperkaliémiants). Ne pas associer d'hyperkaliémiants à un inhibiteur de l'enzyme de conversion, sauf en cas d'hypokalié
+ **Lithium.** Augmentation de la lithémie pouvant atteindre des valeurs toxiques (diminution de l'excrétion rénale du lithium). Si l'usage d'un I.E.C. est indispensable, surveillance stricte de la lithémie et adaptation de la posolo
Associations faisant l'objet de précautions d'emploi. + **Antidiabétiques (insulines, sulfamides hypoglycémiants).** Majoration de l'effet hypoglycémiant chez le diabétique traité par insuline ou sulfamides hypoglycémiants. Renfo
l'auto-surveillance glycémique. + **Baclofène.** Majoration de l'effet antihypertenseur.. Surveillance de la tension artérielle et adaptation posologique de l'antihypertenseur si nécessaire. + **Diurétiques.** Risque d'hypotension artéri
brutale et/ou d'insuffisance rénale aiguë lors de l'instauration du traitement par un inhibiteur de l'enzyme de conversion en cas de déplétion hydrosodée pré-existante (cf. Posologie). *Associations à prendre en compte* : + **AINS.**
extrapolation, à partir de l'indométacine : réduction de l'effet antihypertenseur (inhibition des prostaglandines vasodilatatrices par les AINS et rétention hydrosodée avec la phénylbutazone). + **Antidépresseurs imipraminiq**
(tricycliques), neuroleptiques. Effet antihypertenseur et risque d'hypotension orthostatique. + **Corticoïdes et tétracosactide.** Diminution de l'effet antihypertenseur (rétention hydrosodée des corticoïdes). Grossesse et allaitem
Grossesse : Les inhibiteurs de l'enzyme de conversion peuvent entraîner une morbidité et une mortalité fœtales et néonatales lorsqu'ils sont administrés chez la femme enceinte pendant les 2e et 3e trimestres de la grossesse.
traitement sera interrompu dès que la grossesse sera connue. Quelques cas d'anomalies de la voûte crânienne ont été rapportés avec la prise d'un I.E.C. tout au long de la grossesse. Surveiller la voûte cranienne par échograp
Allaitement : Des quantités minimes d'énalapril et de son métabolite actif ont été retrouvées dans le lait maternel, éviter l'allaitement pendant le traitement. Effets indésirables. *Au plan clinique* : Ont été retrouvés : céphalées, asthé
sensations vertigineuses, syncope, hypotension, orthostatique ou non (cf. Précautions d'emploi), prurit, rash, photosensibilisation, nausées, diarrhées, crampes musculaires, toux sèche. Très rarement : impuissance, bouf
vasomotrices, acouphènes, glossite, vision trouble, association de symptômes comprenant fièvre, inflammation des séreuses, vascularite, myalgies, arthralgies, anticorps antinucléaires, élévation de la vitesse de sédimentat
hyperéosinophilie, hyperleucocytose. Exceptionnellement : œdème de Quincke (cf. Mises en garde). *Au plan biologique* : Augmentation modérée de l'urée sanguine, de la créatinine plasmatique, hyperkaliémie, augmentation des enzy
hépatiques et/ou de la bilirubine, neutropénie et agranulocytose (cf. Mises en garde), anémie (cf. Précautions d'emploi). Surdosage. Une hypotension marquée peut être combattue par la mise du patient en décubitus, tête basse, et au be
par une perfusion I.V. de solution salée isotonique. L'énalaprilate, forme active de l'énalapril, est dialysable. **PROPRIÉTÉS PHARMACOLOGIQUES.** Propriétés pharmacodynamiques. INHIBITEUR DE L'ENZYME DE CONVERSION
L'ANGIOTENSINE. Propriétés pharmacocinétiques. Après administration orale, l'énalapril est rapidement absorbé puis hydrolysé en énalaprilate qui est un inhibiteur spécifique de l'enzyme de conversion de longue durée d'action. **DONN**
PHARMACEUTIQUES. Durée de conservation : 30 mois. **PRÉSENTATIONS ET NUMÉROS D'IDENTIFICATION ADMINISTRATIVE** : A.M.M. 327 089.8 - (1984, révisée en 1994-1995) : 28 cps sécables (blanc
5 mg : A.M.M. 327 090.6 - (1984, révisée en 1994-1995) : 28 cps sécables (pêche) à 20 mg. Mis sur le marché en 1985. Prix : 61,50 F (28 comprimés à 5 mg) - 156,90 F (28 comprimés à 20 mg). Remb. Séc. Soc.
65 % - Collect. Modèles hospitaliers : 556 817.1 - (1993) 50 comprimés sécables (blanc) à 5 mg ; 556 818.8 - (1993) 50 comprimés sécables (pêche) à 20 mg. **CONDITIONS DE DÉLIVRANCE** : Liste I.
TITULAIRE DE L'A.M.M. Laboratoires Merck Sharp & Dohme-Chibret - 3, avenue Hoche, 75114 Paris Cedex 08 - Tél. : (1) 47.54.87.00. Pour une information plus complète, se reporter à la fiche signalétique.

MSD

* Marque déposée de Merck & Co., Inc., Whitehouse Station, N.J., U.S.A.

3. Les grandes classes médicamenteuses

La classe des IEC est pharmacologiquement homogène et la comparaison de l'action hypotensive des médicaments entre eux montre une équivalence d'action.
Les propriétés pharmacocinétiques indiquent en revanche des différences entre les médicaments. La durée d'action hypotensive sur 24 heures est variable selon les médicaments. Le captopril possède la durée d'action la plus courte qui nécessite au moins deux prises quotidiennes pour obtenir une action hypotensive maintenue sur 24 heures. Le trandolapril possède la durée d'action la plus longue permettant une action hypotensive sur plus de 24 heures. La durée d'action de tous les autres inhibiteurs de l'enzyme de conversion permet leur administration en une prise par jour si la dose quotidienne est suffisamment importante (bénazepril, cilazapril, enalapril, lisinopril, périndopril, quinapril, ramipril). L'autre caractéristique pharmacocinétique réside dans le fait que la majorité des inhibiteurs de l'enzyme de conversion sont des promédicaments non directement actifs. L'hydrolyse de leur fonction ester entraîne la formation de produits di-acides correspondants aux métabolites actifs. Cette transformation est hépatique et seuls le captopril et le lisinopril n'y sont pas soumis.

4. Les contre-indications

- Les IEC sont contre-indiqués en cas d'allergie connue à ces médicaments (antécédent d'œdème de Quincke lié à la prise d'un IEC).
- L'administration d'un IEC chez une femme enceinte au cours du deuxième et troisième trimestre de grossesse peut entraîner une morbidité et une mortalité fœtale et néonatale et est donc contre-indiquée.

5. Les règles de prescription et les interférences

- L'hypotension de première dose est rencontrée lorsque l'inhibiteur de l'enzyme de conversion est prescrit chez un patient dont le système rénine-angiotensine est très stimulé (traitement diurétique, diarrhée, régime sans sel strict, déshydratation, insuffisance cardiaque, hypertention réno-vasculaire). Dans ces situations, il est recommandé d'arrêter si possible le traitement diurétique préalable 3 jours avant, d'utiliser de très faibles posologies en début de traitement chez les patients à risque, de surveiller la pression artérielle après la première prise.
- Dans sa prescription dans le traitement de l'hypertension artérielle, un délai de 2 à 3 semaines est nécessaire avant de modifier les doses ou de conclure à une inefficacité.
- Dans sa prescription dans le traitement de l'insuffisance cardiaque, le début du traitement doit se faire à très faible posologie, et l'augmentation des doses peut être envisagée selon des intervalles d'une semaine. L'adaptation de la posologie sera guidée par la tolérance tensionnelle et rénale du traitement. L'atteinte de la dose maximum recommandée pour chaque médicament doit toujours être tentée.
- Dans les suites de l'infarctus, un délai de 48 heures est habituel avant le début de sa prescription qui sera débutée à faible dose.
- Lorsqu'une anesthésie générale est programmée, l'arrêt de l'IEC est recommandé 48 heures avant l'intervention (pour prévenir le risque d'hypotension sévère à l'induction anesthésique).
- L'insuffisance rénale n'est pas une contre-indication à la prescription d'un IEC. L'adaptation de la posologie doit être guidée par la tolérance biologique (créatinine et kaliémie).

6. Les éléments de surveillance

- Une insuffisance rénale est à craindre lors de la prescription d'un IEC pour une hypertension artérielle secondaire à des sténoses bilatérales hémodynamiquement significatives des artères rénales ou à une sténose hémodynamiquement significative unilatérale sur rein unique. Parfois une élévation de la créatinine est observée après prescription d'un IEC chez des sujets sans lésion significative sur les artères rénales. Il s'agit habituellement de sujets âgés avec des lésions de néphroangiosclérose et chez lesquels l'IEC a été prescrit dans un contexte de déshydratation ou favorisée par un traitement diurétique concomitant. Chez les sujets à risque d'une hypertension artérielle de cause réno-vasculaire (sujet athéromateux, sujet âgé) la prescription d'un inhibiteur de l'enzyme de conversion doit conduire à un contrôle du dosage de la créatinine dans la semaine suivant l'introduction du traitement.
- Une augmentation de la kaliémie est secondaire au blocage de l'angiotensine II qui diminue la synthèse d'aldostérone. Une hyperkaliémie est à craindre chez l'insuffisant rénal et lors de la prescription concomitante d'un inhibiteur de l'enzyme de conversion et d'un diurétique épargneur du potassium.
- La toux séche souvent nocturne est un effet secondaire parfois très gênant pouvant conduire à l'arrêt du traitement et pouvant être rencontrée chez 20 % des patients. Elle peut débuter plusieurs mois après le début du traitement et peut disparaître spontanément. Elle est plus fréquente chez la femme. Le mécanisme de cette toux semble impliquer l'augmentation du taux de bradykinine pulmonaire. Habituellement le changement de médicament dans la même classe des inhibiteurs de l'enzyme de conversion ne permet pas la disparition du symptôme.
- Des épisodes d'hypoglycémie chez les diabétiques traités par insulinothérapie ou par sulfamides hypoglycémiants et par IEC ont été décrits chez 10 % des patients diabétiques. Une diminution de la dose du médicament hypoglycémiant peut-être conseillée en cas de co-prescription avec un IEC.

NOUVEAU

Comment prescrire un diurétique thiazidique ?

Dr M. BEAUFILS

1. Avant de prescrire

– La principale action des diurétiques thiazidiques est d'induire une déplétion hydrosodée. Le recours à ces produits est donc logique dans tous les états d'hyperhydratation extracellulaire. Ces états sont, bien entendu, dominés par l'insuffisance cardiaque congestive. Les diurétiques sont par ailleurs l'un des plus anciens traitements de l'hypertension artérielle, bien que celle-ci ne comporte habituellement pas d'inflation hydrosodée.
– La démarche préalable à la prescription doit par ailleurs vérifier que les diurétiques ne sont pas contre-indiqués ou dangereux : il faut avoir la certitude d'une fonction rénale normale ou subnormale (créatinine inférieure à 200 micromoles), et connaître le niveau de la kaliémie. Il ne saurait être question de vérifier systématiquement la liberté de la voie excrétrice avant de prescrire un diurétique, il faut néanmoins se rappeler qu'un éventuel doute sur ce point devrait être levé avant toute prescription du produit.
– Pourquoi choisir un thiazidique plutôt qu'un diurétique de l'anse ? Les diurétiques de l'anse ont typiquement une action plus rapide, plus intense et plus brève que les thiazidiques. Ils sont donc à privilégier dans les situations aiguës où c'est une action rapide et intense qui est souhaitée. De plus, ils peuvent être utilisés en cas d'insuffisance rénale, quitte à augmenter les doses. Les thiazidiques sont préférés au contraire lorsque c'est l'étalement et la continuité de l'action qui sont recherchés.
– Certains diurétiques de l'anse ont néanmoins une action prolongée, tel l'**Eurelix**.

2. Les bonnes indications

– L'hypertension artérielle essentielle : c'est l'indication la plus fréquente des diurétiques thiazidiques. Ils y ont fait la preuve de leur efficacité, d'une tolérance satisfaisante, et d'une prévention primaire de la mortalité cardio-vasculaire. Pour cette raison ils sont, avec les bêta-bloquants, considérés comme le traitement de première ligne dans les dernières recommandations de l'OMS et du Joint National Committee américain.
– L'insuffisance cardiaque : les diurétiques demeurent un traitement incontournable dans l'insuffisance cardiaque congestive, dès lors qu'apparaît une composante de surcharge hydrosodée. Ils interviennent en accompagnement d'un traitement par inhibiteur de l'enzyme de conversion ou par digitalique.
– La cirrhose hépatique : les diurétiques y sont indispensables lors des poussées ascitiques. Les thiazidiques ne sont pas les diurétiques les plus utilisés en cette circonstance, les diurétiques de l'anse et les diurétiques distaux étant de prescription plus fréquente. Proches de cette indication : les œdèmes des syndromes néphrotiques.
– Les lithiases calciques et l'hypercalciurie essentielle : les diurétiques thiazidiques sont souvent utiles chez ces patients. En effet, la déplétion hydrosodée qu'ils induisent stimule la reprise

UN **NOUVEAU** FLUDEX POUR LES HYPERTENDUS

FLUDEX 1,5 mg

indapamide

comprimé enrobé à libération prolongée

1 comprimé par jour :
24 heures d'efficacité avec seulement 1,5 mg de principe actif

Un salidiurétique conçu pour le traitement de l'hypertension artérielle essentielle

FLUDEX 1,5 mg comprimé enrobé à libération prolongée

INDAPAMIDE

Propriétés : Diurétique du segment cortical de dilution (C : système cardiovasculaire). Antihypertenseur par diminution des résistances périphériques totales et artériolaires. Réduit l'hypertrophie ventriculaire gauche. Respecte les métabolismes lipidique et glucidique. **Indication :** Hypertension artérielle essentielle. **Contre-indications** : Hypersensibilité aux sulfamides. Insuffisance rénale sévère. Encéphalopathie hépatique ou insuffisance hépatique sévère. Hypokaliémie. **Mises en garde :** En cas d'atteinte hépatique, risque d'encéphalopathie hépatique. Dans ce cas, l'administration doit être immédiatement interrompue. **Précautions d'emploi :** Contrôler : - la natrémie avant traitement, puis régulièrement, en particulier chez les sujets âgés, cirrhotiques - la kaliémie, risque majeur chez les sujets âgés et/ou dénutris et/ou polymédiqués, cirrhotiques avec œdèmes et ascite, coronariens, insuffisants cardiaques, sujets présentant un espace QT long - la calcémie - la glycémie - l'uricémie - la fonction rénale. L'attention des sportifs est attirée sur le fait que cette spécialité contient un principe actif pouvant induire une réaction positive des tests pratiqués lors des contrôles antidopage. **Interactions :** *Associations déconseillées* : lithium, médicaments non antiarythmiques donnant des torsades de pointes (astémizole, bépridil, érythromycine IV, halofantrine, pentamidine, sultopride, terfénadine, vincamine). *Avec précautions d'emploi :* AINS (voie générale), salicylés à forte dose, amphotéricine B (voie IV), gluco- et minéralocorticoïdes (voie générale), tétracosactide, laxatifs stimulants, baclofène, digitaliques. *À prendre en compte :* diurétiques hyperkaliémiants (amiloride, spironolactone, triamtérène), IEC en cas de déplétion sodée préexistante, médicaments antiarythmiques donnant des torsades de pointes (quinidine, hydroquinidine, disopyramide, amiodarone, brétylium, sotalol), metformine, produits de contraste iodés, antidépresseurs imipraminiques (tricycliques), neuroleptiques, sels de calcium, ciclosporine, corticoïdes, tétracosactide (voie générale). **Grossesse :** À éviter chez la femme enceinte. **Allaitement :** Déconseillé. **Effets sur l'aptitude à conduire des véhicules et à utiliser des machines :** La vigilance n'est pas modifiée mais des réactions individuelles en relation avec une baisse de la pression artérielle peuvent survenir et diminuer l'aptitude à conduire des véhicules ou à utiliser des machines. **Effets indésirables :** Hypokaliémie grave chez certains sujets à risque (cf. Précautions d'emploi), hyponatrémie avec hypovolémie entraînant déshydratation et hypotension orthostatique, élévation de l'uricémie et de la glycémie, troubles hématologiques rares, hypercalcémie exceptionnelle, risque d'encéphalopathie hépatique en cas d'insuffisance hépatique, sécheresse buccale, réactions d'hypersensibilité ; éruptions maculopapuleuses, purpura, aggravation possible d'un lupus érythémateux aigu disséminé préexistant, rares nausées, constipation, vertiges, asthénie, paresthésies, céphalées, exceptionnellement pancréatite. **Posologie :** 1 comprimé par jour, de préférence le matin. Coût du traitement journalier : 2,49 F. **Présentation et composition :** Boîte de 30 comprimés enrobés à libération prolongée dosés à 1,5 mg d'indapamide (DCI) hémihydraté. Liste II. AMM 338.274.6. **Conservation :** 2 ans, à l'abri de l'humidité et à température ambiante (15 - 25° C). **Prix :** 74,80 F. Remb. Séc. soc. 65 % - Collect. - Information médicale : **Euthérapie 27, rue du Pont - 92200 Neuilly-sur-Seine - Tél. (1) 46.41.60.00. Les Laboratoires Servier 22, rue Garnier - 92200 Neuilly-sur-Seine.** (Pour une information plus complète, se reporter au dictionnaire des spécialités).

proximale du sodium, et donc du calcium. Ils diminuent ainsi la calciurie et le risque lithiasique.

3. Les grandes classes médicamenteuses

— Les diurétiques thiazidiques forment une classe relativement homogène par leur structure et leur action. On peut cependant distinguer :
- les thiazidiques classiques stricto sensu : **Esidrex**, **Hygroton**, **Rénèse**...,
- les diurétiques de structure proche et d'action comparable : **Fludex**, **Tenstaten**,
- les diurétiques associés à un épargneur potassique : **Modurétic**, **Aldactazine**, **Prestole**, **Logirène**...

— Cette distinction n'a guère de conséquences pratiques sur le mode d'action, elle peut en avoir sur la tolérance (voir plus bas).

4. Les contre-indications

— La déshydratation extracellulaire : la prescription d'un diurétique chez un tel sujet est au mieux absurde, et au pire dangereuse. Elle précipite l'hypotension orthostatique avec son risque de chute, et l'insuffisance rénale fonctionnelle.
— L'obstacle sur la voie excrétrice : l'usage d'un diurétique y est illogique et dangereux.
— L'insuffisance rénale : lorsque la créatinine plasmatique dépasse 150 à 200 micromoles/litre, les thiazides deviennent peu efficaces. Mieux vaut alors préférer un diurétique de l'anse. Notons que les épargneurs de potassium associés peuvent faire courir un risque d'hyperkaliémie chez l'insuffisant rénal.
— Le diabète n'est pas une contre-indication aux diurétiques, mais incite à user de faibles doses pour éviter un déséquilibre glycémique.
— L'hypokaliémie : tous les thiazides étant peu ou prou hypokaliémiants, une éventuelle hypokaliémie doit être au moins connue, expliquée et corrigée, avant de prescrire un diurétique.
— L'adénome de Conn : les thiazides, entraînant un surcroît de sodium vers le site d'action de l'aldostérone, majorent dangereusement l'hypokaliémie de ces sujets. Le seul diurétique approprié à cette situation est un anti-aldostérone.
— La grossesse n'est pas à proprement parler une contre-indication (les diurétiques y ont d'ailleurs été largement utilisés en un temps). Néanmoins, les diurétiques diminuent la perfusion placentaire et peuvent entraver la croissance fœtale, surtout lorsque la grossesse est pathologique.
— Les non-indications : ce sont des absurdités que l'on observe, hélas, parfois encore. Telle la prescription d'un diurétique pour aider à une restriction pondérale, pour traiter un œdème de cause locale, voire une cellulite, ou même pour obvier à une diurèse jugée insuffisante...

5. Les règles de prescription et les interférences

— Des posologies de 50 à 100 mg par jour d'hydrochlorothiazide, communes naguère, n'ont plus cours aujourd'hui. La dose utile se situe plutôt vers 25, ou même 12,5 mg/j dans l'hypertension. L'usage de ces faibles posologies permet d'obtenir un rapport efficacité/effets indésirables très favorable. Il est le garant d'une fréquence plus faible de l'hypokaliémie, et d'une meilleure tolérance au plan du métabolisme glucidique et lipidique.

– Une étude récente a montré que l'usage de doses élevées de diurétiques augmente le risque de mortalité cardio-vasculaire (essentiellement par troubles du rythme), tandis que de faibles doses diminuent cette mortalité, surtout si un épargneur de potassium est ajouté.
– A noter que plutôt que de couper les comprimés (une dose de 12,5 mg correspond par exemple à 1/4 de comprimé de **Modurétic**), certains diurétiques apparaissent actuellement sous des formes galéniques plus favorables et faiblement dosées.
– L'action diurétique doit être continue et les « dents de scie » doivent être évitées. Les thiazides ayant une demi-vie longue, une seule prise quotidienne est suffisante. La prescription discontinue dans la semaine, ou l'instauration de jours « de repos » n'est fondée sur aucune logique et expose à des déconvenues.
– Les règles de prescription peuvent donc être résumées de manière très simple :
  - posologie aussi faible que possible et/ou épargneur de potassium,
  - prescription en continu, sans interruption.
– Les interférences médicamenteuses sont peu nombreuses.
– Tous les anti-inflammatoires non-stéroïdiens entravent peu ou prou l'effet diurétique et antihypertenseur des thiazides.
– Ceux-ci potentialisent l'action de la presque totalité des autres antihypertenseurs, en particulier des inhibiteurs de l'enzyme de conversion et des bêta-bloquants.
– Les diurétiques potentialisent l'effet du lithium, par augmentation de sa réabsorption proximale, avec le risque d'un surdosage grave : cette association est en principe déconseillée, à tout le moins la posologie du lithium doit être diminuée et son taux plasmatique surveillé de près.

6. Éléments de surveillance

Voir le chapitre « Surveillance d'un patient traité par les diurétiques ».

– Le poids corporel est la base de la surveillance d'un traitement diurétique. Sa surveillance permet de quantifier la fonte des œdèmes, ou de dépister précocement une déshydratation extracellulaire.
– La mesure de la pression artérielle en clino et orthostatisme recherche une hypotension orthostatique, maître symptôme de la déshydratation extracellulaire, et grande pourvoyeuse de complications iatrogènes.
– La créatinine et la kaliémie doivent être surveillées, avec une fréquence dépendant de la situation individuelle du patient.
– La natrémie doit être également vérifiée, surtout en cas de régime désodé associé.
– Les autres éléments sont moins vitaux, sauf cas particuliers : uricémie, glycémie, bilan lipidique.

Comment prescrire un antidiabétique oral ?

Pr P.J. GUILLAUSSEAU

1. Avant de prescrire

- Affirmer le diagnostic de DNID : glycémie à jeun ⩾ 1,40 g/l à 2 reprises ou entre 1 g/l et 1,40 g/l et glycémie deux heures après charge orale de 75 g de glucose ⩾ 2 g/l.
- Modifications des habitudes de vie : régime hypocalorique adapté aux données de l'interrogatoire alimentaire et à l'activité, exercice physique.

2. Les bonnes indications

Diabète non insulino-dépendant non équilibré par les seules mesures non pharmacologiques ; ne concernent pas les diabètes de type 1 ou insulino-dépendants.

Tableau 1 : Principales caractéristiques des sulfamides hypoglycémiants disponibles en France

	Spécialités	DCI	Dose par cp (mg)	Metabolisme	Metabolites	Voie d'élimination (%)	Demi-vie (h)	Durée max. d'action (h)
Sulfamides à demi-vie courte	**Dolipol**	Tolbutamide	500	hépatique	inactifs	R (100 %)	3-25	6-12
	Diamicron	Gliclazide	80	hépatique	inactifs	R (60-70 %), B	12	24
	Glutril	Glibornuride	25	hépatique	inactifs	R (65 %), B	5-12	24
	Glibénèse, Minidiab	Glipizide	5	hépatique	inactifs	R (68 %), B	3-7	24
	Daonil, Euglucan, Hémi-Daonil, Miglucan, Daonil Faible	Glibenclamide	5 2,5 1,25	hépatique	actifs (3 OH glibenclamide) ou inactifs	R (50 %), B	10-16	24
Sulfamides à demi-vie longue	**Glucidoral**	Carbutamide	500			R (forme inchangée)	45	
	Diabinèse	Chlorpropamide	250		actifs et inactifs	R (5-60 %) (forme inchangée)	24-48	60

(R = élimination rénale, B : élimination biliaire) (d'après Asmal et al, 1984).

3. Les grandes classes médicamenteuses

— Les sulfamides hypoglycémiants (Tableau 1) tendent à corriger les deux anomalies métaboliques à l'origine du DNID : amélioration de l'insulinosécrétion, amélioration de l'insulinorésistance.
— Les biguanides (metformine, Tableau 2) ont un mécanisme d'action mal connu : diminution de la néoglucogenèse, amélioration de l'efficacité périphérique du glucose. Les biguanides sont éliminés sous forme active par voie rénale (durée de demi-vie 1 à 4-5 heures, clairance égale à celle de la créatinine).

Tableau 2 : Biguanides disponibles en France.

Spécialités	DCI	dose par comprimé (mg)
Glucinan	Chlorophénoxy acetate de metformine	500
Glucophage	Chlorhydrate de metformine	500
Glucophage 850	Chlorhydrate de metformine	850
Stagid	Embonate de metformine	700

— Les inhibiteurs des alpha-glucosidases (acarbose, **Glucor**, cp à 50 mg et à 100 mg) réduisent l'absorption des glucides (et donc la glycémie post-prandiale) en inhibant la dégradation des polysaccharides en monosaccharides absorbables. L'acarbose est faiblement absorbé par voie digestive (1 % environ).

4. Les contre-indications

Diabétiques de type I ou insulino-dépendants, femme enceinte ou allaitant et, pour les sulfamides hypoglycémiants et les biguanides, insuffisance rénale ou hépatique sévère.
Pour les biguanides (effet secondaire principal : acidose lactique, rare, mais de pronostic sévère) :
— Insuffisance rénale, même modérée (risque d'accumulation) : clairance de la créatinine inférieure à 70 ml/min.
Chez le sujet âgé : calcul de la clairance de la créatinine selon la forme de Cockcroft (poids en kg, âge en années, créatininémie en μmol/l) :

Homme : $\dfrac{1{,}23 \times \text{poids} \times (140 - \text{âge})}{\text{Créatininémie}}$ **Femme** = 1,04 au lieu de 1,23

Les biguanides sont déconseillés (sauf exception particulière) au-delà de 70 ans, selon la clairance de la créatinine.
— Risque d'hyperproduction d'acide lactique : insuffisance cardiaque, respiratoire ou hépatique, infarctus du myocarde récent, risque d'ischémie tissulaire aiguë, infection aiguë, déshydratation, embolie pulmonaire, état de choc, etc.
— Arrêt 48 heures avant une anesthésie générale ou avant un examen comportant l'administration d'un produit de contraste iodé.

Diabète non insulinodépendant

DIAMICRON

Gliclazid[e]

UNE DOUBLE ACTION MÉTABOLIQUE ET VASCULAIR[E]

Rétablit le pic précoce d'insulinosécrétion

DIAMICRON rétablit le pic précoce (3) d'insulinosécrétion, anomalie de base du diabète non insulinodépendant. J. Hosker (4) met en évidence que DIAMICRON rétablit le pic précoce quel que soit le niveau glycémique même lorsque la glycémie est élevée.
Avec DIAMICRON, le profil d'insulinosécrétion est comparable à celui des non-diabétiques.

Rend l'insuline plus efficace sur le muscle et sur le foie

Parce que DIAMICRON active la glycogène synthétase musculaire (5), le muscle peut stocker plus de glucose sous forme de glycogène (6). Sur le foie : DIAMICRON freine la production hépatique de glucose (7).

Des propriétés vasculaires reconnues

DIAMICRON normalise la fibrinolyse pariétale (8) et diminue l'hyperagrégabilité plaquettaire (9). DIAMICRON agit sur les facteurs impliqués dans la genèse et le développement de la rétinopathie diabétique. L'étude de ses propriétés sur la rétinopathie diabétique au stade non prolifératif suggère que DIAMICRON en retarde l'évolution (10).

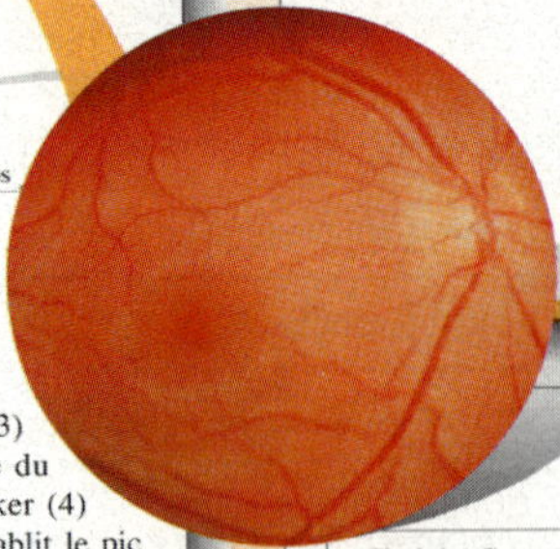

Rétinographie normale

Maîtrise la glycémie

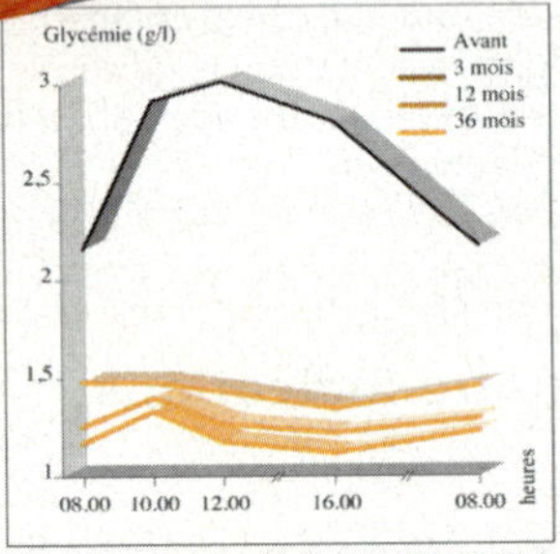

Zurro-Hernandez J. Curr Med Res Opin 1986;10:351-8

Grâce à DIAMICRON, la maîtrise de la glycémie se maintient sur 24 heures dès le début du traitement et jusqu'à long terme comme le montrent les résultats des cycles glycémiques (1). L'amélioration des profils glycémiques progresse tout au long du traitement. P-J Guillausseau confirme, par les chiffres de l'hémoglobine glycosylée, ce bon résultat glycémique jusqu'à 5 ans (2).

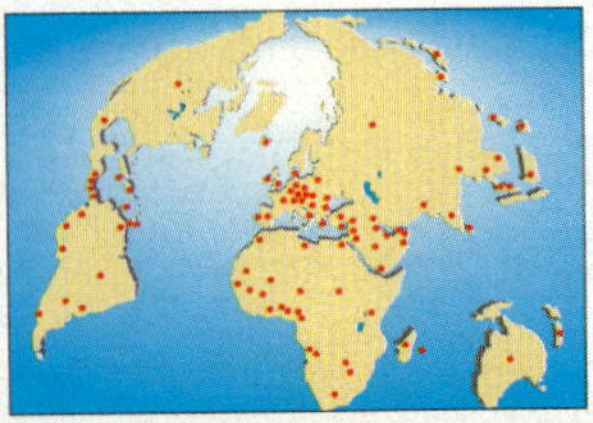

Pour les diabétiques du monde entier

DIAMICRON est aujourd'hui présent dans une centaine de pays tout autour du monde avec un dossier scientifique international.

Une posologie souple et adaptable

1 comprimé par jour :
Stade initial du diabète et diabétiques âgés.

2 comprimés par jour :
Dans la majorité des cas.

3 voire 4 comprimés par jour :
Si nécessaire selon la glycémie.

...quand le régime seul ne suffit pas

(1) Zurro Hernandez J. Curr Med Res Opin 1986;10;351-8. (2) Guillausseau PJ. Am Journ Med 1991;90(6A):46-9. (3) Brogard JM. J Int Med 1988;107(Suppl.) 27-28. (4) Hosker JP Metabolism 1989;38:767-72. (5) Johnson AB. Diab Med 1991;8:243-253. (6) Bak JF. Diabetes 1989;38:1343-50, Johnson AB. Diabetologia 1988;31:505A. (7) Wajchenberg BL. Adv Exp M... 1989;246:313-9. (8) Almer LO. Thromb Res 1984;35-19-25, Gram J. Jespersen J. Metabolism 1988; 37 ;937-43. (9) Florkowski CM. Diabetes Res 1988;9:87-90. (10) Akanuma Y. Diabetes Res Clin Pract 1988;5:81-90, Baba S. Sem Hop Paris 1984;60:2341-4, Cabral BV. Therapie 1985;40:231-3, Chan TK. Excerpta Medica 1982;ICS 577:7, Minami N. Jikeik... 1981;28:127-31, Lesobre B. Vie Med 1986;67(17 bis Suppl.):44-8.

Composition : gliclazide 0,080 g par comprimé sécable. **Propriétés pharmacologiques :** Sulfamide hypoglycémiant présentant des propriétés microvasculaires originales. **Indications :** Diabètes non acidocétosiques, non insulinodépendants de l'adulte et du sujet âgé, lorsque le régime prescrit n'est pas suffisa[nt pour] rétablir à lui seul l'équilibre glycémique. **Posologie :** Dans la majorité des cas, 2 comprimés par jour. **Coût du traitement journalier** : 4,01 F. **Contre-indications :** Diabète infantile, diabète juvénile, cétose grave, acidose, précoma et coma diabétiques, grossesse, insuffisance rénale sévère, insuffisance hépatique [...] antécédents allergiques connus aux sulfamides, association au miconazole comprimé. **Effets indésirables :** Réactions cutanéomuqueuses qui régressent à l'arrêt du traitement, troubles digestifs banals, et chez des sujets sulfamidosensibles, troubles sanguins généralement réversibles. **Précautions d'emploi :** R[...] hypocalorique et/ou hypoglucidique et surveillance biologique habituelle des traitements antidiabétiques. Possibilités d'interaction avec le miconazole (hypoglycémie grave), A.I.N.S. (notamment salicylés), sulfamides antibactériens, coumariniques, IMAO, bétabloquants, diazépam, tétracyclines, maléate de perhexiline, chloramphénicol, clofibrate, alcool (hypoglycémies) ; barbituriques (réduction d'activité) ; corticoïdes, salidiurétiques, estroprogestatifs (hyperglycémie). **Présentation :** Boîte de 20 : 48,80 F - A.M.M. 312936-1. Boîte de 60 : 120,40 F. A.M.M. 312937-8. Liste I - **Conservation** : 3 ans. S.S. 65 %. Coll. et A.P. **Information médicale : Servier Médical** Tél. (1) 46 41 60 00. Les Laboratoires Servier - 22, rue Garnier 92200 Neuilly-sur-Seine. (Informations complémentaires : cf. Vidal).

Pour les sulfamides hypoglycémiants (principal risque : hypoglycémie) :
– Les sulfamides hypoglycémiants à durée de demi-vie longue et élimination rénale sont contre-indiqués (Tableau 1) chez les sujets âgés et en cas d'insuffisance rénale.
– Prévention de l'hypoglycémie par un choix correct :
  • des indications (cf. § 1 et 2),
  • du dérivé utilisé (sulfamide hypoglycémiant à durée de demi-vie courte : Tableau 1),
  • de la dose initiale (réduite chez le sujet âgé),
  • en évitant les interférences médicamenteuses.
– L'éducation du patient et celle de son entourage sont essentielles.

Pour les inhibiteurs des alpha-glucosidases, les effets indésirables sont essentiellement digestifs (flatulences, météorisme, diarrhée). Ils conduisent à une diminution des doses voire à un arrêt du traitement.

5. Les règles de prescription et les interférences

Règles de prescription
– En primothérapie, poids normal ou modérément excessif : sulfamide hypoglycémiant à durée de demi-vie courte (Tableau 1) avec une dose faible (1/2 comprimé 2 fois par jour par exemple), en augmentant les doses de manière progressive. L'association de deux sulfamides est inutile.
– Déséquilibre non majeur et obésité importante (supérieure à 20 % du poids théorique) : biguanides ou sulfamides.
– En cas d'échec de l'une des classes thérapeutiques (sulfamides ou biguanides), la deuxième peut lui être associée. Les inhibiteurs des alpha-glucosidases peuvent être associés à l'une ou l'autre des deux classes précédentes. Ils sont prescrits à doses progressives pour limiter les effets indésirables digestifs (3 fois 50 mg par 24 h, puis si besoin et selon la tolérance digestive, 100 mg, 2 à 3 fois par jour).

Interférences
– **Sulfamides hypoglycémiants : Daktarin** (forme orale contre-indiquée), risque de potentialisation par : anti-inflammatoires non stéroïdiens (surtout les salicylés), inhibiteurs de l'enzyme de conversion de l'angiotensine, sulfamides antibactériens, coumariniques, bêtabloqueurs, clofibrate.
– **Biguanides :** risque d'acidose lactique en cas d'intoxication alcoolique aiguë, d'hypoglycémie par potentialisation de l'action de l'insuline ou des sulfamides hypoglycémiants.

6. Les éléments de surveillance

– **L'autosurveillance glycémique :** améliore la motivation (hyperglycémie tangible en cas d'écart diététique, ou amélioration franche en cas d'observation soigneuse du régime) ; dépiste une éventuelle hypoglycémie.
– **La surveillance au laboratoire :** dosage de la glycémie à jeun et après le repas tous les un à trois mois suivant la période thérapeutique. Le dosage de l'HbA1c est réalisé avant traitement puis tous les 3 mois. Ne pas oublier : créatininémie tous les 6 mois, glycémie entre 17 h et 19 h (heure de la journée où elle est, dans 80 % des cas, la plus basse) si traitement par sulfamides, transaminases avec les inhibiteurs des alpha-glucosidases.
– **Les objectifs glycémiques** doivent être modulés selon l'âge. En particulier, chez le sujet âgé de plus de 70 ans, les objectifs glycémiques ne sont pas aussi rigides que chez le sujet jeune.

Comment prescrire un traitement bronchodilatateur ?

Dr A. CUVELIER

— Les bronchodilatateurs regroupent 3 familles de molécules (bêta-2 mimétiques, théophylline et dérivés, anticholinergiques) et agissent par relaxation des muscles lisses bronchiques. D'autres molécules sont en cours d'évaluation (inhibiteurs des canaux potassiques). Les bronchodilatateurs sont la clé du traitement des troubles respiratoires obstructifs (asthme chronique et broncho-pneumopathies chroniques obstructives).

1. Avant de prescrire

— En présence d'un syndrome obstructif paroxystique ou permanent, il faut évaluer la sévérité des différents symptômes respiratoires. La démarche diagnostique inclut des épreuves fonctionnelles respiratoires (EFR), en particulier une courbe débit-volume avant et après deux bouffées de bêta-2 mimétiques de courte durée d'action.

2. Les bonnes indications

L'asthme

— En cas de crise d'asthme, les bêta-2 mimétiques de courte durée d'action sont le traitement de première intention.

— Dans l'asthme chronique modéré à sévère (fréquence élevée du nombre de crises et/ou asthme nocturne et/ou syndrome obstructif permanent), le traitement bronchodilatateur peut être prescrit en complément du traitement de fond anti-inflammatoire. En cas d'asthme aigu grave, les bêta-2 mimétiques sont volontiers prescrits en association avec les atropiniques. Pour la prévention de l'asthme d'exercice, les bêta-2 mimétiques de courte et de longue durée d'action sont efficaces dans 80 % des cas.

La bronchite chronique obstructive, la mucoviscidose, les bronchectasies et l'emphysème pulmonaire

— Il s'agit d'affections où le syndrome obstructif est réputé peu ou pas réversible. A des degrés divers, les bronchodilatateurs peuvent entraîner des effets cliniques favorables :

- l'usage de certains bronchodilatateurs (théophyllines, bêta-2 mimétiques, atropiniques) peut s'accompagner d'une amélioration des symptômes cliniques : dyspnée, toux, tolérance à l'exercice,
- une fraction des patients ont une hyperréactivité bronchique susceptible d'être améliorée par l'utilisation de certains bronchodilatateurs,
- il est de règle de prescrire des bronchodilatateurs au stade de l'obstruction, lorsque le malade commence à être dyspnéique. L'objectif est de prévenir les complications de la maladie (infections bronchiques, hypoxémie) et d'améliorer le confort respiratoire,

- l'efficacité à long terme des bronchodilatateurs et l'impact sur la survie ne sont pas connus, en particulier l'effet sur la vitesse de déclin du VEMS.

L'amélioration clinique ou fonctionnelle au long cours ne peut pas être prédite par le test aux bronchodilatateurs lors des EFR.

3. Les grandes classes médicamenteuses

Les bêta-2 mimétiques : effet bronchodilatateur puissant, dose-dépendant.

– Voie inhalée : on dispose de bêta-2 mimétiques avec court délai d'action (2 à 5 min) et courte durée d'action (4 à 6 heures) : **Berotec, Maxair, Eolène, Spréor, Ventoline, Bricanyl,** mais aussi de produits de longue durée d'action (environ 12 heures) : **Serevent, Foradil**. Leur délai d'action interdit leur emploi dans la crise d'asthme et les situe plutôt comme traitement de fond.
– Voie orale : risques accrus d'effets secondaires : **Bricanyl LP, Oxeol.**
– Voie sous-cutanée : **Bricanyl, Salbutamol, Ventoline** pour le traitement de la crise d'asthme sévère résistante au traitement inhalé.

La théophylline et ses dérivés : Euphylline, Trentadil, Theostat.

– Les effets bronchodilatateurs de la théophylline orale sont moins puissants et plus lents que ceux obtenus avec les bêta-2 mimétiques inhalés. Mais il existe d'autres effets pharmacologiques : stimulation des centres respiratoires, augmentation de la clairance muco-ciliaire, augmentation de la contractilité du diaphragme. De discrets effets anti-inflammatoires ont été rapportés.
– La prescription de formes à libération prolongée (2 prises par jour) améliore la stabilité des taux thérapeutiques et l'observance thérapeutique. La posologie moyenne est de 10 mg/kg/j chez l'adulte.

Les atropiniques de synthèse : Atrovent, Bronchodual et **Combivent** en association avec un bêta-2 mimétique de courte demi-vie pour ces deux derniers.

– Leur délai d'action est plus long que celui des bêta-2 mimétiques de courte ½ vie et leur duréee d'action légèrement plus longue également (6 à 8 h).
– L'effet bronchodilatateur est égal ou supérieur à celui obtenu avec les posologies habituelles de bêta-2 mimétiques de courte demi-vie.
– Les atropiniques pourraient diminuer le volume des expectorations sans modifier leur viscosité.

4. Les contre-indications

Les bêta-2 mimétiques

– Par voie générale, ils sont contre-indiqués en cas d'hyperthyroïdie, d'angor, de trouble du rythme cardiaque non contrôlé et d'insuffisance cardiaque décompensée.
– Les effets secondaires sont pour la plupart dose dépendant : tremblement des extrêmités (s'estompant après quelques jours), tachycardie, troubles du rythme supra-ventriculaires si association à la théophylline, hypokaliémie (si fortes posologies).
– Le phénomène de tachyphylaxie (perte de l'effet bronchodilatateur au long cours par désensibilisation des récepteurs spécifiques) est infra-clinique et sans conséquence pratique.
– Malgré certains travaux, aucun lien n'a été démontré à ce jour entre l'augmentation de la mortalité par asthme et l'utilisation régulière des bêta-2 mimétiques.

La théophylline et ses dérivés

– Sont contre-indiqués chez l'enfant de moins de 30 mois.
– Les effets secondaires sont dépendants des taux sériques : digestifs (nausées, vomissements, aggravation d'un reflux gastro-œsophagien), neurologiques (insomnies, irritabilité, tremblements des extrêmités) ou cardiaques (tachycardie). Si surdosage : troubles du rythme graves (risque accru si association avec les bêta-2 mimétiques par voie systémique et/ou l'hypoxie) ou convulsions (si taux sérique > 25 μg/ml).
– Effets diurétiques mineurs. Nécessité de surveiller la kaliémie.

Les atropiniques

– Effets secondaires exceptionnels. Rares cas de sécheresse buccale ou pharyngée.

5. Les règles de prescription et les interférences

– En cas de prescription d'un bêta-2 mimétique, privilégier la voie inhalée qui fournit un effet bronchodilatateur rapide sans effet secondaire notable. L'inhalation régulière et prolongée des bêta-2 mimétiques reste controversée (pourrait détériorer la fonction respiratoire sans modifier l'hyperréactivité bronchique). Choisir une prescription discontinue (« à la demande ») dans l'asthme léger et modéré. Eviter des posologies de **Berotec** ⩾ 1400 μg/kg/j (risque accru d'effets secondaires cardio-vasculaires).
– Les théophyllines à libération prolongée et les bêta-2 mimétiques de longue action ont leur intérêt dans l'asthme nocturne (meilleure couverture du nycthémère) ou en présence d'un syndrome obstructif permanent et sévère.
– L'association des bêta-2 mimétiques à d'autres bronchodilatateurs semble bénéfique (synergie avec la théophylline, effet additif avec les atropiniques).
– Avant transfert aux urgences pour crise d'asthme sévère, 10 à 15 bouffées de bêta-2 mimétiques (demi vie courte) peuvent être administrées séparément par le biais d'une chambre d'inhalation.
– En cas de prescription de théophylline, prendre en compte l'âge du patient, les pathologies intercurrentes et les prises médicamenteuses associées. La demi-vie du médicament est diminuée chez l'enfant de plus de 30 mois (posologies de 15 à 20, voire, 30 mg/kg/j), chez le fumeur (posologie de 15 à 20 mg/kg/j) et avec la phénytoïne et le phénobarbital. La demi-vie est augmentée avec les macrolides, le **Tagamet**, le **Zyloric**, les oestroprogestatifs, en cas d'insuffisance hépatique et cardiaque. En cas de déséquilibre, un dosage sérique peut être fait à partir du 6e jour de traitement (taux thérapeutiques : 8 à 15 μg/ml). Il faut mesurer le taux sérique avant la prise du médicament (taux résiduel).
– Les atropiniques ont une place importante dans le traitement de fond des BPCO (aussi efficaces que les bêta-2 mimétiques). En cas d'exacerbation aiguë ou d'asthme aigu grave, on a tendance à les associer aux bêta-2 mimétiques ; leur intérêt dans l'asthme chronique reste mal défini.
– Lors de la mise en route d'un traitement bronchodilatateur inhalé, il convient de choisir soigneusement le mode d'administration. Les avantages des aérosols doseurs standards sont d'être maniables et d'utilisation facile. Ceux-ci nécessitent toutefois une synchronisation entre la pression sur l'aérosol doseur et l'inspiration (incapable à obtenir chez 42 % d'adultes) et seulement 14 % de la dose délivrée parviendra au poumon. L'utilisation d'un aérosol doseur autodéclenché (système autohaler) permet le déclenchement automatique de l'aérosol lors d'un effort inspiratoire et supprime cette difficulté de synchronisation. L'inhalation de bronchodilatateurs sous forme poudre (système turbuhaler) est également déclenchée par l'inspiration mais a l'inconvénient de ne pas être perçue par le patient et nécessite des débits inspiratoires élevés.
– L'utilisation d'une chambre d'inhalation (**Nébuhaler, Volumatic**) supprime la nécessité

d'une coordination parfaite entre la main et la bouche mais augmente aussi la fraction du médicament déposée au niveau pulmonaire (21 %). Elle doit être de forme conique et d'un volume minimal de 750 ml. Il ne faut jamais administrer plus d'une bouffée à la fois (risque accru de dépôts sur les parois en matière plastique). Un masque facial est indispensable chez l'enfant. L'utilisation d'un nébuliseur n'exige aucune coopération et reste surtout intéressante chez l'enfant. On distingue les nébuliseurs pneumatiques (utilisant un débit d'air ou d'oxygène de 6 à 8 l/min) et les nébuliseurs ultrasoniques (dispersion de l'aérosol par vibration d'un quartz piézo-électrique). Le matériel peut être loué en pharmacie. Un masque facial est indispensable chez l'enfant. Le risque de contamination bactérienne ou fongique implique un nettoyage régulier du nébuliseur.

6. Les éléments de surveillance

— Il faut évaluer régulièrement la qualité de prise des aérosols doseurs. Le bénéfice de l'instruction verbale est souvent temporaire mais permet d'améliorer remarquablement l'efficacité du traitement.
— Chez l'asthmatique sévère, établir un suivi régulier du débit expiratoire de pointe (DEP), mesuré matin et soir avant la prise des aérosols. Noter les valeurs absolues mais aussi leur variabilité (signe d'alarme si variation > 20 % entre le matin et le soir, trois jours de suite). Lors d'un asthme léger ou modéré, recommander la mesure du DEP seulement lors d'une gêne respiratoire. La mesure du débit de pointe permet d'apprécier la sévérité de l'asthme, la réponse au traitement et d'adapter la thérapeutique.
— Se méfier de la multiplication des prises de bêta-2 mimétiques chez un asthmatique (consommation supérieure à 6 bouffées par jour, trois jours de suite) : elle traduit un mauvais contrôle de la maladie et incite à instaurer, voire renforcer, le traitement de fond anti-inflammatoire.
— Evaluer la symptomatologie respiratoire : amélioration de la toux et de la dyspnée chez un patient BPCO, du nombre de crises chez un asthmatique. Amélioration de la tolérance à l'effort, de la qualité de vie quotidienne et de la qualité du sommeil.
— L'efficacité des bronchodilatateurs peut être vérifiée par des tests objectifs : spirométrie, gazométrie artérielle, épreuve de marche, échelles visuelles analogiques permettant de quantifier la dyspnée.
— Ne jamais oublier que l'inefficacité d'un traitement bronchodilatateur est souvent liée à un dosage inadéquat (souvent insuffisant), une procédure d'administration incorrecte ou un suivi médical non satisfaisant.

Comment prescrire une thérapeutique dans l'insuffisance veineuse chronique ?

Dr J.F. VITOUX

1. Avant de prescrire

— La règle d'or reste de ne pas se contenter d'un traitement médical bien conduit chez un patient qui pourrait éventuellement bénéficier d'une indication chirurgicale évidente, garant d'un meilleur résultat à long terme en cas d'indication correcte.
— La démarche diagnostique repose donc sur un examen clinique minutieux, éventuellement complété par la réalisation d'un doppler veineux ou, mieux, d'une échographie doppler afin d'objectiver l'état des troncs veineux profonds mais aussi superficiels.

2. Les bonnes indications

Si, à l'issue du bilan, un traitement médical est retenu, contention et veinotoniques doivent être logiquement associés.
— S'il s'agit d'une insuffisance veineuse fonctionnelle, la prescription d'un veinotonique isolément se justifie.
— Dans les cas de maladie post-phlébitique, les veinotoniques n'ont qu'un intérêt modeste à côté de l'efficacité de la contention élastique bien portée et des règles hygièno-diététiques.

3. Les grandes classes médicamenteuses

— La prise en charge de l'insuffisance veineuse chronique repose sur la conjonction de plusieurs orientations qui relèvent des mesures hygièno-diététiques, de la contention et des thérapeutiques veinotoniques.
— Les mesures hygièno-diététiques incluent la crénothérapie et les soins infirmiers et podologiques.
— La contention repose sur la prescription de bandes élastiques mais surtout de bas ou de collants dont l'esthétisme est tout à fait satisfaisant.
— Les veinotoniques sont nombreux et agissent à la fois sur la tonicité pariétale mais aussi, pour certains, sur la rhéologie et le piège des radicaux libres, toxiques pariétaux.

4. Les contre-indications

— Il n'y a pas de contre-indication réelle aux veinotoniques. En revanche, il faut être prudent lors des prescriptions de crénothérapie qui peuvent être dangereuses chez certains sujets fragiles notamment sur le plan coronarien.

– La contention élastique est toujours possible mais son degré de contre-pression sera adapté à l'état général et en particulier artériel du patient.

5. Les règles de prescription

– Les mesures hygièno-diététiques visent à réduire un éventuel surpoids, à corriger les mauvaises habitudes alimentaires, à mettre en place une surveillance podologique et dans certains cas des soins infirmiers si des troubles trophiques sont présents. Le succès de ces mesures repose sur leur qualité et sur la régularité de leur application.

– La crénothérapie peut être envisagée par cure de 3 semaines au maximum une fois par an, lorsque la maladie post-phlébitique est invalidante.

– La contention élastique doit obéir à des règles strictes de prescription :
- le niveau de la contention à appliquer est fonction du siège de l'atteinte, mais il faut savoir que dans la plupart des cas une contention type jarret ou mi-jarret est suffisante,
- le degré de contention dépend de l'importance de l'éventuel œdème, une contention moyenne ou faible (20 à 30 mm Hg) appliquée correctement permet d'obtenir des résultats habituellement satisfaisants,
- la durée de la contention est variable mais schématiquement elle doit être poursuivie tant que persiste un œdème ou des signes cliniques,
- la contention est retirée en position allongée.

– Les bandes sont plus volontiers réservées aux patients porteurs de troubles trophiques. Les bas et chaussettes doivent être renouvelés fréquemment (au moins deux fois par an).

– Les veinotoniques sont plus volontiers prescrits par cures discontinues de 3 semaines bien que certains travaux laissent entrevoir un bénéfice supplémentaire lors de la poursuite de l'administration. Les posologies usuelles sont de 2 comprimés ou ampoules quotidiennement.

– Les mesures hygiénodiététiques et le port d'une contention élastique pendant l'orthostatisme sont toujours nécessaires. Les veinotoniques sont utiles en complément de ces mesures incontournables. Quant à la crénothérapie, elle relève plus du confort que de l'action thérapeutique à long terme.

6. Les éléments de surveillance

Ils sont essentiellement cliniques, basés sur les symptômes des patients, sur la mensuration de l'éventuel œdème et sur l'évolution du trouble trophique.

Les veinotoniques

DCI	Spécialités
Adénosine phosphate	**Adényl**, **Ampecyclal**, **Ascencyl**
Coumarine	**Esberiven**
Diosmine	**Daflon**, **Dio 300**, **Diosmil**, **Diovenor**, **Endium**, **Flébosmil**, **Litosmil**
Ginkgo Biloba	**Tramisal**, **Ginkor**
Hesperidine Méthylchalcone	**Cirkan**, **Cyclo 3 fort**, **Dilpavan**, **Fragiprel**, **Vényl**
Naftazone	**Etioven**
Rutoside	**Circularine**, **Ercévit**, **Esberiven**, **Véliten**, **Vincarutine**, **Vitarutine**
Troxerutine	**Rhéoflux**, **Veinamitol**, **Fragiprel**, **Ginkor**, **Rutovincine**, **Vascumine**
Oligomères procyanidoliques	**Endotélon**

Comment prescrire un hypnotique ?

Dr S. ROYANT-PAROLA

1. Avant de prescrire

– L'insomnie touche environ 15 % de la population. Le diagnostic est posé sur la plainte du patient : difficultés d'endormissement, réveils nocturnes, réveil trop précoce ou sensation de sommeil non reposant, associés à une mauvaise qualité de l'éveil dans la journée.
– L'interrogatoire cherche à éliminer une cause dont le traitement serait spécifique :
- mauvaise hygiène de vie,
- environnementale (bruit, chaleur excessive, horaires de travail inadaptés à l'individu),
- dépression,
- syndrome des jambes sans repos (sensation de fourmillements ou de paresthésies dès que le patient se couche et qui l'oblige à se lever),
- mouvements périodiques nocturnes (syndrome souvent associé au précédent), le patient n'a pas conscience de ces secousses dans les jambes, seul le conjoint peut exprimer une gêne,
- syndrome cardio-respiratoire associé au sommeil : trouble du rythme cardiaque nocturne, apnées du sommeil.

– En cas de doute dans les trois derniers cas, il sera nécessaire de demander l'avis d'un spécialiste des troubles du sommeil pour envisager l'opportunité d'un enregistrement polysomnographique en ambulatoire ou en laboratoire de sommeil.

2. Les bonnes indications

– Les hypnotiques constituent un traitement de choix dans les insomnies occasionnelles, qui sont liées soit à des événements difficiles (accident, décès d'un proche, stress...), soit à des conditions particulières (intervention chirurgicale, décalage horaire, pathologie douloureuse...).
– Dans l'insomnie chronique (durant depuis plus de trois mois), leur utilisation rend d'excellents services en administration discontinue mais il faut éviter la prescription systématique tous les soirs qui conduit à l'accoutumance et à la dépendance.

3. Les grandes classes médicamenteuses

Les benzodiazépines et apparentés

Ces produits offrent un large choix au thérapeute. Il n'y a pas de bon produit universel. Chaque patient va répondre d'une manière différente. Il s'agit donc de trouver avec lui le produit qui lui est le mieux adapté, éventuellement en essayant plusieurs hypnotiques. Quelques règles sont cependant à respecter :

– En cas de problème d'endormissement isolé, sans anxiété pathologique sous-jacente, les produits à demi-vie courte sont les plus indiqués tels que le **Stilnox** ou l'**Ivadal**, un produit comme l'**Halcion** étant en voie de disparition.
– Lorsque le patient est anxieux, on peut avoir recours à la prise vespérale d'une benzodiazépine anxiolytique comme le **Lysanxia**, le **Témesta**, le **Séresta** ou le **Lexomil**.
– Cependant, sont plus adaptés les hypnotiques à demi-vie moyenne : **Imovane**, **Havlane**, **Noctamide**, ou longue : **Rohypnol**, **Mogadon** (ces listes ne se veulent pas exhaustives).
– Lorsque l'insomnie se traduit par un réveil précoce, les hypnotiques de demi-vie courte doivent être formellement évités au coucher.

Les antidépresseurs
Les antidépresseurs sédatifs tels que le **Quitaxon**, l'**Athymil**, le **Surmontil**, le **Laroxyl**, le **Pragmarel** sont des produits qui ont une action hypnotique propre. Ils agissent peu ou pas sur l'endormissement mais ont en revanche une bonne action sur les réveils nocturnes et sur le réveil précoce. La posologie utile dans ces types d'insomnies est très faible, de l'ordre du 1/10 ou du 1/20 des doses antidépressives. Ils n'entraînent que peu ou pas de dépendance et les patients n'augmentent pas les doses.

Les autres produits
– Le **Théralène** donne de bons résultats dans les insomnies sévères, mais il est souvent responsable d'un effet sédatif le lendemain.
– L'**Atarax** est un produit intéressant car il permet un sevrage des récepteurs aux benzodiazépines. Cependant, il existe des effets paradoxaux d'excitations imprévisibles.
– Le **Donormyl** est un produit léger, intéressant dans les insomnies modérées avec sommeil agité ou réveils nocturnes et dans les sevrages en benzodiazépine.

Les barbituriques
Ils ne doivent plus être utilisés dans l'insomnie. Ils conduisent rapidement à une accoutumance et à une dépendance. L'augmentation des doses pouvant poser problème car les doses thérapeutiques sont très proches des doses toxiques.

4. Les contre-indications

– Les contre-indications sont très limitées. Elle sont pour la plupart relatives.
– Les hypnotiques sont à éviter au cours de la grossesse, en particulier durant les trois premiers mois et en fin de grossesse. L'insuffisance respiratoire est également une contre-indication.
– Une attention particulière sera portée aux syndromes d'apnées du sommeil qui sont aggravés par la plupart des sédatifs et en particulier par les benzodiazépines.
– En ce qui concerne les antidépresseurs, deux contre-indications particulières sont à respecter : le glaucome à angle fermé et l'adénome prostatique.

5. Les règles de prescription et les interférences

Les hypnotiques sont actuellement soumis à une règle de prescription de quatre semaines (deux pour **Halcion)**. Cette règle a été instaurée afin d'éviter l'abus des benzodiazépines ou apparentés et pour favoriser la remise en cause régulière de leur prescription. Lors d'une première prescription, commencer par une dose faible de l'hypnotique choisi, soit 1/2 cp avant le coucher. Si cette dose est insuffisante, prescrire 1 cp entier. Dès le début, conseiller au patient de ne pas prendre l'hypnotique 1 ou 2 soirs par semaine, par exemple le vendredi et/ou samedi soir. Dans un délai de quatre semaines au plus tard, on doit essayer d'arrêter l'hypnotique en ne le prescrivant que 3 soirs par semaine, puis en demandant au patient de ne le prendre qu'occasionnellement. En effet, les hypnotiques ne sont pas la solution à long terme de l'insomnie. Les autres thérapeutiques sont à privilégier :

– Traitement d'une cause spécifique (cf. « 1. Avant de prescrire »).
– Abord non pharmacologique des insomnies (traitements comportementaux, relaxation, psychothérapie).
– Les hypnotiques ne doivent intervenir, dans l'idéal, que dans une prescription discontinue (périodes de 15 jours ou 3 semaines), ou plus régulière, mais limitée à 2 soirs par semaine au maximum. La reconduction d'une prescription n'est justifiée qu'en cas d'anxiété pathologique ou de situation de vie conflictuelle qui ne permet pas d'envisager un sevrage dans de bonnes conditions.
– Une place particulière doit être faite aux antidépresseurs :
  • que ce soit en identifiant mieux un syndrome dépressif qui est encore trop souvent méconnu et qui doit être traité,
  • que ce soit en cas d'insomnie de la seconde partie de la nuit qui répond en général très bien à de petites doses d'antidépresseurs sédatifs.

NOUS NE SOMMES PAS TOUS ÉGAUX DEVANT LE STRESS...

Forme et présentation Boîte de 60 gélules (bleues et blanches) sous plaquettes thermoformées. **Composition** Etifoxine chlorhydrate, 50 mg par gélule. Excipients q.s.p. 1 gélule de 200 mg. **Propriétés** Anxiolytique. Le chlorhydrate d'étifoxine appartient à la classe chimique des benzoxazines. Son administration ne s'accompagne pas d'effet secondaire gênant sur les grandes fonctions de l'organisme, mais elle exerce une action régulatrice neurovégétative. Le chlorhydrate d'étifoxine a la particularité de s'opposer non seulement aux effets comportementaux, mais également aux réactions physiologiques et biochimiques du stress anxiogène. Expérimentalement, chez le singe, on a montré que l'étifoxine n'entraînait pas de pharmacodépendance. En clinique, des traitements de 6 et 12 mois ont pu être poursuivis sans que l'on observe de phénomène de sevrage à l'arrêt du traitement. **Indications** Manifestations psychosomatiques de l'anxiété telles que dystonies neurovégétatives, notamment à expression cardiovasculaire. **Contre-indications** •Etat de choc. •Insuffisance hépatique et (ou) rénale sévère. •Insuffisance respiratoire sévère. **Précautions d'emploi** •En cas de myasthénie, du fait de la possible accentuation de la fatigabilité musculaire, la prise de Stresam doit être faite sous surveillance accrue. •En cas d'insuffisance respiratoire modérée, il est recommandé d'adapter la posologie. •L'absorption simultanée de boissons alcoolisées est déconseillée. •Prudence chez les conducteurs de véhicules et les utilisateurs de machines en raison d'un risque possible de somnolence. **Grossesse et allaitement** Bien qu'aucun effet tératogène n'ait été observé au cours de l'expérimentation animale, l'administration est déconseillée chez la femme enceinte et au cours de l'allaitement. **Interactions médicamenteuses** En raison des risques de potentialisation réciproque, l'association avec les dépresseurs centraux sera prescrite avec prudence. **Effets indésirables** Légère somnolence pouvant survenir en début de traitement et disparaissant spontanément au cours de la poursuite de celui-ci. **Posologie et mode d'administration** En moyenne, 3 à 4 gélules par jour pendant 7 à 30 jours. Les gélules seront avalées à l'aide d'un peu d'eau. **Conditions de délivrance au public** Stresam ne peut être obtenu que sur ordonnance médicale (liste I). Sa durée de prescription ne peut excéder 12 semaines. AMM 322 857.7 Prix : 42,90 F. Remb. Séc. Soc. à 65 % - Collect. Texte révisé en Janvier 1995.

LABORATOIRES
BIOCODEX
19 rue Barbès,
92120 Montrouge France
Tél : (1) 46-56-67-89

AXE MAJEUR réf. S-96-06 (photo : Ed. Tallandier)

STRESAM
60 GÉLULES

l'autre façon d'être anxiolytique

Comment prescrire les anxiolytiques ?

Dr B. LACHAUX

La classe médicamenteuse des tranquillisants est à la fois ancienne et vaste. Nombreuses sont les substances qui ont une action anxiolytique, à commencer par l'alcool, mais aussi certains antidépresseurs (**Laroxyl**, **Quitaxon**) et neuroleptiques (**Largactil**, **Nozinan**, **Melleril**). Les Américains différencient d'ailleurs les tranquillisants majeurs qui correspondent aux neuroleptiques, des tranquillisants mineurs qui regroupent ce que nous dénommons tranquillisants.

C'est à cette dernière catégorie qu'est consacré ce chapitre, en écartant d'autres produits également qualifiés de sédatifs ou de calmants, car il faudrait alors englober tout le champ allant des tisanes (valériane, camomille, etc.) aux bromures.

1. Avant de prescrire

La première molécule (1952) de cette catégorie fut le méprobamate (Equanil, Procalmadiol). Elle est aujourd'hui largement dominée par les benzodiazépines dont les premières molécules commercialisées furent, en 1961, le chlordiazépoxide (**Librium**), puis, en 1964, le diazépam (**Valium**) qui reste la référence. Depuis, de nombreuses autres molécules ont été mises à disposition des prescripteurs et une étape importante de l'évolution a été la découverte de leur mécanisme d'action par l'intermédiaire des récepteurs aux benzodiazépines. Toutes ont à la fois une action sédative, anxiolytique, anticonvulsivante et myorelaxante. Mais nous n'aborderons pas ici les actions sur l'épilepsie, le sommeil ou l'hypertonie musculaire. Les azapirones comme la buspirone (**Buspar**), agissent sur les récepteurs sérotoninergiques mais leur action anxiolytique est lente à apparaître (une à deux semaines).

Démarche diagnostique qui conduit au choix de ce traitement

La difficulté du diagnostic vient du caractère très subjectif de l'anxiété et de la non-spécificité des manifestations neuro-végétatives qui lui sont associées. De plus, l'anxiété recoupe des manifestations très différentes qui vont de simples manifestations transitoires jusqu'à des états pathologiques en rapport avec des troubles graves de la personnalité.

Aussi, avant de prescrire un anxiolytique, il faut être certain du diagnostic et du type d'anxiété. L'anxiété présente dans la dépression et dans la psychose ne doit pas faire centrer la prescription sur les anxiolytiques mais faire préférer les antidépresseurs et les neuroleptiques. De plus, il est impératif de replacer cette manifestation dans son contexte particulier par rapport au patient, car il est souvent possible d'envisager d'autres alternatives thérapeutiques qui sont :

- La suppression des agents stimulants (café...) et donner des conseils d'hygiène de vie.
- La psychothérapie de soutien, car, chez les patients anxieux ambulatoires, il n'y a pas de différence significative entre la simple psychothérapie de soutien et la prescription de benzodiazépines.
- Les bêta-bloqueurs dans les cas de présence de symptômes physiques comme pour l'anxiété de performance (« trac »).
- Les antidépresseurs IMAO ou imipraminiques, qui ont une activité anxiolytique mais qui, hors de toute dépression, doivent être réservés aux cas chroniques, car leur délai d'action est de plusieurs semaines et ils induisent une résurgence anxieuse en début de traitement.

v 96/51

TEMESTA®

LORAZEPAM

TEMESTA® 1 mg et 2,5 mg • lorazépam

• FORME ET PRÉSENTATION : - *Comprimé enrobé sécable à 1 mg* (bâtonnet blanc) : flacon (polypropylène) de 50. - *Comprimé enrobé sécable à 2,5 mg* (bâtonnet jaune) : flacon (polypropylène) de 30. **• COMPOSITION : -** *Comprimé à 1 mg* : Lorazépam (DCI) : par comprimé : 1 mg. Excipient : noyau : hydroxyde d'aluminium, cellulose microcristalline, lactose (52,5 mg/comp.), stéarate de magnésium. Enrobage : dioxyde de titane, phtalate de dibutyle, polyméthylacrylate cationique granulé, polyoxyéthylèneglycol 1 500, silice colloïdale anhydre, talc. - *Comprimé à 2,5 mg* : par comprimé : lorazépam (DCI) : 2,5 mg. Excipient : cellulose microcristalline, lactose (56 mg/comp.), stéarate de magnésium, jaune de quinoléine, laque aluminique. Enrobage : polyméthylacrylate cationique granulé. **• INDICATIONS :** - Anxiété réactionnelle, notamment les troubles de l'adaptation avec humeur anxieuse et l'anxiété post-traumatique. - Traitement d'appoint de l'anxiété au cours des névroses (notamment hystérie, hypocondrie, phobie). - Anxiété associée à une affection somatique sévère ou douloureuse. - Anxiété généralisée. - Crise d'angoisse. - Prévention et traitement du delirium tremens. - Sevrage alcoolique. Le trouble panique n'est pas une indication. **• POSOLOGIE ET MODE D'ADMINISTRATION : Posologie : Témesta 1 mg :** *Adulte* : - premiers jours de traitement : 1/2 comprimé le matin (0,5 mg), 1/2 comprimé à midi (0,5 mg), 1 comprimé le soir (1 mg), - les jours suivants : adapter graduellement la posologie, 2 à 4 comprimés par jour (2-4 mg) en moyenne. *Enfant, sujet âgé, insuffisant rénal* : il est recommandé de diminuer la posologie, par exemple la moitié de la posologie moyenne peut être suffisante. Dans les cas sévères et en psychiatrie, où des posologies plus élevées peuvent être justifiées, utiliser les comprimés dosés à 2,5 mg. Coût du traitement journalier : 0,75 F (2 mg) à 1,50 F (4 mg). **Témesta 2,5 mg :** *Adulte* : - premiers jours de traitement : 1/2 comprimé le matin (1,25 mg), 1/2 comprimé à midi (1,25 mg), 1 comprimé le soir (2,5 mg), - les jours suivants : la posologie sera adaptée en fonction de l'évolution. Posologie moyenne : 5 à 7,5 mg. *Sujet âgé, insuffisant rénal* : il est recommandé de diminuer la posologie, par exemple la moitié de la posologie moyenne peut être suffisante. Coût du traitement journalier : 1,55 F (5 mg) à 2,32 F (7,5 mg). **- Mode d'administration : -** *Durée du traitement* : il doit être aussi bref que possible et ne devrait pas dépasser 4 à 12 semaines y compris la période de diminution de la posologie (Cf. MISES EN GARDE et PRECAUTIONS D'EMPLOI). - Anxiété réactionnelle, traitement d'appoint de l'anxiété au cours des névroses, anxiété associée à une affection somatique sévère ou douloureuse : 4 à 12 semaines y compris la période de diminution de la posologie. Anxiété généralisée : traitement au long cours après avis d'un spécialiste. - Crise d'angoisse : traitement bref. - Prévention et traitement du delirium tremens : quelques jours. - Sevrage alcoolique : traitement de trois à six semaines entourant le sevrage. - *Modalités d'arrêt du traitement* : progressif avec décroissance sur plusieurs semaines (Cf. MISES EN GARDE et PRECAUTIONS D'EMPLOI). **• CONTRE-INDICATIONS :** - Allergie connue aux benzodiazépines. - Insuffisance respiratoire décompensée. **• MISES EN GARDE ET PRÉCAUTIONS D'EMPLOI : Mises en garde :** - Dépendance **:** tout traitement par les benzodiazépines peut entraîner un état de pharmacodépendance physique et psychique. Divers facteurs semblent favoriser la survenue de la dépendance : - durée du traitement, - dose, - association à d'autres médicaments : psychotropes, anxiolytiques, hypnotiques, - association à l'alcool, - antécédents d'autres dépendances médicamenteuses ou non. Cet état peut entraîner à l'arrêt du traitement un phénomène de sevrage. Les symptômes de sevrage sont : insomnie, céphalées, anxiété importante, myalgies, tension musculaire, parfois irritabilité, agitation voire épisode de confusion. Dans des cas exceptionnels ont pu être observés : tremblements, phénomènes hallucinatoires, convulsions. Il peut être utile d'exposer d'emblée au patient la durée limitée du traitement, qui ne devrait pas excéder 4 à 12 semaines et les modalités d'arrêt progressif de celui-ci (quelques jours, voire quelques semaines). - Une amnésie antérograde peut survenir, plus particulièrement lors de l'emploi d'une benzodiazépine au coucher et lorsque le sommeil est de courte durée (réveil précoce par un événement extérieur). - Les benzodiazépines anxiolytiques ne sont pas le traitement de l'état dépressif (cf. PRECAUTIONS D'EMPLOI). **Précautions d'emploi :** - Dépression : les benzodiazépines agissent essentiellement sur la composante anxieuse de la dépression. Utilisées seules, elles ne constituent pas un traitement de la dépression et peuvent éventuellement en masquer les signes. (L'état dépressif peut justifier un traitement antidépresseur). **- Alcool :** l'absorption de boissons alcoolisées est formellement déconseillée pendant la durée du traitement. - Chez l'enfant tout particulièrement, le traitement devra être de courte durée. - Chez le sujet âgé, en cas d'insuffisance rénale, il peut être nécessaire d'adapter la posologie. - En cas d'insuffisance hépatique, l'administration d'une benzodiazépine peut entrainer une encéphalopathie. - Chez l'insuffisant respiratoire, il convient de prendre en compte l'effet dépresseur des benzodiazépines (l'aggravation de l'hypoxie peut elle-même entraîner une anxiété qui justifie alors une prise en charge du patient en unité de soins intensifs). - Myasthénie : l'administration d'une benzodiazépine aggrave les symtômes. Il est recommandé de l'utiliser exceptionnellement et sous surveillance accrue. - Modalités d'arrêt du traitement : l'arrêt du traitement peut entraîner un phénomène de sevrage. Il convient d'en avertir le patient et de prévoir un arrêt progressif avec décroissance posologique sur plusieurs semaines, en particulier après une utilisation prolongée ou lorsque l'on a des raisons de suspecter l'existence d'une pharmacodépendance. - L'association de plusieurs benzodiazépines est inutile et risque, quelle qu'en soit l'indication, anxiolytique ou hypnotique, d'accroître la pharmacodépendance. - Nouveau-né : cf. Grossesse et Allaitement. **• INTERACTIONS MÉDICAMENTEUSES : -** *Association déconseillée* **:** Alcool : éviter la prise de boissons alcoolisées et médicaments contenant de l'alcool. Majoration par l'alcool de l'effet sédatif des benzodiazépines. L'altération de la vigilance peut rendre dangeureuse la conduite de véhiculses ou l'utilisation de machines. - *Associations à prendre en compte* **:** - autres dépresseurs du système nerveux central : dérivés morphiniques (analgésiques et antitussifs), barbituriques, certains antidépresseurs, antihistaminiques H1 sédatifs, tranquillisants autres que benzodiazépines, neuroleptiques, clonidine et apparentés. Majoration de la dépression centrale pouvant avoir des conséquences importantes et notamment en cas de conduite automobile ou d'utilisation de machines. Cisapride : majoration transitoire de l'effet sédatif des benzodiazépines par augmentation de leur vitesse d'absorption. L'altération de la vigilance peut rendre dangereuse la conduite de véhicules ou l'utilisation de machines. **• GROSSESSE ET ALLAITEMENT : - Grossesse :** - Dans l'espèce humaine, le risque tératogène s'il existe, est vraisemblablement extrêmement faible. Un effet tératogène a été évoqué pour certaines benzodiazépines mais non confirmé à la suite d'études épidémiologiques. Dans ces conditions, il paraît donc préférable d'éviter la prescription de ces substances au cours du premier trimestre de la grossesse. Il convient d'éviter de prescrire des doses élevées au cours du dernier trimestre de la grossesse car il existe une possibilité de survenue, à la naissance, d'hypotonie et de détresse respiratoire chez le nouveau-né. Après quelques jours à quelques semaines d'âge peut apparaître un syndrome de sevrage. **- Allaitement :** l'utilisation de ces médicaments pendant la période de lactation n'est pas recommandée. **• CONDUITE et UTILISATION DE MACHINES :** L'attention est attirée, notamment chez les conducteurs de véhicules et les utilisateurs de machines, sur les risques de somnolence attachés à l'emploi de ce médicament. Les associations peuvent potentialiser cet effet sédatif. (Cf. INTERACTIONS MEDICAMENTEUSES). **• EFFETS INDESIRABLES :** Ils sont en rapport avec la dose ingérée et la sensibilité individuelle du patient : - amnésie antérograde (Cf. MISES EN GARDE ET PRÉCAUTIONS D'EMPLOI), - sensations ébrieuses, - asthénie, somnolence (particulièrement chez le sujet âgé), bradypsychie, - hypotonie musculaire, - chez certains sujets (en particulier les enfants et les sujets âgés), on peut observer des réactions paradoxales : irritabilité, agressivité, excitation, syndrome de confusion onirique, hallucinations, - éruptions cutanées de type maculo-papuleux, prurigineuses. L'usage prolongé (en particulier à posologie élevée) peut mener à un état physique de dépendance. L'arrêt du traitement conduit alors à un syndrome de sevrage (Cf. MISES EN GARDE ET PRÉCAUTIONS D'EMPLOI). Celui-ci peut survenir plus rapidement avec les benzodiazépines à demi-vie courte qu'avec les benzodiazépines à demi-vie longue (quelques jours). **• SURDOSAGE :** En cas de prise massive, les signes de surdosage se manifestent, principalement par un sommeil profond pouvant aller jusqu'au coma, selon la quantité ingérée. Le pronostic est bénin, en l'absence toutefois d'association à d'autres psychotropes et à condition que le sujet soit traité. La surveillance portera principalement sur les fonctions respiratoires et cardiovasculaires en milieu spécialisé. L'évolution est favorable. L'administration du flumazénil peut être utile pour le diagnostic et/ou le traitement d'un surdosage intentionnel ou accidentel en benzodiazépines. **• PHARMACODYNAMIE :** - Témesta est un anxiolytique appartenant à la classe des benzodiazépines. Au plan pharmacologique ses propriétés sont celles de la classe des benzodiazépines : anxiolytique, sédatif, hypnotique, anticonvulsivant, myorelaxant et amnésiant. - Ces effets sont liés à une action agoniste spécifique sur un récepteur central faisant partie du complexe «récepteurs macromoléculaires gaba omega» (également appelés BZD1 et BZD2) modulant l'ouverture du canal chlore. - Une pharmacodépendance peut être observée chez l'animal et chez l'homme. **• PHARMACOCINETIQUE :** Après prise orale, le lorazépam est rapidement et presque complètement absorbé : la biodisponibilité absolue est de 90-95 % et la concentration plasmatique est maximale une heure après la prise. Le lorazépam est fixé à 65 % au protéines plasmatiques et son volume de distribution est de 1 l/kg. Le lorazépam est éliminé à 90 % par voie rénale, sous forme de dérivés glucuroconjugués (métabolites dénués d'activité) ; la clairance plasmatique est le 55 ml/min et la demi-vie est en moyenne de 12 heures. Ces paramètres pharmacocinétiques ne sont pas modifiés chez le sujet âgé. Le passage fœtoplacentaire et dans le lait a été démontré pour les benzodiazépines. En cas d'insuffisance rénale avancée, la demi-vie du lorazépam n'est pas modifiée ; il y a seulement un ralentissement de l'élimination des métabolites glucuroconjugués. Le lorazépam est en partie éliminé par l'hémodialyse. En cas de cirrhose, il a été rapporté un doublement de la demi-vie. **• Liste I :** La durée de la prescription de ce médicament ne peut dépasser 12 semaines. 1 mg AMM 315 335.9 (1972, validée en 1992). 2,5 mg AMM 314 899.6 (1972). **• Prix :** 18,80 F (50 comprimés à 1 mg). 23,20 F (30 comprimés à 2,5 mg). Remb. Séc. soc. à 65 % - Collect. Laboratoires WYETH FRANCE. Information médicale : WYETH LEDERLE, Le Wilson 2 - 80, av. du Président Wilson - PUTEAUX - 92031 PARIS LA DEFENSE Cedex.

® Marque déposée sous licence

la Signature anxiolytique

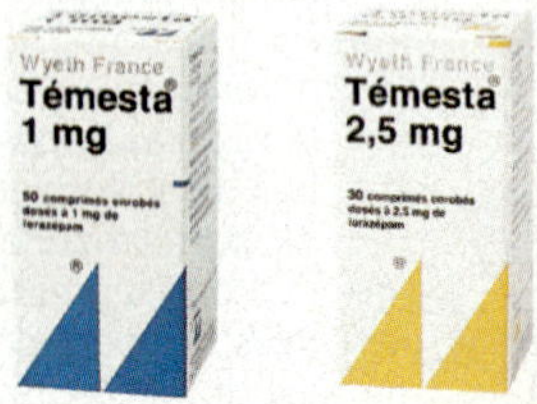

Laboratoires WYETH-FRANCE
Département Psychotropes

– Les neuroleptiques, tout en sachant qu'en dehors de toute psychose, le risque de dyskinésie rend le plus souvent disproportionné le rapport bénéfice/risque.

Examen complémentaire à réaliser
Les traitements anxiolytiques étant essentiellement symptomatiques, il faut, préalablement à leur mise en route, chercher toute affection médicale qui pourrait faire l'objet d'un traitement étiologique.

2. Les bonnes indications

– Les indications principales sont les manifestations psychologiques et somatiques de l'anxiété, que celles-ci soient primitives ou secondaires à une affection. Une des situations les plus typiques est la prescription d'anxiolytique, par voie orale ou simultanément par voie orale et en IM, dans le cadre de l'urgence, pour une crise d'angoisse. Mais, le plus souvent, la prescription est faite en dehors de ce contexte.
– L'utilisation actuelle des benzodiazépines semble validée dans certaines pathologies :
  • les états anxieux aigus et récents : dans le cas où un effet thérapeutique rapide est nécessaire, cette indication justifie d'un traitement de quelques jours,
  • les réactions anxieuses secondaires à des événements traumatisants : le traitement n'excède alors pas une ou deux semaines,
  • les états d'anxiété généralisée.
– Les facteurs pronostiques favorables pour le traitement sont :
  • une personnalité stable,
  • une anxiété importante et récente,
  • une absence de symptomatologie obsessionnelle ou dépressive,
  • une somatisation marquée, en particulier au niveau musculaire.

3. Les grandes classes médicamenteuses

Les benzodiazépines
– Au moment où la France présente le privilège d'être (avec la Belgique) le premier consommateur mondial de benzodiazépines et au terme de près de trente années d'utilisation durant lesquelles elles ont été perçues comme la panacée, cette catégorie médicamenteuse a été récemment mise au banc des accusés. Les benzodiazépines sont actuellement les produits les plus prescrits. Elles ont remplacé les barbituriques (dont l'indication est maintenant réduite au traitement de la comitialité) et les carbamates du fait de leur grande efficacité dans l'anxiété et les troubles du sommeil, de leur faible toxicité et du risque moindre de dépendance. Ceci explique en partie leur succès (en France, entre 1981 et 1988, la prévalence d'utilisation des benzodiazépines sur un an a été d'environ 15 %) qui devait entraîner la commercialisation de nombreuses molécules (26 molécules de ce type présentes dans le Vidal en 1994 dont 17 comme anxiolytiques, 8 comme hypnotiques et 1 comme anticonvulsivante).
– Les interactions avec le métabolisme hépatique peuvent entraîner des modifications d'activité dans le sens d'une diminution en cas d'induction par les barbituriques ou d'une augmentation en cas d'inhibition par la cimétidine (**Tagamet**), le disulfiram (**Espéral**) ou l'ingestion concomitante d'alcool.
– Toutes les benzodiazépines ont approximativement, à posologie comparable, le même spectre d'activité et les mêmes effets secondaires. Par contre, leurs délais d'action diffèrent

car ils dépendent de la voie d'administration et des caractéristiques pharmacocinétiques. C'est ainsi que se différencient les benzodiazépines commercialisées comme anxiolytiques, hypnotiques ou anticonvulsivantes.

Les carbamates

– Le deuxième groupe est représenté par les carbamates dont les activités sont voisines de celles des benzodiazépines. Le méprobamate (**Equanil**) est présent dans de nombreuses associations : **Mépronizine**, **Tensitral**, **Vasocalm**, voire même associé avec des barbituriques : **Atrium**.

Les dérivés des purines

– Actuellement, on assiste à la sortie de nouvelles molécules dérivées des purines, comme la zopiclone (**Imovane**) ou le zolpidem (**Stilnox**) qui agissent sur les récepteurs aux benzodiazépines, sans être des benzodiazépines.

La buspirone

– Cette molécule n'agit pas sur les récepteurs aux benzodiazépines (c'est un agoniste des récepteurs 5HT1A et D2) et elle a un profil pharmacologique différent des benzodiazépines (pas de modification du seuil épileptogène, pas d'effet myorelaxant, pas d'interaction avec l'acool).
– Elle a une demi-vie de 2 à 11 heures mais son action n'est pas immédiate (une à deux semaines).

Les bêta-bloquants

Les bêta-bloquants (propranolol) ont une action sur les manifestations périphériques végétatives de l'anxiété mais probablement aussi une action centrale.

Les autres produits : **Stresam**, **Atarax**.

4. Les contre-indications

– En pratique les contre-indications absolues sont l'insuffisance respiratoire ou hépatique, la myasthénie, les apnées du sommeil, l'allergie antérieure avec les benzodiazépines.
– Les contre-indications relatives sont :
  • l'alcoolisme, la toxicomanie, l'anxiété ou insomnie chronique, l'anxiété dominée par l'asthénie et les troubles cognitifs, le grand âge,
  • les risques d'interactions avec l'alcool et les autres substances sédatives dont le patient doit être informé.
– Mais les risques encourus sont principalement ceux liés à une utilisation prolongée c'est-à-dire :
  • le rebond et la dépendance qui apparaissent manifestes lors de l'arrêt brutal du traitement avec une recrudescence de l'anxiété importante (30 à 40 % des patients traités en continu depuis plus de 6 mois) et cela d'autant plus que la durée et la posologie du traitement ont été importantes, qu'il existe une autre dépendance (alcoolique) et des troubles de la personnalité,
  • les altérations psychomotrices et cognitives avec notamment des troubles mnésiques lors de traitements au long cours. Ces troubles peuvent entraîner certains risques d'accidents automobiles chez les personnes actives et de fractures du col du fémur chez les personnes âgées.

5. Les règles de prescription et les interférences

– Un arrêté du 7 octobre 1991 fixe la liste des molécules à propriétés hypnotiques et/ou anxiolytiques dont la durée de prescription est réduite : de **4 semaines** pour les médicaments **à propriétés hypnotiques**, et de **12 semaines** pour les médicaments **à propriétés anxiolytiques**.

Le choix d'un anxiolytique ne correspond pas à des règles précises. L'un des facteurs les plus importants à prendre en compte est la demi vie :

— Une demi vie longue réduit le nombre de prises, diminue les problèmes de sevrage mais risque d'entraîner accumulation et somnolence.
— Une demi courte évite les risques d'accumulation et de somnolence mais impose un plus grand nombre de prises et risque d'induire plus de phénomènes de sevrage lors de l'interruption.

Les plus prescrits sont les benzodiazépines. Les carbamates ont une demi-vie courte et une grande rapidité d'action mais ils semblent posséder une toxicité plus importante.

Il est souhaitable de recommander des règles simples de prescription :

— Les anxiolytiques sont des traitements symptomatiques de l'anxiété (nécessité d'un soutien ou d'un traitement psychothérapique).
— Début à des doses minimales et progressivement augmentées.
— Posologie faible surtout si le sujet est âgé.
— Durée de prescription courte (inférieure à 3 mois).
— Pas de renouvellement de prescription sans envisager les autres alternatives et sans prévenir les patients du risque de dépendance.
— Un arrêt progressif du traitement surtout si la posologie a été élevée et la durée du traitement longue (risque de réapparition transitoire des symptômes initiaux).

6. Les éléments de surveillance

— Suivi des performances psychomotrices et cognitives, notamment chez le sujet âgé, lors de traitements prolongés (troubles de la mémoire).
— Les traitements devant être transitoires, se pose le problème de la prise en compte du sevrage (qui est surtout préventif) et consiste en un principe d'arrêt progressif dont la stratégie de réduction doit :
  • d'abord être qualitative (multiplication du nombre des prises sans augmentation de la quantité totale administrée),
  • puis quantitative avec une diminution de moins de 25 %, par paliers d'une durée minimale de 15 à 18 jours et aménagés en fonction de la symptomatologie.
— A cet arrêt progressif on peut associer :
  • soit une substitution médicamenteuse : carbamazépine (**Tégrétol**), mais d'autres produits peuvent être envisagés comme l'imipramine (**Tofranil**), la buspirone (**Buspar**), voir le flumazénie (**Anexate**),
  • soit des mesures cognitivo-comportementales (relaxation, technique d'exposition, contrôle respiratoire et groupes d'entraide).

Arrêté du 7 octobre 1991 fixant les substances de la liste I des substances vénéneuses à propriétés hypnotiques et/ou anxiolytiques dont la durée de prescription est réduite.

Il est établi une différence entre les produits par rapport à la durée de prescription autorisée. Celle-ci ne peut être supérieure à **12 semaines** pour les médicaments contenant des substances à propriétés **anxiolytiques** (ainsi que leurs sels) inscrites sur la deuxième partie de l'annexe. Il est bien précisé que ces substances sont concernées dans la mesure où elles sont à des doses et des concentrations non exonérées (sont exonérées les doses et les concentrations reconnues comme non actives dans ces indications).

Les spécialités concernées sont :

alprazolam :	**Xanax**
bromazépam :	**Lexomil**
buspirone :	**Buspar**
chlorediazépoxide :	**Librium**
clobazam :	**Urbanyl**
clorazépate dipotassique :	**Tranxène**
clotiazépam :	**Vératran**
diazépam :	**Novazam, Valium**
loflazépate d'éthyle :	**Victan**
étifoxine :	**Stresam**
hydroxyzine :	**Atarax,**
lorazépam :	**Témesta**
méprobamate :	**Equanil, Méprobamate Richard**
nordazépam :	**Praxadium**
prazépam :	**Lysanxia**
proxibarbital :	**Centralgol**
tofisopam :	**Sériel**

Type de produit	Type de durée d'action
alprazolam – **Xanax**	moyenne (12 à 15 heures)
bromazépam – **Lexomil**	longue (20 heures)
clobazam – **Urbanyl**	longue (> 20 heures)
clonazépam – **Rivotril**	longue (32 à 38 heures)
clorazépate dipotassique – **Tranxène**	transformation très rapide en nordazépam et en oxazépam dont la durée d'action est très longue (30 à 90 heures)
diazépam – **Valium**	longue (35 heures)
lorazépam – **Témesta**	moyenne (12 heures)
méprobamate – **Equanil**	moyenne (6 à 16 heures)
nordazépam – **Nordaz, Praxadium**	très longue (65 heures)
oxazépam – **Séresta**	courte (8 heures)
prazépam – **Lysanxia**	« pro-drug » dont le métabolite à une durée de vie très longue (65 heures)
tofizopam – **Sériel**	courte (8 heures)

NOUVEAU

Comment prescrire un antidépresseur ?

Dr P. MORAND, Pr M. FERRERI

1. Avant de prescrire

La démarche diagnostique

— Les antidépresseurs sont prescrits le plus souvent dans le cas d'une dépression, pathologie qui concerne 20 % des individus. Le diagnostic de dépression est posé devant la présence d'une humeur dépressive, ou d'une perte d'intérêt ou de plaisir depuis au moins deux semaines, toute la journée et tous les jours. On constate également des troubles instinctuels (perturbations du sommeil, de l'appétit, de la sexualité), des troubles cognitifs (défauts de vigilance, de concentration, de mémoire), une vision péjorative de l'avenir, et parfois des pensées de mort récurrentes. Ces troubles entraînent une altération du fonctionnement affectif, social et professionnel. Il est nécessaire d'éliminer une pathologie somatique, en particulier une hypothyroïdie ou une maladie de Parkinson. Une démence ne peut être retenue qu'après un traitement antidépresseur d'épreuve.

— Certains médicaments antidépresseurs sont également indiqués dans les troubles anxieux (trouble obsessionnel, compulsif ou TOC, attaque de panique qui est un équivalent anglo-saxon de la spasmophilie, syndrome de stress post-traumatique, anxiété généralisée + phobies), les boulimies, les troubles du sommeil, les troubles sexuels (éjaculation précoce), l'énurésie, les sevrages (drogue, alcool, tabac), les douleurs (en particulier les migraines), la narcolepsie.

2. Les bonnes indications

Le choix de la molécule dépend :

— Des contre indications et de la survenue d'éventuels effets indésirables (limités avec les antidépresseurs de seconde génération).

— De la sémiologie dépressive :
- antidépresseurs sérotoninergiques si impulsivité et hostilité,
- antidépresseurs sédatifs si anxiété majeure, ou si antécédents de virage maniaque,
- antidépresseurs stimulants si ralentissement psychomoteur important.

— Des réponses aux traitements antérieurs.

— De la forme galénique disponible.

3. Les grandes classes médicamenteuses

— Les antidépresseurs tricycliques (**Anafranil**, **Tofranil**, **Pertofran**, **Surmontil**, **Laroxyl**) sont les plus anciens. Les deux derniers sont les plus sédatifs. Le **Stablon** est un tricyclique atypique.

– Les inhibiteurs de la mono-amine-oxydase (IMAO), dont certains spécifiques et rapidement réversibles (**Humoryl**, **Moclamine**), sont beaucoup plus maniables.
– Les antidépresseurs de deuxième génération (ni tricycliques, ni IMAO) sont prescrits en première intention en ambulatoire en raison de leurs contre-indications et effets indésirables limités. Ils regroupent les inhibiteurs sélectifs de la recapture de la sérotonine (**Floxyfral**, **Prozac**, **Deroxat**, **Seropram** et bientôt **Zoloft**), ainsi que certaines molécules originales (**Athymil**, **Vivalan**, **Pragmarel**, **Cledial**, **Conflictan**).

4. Les contre-indications

– Elles concernent essentiellement les tricycliques. Les contre-indications absolues sont l'adénome de la prostate et le glaucome à angle fermé. Les antécédents d'infarctus récent, de troubles du rythme et d'insuffisance coronaire nécessitent un avis cardiologique (et un électrocardiogramme).
– Le relais des IMAO non sélectifs par une autre classe médicamenteuse impose une fenêtre thérapeutique de deux semaines. A l'inverse, le passage du **Prozac** aux IMAO nécessite 5 semaines de fenêtre en raison de la longue demi-vie de **Prozac**. Tous les médicaments sont classiquement contre-indiqués en cas de grossesse et d'allaitement, mais leur tératogénicité n'est pas prouvée.

5. Les règles de prescription et les interférences

– Traitement ambulatoire si l'intensité des symptômes et l'absence de risque suicidaire le permettent. Sinon, hospitalisation en psychiatrie, en service libre si possible.
– Préférer la monothérapie antidépressive dans un premier temps.
– Posologie médicamenteuse efficace, mais posologie la plupart du temps divisée par 2 ou 3 dans les troubles anxieux au long cours, et multipliée par 2 à 3 dans les TOC et les boulimies.
– Administration per os de préférence, car il n'y a pas de bénéfice démontré de la forme parentérale, sauf sur le plan du nursing.
– Durée de traitement suffisante (délai d'action supérieur à trois semaines pour la dépression, à 2 mois pour les attaques de panique, à 2 à 3 mois pour les TOC).
– Les traitements médicamenteux associés (tranquillisants, hypnotiques et correcteurs) ne sont pas systématiques :
  • si anxiété : benzodiazépines, antihistaminiques, agonistes sérotoninergiques, neuroleptiques sédatifs,
  • si insomnie : hypnotiques,
  • traitement symptomatique éventuel de la constipation, de la bouche sèche (**Sulfarlem S25,** 2 × 3), de l'hypotension orthostatique (**Hept-A-Myl,** 2 cp × 3), des tremblements (bêta-bloquants d'action périphérique),
  • si nausées prendre le comprimé au milieu ou en fin d'un repas.
– Le soutien psychothérapique est indispensable d'emblée. La mise en place d'une psychothérapie plus spécifique cognitivo-comportementale ou analytique est à évaluer dans un second temps.
– Les autres traitements qu'on peut associer (thymorégulateurs comme le lithium, la carbamazépine ou le vapromide, photothérapie dans les dépressions saisonnières) sont à évaluer en fonction de la résistance et de la récurrence des accès, d'une part, et du profil du trouble thymique (existence d'accès maniaques), d'autre part.

6. Les éléments de surveillance

- Amélioration des symptômes dépressifs.
- Mise à distance du risque suicidaire.
- Amélioration des manifestations somatiques (appétit, sommeil, sexualité).
- Absence d'évolution maniaque.
- En cas d'inefficacité thérapeutique :
  - vérifier que l'observance thérapeutique est correcte (liée souvent aux effets secondaires indésirables),
  - si le délai d'action et la posologie efficace sont respectés, on peut changer de médicament (y compris au sein d'une même classe), ou associer deux antidépresseurs (par exemple un sérotoninergique le matin et 75 mg de tricyclique le soir).
- La durée de prescription des antidépresseurs est de 4 à 12 mois pour une dépression. La posologie est progressivement diminuée.

Produit	Présentation et dosage	Posologie en mg/j
TRICYCLIQUES		
Anafranil	cp à 10-25-75 mg	50 à 200 mg/j
Defanyl	cp à 50-100 mg, sol à 5 %	200 à 400 mg/j
Laroxyl	cp à 25-50, sol buv à 4 %, amp inj à 50 mg	50 à 200 mg/j
Pertrofran	cp à 25 mg	50 à 200 mg/j
Prothiaden	gél à 25 mg, cp à 75 mg	50 à 200mg/j
Stablon	cp à 12,5 mg	37,5 mg/j
Surmontil	cp à 25-100 mg, sol buv à 4 %, amp inj à 25 mg	50 à 200 mg/j
Tofranil	cp à 10-25 mg	50 à 200 mg/j
TÉTRACYCLINES		
Ludiomil	cp à 25-75 mg, sol buv à 2 %, amp inj à 25 mg	50 à 200 mg/j
INHIBITEURS SÉLECTIFS DE LA RECAPTURE DE LA SÉROTONINE		
Déroxat	cp à 20 mg	20 à 40 mg/j
Floxyfral	cp à 50-100 mg	100 à 300 mg/j
Prozac	gél à 20 mg	10 à 40 mg/j
Seropram	cp à 20 mg	20 à 40 mg/j
INHIBITEURS DE LA MONO-AMINE-OXYDASE (IMAO)		
– CLASSIQUES		
Marsilid	cp à 50 mg	50 à 100 mg/j
Niamide	cp à 25 mg	100 à 300 mg/j
– SÉLECTIFS ET RÉVERSIBLES		
Humoryl	gél à 200 mg	600 mg/j
Moclamine	cp à 150 mg	300 à 600 mg/j
AUTRES PROFILS PHARMACOLOGIQUES		
Athymil	cp à 10-30 mg	60 à 90 mg/j
Cledial	cp à 50 mg	150 mg/j
Pragmarel	gél à 25 mg, cp à 100 mg, sol buv à 2,5 %	300 à 600 mg/j
Survector	cp à 100 mg	100 à 200 mg/j
Vivalan	cp à 100 mg, cp LP à 300 mg, amp inj à 100 mg	300 à 600 mg/j

Comment prescrire un antalgique non morphinique ?

Dr A. SERRIE, Dr A. LANGLADE

Les analgésiques périphériques sont des médicaments à action symptomatique qui agissent soit au niveau de la lésion, c'est-à-dire auprès des terminaisons libres de la peau, des muscles, des vaisseaux ou des viscères, soit sur les mécanismes de contrôle de l'information nociceptive et ils ont une action centrale. Les analgésiques périphériques constituent un groupe très hétérogène. Leur appellation « antalgiques mineurs », ne rend pas compte d'une puissance d'action égale voire supérieure à celle des antalgiques centraux morphiniques, au moins pour certains dérivés récents.

1. Avant de prescrire

Il faut préciser le caractère aigu ou chronique de la douleur ainsi que le mécanisme neurophysiologique de la douleur (voir « Comment prescrire un antalgique morphinique ? »).

2. Les bonnes indications

– Le paracétamol, dépourvu d'effets secondaires, est le médicament utilisé de première intention, aussi bien pour traiter les douleurs aiguës que les douleurs chroniques.
– Toutefois, lors des pathologies ayant une composante inflammatoire, les AINS et les dérivés salicylés sont plus appropriés du fait de leur effet anti-inflammatoire, renforçant leur action antalgique (affections dentaires, pathologies rhumatismales, affections de la sphère ORL, ou de la sphère gynécologique, traumatismes isolés).
– L'utilisation des formes injectables s'adressent surtout aux douleurs aiguës. Le traitement des douleurs chroniques cancéreuses passe par la prescription d'antalgiques périphériques qui représentent les premiers ou deuxièmes niveaux de l'échelle de l'O.M.S. qui régit la stratégie médicamenteuse de prescription des antalgiques. Les médicaments les plus fréquemment utilisés sont des associations comprenant du paracétamol et un morphinique faible : **Di-Antalvic** (gél à 400 mg de paracétamol et 30 mg de dextropropoxyphène et suppo à 450 mg de paracétamol et 150 mg de dextropropoxyphène), **Efferalgan codéine** (cp à 500 mg de paracétamol et 30 mg de codéine per os), **Propofan** (cp à 400 mg de paracétamol, 27 mg de dextropropoxyphène et caféine 30 mg per os), **Lamaline** (cp à 10 mg de poudre d'opium, 300 mg de paracétamol, 10 mg de belladone et 30 mg de caféine, suppo à 15 mg de poudre d'opium, 500 mg de paracétamol, 30 mg de belladone et 50 mg de caféine).
– L'aspirine garde une indication particulière dans le traitement des douleurs en rapport avec des métastases osseuses, à condition toutefois d'employer des doses élevées (6 g/24 h).
– Enfin, les AINS peuvent être utiles pour soulager la composante inflammatoire de ces douleurs.
– Le traitement des douleurs post-opératoires fait appel à l'administration d'antalgiques périphériques sous forme injectable.

3. Les grandes classes médicamenteuses

Leurs caractéristiques : les analgésiques purs

– Les dérivés de la 4 amino-quinoléine, la glaféinine : ce médicament n'est plus commercialisé du fait de l'apparition d'accidents allergiques graves.
– Les dérivés indoliques : l'**Acupan** (amp inj SC ou IM de 20 mg de nefopam/2 ml) appartient à la classe des benzoxazocines. Ce produit n'agit pas sur les cyclo-oxygénases.

Les analgésiques antipyrétiques

Deux sous groupes sont individualisés :
– Les dérivés du para-aminophénol : paracétamol et phénacétine.
– Les dérivés pyrazolés : phénylbutazone, noranidopyrine.

Les analgésiques anti-inflammatoires non stéroïdiens (AINS)

Plusieurs classes de médicaments sont répertoriés, selon leur formule chimique :
– Les dérivés de l'acide propionique : **Profénid** (cp à 50 mg, 100 mg ou LP à 200 mg, amp inj IM à 100 mg/5 ml).
– Les dérivés de l'acide acétique : **Indocid**, **Voltarène** (cp à 25 mg d'indométacine, suppo à 50 ou 100 mg d'indométacine).
– Les dérivés de l'oxicam : **Feldène** (gél à 10, 20 mg de piroxicam, amp inj IM à 20 mg, suppo à 20 mg, cp sécable à 20 mg).

Les salicylés

Ils possèdent à la fois des propriétés anti-inflammatoires et antipyrétiques. Ils posséderaient également une action sur d'autres médiateurs de l'inflammation.

Les dérivés du para-aminophénol : le paracétamol, la phénacétine

– Le paracétamol est, après l'aspirine, l'antalgique le plus utilisé dans le monde. Il possède une activité analgésique identique à l'aspirine. Il est également antipyrétique et il est peu actif sur l'inflammation. Il existe sous différentes formes galéniques et peut être administré par voie orale, rectale et parentérale. Le paracétamol peut être administré par voie rectale. Sa biodisponibilité est identique à celle de l'administration orale. Il peut être administré par voie intraveineuse : le **Pro-Dafalgan** (préparation inj de 1 g de proparacétamol libérant 500 mg de paracétamol ou préparation inj de 2 g de proparacétamol libérant 1 g de paracétamol) est un bioprécurseur du paracétamol. Chez l'adulte, la dose minimale efficace proposée est de 0,5 à 1 g par prise avec un intervalle d'au moins 4 heures. La posologie maximale est de 3 à 4 g par 24 heures. N'agissant qu'au niveau de la cyclo-oxygénase centrale, le paracétamol n'a aucun effet indésirable, ni sur la muqueuse gastrique, ni sur l'activité plaquettaire, ni sur la fonction rénale. Le paracétamol entre dans la composition de nombreuses spécialités destinées à la voie orale. Il peut être associé à un morphinique faible tel que la codéine. L'association utilisant un analgésique périphérique et un analgésique d'action centrale est tout à fait logique. L'association qui donne le meilleur rapport antalgie/effets secondaires est celle qui associe 500 mg de paracétamol et 30 mg de codéine.
– La phénacétine a une action antalgique comparable à celle du paracétamol. Les effets analgésiques et antipyrétiques de la phénacétine sont dus à ce principe actif et à son principal métabolite : le paracétamol. Ce produit est disponible sous forme orale et rectale, sa posologie est de 400 à 600 mg par jour en deux prises. Ces complications ont amené à abandonner sa prescription au profit du paracétamol.

Les dérivés pyrazolés : noramidopyrine et phénylbutazone

Ces médicaments sont des antalgiques antipyrétiques. Des accidents à type de choc anaphylactique peuvent se rencontrer essentiellement après injection parentérale. Pour ces raisons, il est fortement conseillé de les abandonner, ce d'autant plus que le nombre d'antalgiques périphériques pouvant les remplacer est important.

Les dérivés salicylés
Dans ce groupe de médicaments, deux produits sont utilisés comme antalgiques : l'acide acétylsalicylique et le diflunisal. L'acide acétylsalicylique (AAS) possède en plus de ses effets antalgiques une action anti-inflammatoire et une action antipyrétique **Aspégic** (poudre orale à 250 mg, 500 mg et 1 000 mg, forme nourrisson à 180 mg, amp inj IM ou IV à 0,5 g, amp inj IM ou IV à 1 g), **Solupsan** (cp à 500 mg exprimé en aspirine, 1 g), **Rhonal** (cp à 500 mg d'acide acétylsalycilique). L'AAS est utilisé comme antalgique à la posologie de 2 à 3 g/24 h, comme anti-inflammatoire à la dose de 4 à 6 g/24 h. Il est aussi employé pour sa fonction d'antiagrégant plaquettaire, à des doses faibles de l'ordre de 0,150 à 0,5 g/24 h. Le **Dolobis** (cp à 250 mg de diflunisal) : sa durée d'action est de 8 à 12 heures. Ce produit n'existe pas sous forme injectable. La posologie antalgique est de 1 g/24 h, réparti en deux prises. Lors de traitement prolongé, la dose quotidienne est de 0,5 à 1 g/24 h.

Les anti-inflammatoires non stéroidiens ou AINS
Plusieurs groupes sont à individualiser (voir Tableau 1). Leur durée d'action est variable. A côté des propriétés analgésiques, ces produits développent une activité anti-inflammatoire et ils sont donc utiles pour les douleurs dont la composante majeure est l'inflammation. Concernant la puissance analgésique, aucune étude n'a prouvé la supériorité d'un produit par rapport à un autre. L'**Indocid**, le **Voltarène** et le **Profénid** existent sous forme injectable et ils sont donc particulièrement intéressants pour le traitement des douleurs aiguës et/ou post-opératoires. Les incidents/accidents sont pratiquement identiques à ceux qui ont été décrits avec les salicylés. Les contre-indications des AINS sont donc les mêmes que celles des dérivés salicylés (voir Tableau 2).

Les antalgiques purs
Ces antalgiques, bien que ne possédant ni action anti-inflammatoire ni action antipyrétique, semblent procurer une action antalgique plus importante que celles des dérivés salicylés ou du paracétamol. Les dérivés de l'amino-4-quinoléine (**Glifanan**, **Stakane**, **Adalgur**) ont également été retirés du marché, ainsi que les dérivés indoliques (**Dupéran**).
L'**Acupan** (20 mg de néfopam) a une puissance équianalgésique à 5 à 12 mg de sulfate de morphine en post-opératoire. Son mécanisme d'action serait surtout central mais il ne met pas en jeu les récepteurs opiacés. Il n'existe que sous forme injectable. Cependant, son utilisation est restreinte car il procure lors d'une administration intraveineuse directe, une réaction parasympatholytique importante avec apparition de vertiges, de nausées, de sueurs, de sécheresse de la bouche, d'excitabilité et de tachycardie.

4. Les règles de prescription

Actuellement, deux modes d'utilisation des antalgiques périphériques sont bien définis. Ils peuvent être utilisés, soit seuls pour des douleurs d'intensité faible ou modérée, soit en association avec des produits d'une autre classe médicamenteuse comme les morphiniques pour les douleurs d'intensité plus importante. Ce sont les variations inter-individuelles, plus que les produits eux-mêmes ainsi que le type de la douleur, qui peuvent expliquer les différences. La façon de prescrire est capitale, l'analgésique n'est pas proposé à la demande, il doit être prescrit à horaire fixe de façon à prévenir la réapparition de la douleur, la fréquence des prises est calculée en fonction des données pharmacocinétiques. Si l'effet obtenu n'est pas suffisamment efficace, il est tout à fait licite de proposer un autre analgésique périphérique. En raison des grandes différences de sensibilité individuelle et malgré des mécanismes d'action voisins, un produit pourra être efficace, alors qu'un autre ne le sera pas. Le choix d'un médicament se fera en fonction des complications et effets délétères connus.
La puissance d'action de ces produits est globalement identique. Le paracétamol étant dépourvu d'effets secondaires, c'est donc logiquement l'antalgique qu'il faut utiliser de première

intention, aussi bien pour les douleurs aiguës que pour les douleurs chroniques. Pour les douleurs cancéreuses, il constitue le premier stade quelle que soit la sévérité apparente des douleurs. Lorsque la douleur est due à une pathologie qui s'accompagne d'une forte composante inflammatoire, il est licite d'avoir recours à un AINS. L'effet anti-inflammatoire est obtenu avec une posologie nettement supérieure à la posologie antalgique habituelle.

Plusieurs règles sont à respecter, pour obtenir une efficacité maximum :

- Pour le paracétamol, la dose optimale est de 1 g par prise ou de 20 mg/kg chez l'enfant.
- La prescription à horaire fixe est une nécessité. La durée d'action de ces antalgiques est comparable de 6 heures. Ce qui permet de proposer la prise trois ou quatre fois par jour.

Tableau 1
Récapitulatif des anti-inflammatoires les plus utilisés en pratique courante.

Classe médicamenteuse	**Produits**	**Posologie**	**Dose maximale**
Salicylés	Aspirine per os (poudre orale 250, 500, 1 000 mg) rectale (forme nourrisson 180 mg) IV (amp inj 0,5 ou 1 g)	25-80 mg/kg/24 h 25-80 mg/kg/24 h 10-25 mg/24 h	6000 mg
	Diflunisal ou **Dolobis** (cp à 250 mg)	1 g en dose de charge puis 250-500 mg ttes les 8-12 h	1500 mg
AINS Acide propionique	*Kétoprofène* ou **Profénid** (cp à 50, 100 mg ou LP à 200 mg) per os, rectale, IV, IM (amp inj 100 mg/5 ml)	50-75 mg ttes les 3 h	300 mg
Acide Acétique	*Indométacine* ou **Indocid** per os (gél à 25 mg), rectale (suppo à 50 ou 100 mg)	25-30 mg ttes les 12 h	200 mg
	Diclofénac ou **Voltarène** per os (cp à 25 mg, 50 mg, LP à 100 mg), rectale (suppo à 25 mg, 100 mg) IV, IM (amp inj à 75 mg/3 ml)	25-75 mg ttes les 12 h	200 mg

5. Les éléments de surveillance et les contre-indications

— En ce qui concerne le paracétamol, le risque de nécrose hépatique n'existe que dans le cas d'intoxication aiguë, rare en France. Il survient pour des doses de 10 à 15 g chez l'adulte et de 150 mg/kg chez l'enfant, en une seule prise. Les seuls signes précoces de cette intoxication sont des nausées et vomissements, suivis dans les 12 heures par une perturbation des tests hépatiques (transaminases et lacticodéshydrogénases) et dans les 48 heures par un ictère. L'évolution peut alors se faire rapidement vers une encéphalopathie et un coma. Dans les cas favorables, la fonction hépatique redevient normale en 1 à 3 semaines. Le traitement doit être précoce (dans les 10 heures suivant l'intoxication) et comprend outre le lavage gastrique, l'administration intraveineuse de composés stimulant la synthèse de glutathion (N-acétyl-cystéine). De plus, les formes effervescentes sont susceptibles de limiter les risques d'intoxication car leur forte concentration sodée les rend émétiques.

- La phénacétine peut déclencher des anémies hémolytiques et favoriser la formation de méthémoglobine. De plus, son utilisation au long cours et à fortes doses (1 g/jour pendant trois ans) a entraîné chez certains patients le développement de néphropathies avec ou sans nécrose papillaire, de néphrite interstitielle secondaire suivie d'une insuffisance rénale sévère et irréversible.
- Les pyrazolés peuvent entraîner une réaction immuno-allergique grave puisque potentiellement mortelle. La survenue de l'accident est indépendante de la dose et de la durée du traitement. L'agranulocytose qui en découle se manifeste dans les heures, parfois dans les jours, qui suivent une prise minime (un demi comprimé). Cette agranulocytose est mortelle dans 10 % des cas. Le mécanisme immunitaire a été démontré par la mise en évidence dans le sérum des patients ayant fait un accident hématologique, des leucoagglutinines appartenant aux fractions IgG et IgM.
- Les salicylés, du fait de leur action sur la cyclo-oxygénase périphérique, sont à la source d'effets secondaires importants survenant le plus souvent après des administrations prolongées ou chez des sujets exposés. Ce sont des effets intestinaux allant de simples gastralgies à la survenue d'hémorragie digestive ; des effets sur les prostaglandines rénales, provoquant une vasoconstriction glomérulaire et une diminution du flux sanguin rénal pouvant aboutir à une insuffisance rénale (importante si existe une insuffisance rénale et/ou si le bilan hydrosodé est négatif ; des troubles de l'hémostase, cet effet survient dès la posologie de 150 mg/24 h ; des phénomènes allergiques. Ils sont le plus souvent bénins (éruption cutanée) mais des accidents graves peuvent se voir à type d'asthme, d'oedème de Quincke, de choc anaphylactique et de syndrome de Lyell. Il existe une allergie croisée avec les AINS. Chez l'enfant, la prise d'AAS au cours d'une infection virale pourrait favoriser la survenue d'un syndrome de Reye (troubles digestifs avec vomissements, insuffisance hépatocellulaire et encéphalopathie aiguë). Sa fréquence est faible (0,7 pour 100 000 enfants) mais la mortalité est élevée (10 à 41 % selon les publications). La tendance actuelle, dans le traitement antipyrétique des affections virales en pédiatrie est d'utiliser de préférence le paracétamol.
- Le respect des contre-indications (voir Tableau 2) est impératif pour éviter l'apparition des incidents/accidents de ces médicaments.

Tableau 2

Précautions d'emploi et contre-indications des antalgiques anti-inflammatoires : AINS et salicylés.	
* Antécédents gastro-duodénaux	* Hypersensibilité avérée aux AINS ou aux salicylés
* Insuffisance rénale	* Asthme
* Sujets en état d'hypovolémie	* Sujets âgés
* Sujets déshydratés	* Grossesse
* Insuffisance hépato-cellulaire	* Lactation
* Insuffisance cardiaque	
* Patients présentant des troubles de l'hémostase	
* Traitement anticoagulant (risque d'hématome lors d'injection par voie IM)	

SKENAN® LP

sulfate de morphine

10 mg - 30 mg - 60 mg - 100 mg

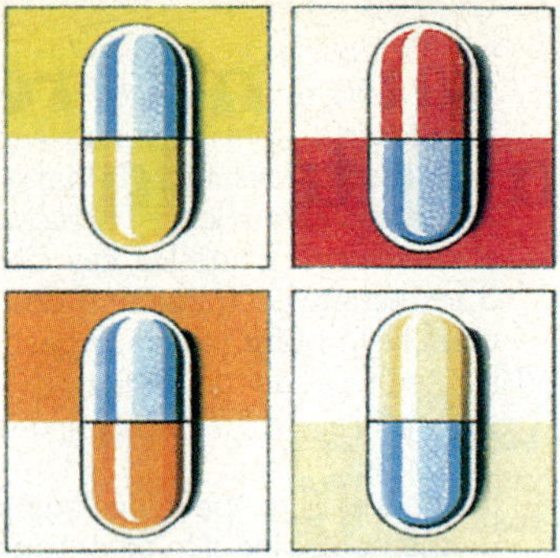

Formes et présentations : Boîte de 14 gélules. Skenan® LP 10 mg : Gélules à libération prolongée, boîte de 14 gélules jaune incolore. Skenan® LP 30 mg : Gélules à libération prolongée, boîte de 14 gélules rose incolore. Skenan® LP 60 mg : Gélules à libération prolongée, boîte de 14 gélules orangé incolore. Skenan® LP 100 mg : Gélules à libération prolongée, boîte de 14 gélules blanc incolore. **Composition :** Skenan® LP 10 mg : Sulfate de morphine, par gélule 10 mg, par boîte 140 mg. Skenan® LP 30 mg : Sulfate de morphine, par gélule 30 mg, par boîte 420 mg. Skenan® LP 60 mg : Sulfate de morphine, par gélule 60 mg, par boîte 840 mg. Skenan® LP 100 mg : Sulfate de morphine, par gélule 100 mg, par boîte 1 400 mg. **Excipient pour une gélule :** Saccharose, amidon de maïs, polyoxyéthylèneglycol 4000, aquacoat ECD 30, dibutyl sébaçate, talc. **Enveloppe de la gélule :** Skenan® LP 10 mg : Gélatine-dioxyde de titane, jaune de quinoléine. Skenan® LP 30 mg : Gélatine-dioxyde de titane, érythrosine. Skenan® LP 60 mg : Gélatine-dioxyde de titane, jaune orangé S. Skenan® LP 100 mg : Gélatine-dioxyde de titane. **Propriétés :** Analgésique central. **Action sur le système nerveux central :** La morphine est dotée d'une action analgésique ; elle agit sur le comportement psychomoteur ; selon les doses, elle provoque sédation (> 1 cg) ou parfois excitation (< 1 cg). A doses fortes, supérieures aux doses analgésiques, elle entraîne somnolence et sommeil. Elle a une action psychodysleptique caractérisée par l'apparition d'un état euphorique, voire dysphorique. C'est une substance toxicomanogène, entraînant des phénomènes de tolérance et de dépendance physique et psychique. Sur les centres respiratoires, la morphine exerce, dès la dose thérapeutique, une action dépressive. Elle déprime les centres de la toux et agit sur le centre du vomissement : à faible dose et chez les sujets n'ayant jamais reçu de morphine, elle a un effet émétisant. A doses plus fortes et avec la répétition des administrations, elle a une action anti-émétique. La morphine provoque enfin un myosis d'origine centrale, signe d'intoxication chronique. **Action sur le muscle lisse :** La morphine diminue le tonus et le péristaltisme des fibres longitudinales et augmente le tonus des fibres circulaires, ce qui provoque un spasme des sphincters (pylores, valvule iléo-caecale, sphincter anal, sphinter d'Oddi, sphincter vésical). La traduction clinique de cette action est l'apparition d'une constipation, une augmentation de la pression dans les canaux biliaires, la création de spasmes au niveau des voies urinaires. **Indications :** Douleurs chroniques intenses et/ou rebelles aux autres antalgiques, en particulier d'origine cancéreuse. **Contre-indications :** insuffisance respiratoire, syndrome abdominal aigu d'étiologie non connue, insuffisance hépato-cellulaire grave, traumatismes crâniens et hypertension intra-crânienne, état convulsif, intoxication alcoolique aiguë et delirium tremens, enfants de moins de 30 mois, traitement par les IMAO. **Mise en garde :** La morphine est un stupéfiant pouvant entraîner une toxicomanie : dépendance physique et psychique ainsi que tolérance (accoutumance) se développent à la suite d'administrations répétées. L'arrêt brutal du traitement prolongé entraîne un syndrome de sevrage. L'attention des sportifs est attirée sur le fait que cette spécialité contient un principe actif pouvant induire une réaction positive des tests pratiqués lors des contrôles antidopage. **Précautions d'emploi : Utiliser avec précaution :** chez le vieillard ; en cas d'insuffisance hépatique et/ou rénale, hypothyroïdie, insuffisance surrénalienne, choc ; en cas de pathologie urétro-prostatique, risque de rétention urinaire ; grossesse. En raison du passage trans-placentaire rapide : ne pas utiliser ce produit durant la 2e partie du travail (au-delà de 4 à 5 cm de dilatation du col) et en cas de prématurité, car risque de dépression respiratoire secondaire néo-natale ; en cas de toxicomanie chez la mère : syndrome de privation chez le nouveau-né avec convulsions, irritabilité, vomissements, léthalité accrue. **Vigilance et conduite :** En raison de la baisse de vigilance induite par ce médicament, l'attention est attirée sur les risques liés à la conduite d'un véhicule et/ou à l'utilisation d'une machine. **Effets indésirables :** Les effets indésirables les plus communs aux doses habituelles sont : nausées, constipation, confusion et occasionnellement vomissement. On peut également noter : sédation ou excitation (plus spécialement chez le vieillard, avec délire et hallucinations) ; augmentation de la pression intra-crânienne, pouvant aggraver des troubles cérébraux existants ; augmentation de la pression dans la voie biliaire principale ; rétention urinaire en cas d'adénome prostatique ou de sténose urétrale ; une dépression respiratoire modérée existe même aux doses thérapeutiques. En cas de surdosage, elle peut être sévère, grave, voire mortelle. Dépendance physique et psychique : elle peut apparaître après administration de doses thérapeutiques pendant une à deux semaines. Des cas de dépendance ont pu être observés après deux à trois jours seulement. Syndrome de privation : il survient quelques heures après l'arrêt d'un traitement prolongé et atteint un maximum entre la 36e et la 72e heure. On observe : bâillement, mydriase, larmoiement, rhinorrhée, éternuement, contractions musculaires, céphalées, asthénie, sudation, anxiété, irritabilité, insomnie, agitation, anorexie, nausées, vomissement, perte de poids, diarrhée, déshydradation, douleurs des membres, crampes abdominales et musculaires, tachycardie, polypnée, hyperthermie, hypertension. **Posologie et mode d'administration :** Les gélules doivent être avalées sans être croquées. Chez l'adulte, la posologie préconisée est de 1 gélule 2 fois par jour à 12 heures d'intervalle. La posologie varie selon la sévérité des douleurs et les traitements analgésiques antérieurement reçus par le malade. Coût du traitement journalier : 4,30 F (10 mg) - 8,76 F (30 mg) - 16,64 F (60 mg) - 23,84 F (100 mg). En cas de douleurs persistantes ou d'accoutumance à la morphine, la posologie peut être augmentée en prescrivant les gélules à 10 mg, 30 mg, 60 mg et 100 mg en une seule prise, diversement associées les unes aux autres ou non, pour obtenir le soulagement désiré. Chez les patients recevant au préalable une morphine « per os » à libération immédiate, la posologie quotidienne de sulfate de morphine sera inchangée, mais répartie en 2 prises à 12 heures d'intervalle. Pour les patients auparavant sous traitement de morphine par voie parentérale, la posologie doit être suffisamment augmentée pour compenser toute diminution de l'effet analgésique du produit due à l'administration par voie orale. L'augmentation de la posologie peut varier de 50 % à 100 %. Le dosage se fera individuellement en fonction de chaque patient. Pour les patients ne pouvant avaler les gélules, on peut administrer le contenu des gélules directement dans une alimentation semi-solide (purée, confiture, yaourt), ou dans des sondes gastriques ou de gastrostomie de diamètre supérieur à 16 F.G à extrémité distale ouverte ou à pores latéraux. Un rinçage de la sonde avec 30 à 50 ml d'eau est suffisant. **Condition de délivrance : Stupéfiants - Règle des 28 jours :** AMM 333 235-2 Skenan® LP 10 mg (14 gélules de 10 mg), prix : 30,10 F (boîte de 14 gélules). AMM 333 236-9 Skenan® LP 30 mg (14 gélules de 30 mg), prix : 61,30 F (boîte de 14 gélules). AMM 333 237-5 Skenan® LP 60 mg (14 gélules de 60 mg), prix : 116,50 F (boîte de 14 gélules). AMM 333 238-1 Skenan® LP 100 mg (14 gélules de 100 mg), prix : 166,90 F (boîte de 14 gélules). Date d'octroi des AMM : 1991 - Mise sur le marché : 1991. Remb. Séc. Soc. à 65 % - Collect. **Laboratoires UPSA, 128, rue Danton - 92500 Rueil-Malmaison. Tél. (1) 47.16.87.72 et 47000 Agen.** Pour toutes informations complémentaires, cf. Vidal.

UPSA
laboratoires

Comment prescrire un antalgique morphinique ?

Dr A.SERRIE, Dr C.THUREL

La prescription et l'utilisation des analgésiques centraux répond à des règles qui sont aujourd'hui bien codifiées. Comme leur nom l'indique, ils sont caractérisés par leur action au niveau des centres nerveux, ce qui explique non seulement l'effet pharmacologique recherché et attendu, mais aussi la survenue potentielle d'effets secondaires. La connaissance de ces derniers ainsi que leur prévention grâce à des règles simples ne doit pas faire limiter leur usage, en particulier dans les douleurs en rapport avec un processus cancéreux.

1. Avant de prescrire

– Devant un patient qui souffre de douleurs en rapport avec une lésion cancéreuse, il est nécessaire :
  - d'inventorier tous les syndromes douloureux,
  - d'affirmer le caractère aigu ou chronique,
  - de rechercher l'étiologie,
  - d'analyser la douleur de façon sémiologique,
  - de connaître le mécanisme neurophysiologique,
  - de connaître les différentes localisations existantes et de déceler celles qui vont s'exprimer,
  - de mesurer l'intensité de la douleur,
  - de recenser les traitements qui ont été entrepris et d'apprécier leur résultat.

– Au terme de ce bilan, on dispose d'une véritable cartographie des syndromes douloureux. La mise en oeuvre d'une thérapeutique antalgique, quelle qu'elle soit, ne peut être envisagée qu'après analyse sémiologique de la douleur et des mécanismes responsables :
  - les douleurs par excès de nociception : activation du système de transmission des messages nociceptifs par stimulation excessive des récepteurs périphériques mis en jeu par des processus lésionnels, inflammatoires ou ischémiques. Les analgésiques périphériques et centraux seront utilisés selon les recommandations de l'O.M.S. (fig. 1),
  - les douleurs de désafférentation : diminution d'activité des afférences primaires qui entraînent un fonctionnement non contrôlé du système de transmission. Elles répondent mieux aux médicaments psychotropes, aux anti-épileptiques, à la stimulation électrique externe transcutanée,
  - les douleurs mixtes (nociception, désafférentation) : très fréquemment en pratique, le problème étiopathologénique est encore compliqué par le retentissement psychologique et psychosocial de la maladie.

2. Les bonnes indications

Dans le cadre de l'urgence, le traitement des douleurs aiguës a longtemps été restreint. La peur de masquer les signes cliniques nécessaires au diagnostic étiologique reste la principale raison expliquant la récitence des équipes médicales à traiter efficacement ces douleurs. Cette attitude aboutit, dans la plupart des cas, à pérenniser le syndrome douloureux, réduisant l'efficacité des thérapeutiques antalgiques ultérieures.

– Le choix de la technique et de la substance antalgique est effectué en tenant compte :
  • de l'état respiratoire et hémodynamique du patient. Par exemple, lors de traumatisme thoracique, l'utilisation de morphiniques implique que les fonctions respiratoires soient ou puissent être contrôlées rapidement. Lors d'état hémodynamique instable, l'emploi de **Fentanyl** doit être préféré à celui de la morphine,
  • de leur retentissement sur une analgésie ultérieure : tous les produits antalgiques utilisés devront être signalés, de façon précise, au médecin anesthésiste devant effectuer, si besoin, une anesthésie générale.
– En pratique préhospitalière, comme en pratique hospitalière, deux produits sont couramment utilisés : la morphine et le **Fentanyl**. Il est indispensable de pouvoir contrôler les besoins en antalgiques du patient par la technique de « titration ».
– La titration s'effectue par voie veineuse, qui a l'avantage d'assurer une action rapide. De faibles doses de morphiniques sont injectées à intervalles réguliers jusqu'à obtention d'un certain soulagement de la douleur, tout en évitant l'apparition d'une sédation ou d'une dépression de la ventilation. Ultérieurement, l'analgésie est entretenue par de faibles doses répétées de morphiniques, fonction de la quantité initiale qui a été nécessaire pour traiter le patient. En pratique, la morphine est le produit le plus utilisé, en bolus de 1 à 2 mg toutes les 5 à 10 minutes.
– L'intérêt de la voie intraveineuse est la garantie de l'efficacité, comparée à la voie intramusculaire ou sous-cutanée qui, dans le contexte de l'urgence, offre le plus souvent une réabsorption plasmatique aléatoire. D'autre part, l'analgésie obtenue par cette technique est de courte durée : la cessation des réinjections permet de lever rapidement l'analgésie et les effets secondaires. Enfin l'analgésie peut être facilement poursuivie par une anesthésie, en cas d'intervention chirurgicale.

Les morphiniques autres que la morphine

– Le **Fentanyl**, de part sa grande liposolubilité, a un délai d'action et une durée d'action plus courts que ceux de la morphine. Il a également une puissance d'action 50 fois supérieure à la morphine. Le risque de survenue d'une dépression respiratoire est plus important même pour de faibles doses.
– En pratique de médecine d'urgence, le *buprénorphine* (**Temgésic**) est souvent utilisée. Cet agoniste partiel est caractérisé par un effet plafond : à partir d'une dose seuil, l'augmentation de la posologie n'entraîne plus d'augmentation de l'analgésie. Avec ce produit, la survenue d'une dépression respiratoire revêt un caractère plus grave, car elle est difficilement réversible par l'antagoniste des morphiniques, la *naloxone* ou **Narcan**. C'est une des raisons qui conduit à déconseiller ce produit pour traiter les douleurs dans le cas de l'urgence.
– La *nalbuphine* (**Nubain**) a la même puissance d'action que la morphine et la même pharmacocinétique. Ce produit possède également un effet plafond rapide. Les mêmes remarques sont émises concernant la possibilité de survenue de la dépression respiratoire, celle-ci étant cependant antagonisée par le **Narcan**. La *nalbuphine* semble présenter un avantage supplémentaire par rapport aux agonistes partiels : son action sédative est plus importante, ce qui n'est pas négligeable en situation d'urgence.

La puissance d'action de ces produits est globalement identique. Le paracétamol étant dépourvu d'effets secondaires, c'est donc logiquement l'antalgique qu'il faut utiliser de première intention, aussi bien pour les douleurs aiguës que pour les douleurs chroniques. Pour les douleurs cancéreuses, il constitue le premier stade quelle que soit la sévérité apparente des douleurs. Lorsque la douleur est due à une pathologie qui s'accompagne d'une forte composante inflammatoire, il est licite d'avoir recours à un AINS. L'effet anti-inflammatoire est obtenu avec une posologie nettement supérieure à la posologie antalgique habituelle. Plusieurs règles sont à respecter, pour obtenir une efficacité maximum :

– Pour le paracétamol, la dose optimale est de 1 g par prise ou de 20 mg/kg chez l'enfant.

– La prescription à horaire fixe est une nécessité. La durée d'action de ces antalgiques est comparable de 6 heures. Ce qui permet de proposer la prise trois ou quatre fois par jour.
– En dehors des douleurs post-opératoires, les analgésiques morphiniques trouvent leur indication principale dans le traitement des douleurs en rapport avec une lésion cancéreuse. Dans ce cas, plusieurs principes doivent être respectés :

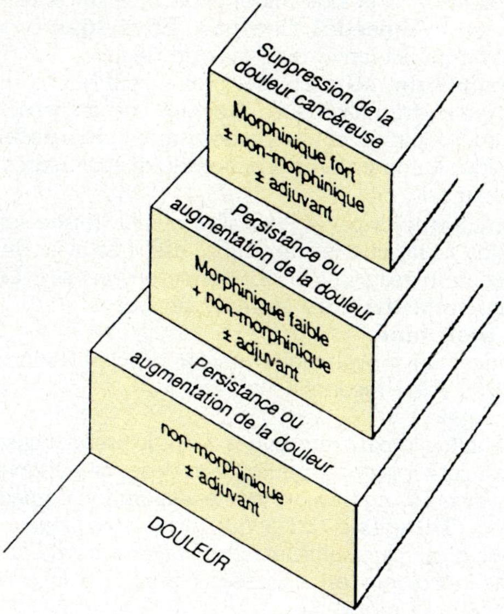

- il faut chercher à prévenir la douleur plutôt qu'à calmer les symptômes une fois qu'ils se manifestent,
- pour y arriver, il faut administrer régulièrement des doses optimales d'un antalgique approprié, sans attendre que le malade ne le demande,
- cette attitude qui atténue la crainte du malade devant la survenue d'une nouvelle crise, permet souvent de diminuer à terme la dose antalgique nécessaire,
- il faut traiter le malade en préservant une lucidité suffisante pour qu'il puisse communiquer avec ses proches et qu'il reste aussi autonome que possible,
- il faut traiter également les autres symptômes (nausées, vomissements, incontinence, constipation, diarrhée, faiblesse, insomnie, dyspnée...) et en particulier les facteurs psychologiques susceptibles d'aggraver la douleur : anxiété, dépression, fatigue.

3. Les grandes classes médicamenteuses

L'O.M.S. distingue trois antalgiques de base : l'aspirine, la codéine et la morphine. Leur prescription et leur posologie sont fonction de l'intensité de la douleur et de son évolution dans le temps.

Les antalgiques centraux mineurs (douleur d'intensité modérée)

– **La codéine** : elle est inscrite sur la liste des stupéfiants (ancien tableau B ou tableau des stupéfiants). La codéine est dix à vingt fois moins efficace que la morphine. Sa durée d'action est de quatre heures. L'effet antalgique maximum est obtenu avec une dose de 60 mg de codéine per os. La codéine peut se prescrire seule sous forme de dihydrocodéine LP **Dicodin** 60 mg, à raison de deux prises par jour, soit sous forme associée au paracétamol qui présente une cinétique d'action comparable. Posologie : 2 à 5 mg/kg/jour, listes 1 ou 2 (anciens tableaux A et C). Associée à des antalgiques mineurs, à l'aspirine ou au paracétamol (**Véganine**), à la noramidopyrine et à un antispasmodique (**Viscéralgine forte**), au paracétamol (**Algisedal**, **Oralgan**, **Efferalgan** codéine, ou le **Codoliprane**). C'est l'association au paracétamol qu'il faut privilégier.

– **Le dextropropoxyphène**, 10 à 15 fois moins actif que la morphine, posologie de 3 à 10 mg/kg/jour, il peut être utilisé pur : **Antalvic** ou en association avec du paracétamol **Di-Antalvic** ou de l'aspirine et du paracétamol : **Propofan**. Par la voie orale, son absorption est rapide. Il a une durée d'action de quatre heures qui est plus courte que sa demi-vie (8 à 10 heures).
– La poudre d'opium (forme orale) et l'extrait d'opium (forme suppositoire), respectivement 10 et 20 fois moins actifs que la morphine, associés avec du paracétamol, sont utilisés comme antalgiques de niveau 2, par voie orale ou rectale : **Lamaline** (liste II).

Les antalgiques centraux majeurs (douleur sévère)

Les agonistes : la morphine

« Décider de commencer un morphinique majeur provient d'une série logique de décisions et ne doit pas être un dernier recours ».

Quelle posologie de départ ?

Deux situations sont habituellement retrouvées. Dans le premier cas, l'analgésique central choisi va être pris pour la première fois par le patient. Les doses de départ par prise sont les suivantes : codéine 60 mg, morphine 10 mg (per os, forme à libération immédiate), 30 mg (per os, forme à libération prolongée), **Temgésic** 0,2 à 0,4 mg per os. Dans le deuxième cas de figure, l'analgésique antérieur n'est plus suffisant, il est nécessaire de lui substituer un produit plus puissant. La nouvelle posologie est calculée à partir de la puissance relative de chaque analgésique par rapport à la morphine.

Mise en place d'un traitement par morphine à libération prolongée : **Moscontin**, **Skenan** (cp de 10, 30, 60 et 100 mg). Les besoins du patient peuvent être évalués par la prescription durant 48 heures de morphine buvable. La posologie de **Moscontin** ou de **Skenan** étant celle de la morphine, sous forme buvable, nécessaire pour 24 heures, le relais est pris deux heures après la dernière prise de sirop (soit 80 mg toutes les douze heures si 160 mg sous forme de sirop sont nécessaires par 24 heures). Un traitement morphinique à libération prolongée peut être proposé d'emblée. La dose de départ est fixée à 30 mg toutes les 12 heures.

Comment augmenter la posologie ? La titration

Les doses sont quantifiées en fonction de la douleur du patient. Cette période de titration est de durée variable. La réceptivité inter-individuelle est grande, la posologie par prise peut aller de 5 mg chez le sujet âgé à 200 mg. Cette dernière est atteinte progressivement. La plupart des patients (80 %) sont contrôlés par des doses comprises entre 10 et 30 mg toutes les quatre heures pour le sirop de morphine, et entre 30 et 60 mg pour le **Moscontin** ou le **Skenan**. Les doses sont augmentées de 30 à 50 % par étapes. Exemple : pour la morphine à libération prolongée, la dose de départ est de 30 mg toutes les 24 heures. Si la douleur persiste à 24 heures, la posologie par prise est augmentée de 50 % soit 60 mg toutes les douze heures. Si la douleur persiste à 48 heures, la posologie prescrite sera de 90 mg toutes les douze heures, etc. Il ne faut pas multiplier les prises, mais augmenter les doses à chaque prise.

Quelle voie d'administration choisir ?

La voie d'administration optimale est celle qui permet d'obtenir l'effet pharmacologique attendu dans son intensité maximum avec un minimum d'effets secondaires.

– La voie orale : c'est celle qu'il faut privilégier, car c'est la plus simple. Les formes à libération prolongée ont transformé la pratique quotidienne.
– La voie sublinguale : elle est intéressante lorsque le patient ne peut plus avaler.
– La voie rectale : elle présente des avantages chez les patients nauséeux en cours de

Les grandes classes médicamenteuses

Spécialités	Forme	Principe actif – Posologie	Voie d'administration
		Antalgiques centraux mineurs	
Veganine	cp	à 380 mg d'acide acétylsalicylique, 120 mg de paracétamol et 7,7 mg de codéine	per os
Viscéralgine forte	amp	à 5 ml = 2 g de noramidopyrine	inj
	cp	à 250 mg de noramidopyrine	per os
	suppo	à 500 mg de noramidopyrine	rectal
Algisedal	cp	à 400 mg de paracétamol et 25 mg de codéine	per os
Oralgan codéïne	cp	à 300 mg de paracétamol et 25 mg de codéine	per os
Efferalgan codéine	cp	à 500 mg de paracétamol et 30 mg de codéine	per os
Codoliprane	cp	à 400 mg de parcétamol et 20 mg de codéine	per os
Dicodin LP	cp	à 60 mg de dihydrocodéine	per os
Antalvic	cp	à 65 mg de dextropropoxyphène	per os
Di-Antalvic	gél	à 400 mg de paracétamol et 30 mg de dextropropoxyphène	per os
	suppo	à 450 mg de paracétamol et 150 mg de dextropropoxyphène	voie rectale
Propofan	cp	à 400 mg de paracétamol, 27 mg de dextropropoxyphène et 30 mg de caféine	per os
Lamaline	cp	à 10 mg de poudre d'opium, 300 mg de paracétamol, 10 mg de belladone et 30 mg de caféine	per os
	suppo	à 15 mg de poudre d'opium, 500 mg de paracétamol, 30 mg de belladone et 50 mg de caféine	voie rectale
		Antalgiques centraux majeurs	
Temgésic	cp sublingual	à 0,2 mg	per os
	amp inj	à 0,3 mg	voie SC, IM, IV
Dolosal	amp inj	à 100 mg/2 ml	voie SC, IM, IV
Palfium	cp	à 6,9 mg de dextromoramide	per os
	amp inj	à 6,9 mg de dextromoramide/1 ml	voie SC, IM, IV
Fortal	amp inj	à 30 mg de pentazocine/1 ml	voie SC, IM,IV
Nubain	amp inj	à 20 mg de nalbuphine/2 ml	Voie SC, IM, IV
Naloxone	amp inj	à 0,4 mg/ml (Narcan)	voie SC, IM, IV

chimiothérapie, chez les porteurs de mucites ou bien dans le cas de cancer de l'œsophage. Les posologies sont identiques à celles de la voie orale.

– Les voies sous-cutanées : elles sont en pratiques utilisées en cas d'échec de la voie orale.

– **Le Dolosal**
Dans le traitement des douleurs chroniques, la péthidine n'est indiquée qu'en cas d'intolérance ou de contre-indication à la morphine. Elle est moins puissante que la morphine. Seule la forme injectable est disponible en France (2 ml = 100 mg). Elle est inscrite sur la liste des stupéfiants. Par voie IM, sa demi-vie est courte de 3 à 4 heures, ce qui limite son emploi dans les douleurs chroniques. C'est le seul morphinique spasmolythique, d'où son intérêt dans le traitement de certaines douleurs viscérales.

– **Le Palfium**
Il a une durée d'action très brève (2 à 3 heures). Il est intéressant pour certaines manœuvres douloureuses (mobilisations, pansements, soins d'escarre). La posologie maximale, autorisée par le Codex est de 120 mg per os et 50 mg par voie intramusculaire. Il est 2 à 3 fois plus puissant que la morphine. Il se présente sous forme de comprimés à 5 mg et sous forme injectable, ampoules de 1 ml = 5 mg. L'analgésie s'installe rapidement, sa durée est brève (2 à 3 heures) et oblige à des prises répétées. Son pouvoir toxicomanogène le rend difficile d'utilisation au long cours. Il ne doit être prescrit que pour des douleurs intenses et que sur quelques jours.

– **Le Fentanyl**
En patch transdermique (une pose tous les trois jours), il n'est pas encore disponible en France.

Les agonistes-antagonistes

De par leurs propriétés, ces morphiniques ne doivent pas être associés à la morphine ou à d'autres agonistes purs, ni être prescrits immédiatement après un agoniste.

– **Le Fortal**
Il possède une puissance analgésique inférieure à la morphine. La posologie orale est 3 à 4 fois plus élevée que celle de la voie parentérale (50 à 100 mg par prise, 4 à 6 fois par jour). Des phénomènes hallucinatoires peuvent survenir à partir de 200 mg en per os et 62 mg en IM, ce qui en limite la prescription. Il se présente sous forme injectable (30 mg = 1 ml) régie par la règle des 7 jours, et sous forme orale (cp à 50 mg) régie par la règle de 60 jours. Lorsque l'on veut passer du **Fortal** à un agoniste, il est nécessaire d'attendre deux demi-vies, soit 8 heures, avant de proposer un morphinique.

– **Le Nubain**
Il possède une puissance analgésique équivalente à la morphine. Administrable seulement par voie parentérale, l'analgésie dure 5 à 6 heures. Il présente, aussi, un effet plafond ; au-delà de 30 mg, ses effets analgésiques n'augmentent plus, alors que ses effets indésirables s'amplifient : nausées, vomissements, somnolence, troubles du comportement.

Les agonistes partiels

– **Le Temgésic**
Il présente une très forte affinité pour les récepteurs. Son efficacité analgésique est 50 fois plus puissante que la morphine, ce qui explique, en partie l'inefficacité de la naloxone pour supprimer les effets dépresseurs respiratoires, en cas de surdosage. En raison de ses propriétés d'agoniste partiel, le **Temgésic**, comme le **Fortal**, ne doit pas être associé à la morphine dont elle antagonise l'action. Si l'on veut prescrire du **Temgésic** après la morphine, il faudra attendre 4 à 5 heures, c'est-à-dire la fin de l'action de la morphine. La voie orale est réalisée par l'utilisation de glossettes (0,2 mg), 1 à 2 glossettes sublinguales toutes les 6 à 8 heures (2 glossettes de 0,2 mg sont équivalentes à 0,3 mg IM). Il existe un effet plafond à partir duquel les effets analgésiques n'augmentent plus. Des effets secondaires à type de somnolence, nausées, vomissements, malaise peuvent survenir en début de traitement et dès les premières prises. Sa délivrance se fait pas la rédaction d'une ordonnance sur carnet à souches et ne peut excéder 30 jours.

4. Les règles de prescription et les interférences

C'est l'intensité de la douleur qui va guider le moment de la prescription, indépendamment du mode de début, précoce ou tardif, de la localisation de la douleur, circonscrite ou étendue, du degré d'évolution. Les morphinomimétiques ne sont pas prescrits en première intention, il est nécessaire de respecter une stratégie médicamenteuse (O.M.S.) et des règles de prescription. La stratégie thérapeutique comporte trois niveaux. Les morphiniques se situent au niveau supérieur. Un des principes de base de cette stratégie thérapeutique consiste à ne pas remplacer par un autre médicament de la même classe un antalgique qui cesse d'être efficace, mais à prescrire un médicament plus actif de niveau supérieur. Ainsi, s'il n'est pas logique d'associer un antalgique de niveau 1 insuffisamment actif à un autre produit de même niveau, il est, par contre, tout à fait licite d'associer un médicament d'action périphérique de niveau 1 voire de niveau 2 à un antalgique d'action centrale de niveau 3. Les douleurs de désafférentation sont exclues de ce schéma thérapeutique, car elles ne répondent pas aux antalgiques proposés ci-dessus et dans ce cas une administration chronique peut conduire à une attitude toxicomaniaque. Ce n'est que lorsque les analgésiques centraux (niveau 3) ont épuisé leurs effets que l'on peut discuter l'administration de morphine par une autre voie (sous-cutanée, péridurale, intra-thécale ou intracérébro-ventriculaire) dans le cas de douleurs diffuses. Les blocs neurolythiques (phénolisation des nerfs intercostaux dans le cas de métastases costales, phénolisation intra-thécale dans le cas de douleurs pelviennes...) et les techniques per-cutanées d'interruption des voies de la nociception sont réservées aux douleurs localisées.
Actuellement, la prescription de morphine nécessite la rédaction d'une ordonnance et d'un bon détachable du carnet à souche sur lequel le praticien doit préciser son nom, et son adresse, le nom, l'âge et le sexe du patient. Il doit remplir également la souche qui reste attachée au carnet (les souches doivent être conservées 3 ans). Le prescripteur doit indiquer en toutes lettres le nombre d'unités thérapeutiques pour les spécialités et les concentrations ou volumes pour les préparations magistrales. La morphine pour les préparations autres qu'injectables (par exemple la morphine à libération prolongée) peut être prescrite pour une durée de 21 jours.

5. Les éléments de surveillance

La douleur reste l'élément de surveillance principal. L'usage des morphiniques entraîne certains effets secondaires qu'il convient de prévenir. La constipation est quasi constante et doit être systématiquement prévenue par les traitements habituels : accélérateurs du transit et augmentation du ballast. Les nausées et les vomissements sont présents dans 30 % des cas en début de traitement et s'amendent généralement entre le 5e et le 10e jour. La somnolence se présente parfois en tout début de traitement et s'estompe par la suite, elle disparaît dans les 2 à 5 jours qui suivent une posologie stable et adaptée. La dépression respiratoire n'est jamais observée si le traitement est bien conduit, si la règle d'augmentation progressive de la posologie est respectée et si il n'y a pas d'erreurs de surdosage. Si toutefois, il était nécessaire d'agir du fait de ce surdosage, le **Narcan** devra être administré à la dose de 400 micro-grammes par voie intra veineuse en répétant ces bolus toutes les 2 à 5 minutes jusqu'au retour d'un cycle respiratoire stable. L'accoutumance ou tolérance est lente à se développer et ne pose pas en général de réel problème chez ces patients qui ont une espérance de vie limitée. Quant à la dépendance psychologique, elle n'existe pas chez les patients cancéreux.

Une idée forte en pleine effervescence
SOLUPRED PREDNISOLONE 20 mg
la corticothérapie en cure courte*
FORME et PRESENTATION : Comprimé soluble effervescent sécable (blanc) : Flacon (verre) de 20. COMPOSITION : Prednisolone (DCI), par comprimé : 20 mg (sous forme de métasulfobenzoate sodique : 31,44 mg/comp.). Excipients. Teneur en sodium : 50,80 mg par comprimé. INDICATIONS : Affections ou maladies relevant de la corticothérapie générale en allergologie, cancérologie, dermatologie, endocrinologie, hématologie, hépatogastroentérologie, infectiologie, néphrologie, neurologie, ophtalmologie, ORL, pneumologie, rhumatologie, sarcoïdose, transplantation d'organes ainsi que les collagénoses et connectivites. POSOLOGIE et MODE D'ADMINISTRATION : Posologie : Traitement d'attaque : Adulte : 1/2 à 1 mg/kg/jour. Enfant 1 à 2 mg/kg/jour. Traitement d'entretien : Dose minimale efficace. En moyenne : chez l'adulte 5 à 20 mg par jour, chez l'enfant 0,10 à 0,50 mg/kg/jour. Mode d'administration : 1 mg de Solupred est équivalent à 1 mg de prednisolone ou de prednisone. Le produit sera prescrit de préférence en prise unique le matin ou fractionnée en 2 prises (le matin et à midi). Tenir compte de l'apport de sodium. Faire dissoudre les comprimés effervescents dans un verre d'eau, éventuellement sucrée. CONTRE-INDICATIONS : • Ce sont celles de la corticothérapie générale : en particulier, tout état infectieux ou mycosique non contrôlé par un traitement spécifique, certaines viroses en évolution, notamment varicelle, herpès et zona à manifestations oculaires, goutte, états psychotiques, cirrhose alcoolique avec ascite, hépatites aiguës à virus A, B ou non-A ou non-B. • Contre-indications relatives : association déconseillée avec érythromycine IV, sultopride, vincamine (cf. Interactions médicamenteuses). MISES EN GARDE et PRECAUTIONS D'EMPLOI - INTERACTIONS MÉDICAMENTEUSES - GROSSESSE et ALLAITEMENT - EFFETS INDÉSIRABLES - SURDOSAGE : (cf VIDAL). PHARMACODYNAMIE : Anti-inflammatoire stéroïdien. PHARMACOCINETIQUE : (cf VIDAL). LISTE I - AMM 320 146.6 (1976, validée en 1991). PRIX : 43,80 F. (20 comprimés). Remb. Séc. soc. à 65 % – Collect. – Admis à l'AP. Nota : Il existe d'autres formes et dosages de SOLUPRED, pour des informations plus complètes, consulter le dictionnaire VIDAL. Laboratoires HOUDE 1, terrasse Bellini - 92910 Paris La Défense Cedex Tel.:(1) 40 81 42 00
* Cure courte inférieure à 7 jours, sous couvert d'une antibiothérapie adaptée à l'infection
★ EURO RSCG AUDIENCE - SOL 96 - Ph. VLOO
Otites (cf Vidal) - Sinusites - Rhinites allergiques
BPCO en poussée aiguë - Asthme modéré à sévère

Comment prescrire une corticothérapie en cure courte en ORL ?

Dr C. LE PAJOLEC

Par « corticothérapie en cure courte » (CCC), on entend un traitement de quelques jours (souvent 5 à 7 jours), n'excédant pas 10 jours.
En pathologie ORL, l'inflammation aiguë qui accompagne certaines infections (ex : sinusites, angines, phlegmons) se traduit par des douleurs importantes pour lesquelles une brève corticothérapie apporte souvent au patient un soulagement rapide et durable.

1. Avant de prescrire

– Ce type de traitement est réservé aux cas où la composante inflammatoire est importante et où l'infection peut (et doit) être traitée en même temps.
– Aucun examen complémentaire spécifique de ce type de traitement n'est à réaliser avant sa prescription.

2. Les bonnes indications

Sous réserve que l'infection causale soit traitée dans le même temps (cf. questions Angine, Sinusites, Otite) par une antibiothérapie adaptée, la CCC pourra être utile :
– Chez l'adulte en cas de :
  - sinusite aiguë,
  - angine hyperalgique,
  - otite externe ou moyenne,
  - laryngite aiguë.
– Chez l'enfant :
  - en cas de laryngite où la CCC est la base du traitement,
  - en cas d'angine ou d'otite hyperalgique.

3. Les grandes classes médicamenteuses

– **Les prescriptions chez l'adulte sont essentiellement** prednisone (**Cortancyl**) ou prednisolone (**Solupred**), 1 mg/kg/jour en 1 prise matinale unique par voie orale.
– Chez l'enfant, la bêtaméthasone (**Célestène**) est souvent utilisée en raison de sa maniabilité (solution buvable : X à XV gouttes/kg/j) ou le **Solupred** (gouttes).

4. Les contre-indications

Les contre-indications absolues sont rares :
- Syndrome infectieux non contrôlé par un traitement antibiotique associé.
- Syndrome viral évolutif (zona, herpès).
- Etats psychotiques.
- Hépatite virale.
- Cirrhose avec ascite.

D'autres contre-indications classiques semblent pouvoir être tempérées :
- L'ulcère gastroduodénal ancien n'est pas une contre-indication. L'ulcère évolutif nécessite la prescription d'un traitement associé mais la prescription d'une CCC reste préférable à celle d'un AINS.
- HTA, diabète insulino-dépendant (sous surveillance) et grossesse ne constituent pas des contre-indications.

5. Les règles de prescription et les interférences

- 1 seule prise matinale, 1 mg/kg/jour, per os.
- Associations.
  - avec les AVK : pas de problème particulier, continuer à surveiller le TP,
  - avec les œstroprogestatifs, pas de contre-indication,
  - avec les anti-comitiaux, pas de contre-indication.

6. Les éléments de surveillance

Pas de surveillance particulière en cas de cure courte.

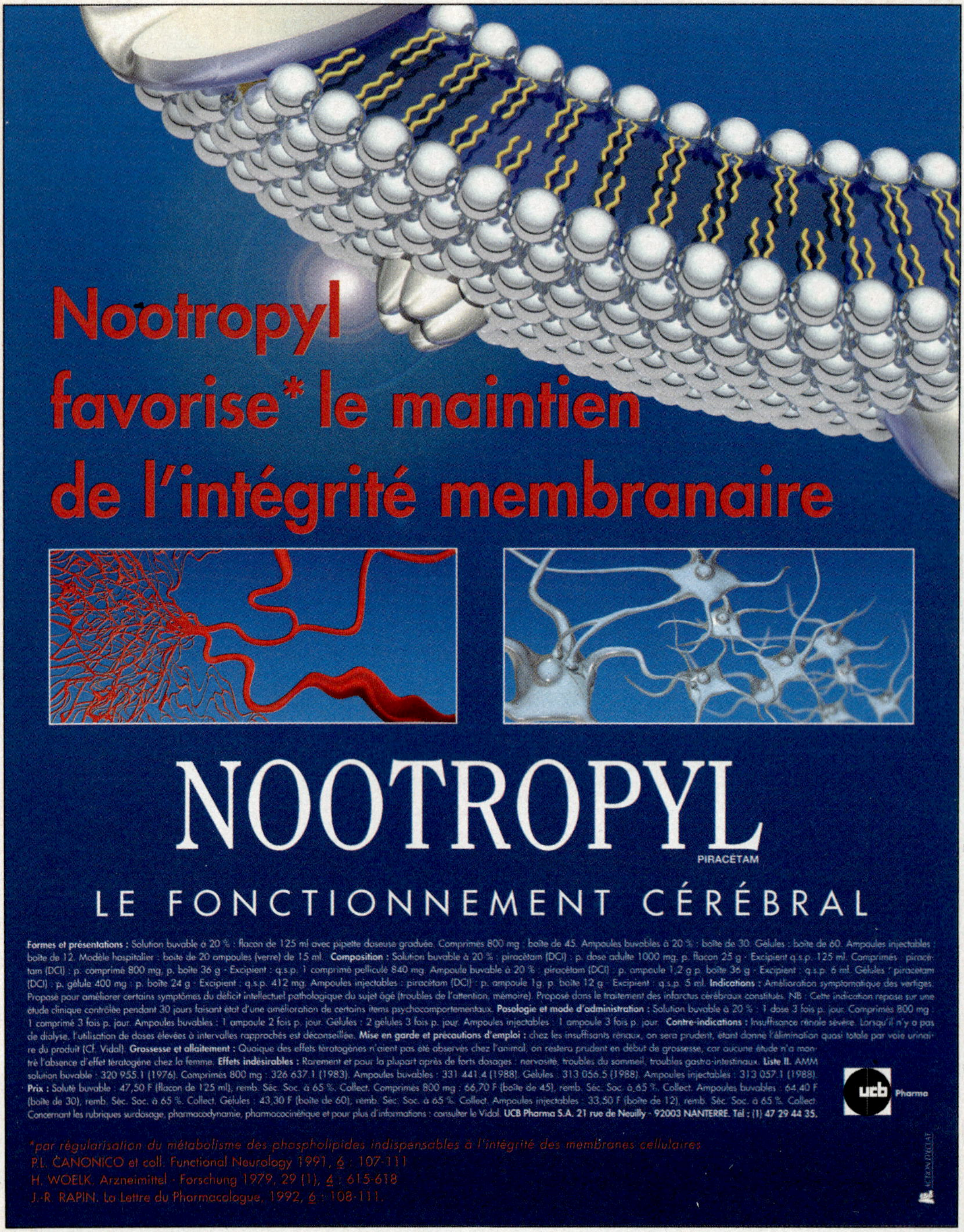
Nootropyl
favorise* le maintien
de l'intégrité membranaire
NOOTROPYL
PIRACÉTAM
LE FONCTIONNEMENT CÉRÉBRAL
Formes et présentations : Solution buvable à 20 % : flacon de 125 ml avec pipette doseuse graduée. Comprimés 800 mg : boîte de 45. Ampoules buvables à 20 % : boîte de 30. Gélules : boîte de 60. Ampoules injectables : boîte de 12. Modèle hospitalier : boite de 20 ampoules (verre) de 15 ml. Composition : Solution buvable à 20 % : piracétam (DCI) : p. dose adulte 1000 mg, p. flacon 25 g - Excipient q.s.p. 125 ml. Comprimés : piracétam (DCI) : p. comprimé 800 mg, p. boîte 36 g - Excipient : q.s.p. 1 comprimé pelliculé 840 mg. Ampoule buvable à 20 % : piracétam (DCI) : p. ampoule 1,2 g p. boîte 36 g - Excipient : q.s.p. 6 ml. Gélules : piracetam (DCI) : p. gélule 400 mg : p. boîte 24 g - Excipient : q.s.p. 412 mg. Ampoules injectables : piracétam (DCI) : p. ampoule 1g. p. boîte 12 g - Excipient : q.s.p. 5 ml. Indications : Amélioration symptomatique des vertiges. Proposé pour améliorer certains symptômes du déficit intellectuel pathologique du sujet âgé (troubles de l'attention, mémoire). Proposé dans le traitement des infarctus cérébraux constitués. NB : Cette indication repose sur une étude clinique contrôlée pendant 30 jours faisant état d'une amélioration de certains items psychocomportementaux. Posologie et mode d'administration : Solution buvable à 20 % : 1 dose 3 fois p. jour. Comprimés 800 mg : 1 comprimé 3 fois p. jour. Ampoules buvables : 1 ampoule 2 fois p. jour. Gélules : 2 gélules 3 fois p. jour. Ampoules injectables : 1 ampoule 3 fois p. jour. Contre-indications : Insuffisance rénale sévère. Lorsqu'il n'y a pas de dialyse, l'utilisation de doses élevées à intervalles rapprochés est déconseillée. Mise en garde et précautions d'emploi : chez les insuffisants rénaux, on sera prudent, étant donné l'élimination quasi totale par voie urinaire du produit (Cf. Vidal). Grossesse et allaitement : Quoique des effets tératogènes n'aient pas été observés chez l'animal, on restera prudent en début de grossesse, car aucune étude n'a montré l'absence d'effet tératogène chez la femme. Effets indésirables : Rarement et pour la plupart après de forts dosages : nervosité, troubles du sommeil, troubles gastro-intestinaux. Liste II. AMM solution buvable : 320 955.1 (1976). Comprimés 800 mg : 326 637.1 (1983). Ampoules buvables : 331 441.4 (1988). Gélules : 313 056.5 (1988). Ampoules injectables : 313 057.1 (1988). Prix : Soluté buvable : 47,50 F (flacon de 125 ml), remb. Séc. Soc. à 65 %. Collect. Comprimés 800 mg : 66,70 F (boîte de 45), remb. Séc. Soc. à 65 %. Collect. Ampoules buvables : 64,40 F (boîte de 30), remb. Séc. Soc. à 65 %. Collect. Gélules : 43,30 F (boîte de 60), remb. Séc. Soc. à 65 %. Collect. Ampoules injectables : 33,50 F (boîte de 12), remb. Séc. Soc. à 65 %. Collect. Concernant les rubriques surdosage, pharmacodynamie, pharmacocinétique et pour plus d'informations : consulter le Vidal. UCB Pharma S.A. 21 rue de Neuilly - 92003 NANTERRE. Tél : (1) 47 29 44 35.
ucb Pharma
*par régularisation du métabolisme des phospholipides indispensables à l'intégrité des membranes cellulaires
P.L. CANONICO et coll. Functional Neurology 1991, 6 : 107-111
H. WOELK. Arzneimittel - Forschung 1979, 29 (1), 4 : 615-618
J.-R. RAPIN. La Lettre du Pharmacologue, 1992, 6 : 108-111.

NOUVEAU

Prise en charge d'un patient âgé présentant un déficit intellectuel

Pr P. CESARO

1. Définition de la pathologie et grands principes du traitement

Définition de la pathologie

— Le déficit intellectuel du sujet âgé correspond soit :
  • à un fléchissement cognitif global mais minime associé à l'âge, a priori non pathologique,
  • à un syndrome démentiel constitué, par définition, d'une combinaison de déficits neuropsychologiques acquis, suffisants pour perturber les relations avec autrui et limiter l'autonomie.

— Cette définition exclut les déficits isolés d'une seule fonction corticale (langage, gnosies). Elle suppose l'exclusion d'un état confusionnel de sémiologie voisine, où un trouble de la vigilance est le plus souvent présent et qui est rapidement réversible par définition. Le type étiologique de démence le plus fréquent dans les pays à longue espérance de vie est la maladie d'Alzheimer qui représente le cas type de syndrome démentiel.

— Les étiologies sont cependant multiples : tous les mécanismes de souffrance et tous les types de lésions du cerveau peuvent aboutir à un état démentiel pour peu que certaines zones stratégiques soient touchées de façon extensive et/ou bilatérale, et que les structures servant les fonctions instrumentales soient épargnées. Il existe ainsi des démences post-traumatiques (contusion cérébrale ou hématome sous-dural), infectieuses (SIDA et syphilis), tumorales ou par hydrocéphalie, neurologiques (maladie de Parkinson, sclérose en plaque), vasculaires (état lacunaire, infarctus multiples, encéphalopathie hypertensive), métabolique (hypothyroïdie, hypercalcémies, carences vitaminiques), ou dégénératives isolées (maladie d'Alzheimer, de Pick, etc.).

Les motifs de consultation pour un déficit intellectuel chez le sujet âgé sont variables : troubles de la mémoire, lenteur d'idéation, troubles du comportement, voire état de confusion mentale, souvent déclenchés par une affection intercurrente. Le médecin doit :

— Identifier le motif de consultation (trouble de la mémoire, trouble du comportement identifiés soit par le patient lui-même soit par l'entourage).

— Objectiver le cas échéant le déficit intellectuel. L'utilisation du mini mental test est relativement rapide et efficiente. Un score inférieur à 24 est suspect de pathologie organique, par exemple la maladie d'Alzheimer. Il faut cependant prendre en compte le niveau culturel du patient.

— Identifier l'existence d'un surmenage, d'un trait dépressif (insomnie matinale, aboulie, idées noires...) qui peuvent perturber les résultats des tests cognitifs et générer des troubles apparents du comportement.

— Préciser l'ensemble des médications absorbées par le patient souvent au titre de prescripteurs différents avec une attention particulière pour les psychotropes.

— Rechercher l'existence de signes neurologiques, soit latéralisés (déficit moteur, signe de Babinski), soit diffus (syndrome extrapyramidal), qui doivent orienter vers une affection neurologique précise.

– Identifier une suspicion d'affection générale, par exemple endocrinienne (prise de poids, macroglossie, etc.) orientant vers une étiologie métabolique ou endocrinienne.

Au terme de cet examen, on peut classer le patient en fonction de la pathologie qui est suspectée :

– Déficit intellectuel lié à l'âge avec une altération mineure du mini mental test, souvent exagéré par un surmenage ou une tendance dépressive qui mérite un traitement.
– Surcharge médicamenteuse pouvant entraîner un état confusionnel, notamment chez les patients dont l'autonomie est limitée et dont la compliance thérapeutique n'est pas évidente.
– Affection somatique intercurrente pouvant entraîner un déficit intellectuel soit dans le cadre d'un état confusionnel (infection, traumatisme), soit dans le cadre d'une affection métabolique (hypothyroïdie, hypercalcémie).
– En dernier lieu, syndrome démentiel probable avec un score au MMS inférieur à 24 et une évolution progressive. L'existence de signes neurologiques déficitaires peut orienter vers une étiologie précise, par exemple :
  - hémiparésie, ralentissement intellectuel : hématome sous-dural, lésion expansive,
  - troubles de la marche, urination : hydrocéphalie à pression normale,
  - syndrome parkinsonien : démence parkinsonienne qui se voit dans 20 % des cas.

Dans les autres cas, on se trouve devant un syndrome démentiel à peu près isolé et il faut essayer d'identifier des causes curables comme les affections métaboliques ou endocriniennes dont nous avons parlé plus haut ; il faut rechercher une hypertension artérielle, la notion d'accidents vasculaires cérébraux, même mineurs ; la notion d'un contage infectieux. C'est ainsi que l'on identifierait les démences vasculaires, certaines démences infectieuses qui sont relativement peu fréquentes chez le sujet âgé : pathologie VIH, syphilis, etc.
Devant un syndrome démentiel isolé se pose la question d'une maladie d'Alzheimer ou d'une autre démence présénile ou sénile.

Dans tous les autres cas où l'on suspecte le diagnostic de pathologie organique du système nerveux central, une imagerie cérébrale par scanner X ou IRM s'impose ainsi qu'une consultation spécialisée. Celle-ci permettra de valider le caractère organique du déficit intellectuel par des épreuves neuropsychologiques plus précises que le mini mental test ; d'identifier le cas échéant une étiologie qui n'aurait pas été évidente lors de la consultation.

Le second paramètre à prendre en compte est l'insertion sociale du sujet, des possibilités de compensation de ses troubles cognitifs grâce à l'environnement familial en particulier.

Grands principes du traitement

– Il faut naturellement rassurer le patient lorsque cela est possible et traiter un épisode dépressif réactionnel ou autre. Lorsque le déficit intellectuel se présente chez une personne âgée seule avec une autonomie limitée, il faut aider le patient essentiellement par la prise en charge sociale (assistante sociale, aide au domicile, etc.).
– Sur le plan médicamenteux, il faut revoir la liste des médicaments absorbés par le patient et simplifier les ordonnances, la fréquence des chutes et des déficits cognitifs étant assez souvent directement liée à la lourdeur des prescriptions médicales. Une attention particulière doit être portée aux sédatifs et aux psychotropes.
  Certaines molécules peuvent être proposées pour améliorer les troubles de l'attention et/ou les performances cognitives : **Nootropyl**, **Sermion**, **Tanakan**, **Trivastal 50 mg LP**.
– Une suspicion clinique de démence organique qu'elle soit métabolique, infectieuse, neurologique ou autre nécessite une consultation spécialisée. En cas de maladie d'Alzheimer possible et dont l'intensité est modérée, la prescription de tacrine peut être envisagée mais il s'agit d'un produit à dispensation hospitalière dont la surveillance biologique hépatique est nécessaire.

2. Éléments de surveillance

- L'objectif de la prise en charge des déficits cognitifs des sujets âgés est la conservation de leur autonomie sociale le plus longtemps possible.
- Une consultation mensuelle permet en général de vérifier le fait que le patient conserve une activité suffisante, ne modifie par excessivement les ingestions médicamenteuses, ne se détériore pas sur le plan relationnel et cognitif. Outre la conversation libre, le suivi par le mini mental test peut être très utile, celui-ci se dégradant toujours pour des raisons précises : soit détérioration grave, soit infection ou traitement intercurrent.
- L'imagerie cérébrale, l'EEG ne sont pas pertinents pour le suivi d'un déficit intellectuel, sauf cas très particulier (suivi d'une tumeur cérébrale opérée, surveillance bisannuelle ou annuelle d'une hydrocéphalie à pression normale qui a été valvée).

3. Les « coups durs »

- Le risque principal chez un patient légèrement détérioré est la survenue d'un état confusionnel qui peut traduire une affection intercurrente (maladie infectieuse notamment), une prise médicamenteuse inopportune (sédatif) ou encore un traumatisme ou un épisode dépressif. Assez fréquemment, une crise comitiale passée inaperçue témoigne de l'évolution du déficit cognitif organique et entraîne un état confusionnel qui peut être prolongé.
- Au cours de certaines affections organiques, c'est l'évolution de la pathologie qui peut rendre le patient inapte au maintien à domicile. En particulier, la détérioration chez un sujet ayant une hydrocéphalie à pression normale entraîne des chutes très fréquentes et des incontinences ingérables ; la détérioration d'une démence d'Alzheimer fait perdre la possibilité du maintien à domicile des patients. Dans la plupart des cas, l'état confusionnel comme l'aggravation d'une maladie déjà connue, d'une hospitalisation éventuellement brève peut être indispensable à la fois pour préciser la gravité de l'évolution des patients, revoir l'imagerie cérébrale et mettre en place éventuellement de nouvelles mesures psychosociales.

4. La prévention

- Il n'y a pas à proprement parler de prévention connue et efficace des déficits cognitifs des sujets âgés. On sait que l'existence d'un excellent niveau scolaire et d'une grande activité personnelle sont des facteurs qui préviennent ou retardent la survenue de la perte d'autonomie. Les deux domaines de prévention où l'on peut intervenir efficacement concernent :
  - les médicaments, avec une surveillance précise lorsqu'un médicament psychotrope est proposé, notamment antidépresseur ou sédatif mais également lorsqu'un traitement pouvant potentiellement avoir des effets psychotropes est utilisé (corticoïdes),
  - la limitation du nombre de médications prescrites concomitamment est sans doute fondamentale également pour limiter ce type de complications.
- Chez les patients atteints de maladie d'Alzheimer, le maintien au domicile, les aides au domicile, le cas échéant la prescription de kinésithérapie et/ou d'orthophonie peuvent concourir à retarder ou éviter l'institutionnalisation.
- Dans le cas des affections cardiovasculaires, il est évident que la prévention et le traitement des facteurs de risque cardiovasculaire évitent un certain nombre de démences vasculaires qui sont les secondes en fréquence après la maladie d'Alzheimer.

Prise en charge d'un patient toxicomane sous traitement substitutif

Dr J. DUGARIN, P. NOMINÉ

En 1995, deux molécules opiacées ont obtenu une autorisation de mise sur le marché dans le cadre d'un nouveau type de pratique en France, celui de la substitution. L'une d'entre elles est un agoniste, le chlorhydrate de méthadone, l'autre un agoniste partiel, la buprénorphine haut dosage (**Subutex**). Elles sont destinées à la prise en charge de patients pharmaco-dépendants d'opiacés majeurs, à l'exclusion de tout autre type de dépendance. Leurs caractéristiques communes sont d'être peu euphorisantes, de longue durée d'action, d'induire un faible degré de tolérance biologique et de s'administrer par voie entérale. Elles sont censées, à terme, venir remplacer tous les autres morphiniques d'action rapide actuellement à la pharmacopée en France parfois utilisés dans cet esprit, et dont l'indication restera la douleur. Dans son principe, cette substitution s'inclut dans une prise en charge globale du patient, si possible dans le cadre d'un réseau de soins, prenant en compte ses difficultés sur le plan médical, psychopathologique et social. Sa visée, de surcroît, est de créer les conditions de possibilité d'une autonomisation, et partant de là, elle devra s'interrompre quand cette dernière sera devenue effective.

Les modalités de leur prescription sont distinctes en raison de différences de caractéristiques. La méthadone peut être l'occasion de surdosages mortels chez des patients peu dépendants ou y associant d'autres psychotropes (benzodiazépines, alcool, barbituriques...) ; elle induit une dépendance majeure et un sevrage très désagréable en cas d'interruption brutale du traitement. Le **Subutex** présente un effet plafond, une grande marge de sécurité, un syndrome de sevrage relativement discret et n'induit de risque de dépression respiratoire qu'en association avec l'alcool et surtout les benzodiazépines.

Ainsi, seuls les centres spécialisés sont habilités à prescrire la méthadone en première intention. Ils sont chargés de stabiliser les traitements et certains patients pourront, dans un deuxième temps, être adressés à un médecin libéral et à un pharmacien nommément désignés avec l'accord de ces derniers, et ceci afin d'éviter le nomadisme médical.
Pour le **Subutex**, la prescription initiale pourra être effectuée par un médecin libéral, et honorée par un pharmacien nommément identifié.

Dans les deux cas, la prescription est effectuée sur carnet à souche et des modalités de délivrance fractionnée par le pharmacien peuvent être instituées (pour la méthadone, stupéfiant, 7 jours maximum ; pour le **Subutex**, liste 1, 28 jours maximum).

1. Indications

— Elles sont délicates à établir, encore débattues et en partie fonction des visées du praticien. La méthadone pourra être prescrite :
- lors d'intoxications invétérées,
- comme aide à la prise en charge d'affections intercurrentes graves et durables,
- dans le suivi de certaines femmes enceintes pour limiter les risques de la poursuite d'une

- intoxication anarchique,
- pour faciliter la mise en place de traitements psychiatriques chez des sujets très dépendants.

— Il existe des indications plus discutées, en relation avec la prévention de la transmission d'affections virales (VIH, hépatites) et la facilitation de l'accès aux soins.

— La prescription est contre-indiquée en cas d'insuffisance respiratoire et d'hypersensibilité à la méthadone.

— La prudence est recommandée en cas :
- d'insuffisance hépatique ou rénale,
- d'insuffisance surrénalienne,
- de diabète,
- d'hypertrophie prostatique,
- d'asthme,
- d'hypothyroïdie,
- chez le sujet âgé.

— Quant à la buprénorphine, dont les indications sont sensiblement les mêmes, elle s'avère souvent plus décevante pour les patients qui recherchent des effets de confort plus proches de ceux procurés par les morphiniques agonistes.

— Il semble que la buprénorphine procure aux patients un sentiment moindre de pare-excitation émotionnelle.

— Au plan médical, elle est contre-indiquée chez la femme enceinte, en cas d'hypersensibilité à la buprénorphine et d'association avec les IMAO. La prudence est de mise pour les asthmatiques, les insuffisants respiratoires, les insuffisants hépatiques et rénaux.

— Sur le versant psychologique, on évitera de prescrire l'une ou l'autre :
- chez les personnalités de type psychopathique, incapables de se plier aux contraintes du traitement,
- aux personnalités perverses,
- aux patients s'avérant incapables de renoncer à des effets aigus et/ou à l'usage de la seringue,
- et plus généralement en l'absence de motivation autre que le pur accès à un opiacé légal, afin d'éviter les conséquences décourageantes pour le patient d'un traitement rapidement décevant et d'emblée voué à l'échec d'une quelconque mobilisation de ses potentialités.

2. Avant de prescrire

— S'assurer par des examens cliniques et toxicologiques répétés de la réalité de la dépendance actuelle et, dans la mesure du possible, de son importance et de son ancienneté.

— Faire une investigation clinique des affections éventuelles qui pourraient constituer une contre-indication.

— Expliciter les modalités techniques et les contraintes de ce type de traitement ainsi que la stratégie globale de la prise en charge et ses limites.

— Se montrer le plus clair possible quant à l'absence d'effets aigus, souvent attendus par les patients.

— Les informer des risques inhérents à la prise concomitante d'autres psychotropes et, plus généralement, des autres médications qu'ils seraient amenés à utiliser, dont le prescripteur devra être averti (risque de potentialisation ou de diminution des effets).

3. Comment prescrire ? Modalités pratiques de délivrance

– La première administration doit s'effectuer plusieurs heures après la dernière prise de drogue, si possible en début d'état de manque. La dose d'entretien sera progressivement atteinte entre cinq et dix jours, en fonction des constatations cliniques.
– Pour la méthadone, la dose de départ quotidienne et en une seule administration s'établira à 20 ou 30 mg. L'augmentation se fera par paliers de 10 mg. Les posologies efficaces se situent entre 40 et 80 mg, en moyenne. Une autorisation spéciale est nécessaire pour des posologies supérieures à 100 mg.
– Pour le **Subutex**, la posologie initiale quotidienne est de 2 à 4 mg en deux à trois prises. La dose d'entretien obtenue par augmentation progressive peut aller jusqu'à 8 mg. Il est à noter que l'administration précoce, alors qu'il existe encore des taux élevés d'agonistes circulants peut entraîner un sévère syndrome de manque.
– Ces schémas sont à appliquer lors de relais de substitutions initiées par des opiacés agonistes d'action plus rapide que la méthadone, car leur manipulation et leur déviation peuvent s'avérer dangereuses et elles n'obtiendront pas à terme d'A.M.M. (**Palfium, Dolosal, Skenan, Moscontin**).
– Les relais par la méthadone se feront à partir d'un centre spécialisé, en débutant par des doses maximum de 30 ou 40 mg, quitte à les renouveler dans la journée en cas d'état de manque (à titre indicatif, les posologies de la méthadone correspondent au tiers ou au quart de celles du sulfate de morphine).
– Les variations de posologie en cours de traitement doivent, elles aussi, être effectuées de façon progressive. En cas d'interruption de traitement de plusieurs jours, il conviendra de tenir compte de la baisse de tolérance éventuelle et reprendre la prescription à des doses inférieures, notamment pour la méthadone.
– En tout état de cause, des directives précises peuvent être fournies au pharmacien quant à un mode de dispensation fréquent au début, un contact conservé avec lui afin d'agir rapidement et en synergie si nécessaire.

4. Surveillance du traitement

En cas de surdosage à la méthadone, et quel que soit le cas de figure, le recours à la naloxone s'impose, ainsi que le transfert en service de réanimation. Soulignons qu'en début de traitement, il existe un risque important de dépression respiratoire par surdosage, surtout si la tolérance est faible et si le patient surajoute d'autres agonistes.

Effets secondaires

– Avec la méthadone les plus fréquents sont, en début de traitement :
  - euphorie,
  - sédation,
  - somnolence,
  - vertiges,
  - constipation.
– Au long cours, surtout :
  - épisodes d'hypersudation,
  - nausées,
  - bradycardie,
  - hypertension artérielle,

- constipation,
- diminution de la libido,
- à haute dose, aménorrhée,
- prise de poids.

– Pour le **Subutex** :
- céphalées,
- insomnies,
- somnolence, notamment lors de l'association à l'alcool ou d'autres sédatifs.

– Les troubles secondaires sont généralement minimes, bien supportés et l'intensité de la plupart d'entre eux s'estompe au fil du temps.

– Surveiller la déviation vers la voie IV. Des contrôles urinaires peuvent être demandés, si nécessaire, aux centres, en sachant que ceux-ci seront probablement difficiles à obtenir.

Traitements associés

Certains d'entre eux peuvent être administrés en même temps que la méthadone, notamment neuroleptiques et antidépresseurs, en tenant compte du fait que ces derniers, tricycliques ou sérotoninergiques, ainsi que certains antihistaminiques, augmentent les taux sanguins de la méthadone ou de l'antidépresseur (les tricycliques). Le **Tégrétol**, le **Di-Hydan**, la **Rifadine**, le **Rimactan**, les barbituriques, diminuent les effets de la méthadone. Les barbituriques, comme l'alcool, la potentialisent dans un premier temps, augmentant les risques de surdosage, mais en diminuent l'efficacité si les prises deviennent chroniques. En cas de douleur due à une affection intercurrente, il est nécessaire de la traiter spécifiquement.

5. Quand et comment arrêter ?

– Plusieurs années de substitution sont en moyenne nécessaires pour des patients très inféodés aux opiacés. La durée de prescription est en fait très variable, pouvant aller de quelques mois à une quasi-impossibilité d'arrêter. Certains patients peuvent avoir recours plusieurs fois à une substitution en fonction des vicissitudes de leur existence. Pour éviter, autant que faire se peut, une pérennisation, il est souhaitable que la prise en charge de départ soit soutenue, prenant en compte et traitant les troubles psychopathologiques éventuels, abordant les difficultés sociales, attribuant un sens à la substitution en tant que moyen et non comme une fin en soi.

– A partir de plusieurs mois de substitution par la méthadone, il est souhaitable, lorsque l'arrêt est décidé, de procéder par réduction progressive des posologies, en prévoyant des paliers de faible diminution en fin de traitement, sur plusieurs semaines ou même plusieurs mois. Un sevrage effectué sur des modalités classiques, d'une quinzaine de jours, en milieu hospitalier, peut devenir nécessaire au moment de l'arrêt. Parfois, un relais par le **Subutex** peut s'avérer judicieux. Les patients doivent être largement informés des difficultés éventuelles de l'arrêt et se sentir capables d'affronter quelques mois à un an d'inconfort physique et de troubles du sommeil, qui iront en s'estompant.

– En ce qui concerne le **Subutex**, pour laquelle il existe un moindre recul thérapeutique, le principe global semble devoir rester le même, mais avec des procédures beaucoup plus souples, dans la mesure où le syndrome de sevrage objectif est de bien moindre intensité.

Prise en charge en ville d'un patient infecté par le VIH

Dr O. PATEY

Le VIH, virus de l'immunodéficience humaine, infecte de nombreuses cellules au premier rang desquelles les lymphocytes T4 (ou CD4) et les cellules de la lignée monocytaire (monocytes circulants et macrophages tissulaires) tous porteurs du récepteur membranaire CD4.

1. Définition de la pathologie et grands principes du traitement

Trois situations doivent être envisagées :

– **La primo-infection symptomatique**

Elle survient 7 à 45 jours après la contamination qu'il faut systématiquement rechercher (rapport hétéro ou homosexuel non protégé, échange de seringue entre toxicomanes) pour dépister l'éventuel contaminateur et les éventuels autres contaminés. La manifestation habituelle est un syndrôme « mononucléose like ».

Elle associe fièvre, pharyngite, polyadénopathie, éruption cutanée. Parfois les signes neurologiques peuvent être au 1er plan (céphalées, méningite, encéphalite, paralysie faciale, polyneuropathie). La biologie montre une leucopénie, un syndrome mono-nucléosique-lymphogénèse CD4, une thrombopénie, parfois une cytolyse hépatique.

Le diagnostic biologique repose sur la mise en évidence d'une antigénémie P24 sérique, la sérologie VIH de dépistage étant habituellement négative à ce stade. Elle doit être répétée pour dépister la séroconversion et confirmée par le Western Blot.

– **La découverte lors d'un dépistage systématique**

- celui-ci doit être orienté et constituer l'aboutissement d'un interrogatoire méticuleux à la recherche d'un facteur de risque qui se résume à :
  Transmission sanguine :
  . transfusion avant août 85,
  . échange de seringue entre toxicomanes dont l'un est infecté par le virus,
  . transmission in utero de la mère à l'enfant,
  Transmission sexuelle : quelle que soit la relation sexuelle si elle n'est pas protégée (risque accru en cas de relation génito-anale, de MST associées ou de contaminateur très immunodéprimé),
  Allaitement maternel : si la femme est contaminée,
- le dépistage doit être systématiquement proposé dans toutes ces situations, mais également le bilan d'une MST, d'un examen prénuptial, prénatal...

– **La découverte lors d'une manifestation clinique de la maladie (cf § 4)**

Certaines situations pathologiques doivent conduire à un dépistage systématique après accord du patient d'un point de vue légal. Elles sont nombreuses : herpès récidivant, zona sans facteur connu d'immunodépression, candidose oropharyngée récidivante, dermite séborrhéïque, pneumopathie à pneumocoque.

2. Eléments de surveillance

La surveillance clinique et biologique est indispensable pour dépister une évolutivité de la maladie.

- Un examen clinique complet tous les 3 à 6 mois en fonction du statut immunologique.
- Le type et le rythme de réalisation des examens complémentaires ont été fixés par le rapport Dormont (voir tableau 1).

Tableau 1
Suivi clinique et biologique d'un patient infecté par le VIH

Examens recommandés	Bilan initial	CD4 > 500 Bilan tous les 6 mois	CD4 entre 500 et 200 Bilan tous les 3 mois
Sérologie VIH (W. Blot)	+		
NFS, plaquettes VS	+	+	+
Lymphocytes CD4-CD8	+	+	+
Charge virale	+	+	+
Transaminases, gamma GT	+	+ (si hépatite chronique)	+ (si hépatite chronique)
Sérologie de la syphilis	+		
Sérologie de l'hépatite B	+		
Sérologie de l'hépatite C	+	Selon le résultat du bilan initial	
Sérologie de la toxoplasmose	+		
IDR 10U (tuberculine)	+		
Radiographie du thorax	+		

- Deux chiffres de **lymphocytose CD4** sont importants :
  - **200/mm³ :** mise en route systématique d'un traitement antirétroviral, mise en route systématique d'une prophylaxie de la pneumocystose et toxoplasmose,
  - **75/mm³ :** mise en route d'une prophylaxie des infections à MAC et à CMV.
- Les manifestations cliniques liées au SIDA (voir tableau 2) imposent une déclaration obligatoire anonyme à la DDASS.

Tableau 2 – Définition du SIDA

Quand un sujet séropositif VIH présente l'une des pathologies ci-dessus, il est considéré comme atteint du SIDA et classé définitivement dans la catégorie du C du T2.

- Candidose de l'œsophage, des bronches, de la trachée ou des poumons
- Pneumonie à *Pneumocystis carinii,*
- Toxoplamose cérébrale
- Infection à CMV (autre que foie, rate ou ganglions), rétinite à CMV
- Cryptococcose extrapulmonaire
- Cryptosporidiose chronique intestinale > 1 mois
- Isosporose chronique intestinale > 1 mois
- Strongyloïdose extra-intestinale
- Infection herpétique : ulcères chroniques (> 1 mois) ou récidivants ou herpès bronchique, pulmonaire, œsophagien
- Infection à *M. tuberculosis,* quel que soit le site d'infection*
- Infection à *M. avium* ou *kansasii* disséminée ou extrapulmonaire
- Infection disséminée ou extra-pulmonaire due à d'autres mycobactéries atypiques
- Pneumonie bactérienne récurrente (plus d'un épisode par an)*
- Septicémie à *Salmonella* récurrente (plus d'un épisode par an)
- Coccidioïdomycose ou histoplasmose disséminées ou extrapulmonaires
- Sarcome de Kaposi
- Lymphome non hodgkinien (Burkitt, lymphome immunoblastique, lymphome primaire cérébral...)
- Cancer invasif du col utérin*
- Leuco-encéphalite multifocale progressive
- Syndrome cachectique dû au VIH

* Pathologie ajoutée en 1993 dans la définition du SIDA

3. La prévention

Elle est de 2 types et dépend du stade d'immunodépression : vaccinale, médicamenteuse.

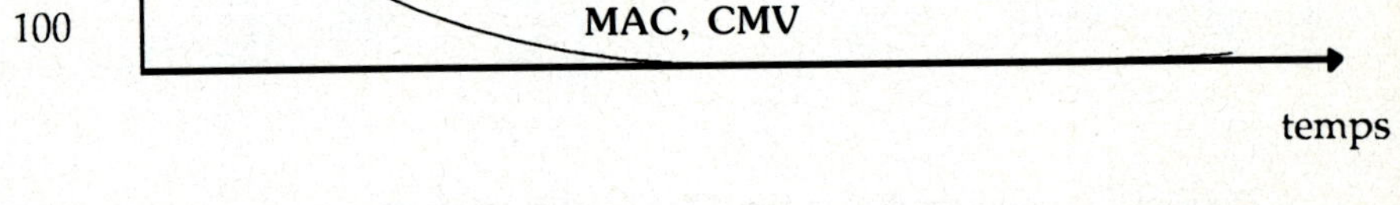

Vaccins

– Seuls sont contre-indiqués le BCG, le vaccin fièvre jaune (quand CD4 < 200) et le vaccin polio vivant (oral).
– Les autres sont recommandés (diphtérie, tétanos, polio injectable et Haemophilus, ROR chez l'enfant), en particulier le vaccin anti-pneumococcique en raison de la fréquence plus élevée dans cette population des pneumococcies.
– La vaccination antigrippale est discutée.

Médicamenteuse
Seules quelques infections bénéficient actuellement d'une prophylaxie primaire systématique.

< **200 CD4**

	Pneumocystose	**Toxoplasmose**
Bactrim fort ou simple (1/j)	+	+
Dapsone 50 mg/j seule, ou associée à **Malocid** 50 mg/ semaine	+	+
Aérosols de **Pentacarinat** (300 mg/mois)	+	

En l'absence d'allergie, le Bactrim est le traitement de référence.
En cas de sérologie de toxoplasmose négative, une prophylaxie médicamenteuse n'est pas nécessaire, mais les mêmes recommandations que chez la femme enceinte sont nécessaires (pas de viande rouge, pas ou peu cuite, éviter les contacts avec les chatons).

< **75 CD4**

Prophylaxie des infections disséminées à MAC par l'**Ansatipine** 300 mg/jour (2 gél à 150 mg). Le **Zeclar** (2 × 2/j) utilisé dans le traitement curatif n'a pas encore d'indication officielle en prophylaxie. Il en est de même pour le **Zithromax** (1 cp × 3/semaine).

- Prophylaxie primaire des infections à CMV. Le **Cymevan** oral à la dose de 3 g/j (soit 4 cp × 3/j) vient d'obtenir une AMM dans la prévention primaire des infections à CMV.
- Il n'existe pas de consensus actuellement pour la prévention des infections herpétiques, fongiques.
- Les prophylaxies secondaires (traitement d'entretien) sont systématiques après une pneumocystose, toxoplasmose, cryptococcose, infection à CMV, à mycobactérie atypique (MAC).

4. Les « coups durs »

Ils sont de plusieurs ordres et dépendent du facteur de risque en cause

- Dans tous les cas, peuvent survenir des troubles psychiatriques à type de syndrome dépressif pouvant aller jusqu'à une conduite suicidaire.
- Lors d'une toxicomanie IV active, on peut être en face soit de symptômes liés à un sevrage aigu (syndrome de manque), un « surdosage » (overdose), soit des complications liées au geste : septicémie à staphylocoque ou *Candida*, abcès ou cellulite, hépatite virale...

Enfin, on peut être en face d'une complication de l'infection à VIH qui dépendra

- Du statut immunitaire : (Taux de CD4).

CD4/mm³		
< **500**	< **200**	< **100**
Tuberculose	Pneumocystose Toxoplasmose	Cryptococcose Infection à CMV Infection à MAC Cryptosporidiose et microsporidiose

– De l'organe atteint et de la présentation clinique :
- poumon :

Pneumopathie localisée	Etiologie bactérienne (pneumocoque) +++
Pneumopathie interstitielle	Pneumocystose +++ Toxoplasmose CMV

Ne pas oublier la tuberculose qui prend souvent un aspect atypique

- système nerveux :

Méningite	Cryptococcose Tuberculose
Syndrome focal	Toxoplasmose Lymphome, LEMP (leucoencéphalite multifocale progressive liée au virus JC)
Encéphalite	HIV, CMV
Œil, rétinite	CMV, toxoplasmose

- peau : herpès, zona, dermite séborrhéique, sarcome de Kaposi, Molluscum contagiosum, muqueuses : candidose digestive, leucoplasie chevelue de la langue, sarcome de Kaposi,
- tube digestif : salmonelle Shigelle, Campylobacter, MAC, CMV, cryptosporidies microsporidies, *Isospora belli, Clostridium difficile* + toxine,
- hépato-biliaire : hépatites virales, médicamenteuse, bactérienne, parasitaire ; cholangite à CMV, crypto et microsporidies,
- gynécologie : cancer du col (surveillance gynécologique annuelle),
- hématologie : thrombopénie, lymphome B, autres cytopénies (infectieuses, toxiques médicamenteuses).

5. La bonne attitude en cas de coups durs

– **Diagnostic**
- poumom

Radiographie thoracique	± fibroscopie avec LBA ± TDM thoracique

- système nerveux

Méningite, encéphalite Syndrome focal Œil	EEG, PL, TDM, IRM TDM, IRM FO, angiographie

- peau, muqueuses : prélèvement local, biopsies,
- tube digestif : coproculture, parasitologie des selles, rectosigmoïdoscopie + biopsie (CMV),

• hépatite : échographie, sérologies $\pm$ PBH,
• cholangite : échographie.

– **Traitement** (quelle que soit la localisation clinique)

Pneumocystose	**Bactrim, Pentacarinat**
Toxoplasmose	**Malocide + Adiazine** (ou **Dalacine**)
Isosporidiose	**Bactrim**
Microsporidiose	**Zentel**
Cryptosporidiose	**Humagel ? Zithromax ? Rovamycine ?**
Salmonelloses Shigelloses Campylobacterioses	Fluoroquinolones, ou macrolide pour Campylobacter Céphalosporines de 3ᵉ génération
Candidose Cryptococcose	**Triflucan, Fungizone**
CMV	**Cymevan, Foscavir**

La prise en charge sociale et psychologique tout au long de la « maladie » est capitale, mettant en jeu une collaboration active entre les équipes hospitalières et de ville, et les différentes associations.

6. Les traitements antirétroviraux

– Huit médicaments sont actuellement à notre disposition :
  • inhibiteurs de la reverse transcriptase : **Rétrovir, Videx, Hivid, Epivir, Zerit,**
  • inhibiteurs de protéase : **Norvir, Crixivan, Invirase.**

  La plupart de ces produits (sauf **Rétrovir, Hivid, Videx**) font l'objet d'ATU de cohorte et/ou nominative et se prescrivent pour un chiffre de lymphocytes CD4 $\leqslant$ 200/mm³.

– Le début du traitement s'effectue systématiquement à 200 CD4. Entre 500 et 200 entrent en ligne de compte la pente évolutive des CD4, la présence d'autres marqueurs biologiques (charge virale) et de marqueurs cliniques d'évolutivité (herpès, zona, candidose).
– Le traitement de 1ere intention repose habituellement sur une bithérapie : **Rétrovir** (500 à 600 mg/jour) plus le **Videx** (400 mg/jour) ou **Hivid** (2,25 mg/jour).
– Autres indications du **Rétrovir** : thrombopénie auto-immunes sévères.
– **Rétrovir** à fortes doses (> 1 g/jour) dans les encéphalites à VIH).
– Complications :
  • **Rétrovir :** pancytopénie (NFS, plaquettes), myosites (CPK après 6 mois),
  • **Hivid** et **Videx :** pancréatite (amylasémie), neuropathie périphérique (clinique, EMG),
  • **Epivir :** neuropathie périphérique,
  • **Invirase :** neuropathie,
  • **Crixivan :** lithiase rénale,
  • **Zerit :** neuropathie.
– Il existe de nombreuses interactions médicamenteuses avec les inhibiteurs de protéase de par leur site d'action au niveau du cytochrome P450 hépatique.

NOUVEAU

Prise en charge d'une stérilité du couple

Pr H. FERNANDEZ

Les causes de stérilité sont nombreuses, rarement le fait de la femme ou de l'homme exclusivement, mais dues le plus souvent à l'association de causes survenant chez deux individus peu fertiles. La stérilité n'est pas une maladie et elle ne menace jamais la santé physique. Cependant elle génère l'angoisse et des troubles émotionnels suffisamment importants pour qu'on la considère comme une entité à part dans la médecine. C'est lors de la non survenue d'une grossesse désirée, après un temps variable, que le couple consulte le plus souvent. La première consultation est pratiquée soit par un médecin généraliste soit par un gynécologue. Le délai entre cette première consultation et le désir d'avoir un enfant est très variable : de quelques mois à quelques années.

Quand faut-il parler de stérilité ?

– Quelques définitions apparaissent utiles. Il faut distinguer :
- fécond : c'est un individu qui a conçu et dont le contraire est infécond, que ceci soit volontaire ou involontaire,
- fertile : c'est un individu apte à concevoir et dont le contraire est stérile, ce qui est toujours involontaire. La fécondité est un fait prouvé et acquis alors que la fertilité n'est qu'un état de potentialité.

– A partir de ces deux définitions, des indices ont été créés afin d'unifier les langages. Le plus utilisé est la fécondabilité qui est la probabilité de concevoir à chaque cycle menstruel. Deux autres indices sont proposés : le premier est la probabilité de concevoir sur une période plus longue (un ou deux ans habituellement) et le second est le délai nécessaire à concevoir. En France la fécondabilité, qui est une notion statistique à l'échelle d'une population, varie autour d'une moyenne de 25 % par cycle. Ainsi pour des couples de fécondité moyenne (25 % par cycle), 90 % des couples auront conçu à 12 mois et 97 % auront conçu à 24 mois. Si la fécondabilité est à 10 %, il est établi que 66 % des couples auront conçu au bout de 12 mois et 85 % au bout de 24 mois. Ainsi il semble raisonnable de ne consulter pour la première fois qu'après 12 à 18 mois d'essais réguliers pour obtenir une grossesse car environ 80 % des grossesses surviennent dans cet intervalle. Il est évident que ce délai pourra être modulé en fonction de l'âge du couple.

L'interrogatoire

– Même si le bilan et les explorations doivent toujours concerner l'homme ET la femme, il est souvent regrettable que seule la femme consulte. En effet, quelle que soit l'origine de la stérilité, il faut pouvoir comprendre l'histoire de l'homme et de la femme afin d'apprécier les conséquences psychologiques de la stérilité au moment où un couple consulte. Même si l'expression d'une dépression réactionnelle ou causale peut paraître dominante chez la femme, il faut toujours pouvoir appréhender les conséquences psychologiques chez l'homme d'un échec à procréer.

— Certains éléments anamnestiques devront être recherchés suffisamment tôt afin de pouvoir au mieux proposer rapidement les examens nécessaires. Il faut rechercher de possibles antécédents tubaires :
- antécédent de salpingite, d'infection compliquant un avortement, une fausse couche ou un accouchement,
- antécédent de chirurgie pelvienne (kyste ovarien, endométriose, traitement d'une grossesse extra-utérine en précisant les modalités, antécédent de chirurgie de stérilité en précisant s'il s'agissait d'une adhésiolyse, d'une néosalpingostomie – création d'un nouveau pavillon – ou d'une fimbrioplastie – levée d'une sténose distale de la trompe -,
- antécédent de pathologie utérine : antécédent de myomectomie, de conisation, de fausses couches à répétition ou de fausse couche tardive,
- existence de métrorragies, de ménorragies ou de ménométrorragies,
- recherche d'une possible atteinte du fonctionnement ovarien : cycles réguliers, période d'aménorrhée de plus de trois mois, règles survenant deux à trois fois dans l'année associées à un hirsutisme ou une obésité, règles survenant à une fréquence inférieure à 21 jours,
- recherche d'une possible responsabilité masculine : antécédent de chirurgie pour ectopie testiculaire, antécédent d'orchite, d'épididymite ou de blennorragie, exposition professionnelle aux substances toxiques ou aux radiations, problèmes sexuels ou éjaculation difficile.

— Une fois la recherche de ces antécédents réalisée, celle de facteurs propres au couple tenant compte de leur histoire personnelle est essentielle :
- le facteur âge chez la femme intervient à partir de 38 ans alors que chez l'homme la fécondabilité chute également au-delà de 40 ans,
- un interrogatoire concernant la sexualité est essentiel afin de préciser la fréquence des rapports sexuels car il est établi que la fécondabilité est d'autant plus élevée que les rapports sont plus fréquents. Ainsi pour un rapport par semaine, la fécondabilité est de 16 % alors que pour un rapport quotidien la fécondabilité est proche de 50 %. Par ailleurs la fécondabilité augmente lorsque les rapports commencent 3 à 4 jours avant jusqu'à 2 jours après l'ovulation. Cette période d'environ une semaine constitue donc la phase fertile du cycle.

Exploration minimale chez le couple

Chez la femme

— La courbe de température est un examen facile et indispensable. Sa réalisation impose de prendre la température rectale tous les matins au réveil avant le lever. La température est reportée sur un graphique préétabli. Le principe de la courbe de température est basé sur l'augmentation thermique liée à la sécrétion de progestérone par le corps jaune post-ovulatoire. Un décalage de 2 à 3 dixièmes de degré est significatif, sans imposer que la deuxième phase du cycle soit au dessus de 37°C. Un plateau thermique normal dure de 12 à 14 jours en l'absence de grossesse. La détection de l'ovulation n'est possible qu'a posteriori car l'ovulation se produit au point le plus bas (nadir) la veille de la montée thermique. La courbe de température permet de confirmer l'existence d'une ovulation, de fixer la date de réalisation de certains examens, de déterminer la période fertile. La courbe de température n'est interprétable qu'en l'absence d'épisode infectieux et chez les femmes travaillant le jour régulièrement. Elle nécessite d'être réalisée que sur deux à trois cycles.

— Le test post-coïtal (ou test de Hühner). Il consiste à étudier les relations entre les spermatozoïdes et la glaire cervicale en appréciant la qualité de la glaire et le nombre de spermatozoïdes mobiles par champ microscopique. Ce test est programmé en fonction du cycle dans la période pré-ovulatoire. Il faut habituellement avoir un rapport sexuel 3 à

5 heures avant le test afin d'apprécier la mobilité des spermatozoïdes ou un 12 à 18 heures avant pour apprécier la mobilité et la survie des spermatozoïdes. En aucun cas une toilette vaginale ne devra être effectuée après le rapport sexuel. Ce test doit être précédé d'une abstinence de 3 jours.

– Dans le bilan initial d'une infertilité, il est nécessaire de demander une sérologie de rubéole qui impose une vaccination en cas de négativité, une sérologie de toxoplasmose, de l'hépatite voire VIH si les couples sont consentants. La sérologie des Chlamydias est également pratiquée afin de rechercher une cicatrice sérologique d'une atteinte par Chlamydia trachomatis. En aucun cas un titre élevé ($> 1/128^e$) ne signifie qu'il existe une infection en cours.
– Les dosages hormonaux. Ils ont pour but d'explorer la fonction hormonale de la femme d'autant plus si la courbe de température est jugée anormale. Ils sont au mieux pratiqués le 3e jour du cycle et comportent un dosage de FSH (normalité $<$ 6 mU/ml en dosage radio-immunologique), d'estradiol (normalité toujours inférieure à 70 pg/ml), de LH qui si il est élevé ($>$ 6 mU/ml) peut évoquer une maladie des ovaires polykystiques surtout chez une patiente aménorrhéique ou spanioménorrhéique, de prolactine à la recherche d'une hypersécrétion. Aucun autre dosage n'est indispensable en première intention.
– Une hystérosalpingographie est réalisée assez rapidement, surtout en cas d'antécédent, pouvant évoquer une pathologie tubaire. Elle explorera aussi bien la cavité utérine que la perméabilité tubaire. Cet examen est indispensable au bilan de toute stérilité et ne se pratique qu'en première partie de cycle.
– L'échographie peut être associée de manière complémentaire mais non systématique, surtout si un examen clinique peut faire évoquer une pathologie utérine ou annexielle.

Chez l'homme

– On pratique essentiellement un spermogramme. Celui-ci impose une abstinence de trois jours en moyenne. Idéalement le sperme doit être recueilli directement au laboratoire. Une toilette minutieuse est toujours recommandée. Cet examen appréciera le volume du sperme, reflet de la sécrétion de la prostate et des vésicules séminales dont la normale est de 4 ml. On apprécie également la concentration en spermatozoïdes par millilitre d'éjaculat dont la norme est comprise entre 25 et 250.000.000, la mobilité qui se lit à 30 minutes ou 1 heure et à la 4e heure dont la normale à la première heure est de 40 à 60 %. Les autres paramètres étudient la vitalité caractérisant le nombre de spermatozoïdes vivants qui est habituellement proche de 80 %, la recherche d'auto-agglutinats traduisant l'existence d'anticorps anti-spermatozoïdes, la présence de cellules rondes qui, au-delà de 10 %, fait suspecter une infection.
– Le spermocytogramme conclu l'étude. Le nombre habituel de spermatozoïdes normaux est d'environ 40 %. Il est habituel de pratiquer dans le même temps une spermoculture afin d'éliminer toute infection du sperme.

Ces examens représentent le premier bilan nécessaire et le plus souvent suffisant avant de confier le couple à un spécialiste.

Lors d'une exploration puis éventuellement d'un traitement, il faudra pouvoir gérer l'impatience du couple, faire accepter l'impossibilité d'un diagnostic précis et causal et surtout ne pas accepter, en voulant accélérer la démarche thérapeutique, une escalade thérapeutique qui mènerait trop rapidement vers l'indication des stimulations de l'ovulation, voire des procréations médicalement assistées. Si les causes d'infertilité sont nombreuses, les façons de les traiter également. Les praticiens disposent d'un éventail de solutions thérapeutiques dont ils tenteront de faire le meilleur usage sans générer de iatrogénie.

NOUVEAU

La puberté

Dr J. VALLETEAU DE MOULLIAC

1. Définition

Elle recouvre l'ensemble des processus physiologiques qui conduisent un être humain à la capacité de reproduction grâce à la maturation des organes sexuels. Cette période est marquée par de profondes modifications physiques dont le développement des caractères sexuels secondaires et une accélération très importante de la vitesse de croissance qui conduit à la taille définitive. La puberté ne peut démarrer que lorsque l'organisme a atteint un certain degré de maturité que l'on peut apprécier par la détermination de l'âge osseux (la méthode la plus utilisée est la radiographie du poignet de la main gauche comparée à l'atlas de greulish et pyle). L'apparition du premier sésamoïde du pouce en est un indice assez fiable à environ 11 ans pour la fille et à 13 ans pour le garçon. Attention, l'âge osseux ne correspond pas obligatoirement à l'âge chronologique.

2. Éléments de surveillance

La surveillance d'une puberté normale est essentiellement clinique et ne nécessite aucun examen

– Sur le développement des caractères sexuels secondaires : on utilise la classification de Tanner cotant de 1 à 5 le développement des seins (S), de la pilosité (P), des testicules (G). Le stade 1 étant l'absence de développement du caractère considéré, le stade 5 étant son achèvement adulte.

– Chez la fille, le démarrage de la puberté apparaît en moyenne vers 11 ans (de 8 à 13 ans). Le début est marqué par l'apparition d'un nodule rétro-mamelonnaire uni ou bilatéral prélude du développement mammaire (S2). Le passage de S2 à S5 se fait en 3-4 ans. La pilosité pubienne (P2) apparaît en moyenne 6 mois plus tard vers 11 ans 1/2 (de 9 ans 1/2 à 14 ans), le passage de P2 à P5 se fait en 3 ans. Les premières règles apparaissent vers 13 ans (de 11 à 15 ans) mais les véritables règles cycliques n'apparaissent que 18 mois à 2 ans après.

– Chez le garçon, le démarrage de la puberté a lieu vers 12 ans (de 10 à 14 ans), marqué par l'augmentation de volume des testicules (G2) quand le volume dépasse 4 ml ou la longueur 25 mm. Le passage de G2 à G5 se fait en 5 ans environ. Le développement de la verge et du scrotum est décalé d'environ 1 an, la pilosité apparaît environ 1 an 1/2 plus tard (13 ans 1/2) avec des extrêmes de 11 ans 1/2 à 15 ans 1/2, le passage de P2 à P5 se fait en 4/5 ans.

– Sur la croissance : le gain de taille pubertaire est la différence entre la taille adulte et la taille au début de la puberté. Il est en gros de 25 à 28 cm chez le garçon supérieur d'environ 4/5 par rapport aux filles. Cette croissance s'étale sur 5 ans environ mais l'accélération la plus nette a lieu pendant les 2 premières années où les garçons prennent 9,5 cm à 10,5 cm par an, les filles 7,5 à 9 cm par an. Cette croissance linéaire du tronc et des membres s'arrête lorsque l'âge osseux atteint 15 ans 1/2 chez les filles, 17 ans 1/2 chez les garçons. Ensuite, le tronc gagne encore 2 cm étalés sur 2 ou 3 ans.

Les variantes de la normale

- Chez le garçon, la gynécomastie pubertaire est fréquente dans la première année de la puberté. Uni ou bilatérale parfois douloureuse, elle est en général très limitée et régresse spontanément. Souvent mal tolérée, sa persistance peut imposer un geste chirurgical.
- Chez la fille, les pubertés dissociées :
  - le développement prématuré des seins parfois très précoce sans signification pathologique sous 3 conditions : pas de développement des autres caractères sexuels secondaires, pas d'accélération concomitante de la croissance et de l'âge osseux. La puberté se déroule normalement à l'âge habituel mais dans certains cas, une précocité pubertaire vraie apparaît. Une surveillance spécialisée s'impose.
  - le développement prématuré isolé de la pilosité sexuelle est beaucoup plus fréquent chez la fille que chez le garçon. La pilosité axillaire et/ou pubienne qui apparaît dans l'enfance s'accentue plus ou moins rapidement mais sans signification pathologique sous les 3 mêmes conditions. Un avis spécialisé est nécessaire afin de ne pas passer à coté d'un hyper androgénisme pathologique.

3. Les « coups durs » ou pubertés pathologiques

Les pubertés précoces

- Avant l'âge de 8 ans chez la fille, 10 ans chez le garçon, ligne de démarcation très arbitraire, il est difficile dans ces limites de faire la différence entre une avance pubertaire pathologique ou une simple puberté avancée, fréquente chez la fille. Mieux vaut pécher par excès et confier ces enfants au spécialiste afin d'en rechercher la cause et surtout éviter une petite taille définitive. Les principaux signes de puberté précoce sont l'apparition des caractères sexuels secondaires avant les dates limites avec une accélération constante de la croissance staturale et de la maturation osseuse.
- Il faut distinguer les pubertés précoces vraies ou centrales dont l'origine est hypotalomo-hypophysaire le plus souvent idiopathique chez la fille, tumorale chez le garçon, qui nécessitent une imagerie poussée, des pubertés périphériques ou fausses pubertés précoces dont l'origine est la sécrétion précoce et inappropriée d'hormones femelles chez la fille : tumeur ovarienne (échographie), mâles chez le garçon : tumeur testiculaire ou hyperplasie congénitale des surrénales à révélation tardive.
- Les retards pubertaires se définissent par l'absence de démarrage de la puberté à 13 ans chez une fille et à 15 ans chez un garçon. Si dans la plupart des cas, il ne s'agit que d'un retard simple (et de bon pronostic), il est indispensable cependant de confier ces enfants au spécialiste car des explorations endocriniennes sont indispensables et l'interprétation délicate. On peut les classer en 4 catégories :
  - les retards secondaires à une maladie chronique de l'enfance mais aussi l'intolérance au gluten, l'anorexie mentale et parfois l'activité physique intense,
  - les insuffisances gonadiques qui ont une caractéristique commune, à savoir un taux très élevé d'hormones gonanotropes hypophysaires (FSH et LH). Chez la fille, la plus classique est le syndrome de Turner (X0) mais il en est aussi d'acquises : torsion d'ovaire bilatéral etc. Chez le garçon, l'anorchidie par absence congénitale de testicules est très rare, elles sont surtout acquises (torsion ou cure de hernie, radiothérapie ou chimiothérapie). Dans les deux sexes, l'absence de gonades peut accompagner un syndrome polymarfomatif. Le traitement ne peut être que substitutif (testostérone retard chez le garçon, cycles artificiels chez la fille), le retentissement psychologique de telles situations est considérable, les conduites suicidaires à redouter,
  - les insuffisances gonadotropes plus fréquentes chez le garçon que chez la fille liées à une insuffisance primitive et isolées de sécrétions hypophysaires. S'y associent micro pénis, antécédent de cryptorchidie, anosmie. Il n'y a pas de retard de croissance, l'âge osseux est plus près de l'âge réel que de l'âge statural,

- les retards simples ou retards globaux de maturation qui sont les plus fréquemment rencontrés, touchent plus les garçons que les filles avec des antécédents familiaux analogues dans la moitié des cas. Le retard statural est parallèle au retard pubertaire et à l'âge osseux. Le pronostic excellent impose cependant une recherche de l'insuffisance gonadotrope.

4. La prévention

La surveillance clinique des enfants au moins une fois par an avec vérification de la courbe de croissance suffit à surveiller le déroulement d'une puberté normale et à dépister toute anomalie dans son apparition ou dans son déroulement qui doit alors être confié au spécialiste avec un âge osseux.

Antidotes

Pr C. BISMUTH

Dans les protocoles thérapeutiques d'urgence toxicologique, peu de substances ont un effet antidotique spectaculaire. Celles qui existent s'avèrent pourtant indispensables pour permettre un transport qui assure la survie.

A. L'Adrénaline

- Dans tous les collapsus liés à une vasodilatation artérielle associée ou non à un effet inotrope négatif. Ces situations s'observent dans le choc anaphylactique, les intoxications par la chloroquine, par les bêta-bloquants (surtout ceux avec action alpha-bloquante associée), par les inhibiteurs calciques.
- Administration par voie IV : 1/4 mg IV direct, 1 mg/heure (pour 70 kg) à la seringue électrique, ou plus si besoin.

B. La Naloxone (Narcan)

- Antagoniste des opiacés, elle lève immédiatement la dépression respiratoire. Administrée par voie IV (0,4 mg dans 1 ml chez l'adulte, 0,04 mg/ml chez le nouveau-né). Elle assure la reprise d'une respiration efficace. Au cours d'une « overdose » de morphiniques, sa prescription est souvent associée à l'oxygénothérapie.
- Les voies IM et SC sont également utilisables. L'effet est alors retardé. La Naloxone a une 1/2 vie biologique de l'ordre de 20 minutes. La prescription unique ne permet donc qu'un transport rapide. Elle doit être réitérée en moins d'une 1/2 heure, généralement en perfusion. La Naloxone est inefficace dans les détresses respiratoires opiacées autres que l'apnée : pneumopathie d'inhalation, OAP morphinique.

C. Le Flumazénil (Anexate)

- Antagoniste des benzodiazépines (BZD), il lève immédiatement mais transitoirement leur effet sédatif et myorelaxant. Il nécessite souvent une réinjection pour maintenir l'éveil. Son indication est essentiellement l'intoxication pure par BZD en insuffisance respiratoire, sans possibilité de ventilation assistée, également actif sur les cyclopyrolones (type **Imovane**) et les imidazopyridines (type **Stilnox**). Injectée lentement ml par ml, ou 0,2 mg par 0,2 mg (ampoule de 1 mg pour 10 ml) cet anti-BZD réveille l'intoxiqué sans provoquer d'anxiété. Une crise convulsive s'observe exceptionnellement si cette injection induit un état de manque aux BZD chez les sujets dépendants ou si elle démasque une intoxication sous-jacente par tricycliques qui est une contre-indication à l'**Anexate**. L'enfant intoxiqué est une bonne indication d'emploi à la dose de 0,1 mg/10 kg.
- L'effet biologique est très bref (inférieur à 1/2 heure) et l'injection doit être reconduite pour assurer un éveil permanent, au mieux à la seringue électrique à des doses de 0,3 à 0,5 mg/heure).

D. L'Hydroxocobalamine

- Dosée à 5 g, préparée par la Pharmacie Centrale des Hôpitaux de l'Assistance Publique de Paris, administrée par voie veineuse, elle représente une supplémentation aux processus

physiologiques humains de détoxification des cyanures. Elle est au mieux associée à une ventilation assistée sous FiO2 à 1.
— Son utilisation au cours des intoxications sévères par les fumées d'incendie (possibilité d'intoxication cyanhydrique par combustion de matières plastiques) est en cours d'évaluation.

E. Le Glucosé hypertonique

— Doit toujours être envisagé et administré devant des troubles de conscience inexpliqués. Il est au mieux précédé de la détermination rapide de la glycémie à la bandelette réactive, mais son absence ne doit pas faire surseoir l'administration de G30 % : celle-ci par exemple, peut réveiller de façon spectaculaire de petits enfants en coma alcoolique (suggéré par l'haleine).

F. La N'acétyl-cystéine

— Est l'antidote de l'hépatotoxicité du paracétamol. Prescrite au mieux dans les 10 heures qui suivent l'absorption d'une dose toxique, elle est administrable sous forme orale : **Fluimucil** ou **Mucomyst** à la dose de 140 mg/kg puis 70 mg/kg toutes les 4 heures. La forme IV est préparée par la Pharmacie Centrale des Hôpitaux de l'Assistance Publique de Paris et par les laboratoires Zambon : **Fluimucil**. Elle est indiquée si le malade vomit.

G. Le Diazépam (Valium)

— Fait actuellement partie du protocole de traitement des SAMU lors d'intoxication par la chloroquine. Sa fonction antidotique est discutée.

H. Le Glucagon

— Antidote des intoxications graves par bêta-bloquants : 1 mg IM, SC ou IV, puis éventuellement 1 mg/h à la seringue électrique.
— Est couplé au mieux avec une ventilation assistée.

I. L'Atropine

Dans toutes les bradycardies sinusales extrêmes.
Les plus fréquentes s'observent dans :
— L'intoxication digitalique et celle due aux bêta-bloquants ou aux agonistes α-mimétiques pré-synaptiques (clonidine, guanfacine, facilement prescrits chez les héroïnomanes en manque). Les posologies d'**Atropine** sont alors de l'ordre de 1/4 mg/heure, au mieux à la seringue électrique.
— Les syndromes cholinergiques :
- ceux des insecticides organo-phosphorés et carbamates anti-cholinestérasiques. Les posologies sont ici plus élevées de l'ordre de 1 mg/h jusqu'à assèchement de l'hypersécrétion bronchique,
- ceux des armes chimiques, tel le Soman, Tabun, Sarin. L'armée française dispose actuellement de seringues autoadministrables contenant 2 mg d'**Atropine** et une oxime (régénérateur de cholinestérase).

Facteurs de risque cardiovasculaire

Pr M. LEUTENEGGER

Les maladies cardiovasculaires et en premier lieu les atteintes des coronaires sont une cause majeure de morbidité et de mortalité dans les pays industrialisés. La nécessité d'une prévention efficace a motivé une importante recherche épidémiologique qui aboutit à la notion de facteurs de risque cardiovasculaire après des études prospectives dont le modèle reste l'enquête de Framingham aux États-Unis.

1. La définition des facteurs de risque classique est épidémiologique

Un facteur de risque d'une maladie est un état physiologique, pathologique ou une habitude de vie qui s'associe à une incidence accrue de la maladie.
L'association épidémiologique entre le facteur de risque et la maladie doit :
- Être statistiquement forte.
- Être graduelle.
- Être cohérente dans le temps.
- Être retrouvée de manière à peu près identique dans toutes les enquêtes épidémiologiques qui l'ont étudiée au sein de populations variées.
- Être indépendante d'un autre facteur de risque.
- Avoir une bonne valeur de prédiction.
- Pouvoir être expliquée par des mécanismes physiopathologiques raisonnables.

On peut considérer à l'heure actuelle que 7 facteurs satisfont aux critères évoqués et sont donc d'authentiques facteurs de risque cardiovasculaire :

1 – l'âge,
2 – le sexe masculin,
3 – l'hypertension artérielle,
4 – les modifications du cholestérol plasmatique,
5 – le tabac,
6 – le diabète,
7 – l'alimentation riche en cholestérol et en graisses saturées.

En outre, les essais de prévention (primaire ou secondaire) doivent démontrer, au moins pour les facteurs qui peuvent être corrigés, une diminution significative de la mortalité et de la morbidité. C'est le cas pour l'hypercholestérolémie et la pathologie coronaire, l'hypertension artérielle et la mortalité par accident cardiovasculaire, mais non la mortalité d'origine coronarienne.
La relation entre le facteur de risque et l'incidence de la maladie cardiovasculaire est continue, linéaire ou curviligne sans qu'apparaisse de seuil entre les zones de risque bas et celles de risque élevé. Cela impose de définir des seuils d'intervention adaptés à chaque individu.
Ainsi l'association de plusieurs facteurs de risque multiplie le risque. Une approche multifactorielle est donc indispensable, imposant à la découverte d'un facteur de risque (par exemple une hypertension artérielle ou un diabète) une recherche fine des autres facteurs éventuellement associés et leur traitement avec une plus grande rigueur.

2. De nouveaux candidats

Les facteurs de risque classiquement admis actuellement rendent compte de moins de la moitié du risque cardiovasculaire total. Une meilleure compréhension des mécanismes cellulaires de l'athérogenèse, les progrès de la biologie moléculaire et de la génétique ouvrent de nouvelles voies de recherche prometteuses. De nouveaux candidats au rôle de facteurs de risque sont reconnus ou proposés :

- L'obésité androïde ou abdominale dans les deux sexes.
- L'insulinorésistance même en l'absence d'obésité franche ou d'anomalie de la tolérance glucidique.
- Une hypertriglycéridémie, en particulier dans un contexte d'obésité et de diabète non insulino-dépendant. En revanche, l'hypertriglycéridémie alcoolo-dépendante n'est pas athérogène.
- Un taux bas d'HDL (en l'absence d'hypertriglycéridémie), un taux élevé d'apo B, de Lp(a), la présence en excès de certaines allèles de l'apo E (E2 ou E4).
- Un taux élevé de fibrinogène, un hématocrite élevé, un taux élevé de PAI_1 (inhibiteur de l'activateur du plasminogène).
- Enfin de nouveaux marqueurs génétiques sont en cours d'évaluation (polymorphisme de l'enzyme de conversion de l'angiotensine, de l'apo C III, du gêne de la paraoxonase).

3. Le praticien et la prévention du risque artériel

La stratégie de prévention du risque cardiovasculaire peut être :

- Collective, en cherchant à améliorer l'hygiène de vie de la population et le médecin se doit de participer à des actions de sensibilisation du public.
- A cet égard, les données épidémiologiques et en particulier les enseignements du projet Monica montrent une relative protection vis-à-vis du risque artériel dans notre pays, réalisant ce qu'il est convenu d'appeler le « paradoxe Français ». Les raisons n'en sont pas clairement définies et sans doute multiples : facteurs génétiques, telle une moindre fréquence d'élévation du taux de lp(a) ; facteurs alimentaires mais cela n'est évident que pour la diète méditerranéenne plus riche en poissons, huile d'olive, fruits et légumes frais ; enfin consommation plus régulière d'alcool et en particulier de vin rouge qui paraît jouer un rôle protecteur pour une augmentation des HDL protectrices (controversée) et surtout par une action anti-oxydante. Il faut cependant souligner que la mortalité en relation avec une consommation excessive d'alcool est en revanche nettement augmentée en France et que seule une quantité modérée équivalente à 2 ou 3 verres de vin par jour peut éventuellement être sinon recommandée, du moins autorisée. Il est également possible qu'une plus faible consommation de margarines industrielles plus ou moins riches en acide gras « trans » intervienne.

Tableau 1- Recommandations générales

1	Prévention ou correction de la surcharge pondérale.
2	Réduction des apports de graisses à 30 % de la ration calorique.
3	Diversification des apports lipidiques en réduisant les graisses saturées et en encourageant l'utilisation de l'acide oléique et de l'acide linolénique.
4	Limitation des apports de cholestérol à moins de 300 mg par jour.
5	Préservation d'une ration suffisante de glucides complexes (pain, féculents, céréales) et de fibres (légumes secs, fruits).
6	Modération des apports sodés.
7	Lutte contre l'intoxication tabagique.
8	Autorisation d'une consommation modérée d'alcool.
9	Lutte contre une sédentarité excessive.

– Individuelle, en visant à identifier et prendre en charge les sujets qui ont un haut risque d'athérosclérose prématurée. Si le dépistage de masse peut être discuté actuellement en terme de rapport coût et rendement, en revanche le praticien a un rôle capital dans le dépistage sélectif de patients susceptibles d'avoir un risque artériel et, en cas de confirmation, dans le contrôle d'une bonne observance et de l'efficacité des recommandations et du traitement.
Les principaux critères de sélection sont les suivants :
– Histoire familiale d'accidents cardiovasculaires précoces avant 50 ans chez l'homme, 60 ans chez la femme.
– Obésité abdominale (BMI > 27 - rapport abdomino-pelvien > 0,8 chez la femme et > 1 chez l'homme, tour de taille > 80 cm).
– Présence d'un facteur de risque (tabagisme, HTA, diabète, dyslipémie).
– Existence de stigmates de dyslipémie (xanthomes tendineux, arc cornéen ou xanthelasma précoce) ou d'une dyslipémie familiale.
– Existence d'un risque de diabète.

Tableau 2 - Facteurs de risque de diabète non insulinodépendant

- Avoir un parent du premier degré diabétique non insulino-dépendant ou appartenir à une famille ayant des antécédents prononcés de la maladie.
- Avoir donné naissance à un enfant pesant plus de 4 kg.
- Avoir eu une hyperglycémie transitoire durant une grossesse, la prise de contraceptifs œstro-progestatifs, d'œstrogènes, de diurétiques ou de corticoïdes ou pendant une situation d'agression.
- Avoir des antécédents de mort **in utero** inexpliqués ou avoir eu un enfant présentant une malformation congénitale, notamment cardiaque.

– Le niveau d'intervention pour chaque facteur de risque doit être adapté à chaque patient en utilisant le concept de risque cardio-vasculaire absolu. Ce concept ne prend pas seulement en compte les critères classiques mais intègre des variables quantitatives continues (tension artérielle - cholestérolémie - âge) ou binaires (sexe - diabète - hypertrophie ventriculaire gauche). L'utilisation de ce concept et sa confrontation aux résultats des grandes études prospectives de prévention, en prenant par exemple en compte le nombre de sujets à traiter pendant un intervalle de temps donné pour éviter un accident cardiovasculaire, doivent permettre d'affiner l'indication d'un traitement médicamenteux au long cours pour un patient donné. En effet, l'impact de la décision thérapeutique est important à la fois pour l'individu (traitement à vie éventuellement inutile - effets indésirables) pour la collectivité (grand nombre de sujets concernés - coût élevé).
– Ainsi l'étude 4 S récente confirme la nécessité d'une prévention secondaire "agressive" après un premier accident cardiovasculaire avec analyse fine des facteurs de risque présent. Il apparaît souhaitable de développer des études spécifiques à la population française prenant en compte son niveau de risque moyen, inférieur par exemple à celui de la population écossaise ou scandinave.
– Il est indispensable de développer une formation spécifique à ce concept et de mettre à la disposition des praticiens des méthodes informatisées d'aide à la décision en matière de prévention cardiovasculaire. En tout état de cause, la répétition de mesures apparemment simples que sont la tension artérielle et la cholestérolémie est indispensable avant une prescription médicamenteuse. L'âge du sujet et le sexe doivent également être pris en compte. En dehors de l'hypertension et du diabète, l'intérêt de la recherche des autres facteurs de risque n'est pas démontré après 65 ans ou chez la femme avant la ménopause.

Vaccinations en 1996

Dr E. GRIMPREL, Pr P. BÉGUÉ

1. Le calendrier vaccinal français

– C'est un document élaboré par la Direction Générale de la Santé après avis du Comité Technique des Vaccinations et du Conseil Supérieur d'Hygiène Publique de France.
– Ce document est une mise à jour des recommandations vaccinales françaises en accord avec les autres pays européens et avec les résolutions de l'OMS.

La vaccination hépatite B

– Suivant le schéma classique (0, 1, 2 mois et rappel à 12 mois puis tous les 5 ans), elle était déjà recommandée chez les sujets à risque : polytransfusés, hémophiles, hémodialysés chroniques, voyageurs et expatriés en zone de haute endémicité, toxicomanes, partenaires sexuels et individus vivant au foyer de sujets Ag-HBs positifs, enfants naissant de mère Ag-HBs positive.
– Elle était, de plus, obligatoire depuis 1991 pour le personnel de santé, les dentistes et les techniciens de laboratoire.
– Elle a été rendue universelle et introduite dans le calendrier vaccinal 1995 chez :
  - tous les enfants pré-adolescents entre 10 et 12 ans, avec un programme raccourci de vaccination sur l'année scolaire en 3 injections (0, 1 et 6 mois) suivies d'un rappel tous les 5 ans,
  - tous les nourrissons à partir de deux mois selon le schéma classique (0, 1, 2 mois et rappel à 12 mois puis tous les 5 ans) afin d'intégrer cette vaccination au calendrier actuel du nourrisson.
– Dans ce cas de figure, le vaccin hépatite B peut être associé au vaccin DT CoqPolio-Haemophilus mais en 2 sites d'injection séparés. La mise au point des futurs vaccins multi-combinés (diphtérie, tétanos, coqueluche acellulaire, poliomyélite, haemophilus influenzae b, hépatite B) permettront la vaccination complète en une seule injection. Le rattrapage des enfants non encore vaccinés est souhaitable selon le schéma classique. Le schéma vaccinal à trois injections (1, 2, 6 mois) est toutefois possible à tout âge en cas de nécessité mais doit plutôt être réservé à l'adolescent et le pré-adolescent en période scolaire. La dose vaccinale de 10 microgrammes (demi dose par rapport à l'adulte) est réservée à l'enfant de moins de 15 ans.

Vaccin pneumococcique

– De nature polysaccharidique (23 valences représentant les sérotypes les plus fréquents), il induit une réponse satisfaisante après 2 ans uniquement (réponse T-dépendante). Le schéma comporte 1 injection + 1 rappel tous les 5 ans (asplénique : rappel tous les 3 ans). Des rappels plus rapprochés exposent à un risque de réaction d'intolérance. La vaccination recommandée jusqu'ici en France chez les sujets aspléniques et drépanocytaires a été étendue aux sujets atteints de brèche ostéo-méningée, de syndrome néphrotique, de maladie respiratoire chronique, de cardiopathie, de diabète, d'immuno-dépression et chez le sujet âgé fragilisé susceptible d'être hospitalisé, insuffisant cardiaque ou respiratoire, éthylique...

Vaccin hépatite A

– La vaccination (vaccin inactivé) n'est actuellement recommandée que chez les sujets

professionnellement exposés, les personnels des crèches, les personnels d'entretien des réseaux d'eaux usées, les adultes voyageurs, les toxicomanes, les personnes à partenaires sexuels multiples, les enfants vivant en internats spécialisés, les hémophiles et les polytransfusés. La généralisation à l'ensemble des enfants n'est pas actuellement envisagée. Deux dosages sont disponibles : 720 U et 1440 unités. Le schéma comporte deux injections à 1 mois d'intervalle suivies d'un rappel entre 6 et 12 mois avec le vaccin 720 et une seule injection avec 1 rappel avec le vaccin 1440. Un dosage réduit (360) existe depuis peu pour l'enfant.

Vaccination Haemophilus

- La vaccination Haemophilus est recommandée dès l'âge de 2 mois, en France, associée au Tétracoq (Pentacoq) et figure sur le calendrier vaccinal.
- Avant 6 mois, on pratique 3 injections à un mois d'intervalle (à 2, 3 et 4 mois) avec un rappel à 18 mois. Entre 6 et 12 mois, deux injections suffisent, mais le rappel est nécessaire. De 1 à 6 ans une seule injection suffit.

2. Autres vaccinations

Vaccination diphtérique

- Le vaccin actuel existe sous deux formes selon la concentration en anatoxine : concentration normale (30 UI) DT, DT Coq, DT Polio, DT CoqPolio ; concentration faible (3 UI) dTbis (rappel de l'adulte).
- La vaccination est obligatoire selon les schémas suivants :
  - chez l'enfant : primovaccination par anatoxine titre normal (30 UI), 3 injections à 1 mois d'intervalle (dès 2 mois), 1 rappel à 18 mois, 6 ans, 11 ans et entre 16 et 20 ans,
  - chez l'adulte : primovaccination par anatoxine faiblement titrée (3 UI), 3 injections à 1 mois d'intervalle, rappel tous les 10 ans (même dose). La situation épidémique actuelle en Europe de l'Est et en Algérie justifie un rappel chez le voyageur se rendant en zone épidémique.

Vaccination rougeole

- Aucun rappel rougeole n'est actuellement recommandé chez l'enfant vacciné après 12 mois. A 6 ans, la vaccination Rougeole-Oreillons-Rubéole est recommandée, en rattrapage, pour les enfants non encore vaccinés. L'utilisation du vaccin combiné Rougeole-Oreillons-Rubéole est possible et sans risque à l'occasion du rappel rubéole de la jeune fille ou chez les enfants ayant déjà contracté l'une des trois maladies concernées.

Vaccin varicelle (réservé à l'usage hospitalier)

- Le vaccin existant est un vaccin vivant atténué, souche OKA (utilisé au Japon depuis 1986).
- Sa tolérance est bonne et son efficacité sérologique est de 97-100 % chez le sujet sain et de 85 % après la 1ère dose, 100 % après la 2e dose chez l'immunodéprimé.
- La protection clinique est estimée entre 85 et 100 % chez le sujet sain après 10 ans. La vaccination est recommandée en France uniquement en cas d'hémopathie ou de tumeur maligne (sujet + entourage), comporte 2 injections à 3 mois d'intervalle et nécessite une fenêtre thérapeutique en cas de chimiothérapie (1 semaine avant et après la cure).

Vaccin BCG

- La vaccination est obligatoire avant 6 ans chez l'enfant et plus tôt en cas de mise en collectivité ou de contact avec des sujets tuberculeux et à la naissance pour les enfants à risque.
- Chez l'adulte, le BCG est obligatoire pour : les étudiants (médecine, art dentaire, soins infirmiers), les assistantes sociales, le personnel des établissements hospitaliers publics ou privés, le personnel des administrations publiques, les militaires (armées de terre, mer et

HB-VAX® DNA 5

5 microgrammes / 0,5 mL

HB VAX DNA 5 µg/0,5 mL, vaccin contre l'hépatite B, suspension injectable IM, en seringue pré-remplie

Vaccin recombinant contre l'hépatite B

COMPOSITION : AgHBs, antigène de surface de l'hépatite B obtenu par la technique dite de l'ADN recombinant. : 1 dose vaccinale de 5 µg. **Excipients :** Mercurothiolate sodique, oxyde d'aluminium hydraté, chlorure de sodium, solution de formaldéhyde, thiocyanate de potassium, eau ppi qsp 1 dose de 0,5 mL. **FORME PHARMACEUTIQUE :** Suspension pour usage parentéral **DONNEES CLINIQUES : Indications thérapeutiques :** Immunisation active contre l'infection par le virus de l'hépatite B quel qu'en soit le sous-type chez les sujets de tout âge considérés à risque d'exposition au virus. *Populations identifiées à risque d'infection* : enfants recevant fréquemment des produits sanguins, nouveau-nés de mère AgHBs positif, enfants résidents d'institutions, enfants voyageurs dans les zones de haute endémicité de l'hépatite virale B, enfants originaires des zones de haute endémicité, enfants exposés par leur mode de vie au virus de l'hépatite B, toute personne de l'entourage des groupes cités ci-dessus et/ou en contact avec des patients ayant une hépatite B chronique ou aiguë. *Populations désignées dans le cadre d'une politique vaccinale nationale, en vue d'une généralisation de la vaccination* **Posologie :** La dose recommandée pour chaque injection est : 5 µg chez les nouveau-nés et les enfants jusqu'à l'âge de 10 ans. Deux schémas de vaccination peuvent être utilisés : soit schéma 0-1-2-12 (3 injections à un mois d'intervalle, suivies d'un rappel 12 mois après la première injection), ce schéma s'intègre en particulier dans le calendrier vaccinal des nourrissons ; soit schéma 0-1-6 (2 injections à un mois d'intervalle, suivies d'une troisième dose 6 mois après la première injection). La vaccination selon ce schéma est particulièrement utile au cours d'une année scolaire. Le schéma 0-1-2-12 peut induire l'apparition plus rapide des anticorps protecteurs chez certains sujets. *Rappel* : un rappel tous les 5 ans Cas particuliers : cf. Vidal **Mode d'administration :** Administration par voie intramusculaire deltoïdienne. Chez les nouveau-nés, les nourrissons et les jeunes enfants, elle se fera dans la partie antéro-latérale de la cuisse. **Contre-Indications :** Infections fébriles sévères. Hypersensibilité connue à l'un des constituants du vaccin ou apparue après une injection du vaccin **Mises en garde et précautions particulières d'emploi :** Il est possible que l'infection par le virus de l'hépatite B, non reconnue, soit présente au moment de la vaccination. Dans ce cas, il se peut que la vaccination ne prévienne pas l'infection hépatitique B. Le vaccin ne protège pas contre l'infection provoquée par le virus de l'hépatite A, C ou E ou contre d'autres pathogènes connus du foie. Chez les patients hémodialysés et les patients ayant un déficit immunitaire, des administrations répétées du vaccin sont recommandées. Comme pour tous les vaccins injectables susceptibles d'induire une éventuelle réaction anaphylactique immédiate, il est recommandé de disposer d'un traitement médical approprié. Exceptionnellement, le vaccin peut être administré par voie sous-cutanée chez les patients ayant une thrombocytopénie ou chez les patients sujets à des hémorragies. Ce vaccin contient du mercurothiolate comme conservateur. **Interactions avec d'autres médicaments et autres formes d'interactions :** Ce vaccin peut être administré simultanément avec des immunoglobulines spécifiques de l'hépatite B, à condition d'utiliser un site d'injection séparé. Ce vaccin peut compléter une primo-vaccination ou être utilisé en rappel chez des sujets ayant reçu antérieurement un autre vaccin contre l'hépatite B. **Effets indésirables :** (Cf. Vidal) *Réactions locales le plus souvent* : douleur transitoire, érythème et induration. *Rarement* : élévation des enzymes hépatiques, fatigue, fièvre, malaise, symptômes pseudo-grippaux, symptômes évocateurs de bronchospasme, maladie sérique, thrombocytopénie, vertiges, céphalées, paresthésies, troubles gastro-intestinaux, arthralgies, myalgies, anaphylaxie et troubles cutanés, hypotension, syncope, troubles neurologiques, angioedème, érythème polymorphe, lymphadénopathie. **Propriétés pharmacologiques** : (cf. Vidal). **DONNEES PHARMACEUTIQUES : Incompatibilités :** Ne pas mélanger avec d'autres vaccins dans la même seringue **Durée de conservation :** 1 an **Précautions particulières de conservation :** A conserver entre +2°C et +8°C (au réfrigérateur). Ne pas congeler. **Nature et contenance du récipient :** 0.5 mL en seringue (verre) pré-remplie **Mode d'emploi, instructions concernant la manipulation :** Bien agiter avant emploi pour mettre le vaccin en suspension. **HB-VAX DNA 5 µg/0,5 mL** : AMM 339 319.3 (Boîte de 1 seringue pré-remplie) **Prix :** 66,90F Remboursable Sécurite Sociale. Agréé collectivités. Pour une information complète, consulter le dictionnaire Vidal. Information Médicale et Pharmacovigilance : Laboratoires PASTEUR MERIEUX MSD, 3 place Antonin Perrin, 69007 LYON - Tél : 72.80.43.33

Mérieux MSD

ENSEMBLE CONTRE L'HEPATITE B

air), le personnel des entreprises industrielles et commerciales et particulièrement en milieu insalubre ou en cas de manipulation de denrées alimentaires.
- Après 25 ans, la vaccination BCG n'est plus obligatoire.
- L'intradermo-réaction à 10 unités de tuberculine est la seule méthode fiable car mesurable de contrôle de l'immunité après vaccination ou en cas de maladie.
- En cas de réaction tuberculinique négative malgré trois vaccinations dont au moins une par voie intradermique, on peut arrêter de vacciner et se contenter de surveiller le sujet.

3. Rattrapage d'un retard vaccinal

- Le BCG peut être associé aux autres vaccins bactériens et viraux.
- Le délai de 1 mois entre BCG et DT Coq Polio ou Rougeole-Oreillons-Rubéole n'est pas justifié.
- L'intervalle minimum entre deux injections de vaccin DTCoqPolio est de 4 semaines.
- L'important est de considérer non pas l'intervalle mais le nombre total d'injections reçues.
- En cas de retard, il est recommandé de compléter les injections manquantes selon le calendrier et non de recommencer une vaccination complète.
- Chez l'adulte vacciné il y a plus de 20 ans, un seul rappel suffit pour relancer l'immunité.

4. Associations vaccinales

- Elles permettent d'accélérer un calendrier vaccinal en retard ou de limiter le nombre d'injections en primovaccination du nourrisson.
- Les vaccins associés combinés sont mélangés dans une même seringue. Ils sont déjà reconstitués : DT-Coq-Polio, DT-Coq, DT-Polio, DT, DTbis, Rougeole-Rubéole, Rougeole-Oreillons-Rubéole, ou bien leur reconstitution est possible avant injection : exemple Haemophilus influenzae b (PRP-T) avec DT-Coq-Polio ou DT-Polio.
- Les vaccins associés simultanés s'administrent au même moment mais en des sites séparés. Il peut s'agir de vaccinations cosmopolites : Rougeole-Oreillons-Rubéole avec Haemophilus influenzae b (PRP-T), Hépatite B avec DT-Coq-Polio ou Haemophilus influenzae b (PRP-T), Hépatite B avec Hépatite A.
  Il peut s'agir également de vaccination accélérée du voyageur : par exemple Fièvre jaune avec BCG et/ou DT-Coq-Polio et/ou Méningocoque A-C et/ou Polio et/ou Tétanos et/ou Hépatites A et B ou bien encore Typhim VI avec DT-Coq-Polio et/ou T-Polio et/ou Méningo AC et/ou Rougeole et/ou Hépatites A et B.
- L'association Fièvre jaune avec Choléra et/ou Rage est déconseillée.

5. Vaccination du voyageur

- Les voyages dans les pays tropicaux sont de plus en plus fréquents et de plus en plus lointains exposant le voyageur à des risques sanitaires dont beaucoup peuvent être prévenus par la vaccination. L'établissement d'un calendrier vaccinal pour le voyageur est complexe et fonction du voyageur, du voyage, et de l'épidémiologie souvent changeante des pays de destination. Les règles générales et les critères de décision ont été élaborés par le groupe de travail « Santé du voyageur » et approuvés par le Conseil Supérieur d'Hygiène Publique de France, section prophylaxie des maladies transmissibles. Ces informations sont parues dans le Bulletin Épidémiologique Hebdomadaire N° 23 de 1994 avec les autres recommandations sanitaires nécessaires pour le voyageur.

– **Quels que soient le pays et la durée du séjour,** la mise à jour des vaccinations antipoliomyélitique et antitétanique est recommandée.
– **La vaccination fièvre jaune** peut être exigée en vertu du règlement sanitaire international à partir de l'âge de 1 an : la vaccination est recommandée dès l'âge de 6 mois à tous les voyageurs se rendant dans les zones intertropicales d'Afrique et d'Amérique du Sud. Elle est obligatoire pour certains pays africains et pour se rendre en Guyane française. Il s'agit d'un vaccin vivant atténué, souche Rockfeller 17 D qui s'administre en une seule injection par voie sous-cutanée (ou intra-musculaire). Son efficacité est de 100 %, et sa durée de vadilité est de 10 ans. Une réaction douloureuse ou fébrile est possible entre le 5e et le 10e jour. Ses contre-indications sont celles des vaccins vivants. Il faut respecter un délai de trois semaines avec le vaccin anti-cholérique.
– **La vaccination hépatite A** est recommandée pour les adultes jeunes et adolescents non naturellement immunisés.
– **Le vaccin typhoïdique** actuel, Typhim vi, est un vaccin sous-unité, polyosidique (antigène capsulaire VI). Il s'administre par voie sous-cutanée en une seule injection et son efficacité est bonne, comprise entre 64 à 80 % selon différentes études pratiquées en pays d'endémie. Il est recommandé chez les adultes et les enfants voyageurs à partir de 2 ans. Il est très bien toléré et n'a aucune contre indication.
– **La vaccination hépatite B** est à présent largement recommandée à tous les voyageurs y compris les enfants dans les pays de forte endémie.
– **La vaccination méningococcique** (sérogroupes A + C) est recommandée pour les enfants et les adultes jeunes se rendant dans des zones à risque épidémique. Cette vaccination est exigée en outre par l'Arabie Saoudite pour les pèlerins se rendant à la Mecque.
– **La vaccination cholérique** est recommandée uniquement si le pays de destination l'exige. C'est un vaccin peu actif (50 % de séroconversion), inefficace chez le petit enfant (avant 5 ans), souvent mal toléré (réactions locales, fièvre).
– **La vaccination diphtérique** doit être actualisée pour les voyageurs se rendant en Russie et dans les États voisins de l'ex Union Soviétique.
– **La vaccination rabique** préventive est recommandée dans des situations particulières, car la rage est très répandue dans le tiers-monde et les vaccins assurant un traitement efficace et bien toléré sont rarement disponibles dans ces pays.

Calendrier des vaccinations 1996
(Comité Technique des Vaccinations– Direction Générale de la Santé).

Dès le 1er mois	BCG	La vaccination par le BCG doit être pratiquée pour l'entrée en collectivité. La vaccination BCG précoce est réservée aux enfants vivant dans un milieu à risque. L'épreuve tuberculinique doit être pratiquée 3 à 12 mois plus tard
2 mois	Diphtérie, Tétanos, Coqueluche, Polio-injectable, Haemophilus influenzae b, Hépatite B (1ere injection)	Le vaccin Polio oral est réservé pour des situations épidémiques et à certains rappels tardifs chez l'adulte La vaccination hépatite B doit se faire en un site différent de celui du DTCoqPolioHaemophilus
3 mois	Diphtérie, Tétanos, Coqueluche, Polio-injectable, Haemophilus influenzae b, Hépatite B (2e injection)	
4 mois	Diphtérie, Tétanos, Coqueluche, Polio-injectable, Haemophilus influenzae b, Hépatite B (3e injection)	
A partir de 12 mois	Rougeole, Oreillons, Rubéole	La vaccination contre la rougeole doit être pratiquée plus tôt, à partir de 9 mois pour les enfants vivant en collectivité (crèche, garderie, nourrice), elle doit être alors suivie d'une revaccination 6 mois plus tard avec les vaccins oreillons et rubéole
16-18 mois	Diphtérie, Tétanos, Coqueluche, Polio-injectable, Haemophilus influenzae b (1er rappel), Hépatite B 4e injection	
Avant 6 ans	BCG (si IDR $<$ 0)	La vaccination par le BCG est obligatoire avant toute entrée en collectivité
6 ans	Diphtérie, Tétanos, Polio-injectable, (2e rappel) Rougeole, Oreillons, Rubéole Hépatite B 1er rappel	La vaccination Rougeole-Oreillons-Rubéole est recommandée chez les enfants n'ayant pas encore été vaccinés
11-13 ans	Diphtérie, Tétanos, Polio-injectable, (3e rappel) Oreillons, Rubéole, BCG (si IDR $<$ 0) Hépatite B (2e rappel ou primovaccination = 1,2 et 6 mois)	La vaccination oreillons est recommandée pour les garçons non vaccinés n'ayant pas eu la maladie. La vaccination rubéole est recommandée pour toutes les filles, non vaccinées ou déjà vaccinées (rappel)
16-21 ans	Diphtérie, Tétanos, Polio-injectable, (4e rappel) IDR suivie de BCG en cas de négativité Rubéole pour les jeunes femmes non vaccinées	Chez les jeunes femmes non vaccinées, la vaccination rubéole est recommandée, par exemple lors d'une visite de contraception ou prénuptiale. La sérologie avant et après vaccination n'est pas nécessaire. La contraception est nécessaire. En cas de grossesse, si la sérologie prénatale est négative, la vaccination devra être pratiquée immédiatement après l'accouchement, avant la sortie de la maternité
Après 21 ans	Tétanos Polio (rappel tous les 10 ans) Hépatite B (rappel tous les 5 ans) Rubéole	La vaccination rubéole est recommandée pour toutes les femmes non vaccinées jusqu'à 45 ans

Abrégé de consultation en cinq langues

Dr. P. PEREZ

Le lecteur trouvera ci-dessous quelques questions de base pour dialoguer avec les patients parlant l'une des principales langues européennes.

1. Francais

1. Bonjour,
2. Où avez-vous mal ?
3. Avez-vous déjà présenté la même chose ?
4. Prenez-vous des médicaments ?
5. Depuis combien de temps ?
6. Deshabillez-vous, allongez-vous, asseyez-vous, s'il vous plait,
7. Respirez profondément bouche ouverte,
8. Tête, cœur, poumon, foie, rein, intestin, jambe, bras, rachis,
9. Il faut pratiquer des examens complémentaires :
– Radiographie,
– Prise de sang,
– Analyse d'urine, de selles,
10. Je vous fait une ordonnance, vous devez prendre ce traitement, à acheter à la pharmacie :
– Cuillère, suppositoire, comprimé, sachet, goutte,
– Avant, après, pendant les repas,
– Matin, midi, soir, « X » fois par jour,
– pendant « X » jours, semaines,
11. Vous devez être hospitalisé, vous devez rester couché,
12. Vous devez régler la somme de..., Au revoir !

2. Anglais

1. Hello, good morning, good afternoon, good evening
2. Where do you feel pain ?
3. Have you already experienced the same symptoms ?
4. Are you taking a course of medication ?
5. Since when ?
6. Get undressed please, lie down, sit down, please,
7. Breathe deeply with your mouth open,
8. Head, heart, lung, liver, kidney, bowel, leg, arm, spinal cord,
9. We must perform further tests :
– X ray,
– Blood test,
– Take a urine sample, faeces sample,
10. I'm writing you a prescription, you must take this treatment, you buy it at the pharmacy :
– Tea spoon, suppository, tablet, pill, sachet, drop
– Before, after, during the meals,
– Morning, midday, night, « X » times a day,
– For « X » days, weeks,
11. You must be hospitalised, you must stay in bed,
12. You must pay the sum of..., Good bye !

3. Espagnol

1. Buenos dias, Buenas tardes,
2. Donde le duele ?
3. Ya le habia pasado antes ?
4. Toma algun medicamento ?
5. Desde cuando ?
6. Quitese la ropa, acuestese, sientese, por favor,
7. Respire profundamente con la boca abierta,
8. Cabeza, corazon, pulmon, higado, riñon, intestino, pierna, brazo, columna,
9. Hay que hacerle unos examenes complementarios :
– Una radiografia,
– Un analisis de sangre, de orina, de materia fecal,
10. Le voy a hacer una receta, debe seguir este tratamiento, tiene que comprar en la farmacia :
– Cuchara, supositorio, comprimido, sobre, capsula,
– Antes de, despues de, durante las comidas,
– Mañana, mediodia, noche, N veces al dia,
– Durante « X » dias semanas,
11. Es necesario hospitalizarle, tiene que quedarse acostado,
12. El precio de la consulta es de..., Adios !

4. Italien

1. Buon giorno,
2. Dove vi fa male ?
3. Avete già avouto lo stesso sintomo ?
4. Prende medicina ?
5. Fa da quonto tempo ?
6. Vestit per cortisia, si stenda, si ceda per favore,
7. Respiri profondamente a bocca aperta,
8. Testa, cuore, polmone, fegato, rene, intestino, gamba, braccio, rachide,
9. Besogna dara esami complementa :
– Radiografie,
– Presa di sangue,
– Analisi d'urina, di selle,
10. Le faccio una ricetta, prenda questo trattamento, da comprare in pharmacia :
– Cucchiao, supposta, compresse, buste,
– Prima, dopo, duranti pasti,
– Mattina, mezzogiorno sera « x » volte al giorno,
– Per « x » giorni, settimane,
11. Deve andare a l'ospedale, deve restare in letto,
12. Deve pagare la somma di..., Arriverdici !

5. Allemand

1. Guten Tag,
2. Wo haben Sie Schmerzen ?
3. Hatten Sie bereits früher schon einmal die gleichen Beschwerden ?
4. Nehmen Sie Medikamente ein ?
5. Seit Wann ?
6. Ziehen Sie sich bitte aus ! Legen Sie sich bitte hin ! Setzen Sie sich bitte !
7. Atmen Sie bitte mit geöffnetem Mund tief ein und aus !
8. Kopf, Herz, Lunge, Leber, Niere, Darm, Bein, Arm, Wirbelsäule,
9. Es müssen zusätzliche Untersuchungen vorgenommen werden :
– Röntgenuntersuchung,
– Blütentnahme,
– Urinuntersuchung, Stuhluntersuchung,
10. Ich stelle Ihnen ein Rezept aus. Sie müssen sich die Medikamente in der Apotheke besorgen und einnehmen :
– Löffel, Zäpfchen, Tabletten, Beutel (Tropfen),
– Vor, nach, während der Mahlzeiten,
– Morgens, mittags, abends, « x » pro Tag,
– über « x » Tage, Wochen,
11. Sie müssen stationär aufgenommen werden. Sie müssen Bettruhe einhalten,
12. Sie müssen folgenden Betrag bezahlen..., Auf Wiedersehen !

INDEX

A

B

C

D

E

F

G

H

I

T

U

V

Faites part à PROTOCOLES et SURVEILLANCES de votre expérience...

Vos remarques et suggestions, fruits de votre expérience quotidienne, seront les bienvenues. Merci de les adresser au

COMITÉ DE RÉDACTION DE PROTOCOLES ET SURVEILLANCES

EDITIONS scientifiques L&C

122, avenue du Général Leclerc – 75014 PARIS

Coordination et suivi technique :
Claire LE BOEDEC et Cécile MARLIAC

Imprimé en France.
Dépôt légal : Juillet 1996 - ISBN. 2.906865.51-6